“一流教材建设”规划教材
高等学校土木工程专业“十四五”系列规划教材·应用型

道路勘测设计
（第2版）

主　编　石贤增　陶明霞
副主编　胡玉庆　马志平　程芬芬
　　　　魏　捷　陈晨辰
主　审　赵　青

四川大学出版社
SICHUAN UNIVERSITY PRESS

图书在版编目（CIP）数据

道路勘测设计 / 石贤增，陶明霞主编. -- 2 版.
成都 : 四川大学出版社，2025. 7. -- ISBN 978-7-5690-7939-5

Ⅰ. U412

中国国家版本馆 CIP 数据核字第 2025TS7437 号

书　　名：道路勘测设计（第 2 版）
Daolu Kance Sheji (Di-er Ban)
主　　编：石贤增　陶明霞

选题策划：王　睿
责任编辑：王　睿
特约编辑：孙　丽
责任校对：周维彬
装帧设计：开动传媒
责任印制：李金兰

出版发行：四川大学出版社有限责任公司
地址：成都市一环路南一段 24 号（610065）
电话：（028）85408311（发行部）、85400276（总编室）
电子邮箱：scupress@vip.163.com
网址：https://press.scu.edu.cn
印前制作：湖北开动传媒科技有限公司
印刷装订：武汉乐生印刷有限公司

成品尺寸：200mm×270mm
印　　张：14.5
字　　数：411 千字

版　　次：2025 年 8 月 第 2 版
印　　次：2025 年 8 月 第 1 次印刷
定　　价：58.00 元

前　言

道路勘测设计是高等院校道路桥梁与渡河工程专业、交通工程专业、土木工程专业道路桥梁方向的必修课程之一。该课程是一门理论和实践紧密结合的课程，理论部分涉及内容广泛，需在学过画法几何与工程制图、工程测量学、工程地质等课程基础上进行学习；实践部分需安排实习实训环节。

本书是在第1版的基础上，根据我国新颁布的有关道路勘测设计的技术标准、规范、规程、实施细则等，并吸收本领域最新的科学技术成果修编而成的。其主要内容包括：绪论、平面线形设计、道路纵断面设计、道路横断面设计、道路选线、道路定线、道路平面交叉设计、道路立体交叉设计、城市道路排水设计。

与第1版相比，本书主要修订内容与分工如下：

第1章，修订国家公路网规划、各级公路的主要技术指标、设计车辆，补充国家综合立体交通网规划、运行速度、近年来公路建设成就。该部分修订和全书统稿由安徽建筑大学石贤增完成。

第2章，修订长直线的限制、计算行车速度、圆曲线最小半径、公路小转角平曲线最小长度、平面视距的保证。该部分修订由安徽建筑大学马志平完成。

第3章，修订最小纵坡、连续长陡下坡路段限制指标、公路最大合成坡度。该部分修订由安徽建筑大学石贤增完成。

第4章，修订公路路基宽度、左右侧路肩宽度、中间带宽度、双车道路面加宽值、城市道路圆曲线每条车道的加宽值。该部分修订由安徽建筑大学程芬芬、胡玉庆完成。

第5、6章，修订部分错误和遗漏，补充参考文献。该部分修订由安徽建筑大学陶明霞、合肥城市学院魏捷完成。

第7、8章，修订平面交叉间距、车辆交通组织方法、城市道路交叉口路缘石转弯半径、环形交叉口设计、匝道回旋线参数、匝道的超高，补充分流鼻处匝道曲率半径要求。该部分修订由安徽建筑大学陈晨辰完成。

第9章，修订排水管道和其他地下管线（构筑物）最小净距、道路双侧布管、管道埋深、雨水口标高。该部分修订由合肥大学潘金锋完成。

安徽建筑大学赵青教授担任本书主审，对本书的编写提出了许多宝贵的建议，研究生董文涛、杜俊逸承担了书中部分表格和插图绘制。本书编写过程中主要参考了现行公路和城市道路相关规范，同时也参考了相关的专业教材（详见参考文献），本书得到了安徽省高等学校省级质量工程项目（2021yljc030）的支持，在此一并表示感谢。同时，也向四川大学出版社的编辑们为本教材出版工作所付出的努力表示感谢。

限于编者水平，书中难免有错误和未尽善之处，恳请读者提出宝贵意见，以便进一步修正完善。

编　者

2025年1月

特别提示

教学实践表明，有效地利用数字化教学资源，对于学生学习能力以及问题意识的培养乃至怀疑精神的塑造具有重要意义。

通过对数字化教学资源的选取与利用，学生的学习从以教师主讲的单向指导模式转变为建设性、发现性的学习，从被动学习转变为主动学习，由教师传播知识到学生自己重新创造知识。这无疑是锻炼和提高学生的信息素养的大好机会，也是检验其学习能力、学习收获的最佳方式和途径之一。

本系列教材在相关编写人员的配合下，逐步配备基本数字教学资源，主要内容包括：

文本：课程重难点、思考题与习题参考答案、知识拓展等。

图片：课程教学外观图、原理图、设计图等。

视频：课程讲述对象展示视频、模拟动画，课程实验视频，工程实例视频等。

音频：课程讲述对象解说音频、录音材料等。

数字资源获取方法：

① 打开微信，点击“扫一扫”。

② 将扫描框对准书中所附的二维码。

③ 扫描完毕，即可查看文件。

更多数字教学资源共享、图书购买及读者互动敬请关注“开动传媒”微信公众号！

目　录

1　绪论 …… (1)
1.1　道路运输概论 …… (1)
1.2　道路的分类、分级和技术标准 …… (10)
1.3　道路的基本组成 …… (16)
1.4　道路勘测设计的控制要素 …… (18)
1.5　道路勘测设计的程序 …… (23)
1.6　本课程的任务 …… (25)
本章小结 …… (25)
习题与思考题 …… (26)
参考文献 …… (26)
2　平面线形设计 …… (27)
2.1　概述 …… (27)
2.2　直线 …… (28)
2.3　圆曲线 …… (29)
2.4　缓和曲线 …… (35)
2.5　平面线形设计的一般原则与组合 …… (43)
2.6　行车视距 …… (47)
2.7　平面设计成果 …… (50)
本章小结 …… (54)
习题与思考题 …… (54)
参考文献 …… (55)
3　道路纵断面设计 …… (56)
3.1　概述 …… (56)
3.2　纵坡及坡长 …… (57)
3.3　竖曲线 …… (62)
3.4　爬坡车道 …… (70)
3.5　纵断面设计方法及纵断面图 …… (72)
3.6　平、纵线形组合 …… (76)
本章小结 …… (80)
习题与思考题 …… (80)
参考文献 …… (80)
4　道路横断面设计 …… (81)
4.1　横断面组成 …… (81)
4.2　横断面各组成部分设计 …… (83)
4.3　超高及加宽 …… (95)

道路勘测设计案例集1——城市道路

道路勘测设计案例集2——公路

4.4 横断面视距的保证 …… (106)
4.5 横断面设计 …… (110)
4.6 路基土石方计算与调配 …… (117)
本章小结 …… (119)
习题与思考题 …… (120)
参考文献 …… (120)

5 道路选线 …… (121)
5.1 概述 …… (121)
5.2 道路选线的影响因素、方法与步骤 …… (123)
5.3 平原区公路选线 …… (125)
5.4 山岭、丘陵区公路选线 …… (127)
本章小结 …… (137)
习题与思考题 …… (138)
参考文献 …… (138)

6 道路定线 …… (139)
6.1 道路定线任务和方法 …… (139)
6.2 纸上定线 …… (140)
6.3 实地定线(直接定线) …… (145)
6.4 路线方案比较 …… (149)
本章小结 …… (152)
习题与思考题 …… (152)
参考文献 …… (153)

7 道路平面交叉设计 …… (154)
7.1 交叉口设计概述 …… (154)
7.2 交叉口交通组织设计 …… (161)
7.3 交叉口通行空间设计 …… (167)
7.4 环形交叉口设计 …… (183)
7.5 交叉口立面设计 …… (183)
本章小结 …… (183)
习题与思考题 …… (183)
参考文献 …… (184)

8 道路立体交叉设计 …… (185)
8.1 概述 …… (185)
8.2 立体交叉的布置与形式选择 …… (191)
8.3 匝道设计 …… (195)
8.4 端部设计 …… (208)
8.5 立体交叉的其他设计 …… (212)
8.6 道路与铁路、乡村道路及管线交叉 …… (212)
本章小结 …… (212)
习题与思考题 …… (213)

参考文献……………………………………………………………………………………………… (213)
9　城市道路排水设计 ………………………………………………………………………… (214)
9.1　雨水管渠系统布设 ……………………………………………………………………… (214)
9.2　雨水口设计 ……………………………………………………………………………… (217)
9.3　检查井设计 ……………………………………………………………………………… (220)
9.4　锯齿形街沟的作用和设计 ……………………………………………………………… (221)
9.5　城市道路雨水管道设计步骤 …………………………………………………………… (223)
本章小结……………………………………………………………………………………………… (223)
习题与思考题………………………………………………………………………………………… (223)
参考文献……………………………………………………………………………………………… (223)

数字资源目录

1 绪 论

【内容提要】

本章主要内容包括道路运输的特点及我国道路发展概况，道路的分类、分级和技术标准，道路的基本组成，道路勘测设计的控制要素，道路勘测设计的程序，以及"道路勘测设计"课程的任务等。

【能力要求】

通过本章的学习，学生应了解道路运输的特点及我国道路的发展概况，熟悉道路勘测设计的阶段划分及相应的任务；掌握道路分类、分级及技术标准的主要内容，掌握道路勘测设计的控制要素及道路勘测设计的程序。

1.1 道路运输概论

1.1.1 现代交通运输系统

由于社会生产与消费的需要，人们必须克服空间上的障碍，实现人和物的移动，为具体实现这种移动服务所进行的经济活动称为运输。交通运输是指劳动者使用运输工具和设备，实现人和物空间位移的有目的的生产活动。交通运输业是一个独立的、特殊的物质生产部门，是发展国民经济、提高人民物质文化生活水平的重要基础设施。交通运输具有物质生产的三个要素：从事交通运输生产的劳动者；线路、机场、码头、机车、车辆、船舶、通信、信号等劳动资料；作为劳动对象的旅客或货物。在交通运输生产的三个要素中，劳动者和劳动资料可由交通运输部门控制，但对于劳动对象，即运送的旅客和货物，交通运输部门只能提供服务而不能自由支配，所以交通运输业虽然是一个物质生产部门，但还具有服务的功能。服务功能决定运输安全，在各种运输方式协调配合、合作分工的条件下，要能满足运输安全、舒适、快捷的需求，以适应国民经济和社会发展的需要。

交通运输是经济发展的基本需要和先决条件，是现代社会的生存基础和文明标志，是社会经济的基础设施和重要纽带，是现代工业的先驱和国民经济的先行部门，是资源配置和宏观调控的重要工具，同时也是国土开发、城市和经济布局形成的重要因素，对促进社会分工、大工业发展和规模经济的形成，巩固国家的政治统一和加强国防建设，扩大国际经贸合作和人员往来有着重要作用。总之，交通运输具有重要的经济、社会、政治和国防意义。

交通运输系统是在社会生产发展到一定历史阶段产生的。18 世纪蒸汽机的发明，使交通领域逐渐出现了列车、机动船、汽车、飞机和管道等新型运输工具。采用新型的运输工具，需要配套的工程技术设备和相应的科学组织管理，从而构成了新型的运输方式。

现代交通运输系统由铁路运输（railway transportation）、道路运输（road transportation）、水路运输（waterway transportation）、航空运输（air transportation）、管道运输（pipeline transportation）五种运输方式组成。各种运输方式由于技术经济特征不同，各有其特点，都有各自的适用范围。

1.1.1.1 铁路运输

铁路运输具有运量大、运送速度快、不受气候条件影响、运输准时、使用方便等特点。铁路运输与其他陆上运输方式相比,还具有占地少、能耗低、事故少、污染少等优势。

① 大运量、长距离。铁路运输能够一次性运输大量的货物或乘客,尤其适合大宗货物运输(如煤炭、矿石、粮食等)和大规模的客运。铁路运输适合长距离运输,尤其是跨省运输或跨国运输,因其线路固定且稳定,能保证较高的运输效率。

② 准点性和连续性强。铁路运输受天气和交通拥堵的影响较小,相较于道路运输和航空运输,铁路运输可以更准时地到达目的地,尤其在天气恶劣的情况下更为可靠。铁路运输具有固定的时刻表,尤其是对于客运,方便乘客安排出行。

③ 低能耗。铁路运输的单位运输量能耗较低,环保性好,尤其是电力驱动的铁路运输,相比道路运输和航空运输对环境的污染较小,适合对环保有要求的运输业务。

④ 初期投资大。铁路运输需要固定的基础设施,如铺设轨道、建造桥梁和隧道等,工程艰巨,维护成本较高。

⑤ 灵活性差。与道路运输相比,铁路运输的灵活性较差。铁路运输的线路是固定的,不能像道路运输一样随时根据需求调整路线,且需要道路运输辅助其集散客货。

铁路运输在国民经济中承担着大部分的客货运输任务,是我国交通运输网的骨干之一。

1.1.1.2 道路运输

道路运输是一种机动灵活、快捷方便的运输方式。在中短途货物的运输中,道路运输相较于铁路运输、航空运输具有更大的优越性。其主要特点有以下几个方面:

① 机动灵活,适应性强。道路运输没有固定的线路,可以根据需求随时调整行驶路线。车辆可以直接从起点行驶到目的地,不需要中转或换装。与其他运输方式相比,道路运输提供的“门到门”服务非常方便。货物可以直接从发货地点运输到收货地点,减少了中间环节。道路运输适用于各种类型的货物,包括小批量、多样化的货物,危险品,冷链产品,鲜活物品等。除了货物运输,道路运输还可以承担大规模的客运任务,适用于长途客车、城市公交等客运服务。

② 覆盖面广。道路网络遍布各地,无论是城市、乡村还是偏远地区,都能够通过道路运输到达。即使是偏远地区或山区,通常也能通过道路运输提供服务。道路运输适用于短途的日常运输(如市区间运输)和长途运输(如省际运输、跨国运输)。

③ 快速性。相比于铁路运输、航空运输,道路运输的调度更加灵活和容易。运输公司可以根据需求安排车辆,调整运输路线和运输时间,满足快速变化的需求。在短途运输中,道路运输通常具有较高的灵活性和时效性。尤其在城市间和近距离的运输,道路运输比铁路运输、航空运输等运输方式通常更为快速和便捷。

④ 安全性较低,能耗较高。道路运输的安全性相对较低。其发生交通事故的频率较高,尤其在高速公路和繁忙的市区道路上。对于某些危险品的运输,道路运输存在较大的风险。道路运输的能源消耗通常较高,尤其是柴油或汽油驱动的运输工具。与铁路、电力驱动的运输工具相比,道路运输的碳排放和环境污染相对较高。

⑤ 容易受到外部因素影响。道路运输容易受到天气的影响,比如雨雪、雾霾、风暴等极端天气可能导致交通延误或交通事故。道路质量、交通拥堵、施工等因素也会影响道路运输效率,尤其在城市的高峰时段。

道路运输是现代运输的主要方式之一，也是构成陆上运输的两个基本运输方式之一。它在整个运输领域中，尤其在国内运输领域中占有非常重要的地位。改革开放以来，高速公路的建设和使用，为汽车快速、高效、安全、舒适地行驶提供了良好的条件，标志着我国的道路运输事业和科学水平进入了一个崭新的时代。道路运输已经渗入经济建设和社会生活的各个方面，在国民经济中占有越来越重要的地位。

1.1.1.3 水路运输

水路运输适合大宗、笨重、远程、不急需的货物。其主要特点有以下几个方面：

① 通航能力不受限制。水路运输主要利用江、河、湖泊和海洋的“天然航道”来进行，航道四通八达，通航能力几乎不受限制，而且投资少。

② 运量大、成本低。水路运输可以利用“天然航道”的有利条件，实现大吨位、长距离的运输，非常适合运输大宗货物。

③ 水路运输是开展国际贸易的主要方式，也是发展经济和促进各国友好往来的重要运输方式。

水路运输是国民经济发展的润滑剂。需要说明的是，作为水路运输重要组成部分之一的内河运输，为国民经济的繁荣发展，特别是沿江、沿河等内陆省份经济的繁荣发展起到了重要作用。

1.1.1.4 航空运输

航空运输适合贵重、急需但数量不多的货物；大城市和国际的快速客运；报刊、邮件运输等。其主要特点有以下几个方面：

① 高速直达性。由于在空中较少受到目标条件的限制，因此航空线路一般取两点间的最短距离，实现高速、直达运输，尤其在远程直达上更能体现其优势。

② 安全性高。航行支持设施、地面通信设施、航空导航系统、着陆系统以及保安监测设施的迅速发展进一步提高了航空运输的安全性。尽管飞行事故中会出现机毁人亡(事故严重性最大)的情况，但按单位货运周转量或单位飞行时间损失率来衡量，航空运输的安全性是很高的。

③ 经济特性良好。航空运输的成本及运价均高于铁路运输、水路运输，通常不如其他运输方式普及，尤其是在不发达国家。但如果考虑时间成本，航空运输有其独特的经济价值。

④ 包装要求低。空中航行的平稳性减少了货损的比率，因此可以降低包装要求。

⑤ 受气候条件限制。因飞行条件要求高(保证安全)，航空运输在一定程度上受到气候条件的限制，所以运输的准确性会受到影响。

在经济影响方面，航空运输受益于改革开放，又反过来直接促进改革开放。GDP 对航空运输有拉动作用，即社会对航空运输的需求量不断上升，而航空运输也为 GDP 的增长作出了贡献。

1.1.1.5 管道运输

管道运输适合大宗流体货物的运输。其主要特点有以下几个方面：

① 运量大。不同于道路运输、水路运输等其他运输方式，管道运输可以连续运行。一条管径为 720 mm 的管道每年可以运送易凝高黏原油 2000 多万吨；若管道管径为 1200 mm，则其年运输量可达 1 亿吨。

② 建设投资相对较小，占地面积少，受地理条件限制少。管道建设的投资和施工周期均不到铁路的 1/2。管道埋于地下，占用土地少，只有泵站、首末站会占用一些土地。管道可以从河流、湖泊、铁路、公路下部穿过，也可以翻越高山、横穿沙漠，一般不受地形与坡度的限制，可以缩短运

输里程。

③ 由于埋于地下,管道运输基本不受气候影响,故可以长期稳定运行。

④ 管道输送流体能源,主要依靠每隔60～70 km设置的增压站提供压力能,设备运行比较简单,易于就地自动化和进行集中遥控,使运输费用大大降低。先进的管道增压站已完全做到无人值守。

⑤ 沿线不产生噪声,有利于环境保护。

⑥ 漏失污染少。据近10年西欧石油管道统计,管道运输漏失污染仅为输送量的4%。

随着石油、天然气工业的不断发展,管道运输在国民经济中的地位也越来越高,但长距离运输管道在运行中的泄漏既造成资源的损失,也污染了环境,是一个急需解决的问题。

交通运输是现代经济社会正常运行的基础保障。经济社会实现现代化,首先要求交通运输实现现代化。改革开放以来,我国的铁路运输、道路运输、水路运输和航空运输等运输方式均得到较快的发展,而且随着交通运输事业市场化程度的不断提高,各种运输方式之间的市场竞争也全面展开。

1.1.2 我国道路发展概况

1.1.2.1 我国道路发展史

道路的历史,就是人类社会的发展史。我国道路发展史可以追溯到公元前3世纪,长达7000 km的通往中西亚和欧洲的"丝绸之路",它是当时亚欧大陆通商的交通动脉,是中西文化、宗教交流的主要路线,它促进了世界文明的孕育和发展,是中国人民和中西亚、欧洲人民友好往来的象征。

我国道路的发展史大体经历了如下阶段。

(1) 古代道路(公元前21世纪—公元1911年)

早在公元前2000年,我国就已出现可行驶牛车和马车的道路。西周时期有"匠人营国,国中九经九纬,其平如砥,其直如矢,经涂九轨,环涂七轨,野涂五轨"。周王朝规划的道路系统如图1-1所示。秦朝时期,强调"车同轨,书同文",秦始皇为巩固政权、便利通商,大修驰道,形成了全国性的基本道路网,古史有"皇帝坐车,任重而道远"的记载。汉代时期,十里一亭,三十里一驿,作为交通运输中继站,延长运输距离。唐代是我国古代道路发展的鼎盛时期,初步形成了以城市为中心的四通八达的道路网。唐朝长安城道路网系统如图1-2所示。清代道路网系统分为三等,即"官马大路""大路""小路"。"官马大路"分东北路、东路、西路和中路四大干线,总长超过2000 km。清代北京城道路网系统如图1-3所示。

(2) 近代道路(1912—1949年)

至1949年,我国只修建了13万km道路,并且路况差,道路标准不一。这一时期可细分为以下四个阶段:

① 清末和北洋政府时期。这是中国公路的萌芽阶段。1902年,上海出现汽车,汽车公路开始在中国发展;1906年,我国开始修建广西友谊关到龙州的公路。我国建成的第一条公路是1908年在广西南部边防兴建的龙州至那甚公路,长30 km。截至1927年,全国公路通车里程约为2.9万km。

② 1927—1936年。我国公路开始纳入国家建设规划阶段。1927年,国民党政府的交通部和铁道部草拟了全国公路道路规划及公路工程标准。截至1936年6月,全国通车里程达117300 km。

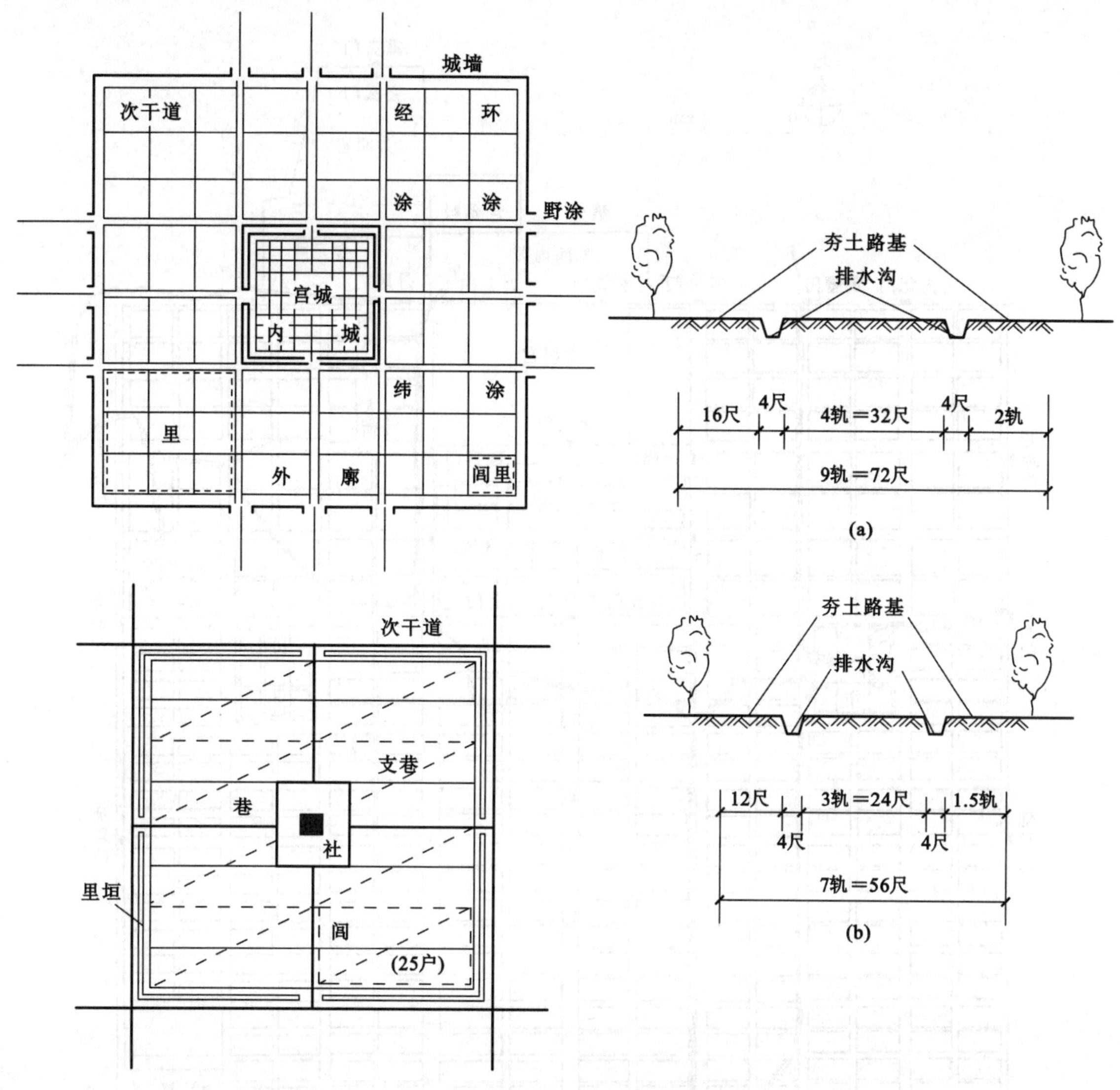

图 1-1 周王朝规划的道路系统

(a) 经纬涂横断面;(b) 环涂横断面

③ 1937—1945 年。由于战争的影响和破坏,公路发展缓慢。截至 1946 年 12 月,全国公路总里程为 130307 km。

④ 1946—1949 年。时值解放战争时期,公路交通以军用为主,公路建设进展不大。特别是国民党军队溃退时,公路遭到严重破坏。截至中华人民共和国成立前夕,全国公路通车里程只有 7.5 万 km。

1.1.2.2 我国道路发展现状(1949 年以后)

由于公路和城市道路的建设进展不一致,接下来将从两个方面分别阐述它们的发展现状。

(1) 我国公路建设的现状

中华人民共和国成立以后,公路事业逐步得到发展,大致经历了"通达工程"建设期(1950—1978 年)、"提高等级"建设期(1979—1997 年)和"完善路网"建设期(1998 年至今)。

① "通达工程"建设期(1950—1978 年)。1949 年中华人民共和国成立时,国家的基础设施建

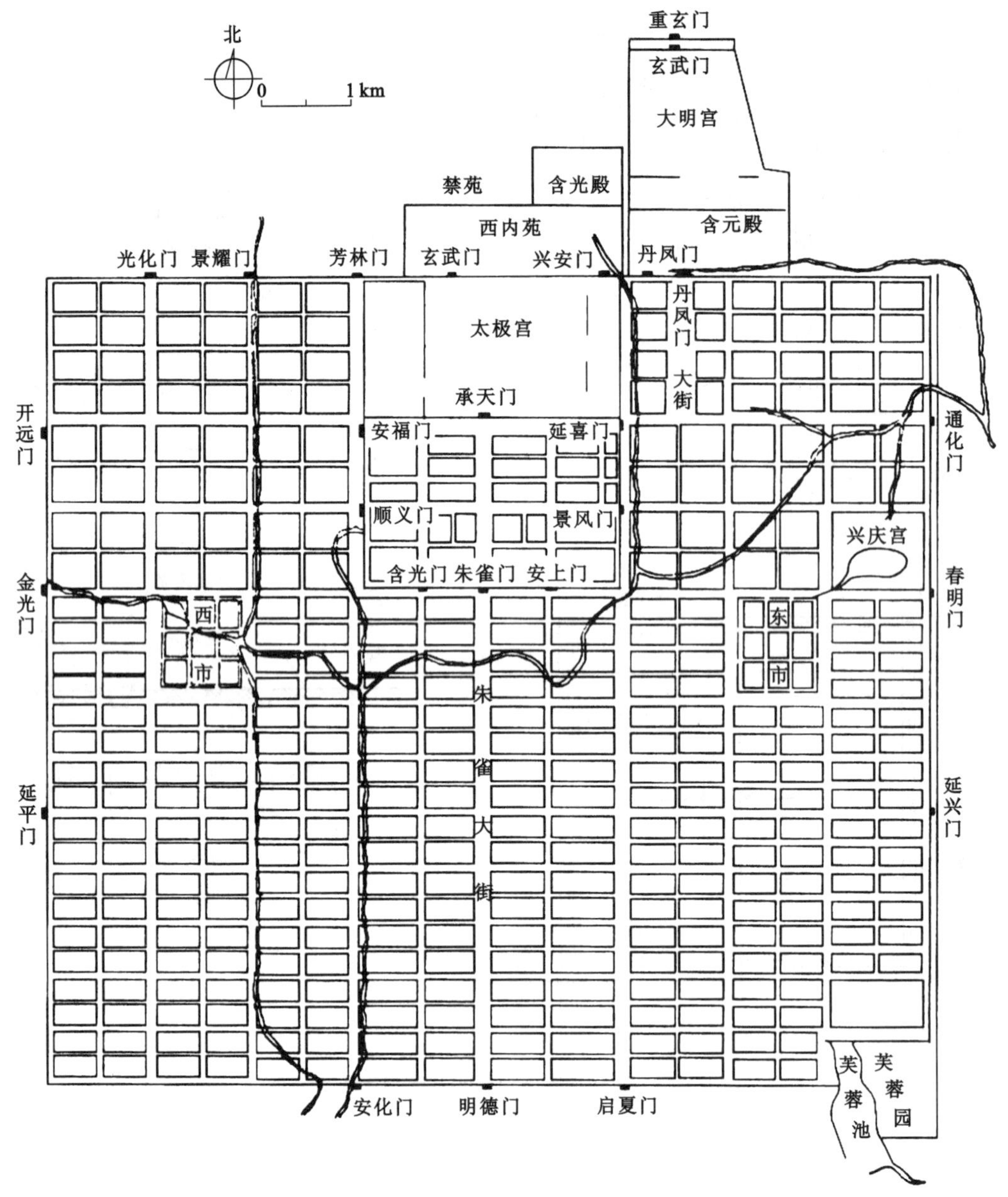

图 1-2　唐朝长安城道路网系统

设非常薄弱,公路网的建设几乎处于瘫痪状态。全国公路总里程较短,很多地方交通不畅,尤其是农村地区与城市地区之间的交通难以衔接。为促进经济发展、改善人民生活、加强国土资源开发,国家提出了"通达工程"的建设目标,尤其是以"通公路、通交通、通全境"为重要任务,目标是逐步连接全国的交通网络。当时,公路建造技术和工艺水平相对落后,公路建设标准多为三、四级公路,但是通车里程增长迅速。在 1949 年以前,全国公路通车里程只有 7.5 万 km,截至 1976 年,全国公路通车里程达到 82.3 万 km。这段时期修建的代表性公路有川藏公路、青藏公路、华东国防公路、昆洛公路、华南国防公路、中尼公路、川滇西路、沈阳至抚顺南线一级公路等。这个时期早期修建的多是泥结碎石路面和渣油路面,后期则出现了沥青路面(asphalt pavement)和水泥混凝土路面。

② "提高等级"建设期(1979—1997 年)。公路建设由以前的"以通为主"向"提高公路的快速

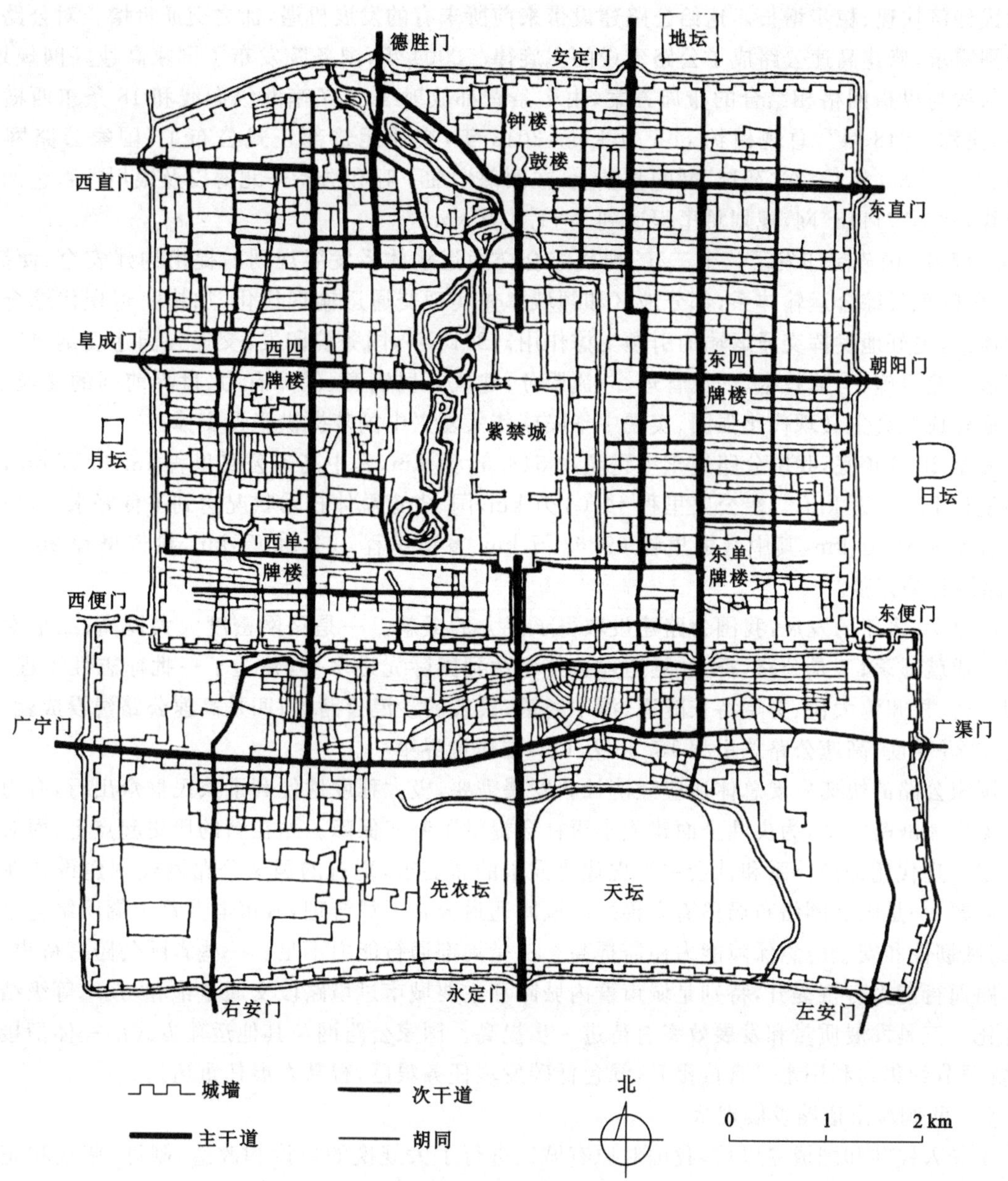

图 1-3 清代北京道路系统

性”转变。1993 年，交通部提出“五纵七横”国道干线的规划布局方案。规划的内容为：从 1991 年开始到 2020 年，用 30 年左右的时间，建成 12 条 3.5 万 km 的国道主干线，将全国重要的城市、工业中心、交通枢纽和主要陆上口岸连接起来，逐步形成一个与国民经济发展格局相适应、与其他交通运输方式相协调、主要由高等级公路（高速公路、一级公路、二级公路）组成的快速、高效、安全的国道主干线系统。“五纵”分别为：同江—三亚、北京—福州、北京—珠海、二连浩特—河口、重庆—湛江。“七横”分别为：绥芬河—满洲里、丹东—拉萨、青岛—银川、连云港—霍尔果斯、上海—成都、上海—瑞丽、衡阳—昆明。截至 1996 年底，我国的公路里程超过 118 万 km，高速公路和一级公路超过 15 万 km，路网等级全面提高，这个时期修建的路面多为沥青路面和水泥混凝土路面。

③“完善路网”建设期（1998 年至今）。这个时期，我国采取扩大内需的积极的财政政策，以推

动国民经济快速、稳步增长。这给公路建设带来前所未有的发展机遇,加之交通量增长对公路建设的强烈需求,修建高速公路成了公路建设的主旋律。2004年,国务院发布了国家高速路网规划,采用放射线与纵横网格相结合的布局方案,由7条首都放射线、9条南北纵向线和18条东西横向线组成,简称“7918网”,总规模约8.5万km。2013年,交通运输部正式公布了《国家公路网规划(2013年—2030年)》,在“7918”网的基础上,在西部增加了呼和浩特—北海以及银川—百色两条南北总线,称为“71118”网,规划总里程达到了11.8万km。

2017年,国务院印发了《“十三五”现代综合交通运输体系发展规划》,提出构建安全、便捷、高效、绿色的现代综合运输体系,部分地区和领域率先实现交通运输现代化,加快完善现代综合交通运输体系,更好地发挥交通运输的引领支撑作用。2019年,国务院印发《交通强国建设纲要》,提出要打造一流设施、一流技术、一流管理、一流服务,建成人民满意、保障有力、世界前列的交通强国,为全面建成社会主义现代化强国、实现中华民族伟大复兴中国梦提供坚强支撑。

截至2023年底,我国公路通车里程超过543.68万km,其中高速公路里程18.36万km,一级公路里程14.14万km,二级公路里程44.04万km,国、省道总体技术状况达到了良好水平,农村公路里程459.86万km,其中县道里程69.67万km、乡道里程124.28万km、村道里程265.91万km,路网日趋完善。

经过70多年的发展,我国公路建设取得了巨大的成就。一是路网密度大大提高;二是农村公路建设成就显著;三是公路、桥梁、隧道建造技术达到国际先进水平,建造了一批标志性工程,如港珠澳大桥、杭州湾大桥、秦岭特长隧道、深中通道、最长的沙漠公路等;四是高速公路建设成就突出,截至2023年底,高速公路总里程18.36万km,位居世界第一。

国家公路的快速发展总体适应经济社会发展需要,极大程度地便利了人民群众出行,有力支撑了国家重大战略实施,为决胜全面建成小康社会提供了坚实保障。站在新的历史起点上,面对支撑全面建设现代化经济体系和社会主义现代化强国的新需求,现有的国家公路网规划建设存在一些突出问题:一是区域网络布局仍需完善。区域间通道分布不尽合理,城市群及都市圈网络化水平不高,路网韧性和安全应急保障能力还需提高。二是局部通行能力不足。一些省际公路有待贯通,部分公路通行能力有待提升,特别是城市群内城际和主要城市过境路段交通量饱和,技术等级结构需要优化。三是发展质量和发展效率有待进一步提高。国家公路网与其他运输方式的一体衔接需加强,资源节约集约利用水平有待提升,绿色低碳发展任务艰巨,智慧发展任重道远。

(2) 我国城市道路发展现状

中华人民共和国成立以后,我国对原有城镇进行了大规模的建设和改造,制订、调整和完善了道路网规划,进行了大规模的城市道路改建、拓宽和绿化,修建了大量立体交叉设施,包括人行天桥和地道,在大小江河上建造了大批桥梁和过江隧道,各大城市纷纷修建长距离的快速路和环城快速干道,普遍采用了点、线控制的智能交通管理系统,部分地区还引进了先进的面控系统。城市道路建设发展迅速,取得了显著的成就,但仍然存在城市道路建设速度落后于城市车辆数的增加速度,城市交通基础设施相对薄弱,交通拥挤、堵塞和乘车难,混合交通干扰大、行车速度低、事故较多、车流量大、人流集中,交通管理水平不高等问题。从城市建设的角度来看,增加城市道路建设的投资、加快建设速度是各城市的主要任务。

1.1.2.3 道路发展规划

(1)国家综合立体交通网规划

2021年2月,中共中央、国务院印发《国家综合立体交通网规划纲要》。国家综合立体交通网连接全国所有县级及以上行政区、边境口岸、国防设施、主要景区等。以统筹融合为导向,着力补短板、重衔接、优网络、提效能,更加注重存量资源优化利用和增量供给质量提升。完善铁路、公路、水运、民航等基础设施网络,构建以铁路为主干,以公路为基础,水运、民航比较优势充分发挥的国家综合立体交通网。国家综合立体交通网的规划目标如下:

到2035年,基本建成便捷顺畅、经济高效、绿色集约、智能先进、安全可靠的现代化高质量国家综合立体交通网,实现国际国内互联互通、全国主要城市立体畅达、县级节点有效覆盖,有力支撑"全国123出行交通圈"(都市区1小时通勤、城市群2小时通达、全国主要城市3小时覆盖)和"全球123快货物流圈"(国内1天送达、周边国家2天送达、全球主要城市3天送达)。交通基础设施质量、智能化与绿色化水平居世界前列。交通运输全面适应人民日益增长的美好生活需要,有力保障国家安全,支撑我国基本实现社会主义现代化。

到21世纪中叶,全面建成现代化高质量国家综合立体交通网,拥有世界一流的交通基础设施体系,交通运输供需有效平衡、服务优质均等、安全有力保障。新技术广泛应用,实现数字化、网络化、智能化、绿色化。出行安全便捷舒适,物流高效经济可靠,实现"人享其行、物优其流",全面建成交通强国,为全面建成社会主义现代化强国当好先行。

到2035年,国家综合立体交通网实体线网总规模合计70万km左右(不含国际陆路通道境外段、空中及海上航路、邮路里程)。其中铁路20万km左右,公路46万km左右,高等级航道2.5万km左右。沿海主要港口27个,内河主要港口36个,民用运输机场400个左右,邮政快递枢纽80个左右。

(2)国家公路网规划

2022年7月4日,《国家公路网规划》获国务院批准。国家公路网规划的目标是:到2035年,基本建成覆盖广泛、功能完备、集约高效、绿色智能、安全可靠的现代化高质量国家公路网,形成多中心网络化路网格局,实现国际省际互联互通、城市群间多路连通、城市群城际便捷畅通、地级城市高速畅达、县级节点全面覆盖、沿边沿海公路连续贯通。到21世纪中叶,高水平建成与现代化高质量国家综合立体交通网相匹配、与先进信息网络相融合、与生态文明相协调、与总体国家安全观相统一、与人民美好生活需要相适应的国家公路网,有力支撑全面建成现代化经济体系和社会主义现代化强国。

国家公路网规划总规模约46.1万km,由国家高速公路网和普通国道网组成,其中国家高速公路约16.2万km(含远景展望线约0.8万km),普通国道约29.9万km。按照"保持总体稳定、实现有效连接、强化通道能力、提升路网效率"的思路,补充完善国家高速公路网。保持国家高速公路网络布局和框架总体稳定,优化部分路线走向,避让生态保护区域和环境敏感区域;补充连接城区人口10万以上市县、重要陆路边境口岸;以国家综合立体交通网"6轴7廊8通道"主骨架为重点,强化城市群及重点城市间的通道能力;补强城市群内部城际通道、临边快速通道,增设都市圈环线,增加提高路网效率和韧性的部分路线。国家高速公路网由7条首都放射线、11条北南纵线、18条东西横线,以及6条地区环线、12条都市圈环线、30条城市绕城环线、31条并行线、163条联络线组成。

按照"主体稳定、局部优化,补充完善、增强韧性"的思路,优化完善普通国道网。以既有普通国道网为主体,优化路线走向,强化顺直连接、改善城市过境线路、避让生态保护区域和环境敏感区域;补充连接县级节点、陆路边境口岸、重要景区和交通枢纽等,补强地市间通道、沿边沿海公路及并行线;增加提高路网效率和韧性的部分路线。普通国道网由12条首都放射线、47条北南纵线、60条东西横线,以及182条联络线组成。

1.2　道路的分类、分级和技术标准

1.2.1　道路的特点和功能

1.2.1.1　道路的特点

近百年来,道路运输之所以能迅速发展,和道路及道路运输所具有的一系列特点是分不开的。与其他交通运输设施网络相比,道路具有以下属性及特征:

(1) 道路的基本属性

道路建设与道路运输是物质生产,因而必然具有物质生产的基本属性,即有生产资料、劳动手段和劳动力以及作为物质产品而存在的道路。同时,道路又有其本身特有的基本属性。

① 公益性。

道路分布广、涉及面宽,能使全社会受益,同时也受到社会各方的关注和支持。特别是近年来,道路运输在促进社会商品经济发展方面发挥了巨大的作用,越来越受到社会的重视。

② 商品性。

道路建设是物质生产,道路是产品,必然具备商品的基本属性,它既具有商品价值,又具有使用价值。这一属性是目前发展商品化道路(也称收费道路)的基本依据。

③ 超前性。

道路的超前性主要是指道路的先行作用。道路是为国民经济和社会发展服务的,它作为国家联结工农业生产的链条和经济腾飞的跑道,其发展速度应快于其他部门的发展速度。这就是通常所说的"先行官"作用。

④ 储备性。

道路运输是资金密集型和技术密集型的产业,道路属于国家基本建设项目,道路的建设不仅要满足其现行通行能力的要求,还要考虑今后一段时间内通行能力增长的需求,即要有一定的储备能力。这就要求在建设之前必须进行统一的规划、可行性论证、周密的经济调查和交通调查、交通预测以及精心的设计等工作,以满足远景发展的需要。

(2) 道路的经济特征

道路作为一种特殊的物质产品,还具有一些经济特征,主要包括以下几个方面:

① 道路产品是固定在广阔地域上的线形建筑物,不能移动。这不同于一般的工业生产和建筑业。工业生产一般是生产设备固定,产品从原材料到成品在生产过程中流动,而道路与此相反。建筑业虽然与道路相同,但其产品分布在各点上,而不是线形工程。因此,道路建设的流动空间更大,工作地点更不固定,受社会和自然环境影响大,具有更强的专业性。

② 道路的生产周期和使用周期长。通常一条上百千米的道路建成要花两三年的时间,高等级道路则耗时更长,在实施过程中需耗用大量的人力、物力和财力。投入使用后一般使用年限为10~20年。在使用过程中还需进行经常性的养护、维修和管理工作。

③ 道路虽是物质产品,但不具有商品的形式。在商品经济中,一般的产品都采取商品交换形式,出售后进入消费阶段。而道路建成后,不能作为商品出售,也不存在等价交换的买卖形式,只提供给社会使用。其投资费用以收费形式(使用道路的收费和养护管理费)来补偿。

④ 具有特殊的消费过程和消费形式。一般的商品生产与消费在时间和空间上都是分离的。即商品必须成型后才能运送到市场进行交换和消费。而道路则可边建设边使用,并在使用过程中养护、维修与改造。道路在消费形式上不是一次性的,而是多次消费。这就对道路的质量提出了特别高的要求,以确保其在多次重复性使用(消费)过程中车辆行驶的安全、快速、经济和舒适。

⑤ 道路作为一个完整的系统,发挥其作用,为社会和经济服务。一条道路是由路线、路基、路面、桥涵等各部分组成的完整的系统。一个区域的道路网,则是由许多条道路组成的一个有机的网络系统。而这个系统又成为交通运输系统中的一个子系统,这就要求各条道路的修建要统筹规划,相互协调,密切配合,从整体的角度为社会和经济服务。

1.2.1.2 道路的功能

(1) 公路的功能

① 主要承担中、短途运输任务(短途运输为 50 km 以内;中途运输为 50～200 km)。

② 补充和衔接其他运输方式,担任大运量运输(如火车运输及轮船运输)的集散运输任务。

③ 在特殊条件下,也可独立担负长途运输任务。特别是随着高速公路的发展,中、长途运输的任务将逐步增加。

(2) 城市道路的功能

① 联系城市各部分,为城市各种交通服务,并担负城市对外交通的中转与集散。

② 构成城市结构布局的骨架,确定城市的格局。

③ 为防空、防火、防震以及绿化提供场地。

④ 城市铺设各种公用设施的主要通道。

⑤ 为城市提供通风、采光,改善城市生活环境。

⑥ 划分街坊,组织沿街建筑,表现城市建设风貌。

1.2.2 道路的分类

1.2.2.1 基于属性的道路分类

按照道路属性的不同,道路可分为公路、城市道路、厂矿道路、旅游道路、林区道路、乡村道路及其他道路等。

(1) 公路

公路是指连接城市、城镇、乡村等,主要供汽车行驶的具备一定技术条件和设施的道路,也是所占比例最大的道路。设置依据是相关的公路工程技术标准。

(2) 城市道路

建在城市区域内(包括市区和市郊),为机动车、非机动车、行人提供通行服务的具有一定技术条件和设施的道路,称为城市道路。设置依据是相关的城市道路技术规范。

(3) 厂矿道路

建在大型工厂、矿山、港口码头等管辖范围内,为内部生产、生活提供运输服务的道路,称为厂矿道路。设置依据是相关的厂矿道路技术规范。

(4) 旅游道路

旅游道路是指建在旅游区内部的游览道路,一般由景区游览干线、景点游览支线和步行游览小道组成,以游览干线为主干,分别向各景点敷设游览支线和步行游览小道,像树枝状一样联系所有景点。设置依据是相关的公路工程技术标准。

(5) 林区道路

林区道路是指修建在林区,主要为林业生产和林区生活提供各种运输服务的道路,具有独特的行业特点。设置依据是相关的林区道路技术标准。

(6) 乡村道路

建在乡村、农场,为了方便农业生产和农民生活,主要供行人及各种农业运输工具通行的道路,称为乡村道路。

(7) 其他道路

其他道路是指在某些特殊地区或有特殊用途的道路,例如汽车试验道、汽车赛道、机场服务道路等。

1.2.2.2 基于功能的公路分类

《公路工程技术标准》(JTG B01—2014)在综合考虑公路功能、交通效率、交通量、出入口控制等因素的基础上,将公路按功能分为干线公路、集散公路及支线公路。干线公路又分为主要干线公路和次要干线公路,集散公路分为主要集散公路和次要集散公路。

① 干线公路具有畅通直达功能,主要满足可通达的要求,交通流不间断,交通质量高,可以节省车辆运行时间,降低车辆运行成本,保证足够的交通安全。在评价此功能的质量水平时,必须将节省时间、降低成本、保证足够的交通安全目标和保护环境目标进行慎重比较。

② 集散公路具有汇集疏散的功能,主要是汇集和分流交通,为公路周围的区域提供交通便利。集散公路在功能上需要平衡可通性与可达性,既要科学地进行出入口控制,保证一定水平的可通性,提高车辆运行的快速性,又要避免过度控制出入口而造成可达性降低,影响周围居民出行。

③ 支线公路具有出入通达功能,主要为满足居民日常出行、购物、休闲等活动的交通需求,因此对车辆通行速度没有特别高的要求,主要强调可达性。

1.2.3 公路的等级与技术标准

1.2.3.1 公路(技术)等级的划分

公路根据交通特性及控制干扰的能力分为高速公路、一级公路、二级公路、三级公路和四级公路。

① 高速公路:为专供汽车分向、分车道行驶,全部控制出入的多车道公路。高速公路的年平均日设计交通量宜在 15000 辆小客车以上。

② 一级公路:为供汽车分向、分车道行驶,可根据需要控制出入的多车道公路。一级公路的年平均日设计交通量宜在 15000 辆小客车以上。

③ 二级公路:为供汽车行驶的双车道公路。二级公路的年平均日设计交通量宜为 5000~15000 辆小客车。

④ 三级公路:为供汽车、非汽车交通混合行驶的双车道公路。三级公路的年平均日设计交通量宜为 2000~6000 辆小客车。

⑤ 四级公路:为供汽车、非汽车交通混合行驶的双车道或单车道公路。双车道四级公路的年平均日设计交通量宜在 2000 辆小客车以下;单车道四级公路的年平均日设计交通量宜在 400 辆小客车以下。

全部控制出入的高速公路必须具有四条或四条以上的车道，必须设置中间带，必须设置禁入栅栏，必须设置立体交叉。

交通量换算采用小客车为标准车型。各汽车代表车型及车辆折算系数见表 1-1。

表 1-1 **各汽车代表车型及车辆折算系数**

汽车代表车型	车辆折算系数	说明
小客车	1.0	座位≤19 座的客车和载质量≤2 t 的货车
中型车	1.5	座位＞19 座的客车和 2 t＜载质量≤7 t 的货车
大型车	2.5	7 t＜载质量≤20 t 的货车
汽车列车	4.0	载质量＞20 t 的货车

注：1. 蓄力车、人力车、自行车等非机动车按路侧干扰因素计。
2. 公路上行驶的拖拉机每辆折算为 4 辆小客车。
3. 公路通行能力分析所要求的车辆折算系数应针对路段、交通口等形式，按不同的地形条件和交通需求，采用相应的折算系数。

高速公路和一级公路设计交通量预测年限为 20 年；二级公路、三级公路设计交通量预测年限为 15 年；四级公路可根据实际情况确定。设计交通量预测年限的起算年为该项目的计划通车年。设计交通量的预测应充分考虑走廊带范围内远期社会、经济的发展规划和综合运输体系的影响。公路设计小时交通量宜采用年第 30 位小时交通量，也可根据项目特点与需求，在当地年第 20～40 位小时交通量之间取值。

1.2.3.2 公路(技术)等级的选用

公路等级应在论证确定公路功能的基础上，结合项目所在地区的综合运输体系远景发展规划及设计交通量论证确定，并遵守以下原则：

① 主要干线公路作为公路网中结构层次最高的主通道，应选用高速公路。

② 次要干线公路作为主要干线公路的补充，应选用二级及二级以上公路。当设计交通量达到 15000 辆小客车/日时，宜选用一级公路及一级以上公路；当设计交通量达到 10000 辆小客车/日时，且沿线纵横向干扰较大时，宜选用一级公路；当设计交通量低于 10000 辆小客车/日时，可选用二级公路；当货车混入率较高时，宜间隔设置超车车道，减少纵向干扰。

③ 主要集散公路连接干线公路与支线公路，宜选用一级、二级公路。当设计交通量达到 15000 辆小客车/日时，可选用一级公路；当设计交通量达到 5000～15000 辆小客车/日时，可选用二级公路；当设计交通量达到 10000 辆小客车/日，且沿线横向干扰较大时，宜选用一级公路；当设计交通量低于 5000 辆小客车/日时，宜选用二级公路。

④ 次要集散公路服务于县乡区域交通，宜选用二级、三级公路。当设计交通量达到 5000 辆小客车/日时，宜选用二级公路；当设计交通量低于 5000 辆小客车/日时，宜选用三级公路。

⑤ 支线公路宜选用三级、四级公路。当设计交通量达到 5000 辆小客车/日时，宜选用二级公路。

⑥ 当既有公路不能满足功能需要时，应结合公路网发展规划有计划地进行改建。

⑦ 对纵、横向干扰少的干线公路，宜对选用一级公路或高速公路进行论证，若选用一级公路，则必须采取确保较高运行速度和安全的措施。对大、中城市城乡接合部及混合交通量大的集散公路可选用一级公路，其里程不宜过长、设计速度不宜太高，且应设置相应设施以保证通行能力和安

全。当二级公路作为干线公路时,应采取相应安全措施。当二级公路作为城乡接合部及混合交通量较大的集散公路时,应视混合交通量的大小设置慢车道,且设置相应设施以确保通行能力和安全。

1.2.3.3 公路工程技术标准

(1) 公路技术标准的内涵

公路技术标准是指在一定自然环境条件下为保持车辆正常行驶性能所采用的技术指标体系。公路技术标准反映了我国公路建设的技术方针,是法定的技术要求,公路设计时都应当遵守。各级公路的具体标准是由各项技术指标体现的,见表1-2。

表1-2 **各级公路的主要技术指标汇总表**

技术指标			高速公路			一级公路			二级公路		三级公路		四级公路	
设计速度/(km/h)			120	100	80	100	80	60	80	60	40	30	30	20
车道数/条			≥4			≥4			2		2		2(1)	
车道宽度/m			3.75	3.75	3.75	3.75	3.75	3.50	3.75	3.50	3.50	3.25	3.25	3.00
停车视距/m			210	160	110	160	110	75	110	75	40	30	30	20
圆曲线半径/m	最大超高	10%	570	360	220	360	220	115	220	115	—	—	—	—
		8%	650	400	250	400	250	125	250	125	60	30	30	15
		6%	710	440	270	440	270	135	270	135	60	35	35	15
		4%	810	500	300	500	300	150	300	150	65	40	40	20
最大纵坡			3%	4%	5%	4%	5%	6%	5%	6%	7%	8%	8%	9%

注:四级公路应采用双车道,交通量小或困难路段可采用单车道。

(2) 公路技术标准的应用

各级公路的技术指标是根据路线在公路网中的功能、设计交通量和交通组成、设计速度等因素确定的。其中设计速度是技术标准中最重要的指标,它对公路的几何形状、工程费用和运输效率影响最大,在考虑路线的使用功能、设计交通量与技术等级,结合地形、经济、预期的运行速度和沿线土地利用性质等因素的基础上,根据国家的技术标准选定设计速度。在公路网中具有重要经济、国防意义及交通量较大的公路,路线应采用较高的设计速度,反之,采用较低的设计速度。对于某些公路,尽管交通量不是很大,但其具有重要的政治、经济、国防意义,比如通向机场、经济开发区、重点游览区或军事用途的公路,可以采用较大的设计速度。

技术标准的选择和运用应有针对性和灵活性。我国地域辽阔,各地条件迥异,不同地区公路乃至同一公路不同路段都有不同的环境特征。为保护个性环境,需要灵活设计;为展现环境个性,需要精心创作。技术标准和设计规范是应用于全国范围的纲领性法规,它必须具有一般性和普遍性的指导意义。在道路设计时,应在全面、系统地理解标准和规范的基础上,根据个性环境灵活地运用标准和规范中的各项指标。

1.2.4 城市道路的分类与技术分级

1.2.4.1 城市道路的分级

按照道路在城市道路网中的地位、交通功能以及对沿线的服务功能等，将城市道路分为快速路、主干路、次干路和支路四个等级。

① 快速路：应中央分隔、全部控制出入、控制出入口间距及形式，应实现交通连续通行，单向设置不应少于两条车道，并应设有配套的交通安全与管理设施。快速路两侧不应设置吸引大量车流、人流的公共建筑物的出入口。

② 主干路：连接城市各主要分区，应以交通功能为主。主干路两侧不宜设置吸引大量车流、人流的公共建筑物的出入口。

③ 次干路：应与主干路结合组成干路网，以集散交通的功能为主，兼有服务功能。

④ 支路：宜与次干路和居住区、工业区、交通设施等的内部道路相连接，解决局部地区交通，以服务功能为主。

1.2.4.2 城市道路主要技术指标

城市道路主要技术指标见表 1-3。

表 1-3 各等级城市道路主要技术指标

等级	项目			
	设计速度/(km/h)	单条机动车道宽/m	分隔设置	采用横断面形式
快速路	100,80,60	3.75(大型车或混行)	必须设置	四幅(两侧设辅路)
		3.5(小客车专用,设计速度为 60 km/h 时取 3.25)		两幅(两侧不设辅路)
主干路	60,50,40	3.5(大型车或混行)	—	四幅或三幅
		3.25(小客车专用)		
次干路	50,40,30	3.5(大型车或混行)	—	单幅或两幅
		3.25(小客车专用)		
支路	40,30,20	3.5(大型车或混行)	—	单幅
		3.25(小客车专用)		

在规划阶段确定道路等级后，当遇特殊情况需变更级别时，应进行技术经济论证，并报规划审批部门批准。

当道路为货运、防洪、消防、旅游等专用道路时，除应满足相应道路等级的技术要求外，还应满足专用道路和通行车辆的特殊要求。

1.2.4.3 城市道路的红线规划

道路红线是指通过城市规划或道路系统专项规划确定的各等级城市道路的路幅边界控制线，及城市道路用地与其他用地的分界控制线。红线宽度为道路用地的规划范围，包括车行道、人行道、绿化带等在内的规划道路的总宽度，或称规划路幅。

城市道路的红线规划,是依据城市总体规划确定道路网的形式,道路的功能、走向和位置,一次修建还是分期逐步改造,新建道路还是旧路改造等因素而定的。

城市道路红线规划的主要工作内容有:

(1) 确定道路红线宽度

根据道路的功能与性质,考虑适当的横断面形式和定出机动车道、非机动车道、人行道、绿化带等各组成部分的合理宽度,从而确定道路的总宽度,即红线宽度。红线宽度规划太窄不能满足日益发展的城市交通和其他各方面的要求,给以后改建带来困难;太宽则近期沿线建筑要从现有路边后退较大距离,会给近期建设带来困难。所以,确定红线宽度时应充分考虑"近远结合,以近为主"的原则。

(2) 确定道路红线位置

在城市总平面图基本方案的基础上,对于新建区道路,选择规划路中心的位置,并按拟定道路横断面宽度画出道路红线;对于旧区改建道路,如计划近期一次拓宽至规划宽度者,规划红线根据"少拆迁"原则以一侧拓宽为宜;属于长期控制、逐步形成的道路,定位时可以按照现状中线不动,使两侧建筑平均后退的原则。

(3) 确定交叉口类型

根据各交叉口的类型及具体条件和"近远结合"的要求,定出交叉口用地范围、具体位置和尺寸,定出路缘石转弯半径以及安全视距等,并以红线方式绘于平面图上。

(4) 确定控制点的半径和标高

规划道路中线的转折点和各条道路的相交点,也就是控制点。控制点平面位置可直接实地测量,高程则由竖向规划确定;也可以依据可靠的地形图计算其坐标和高程。

1.3 道路的基本组成

1.3.1 公路的组成

公路是一种线形工程结构物,它由线形和结构两大部分组成。

(1) 线形组成

公路路线指公路的中线,在平面上有转向,在空间上有高低起伏,所以道路的中线是一条三维空间曲线。

公路路线的线形是指在空间上的几何形状和尺寸,为方便研究,将之分解为平面设计、纵断面设计、横断面设计三个方面。

(2) 结构组成

公路是交通运输结构物,它不仅承受荷载的作用,而且受到自然条件的影响,其结构组成主要包括:路基路面工程、排水工程(桥涵、渗水路堤、过水路面等)、防护工程(挡土墙、护坡、护栏等)、特殊构造物以及交通服务设施。

① 路基(subgrade)。

路基是行车部分的基础,断面形状一般有路堤、路堑、半填半挖三种路基形式。路基结构必须稳定、坚实并符合规定的尺寸,以承受汽车荷载和自然因素的作用。

② 路面(pavement)。

路面是用坚硬材料铺筑于路基上供汽车直接行驶的地带,通常由基层及面层两部分组成,路面按其使用品质、材料组成和结构强度可分为高级路面、次高级路面、中级路面和低级路面;按其力学性质可分为柔性路面和刚性路面两大类。常用路面材料有沥青、水泥、碎(砾)石、砂、黏土等。

③ 桥涵(bridge and culvert)。

桥涵是指公路跨越水域、沟谷和其他障碍物时修建的构造物。按照《公路工程技术标准》(JTG B01—2014)的规定,单孔跨径小于 5 m 或多孔跨径之和小于 8 m 称为"涵洞",大于这一规定值称为桥梁。

④ 隧道(tunnel)。

公路隧道通常是指建造在山岭、江河、海峡和城市地面下,供车辆通过的工程构造物。它是为公路从地层内部或水层通过而修建的结构物。当公路翻越高山或穿过深水层时,为了改善平、纵面线形和缩短路线长度,经过技术、经济比选,可开凿隧道。

⑤ 特殊结构物(special structure)。

在山区地形、地质复杂路段,可修建悬出路台、半山桥及防石廊等保证道路连续和路基稳定的构造物。

⑥ 排水系统(drainage system)。

为了防止地面水及地下水等自然水侵蚀、冲刷路基,确保路基稳定,需设置排水构造物,除上述桥涵外,还有边沟、截水沟、排水沟、跌水、急流槽、盲沟、渗井及渡槽等。这些排水构造物组成综合排水系统,以减轻或消除各种水对道路的侵害。

⑦ 防护工程(protection structure)。

在陡峻山坡或沿河一侧的路基边坡修建填石边坡、砌石边坡、挡土墙、护脚及护面墙等可加固路基边坡,保证路基稳定。在易发生雪害的路段可设置防雪障、防雪栅等。在沙害路段设置控制风蚀过程发生和改变沙粒搬运及堆积条件的设施。沿河路基可设置导流结构物,如顺水坝、格坝、丁坝及拦水坝等间接防护工程。

⑧ 交通工程及沿线设施(traffic engineering and roadside facility)。

公路交通工程及沿线设施是保证公路功能、保证安全形势的配套设施,如照明设备、交通标志、护栏、中央分隔带、隔音墙、隔离墙、加油站、汽车停车场、休息设施及绿化和美化设施等。

1.3.2 城市道路的组成

城市道路通达城市的各地区,将城市各主要组成部分之间联系起来,形成一个完整的道路系统,供城市内车辆交通及行人使用,便于居民的生活、工作及文化娱乐活动,并与市外道路连接,负担着对外交通的任务。其主要组成如下:

① 供汽车行驶的机动车道,供有轨电车行驶的有轨电车道,供自行车、三轮车等行驶的非机动车道;

② 专供行人步行交通用的人行道,包括人行地道和人行天桥;

③ 交叉口、步行广场、停车场、公共汽车停靠站台;

④ 排水系统,如街沟、边沟、雨水口、窨井、雨水管等;

⑤ 交通安全设施,如交通信号灯、交通标志、交通岛、护栏等;

⑥ 沿街设施,如邮筒、照明灯柱、电线杆、给水栓等;

⑦ 地下管线,如电缆、煤气管、给水管等;

⑧ 具有生态净化、安全防护和景观美化作用的绿化带;

⑨ 交通发达的现代化城市还建有地下铁道、高架道路等。

1.4 道路勘测设计的控制要素

1.4.1 公路线形的基本要求

公路的基本服务对象是汽车,汽车在公路上行驶的基本要求是"安全、迅速、经济和舒适"。

(1) 保证汽车在道路上行驶的稳定性(安全)

汽车行驶的稳定性是指汽车在公路上处于动态(启动、制动、匀速行驶或加、减速行驶)或静态时,是否会产生倾覆、倒溜和侧向滑移的现象。

只有当汽车具有良好的行驶稳定性时,才能保证其使用性能得到充分发挥,从而达到减轻驾驶员的劳动强度,增加乘客的安全感和舒适度,减少装载货物的损坏等目的。

(2) 保证行车畅通(迅速)

要保证行车畅通,必须有足够的路面宽度和足够的行车视距。此外,还应尽可能减少平面交叉以及增加交通安全设施,才能达到安全、迅速行驶的目的。

(3) 对公路的平面、纵断面、横断面要合理布局(经济)

根据公路等级及其使用任务和功能,合理利用地形,正确运用相关技术标准,保证路线的整体协调,做到平面线形平顺,纵坡合理,横断面布置恰当,且工程费用较低。

(4) 满足行车舒适要求(舒适)

要达到汽车行驶安全和舒适的目的,路线的起伏就不宜过于频繁,以免人、货物受到过大的颠簸而感到不适或损坏;路线的平、纵曲线的最小半径要加以限制;平、纵曲线组合协调,保持线形的连续性;并要注意路线与当地环境和景观相协调。

1.4.2 道路勘测设计的控制要素

(1) 地形条件

路线所在地形条件分为两大类:一类是平原、微丘地区;另一类为山岭、重丘地区。地形条件对公路的选线有很大影响。

(2) 工程地质条件和水文条件

工程地质条件主要是指岩土类别、岩石的风化程度、岩层走向等,不良地质地段均会影响路线的走向和高程。

水文条件主要是指路线所处位置的地下水位高低,不同频率的洪水位高程以及当地植被和暴雨径流等。不良的水文条件也会影响路线的走向和高程。

(3) 设计车辆

确定公路的路幅组成、弯道加宽、交叉口设计等均与车辆外廓尺寸及性能有关,它是公路线形设计的一个重要控制因素。设计车辆的最小转弯半径影响道路圆曲线最小半径的设定;设计车辆的爬坡能力(输出功率与重量之比)影响道路纵坡和坡长的设计;设计车辆的行驶速度和车身宽度还影响道路车道宽度的确定。

我国《公路工程技术标准》(JTG B01—2014)规定:把"设计车辆"分为小客车、大型客车、铰接客车、载重汽车和铰接列车五类,其外廓尺寸见表1-4和图1-4。其中,总长指车辆前保险杠至后保险杠的距离,总宽指车厢宽度(不包括后视镜),总高指车厢顶或装载顶至地面的高度,前悬指车辆前保险杠至前轴轴中线的距离,后悬指车辆后保险杠至后轴轴中线的距离。轴距:双轴车时,为从前轴轴中线到后轴轴中线的距离;铰接车时,分别为前轴轴中线至中轴轴中线、中轴轴中线至后轴轴中线的距离。

表 1-4 **设计车辆外廓尺寸**

车辆类型	项目					
	总长	总宽	总高	前悬	轴距	后悬
小客车	6	1.8	2	0.8	3.8	1.4
大型客车	13.7	2.55	4	2.6	6.5+1.5	3.1
铰接客车	18	2.5	4	1.7	5.8+6.7	3.8
载重汽车	12	2.5	4	1.5	6.5	4
铰接列车	18.1	2.55	4	1.5	3.3+11	2.3

注:铰接列车的轴距(3.3+11)m,其中,3.3 m为第一轴至铰接点的距离,11 m为铰接点至最后轴的距离。

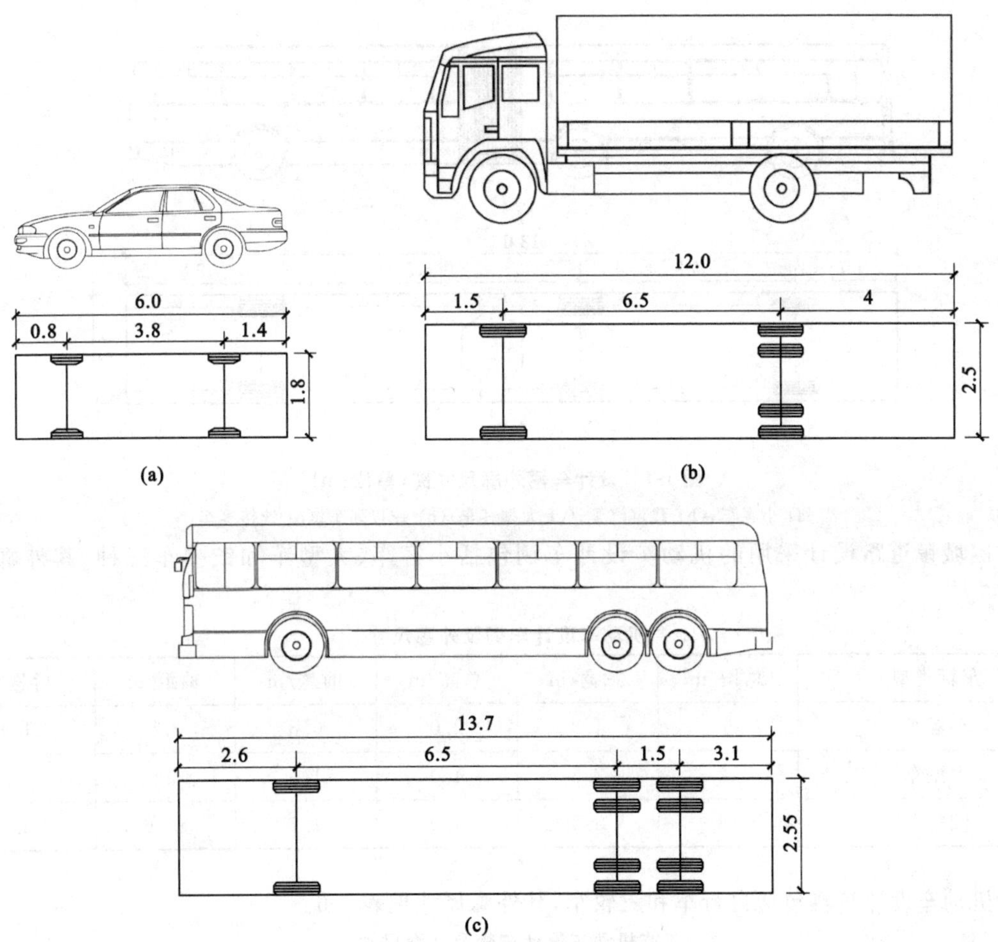

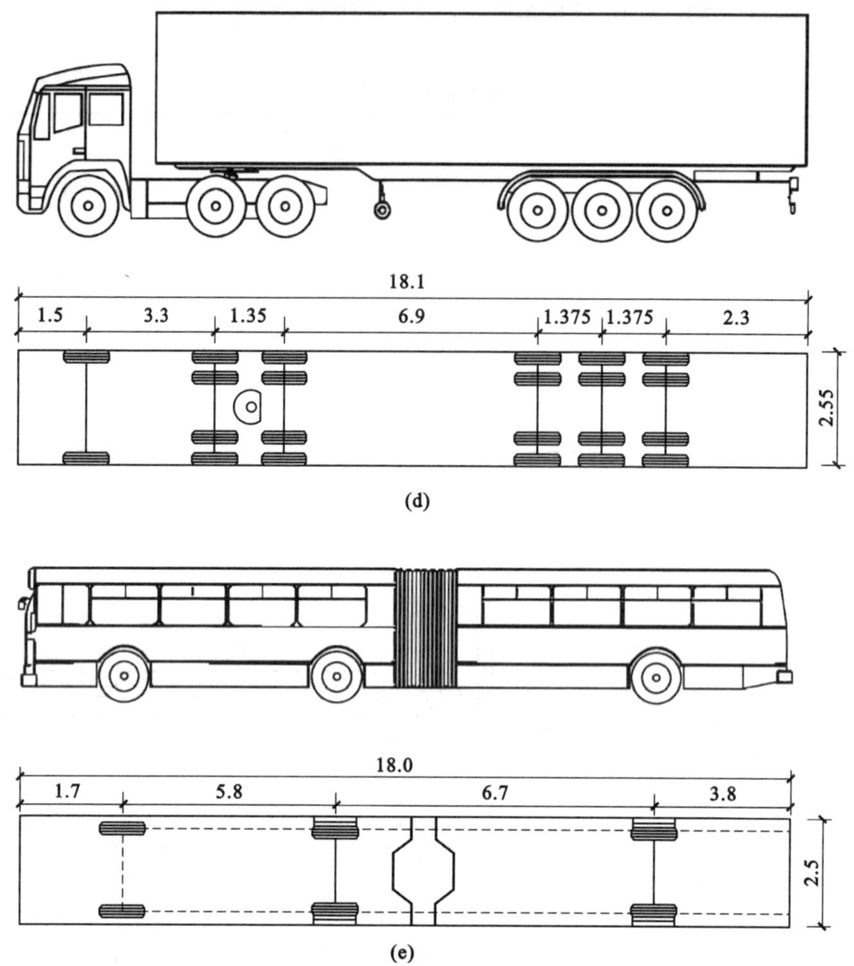

图 1-4　设计车辆外廓尺寸图(单位:m)

(a) 小客车;(b) 载重汽车;(c) 大型客车;(d) 铰接列车;(e) 铰接客车

我国城镇道路设计采用的机动车设计车辆包括小客车、大型车和铰接车三种,其外廓尺寸见表 1-5。

表 1-5　**机动车设计车辆及外廓尺寸**

车辆类型	总长/m	总宽/m	总高/m	前悬/m	轴距/m	后悬/m
小客车	6	1.8	2.0	0.8	3.8	1.4
大型车	12	2.5	4.0	1.5	6.5	4.0
铰接车	18	2.5	4.0	1.7	5.8+6.7	3.8

非机动车设计车辆包括自行车和三轮车,其外廓尺寸见表 1-6。

表 1-6　**非机动车设计车辆及外廓尺寸**

车辆类型	总长/m	总宽/m	总高/m
自行车	1.93	0.60	2.25
三轮车	3.40	1.25	2.25

(4) 设计速度

① 设计速度的概念及其作用。

《公路工程技术标准》(JTG B01—2014)中将设计速度定义为确定公路设计指标并使其相互协调的设计基准速度。设计速度直接影响公路的曲线半径、缓和曲线最小长度、超高、视距、纵坡和竖曲线半径等技术指标。车道宽度、中间带宽度、路肩宽度等指标也与设计速度有密切关系。这些技术指标均应与设计速度配合以获得均衡设计。

② 设计速度的选用。

《公路工程技术标准》(JTG B01—2014)对各级公路规定了不同的设计速度分档,见表 1-2。公路设计中设计速度的选用应根据公路的功能与技术等级,结合地形、工程经济、预期的运行速度和沿线土地利用性质等因素综合论证确定,并应符合以下规定:

a. 高速公路设计速度不宜低于 100 km/h,受地形、地质等自然条件限制时,可选用 80 km/h。

b. 作为干线的一级公路,设计速度宜采用 100 km/h;当受地形、地质等条件限制时,可采用 80 km/h。作为集散的一级公路,设计速度宜采用 80 km/h;受地形、地质等条件限制时,可采用 60 km/h。

c. 高速公路和作为干线的一级公路的局部特殊困难路段,且因新建工程可能诱发工程地质病害时,经论证,该局部路段的设计速度可采用 60 km/h,但长度不宜大于 15 km,或仅限于相邻互通式立体交叉之间的路段。

d. 作为干线的二级公路,设计速度宜采用 80 km/h;受地形、地质等条件限制时,可采用 60 km/h。作为集散的二级公路,设计速度宜采用 60 km/h;受地形、地质等条件限制时,可采用 40 km/h。

e. 三级公路设计速度宜采用 40 km/h;受地形、地质等条件限制时,可采用 30 km/h。

f. 四级公路设计速度宜采用 30 km/h;受地形、地质等条件限制时,可采用 20 km/h。

城市道路与公路相比,具有功能多样、组成复杂、行人交通量大、车辆多、车速差异大、交叉口多的特点,平均行驶速度比公路低。《城市道路工程设计规范(2016 年版)》(CJJ 37—2012)规定的各类道路的设计速度见表 1-3。条件允许时宜采用较大值。

③ 设计速度与运行速度的关系。

需要指出,驾驶员往往不是以设计速度驾驶车辆,而是根据沿途的地形、交通状况等实际条件选择适应道路几何状况的运行速度。在路面平整、潮湿、自由流状态下,运行速度累计分布曲线上对应于 85%分位值的速度,称为运行速度(简称 v_{85})。就是说,运行速度与设计速度并非一致。在设计速度低的路段,当路线本身几何要素超过安全行驶的需要,外部条件(交通密度、地形、气候等)又较好时,运行速度常接近或超过设计速度,设计速度越低,出现这种可能性的概率就越高。反之,在设计速度高的路段,当外部条件不好时,运行速度一般低于设计速度,设计速度越高,外部条件越差,出现这种可能性的概率就越高。上述分析说明,以设计速度为控制条件进行路线设计而得到的线形指标,很可能与运行速度要求的不一致,这一缺陷已经引起国内外广大公路科技工作者和公路设计人员的重视,并展开了相关的研究工作。目前常用的改进办法是用设计速度与运行速度差对设计指标的合理性进行检查和评估。

为了把事故隐患消灭在设计阶段,提高公路投入运营后的安全性,《公路工程技术标准》(JTG B01—2014)明确规定公路设计应采用运行速度进行检验,相邻路段的运行速度差应小于 20 km/h,同一路段运行速度与设计速度差宜小于 20 km/h。《城市道路工程设计规范(2016 年版)》(CJJ 37—2012)对于公路设计各个阶段的安全性评价的具体内容、方法和要求有明确规定,限于篇幅,在此不赘述。

(5) 交通量

公路上某一断面,单位时间通过的来往各种车辆的总数称为交通量,也称交通流量或车流量。时间单位以小时计的称为小时交通量,若以日计的称为日(昼夜)交通量。其具体数值由交通调查、分析和预测确定。交通调查、分析和预测是公路建设项目可行性研究阶段进行现状评价、综合分析建设项目的必要性和可行性的基础,也是确定公路建设项目的建设规模、技术等级、工程设施、经济效益评价及公路几何线形设计的主要依据。可见,交通调查、分析及预测水平的高低,尤其是交通预测的水平、质量和可靠程度,将直接影响到项目决策的科学性和工程技术设计的经济合理性。

交通量是确定公路等级的主要依据。在规划道路等级时,采用预测设计年限的年平均日交通量(AADT)表示。年平均日交通量是一项重要的规划指标,是用作道路规划、交通设施规划,确定道路等级以及论证道路、交通设施建设可行性等的依据。其他平均交通量是把某一日交通量换算为年平均日交通量。

(6) 通行能力与服务水平

道路的通行能力是指一条道路在单位时间内,道路与交通正常的条件下,保持一定车速、安全、连续行驶时,可能通过的车辆数。

道路的服务水平主要通过道路上车辆的运行速度和交通量与可能通行能力之比综合反映。将服务水平划分为四级,是为了说明道路交通负荷的状况,以交通流状态为划分条件,定性地描述交通流从自由流、稳定流到饱和流和强制流的变化阶段。因此,采用四级服务水平,可以方便地评价公路交通的运行质量。服务水平的划分:高速公路、一级公路以车流密度作为主要指标;二级公路、三级公路以车辆延误率和平均运行速度作为主要指标;交叉口则用车辆延误率来描述其服务水平。

在公路规划和设计结束时,应对公路的通行能力与服务水平进行分析与评价。对于高速公路、一级公路的路段和互通式立体交叉的匝道及其交织区段必须分别进行通行能力的评价,使全线服务水平保持均衡一致。对二级公路、三级公路的路段和一级公路的平面交叉,应进行通行能力与服务水平的分析、评价。对二级公路、三级公路的平面交叉,根据其重要程度宜进行通行能力与服务水平的分析、评价。

公路服务水平分为四级,以评价公路交通的通畅程度。各级公路设计采用的服务水平规定见表 1-7。一级公路用作集散公路时,设计服务水平可降低一级。长隧道及特长隧道路段、非机动车及行人密集路段、互通式立体交叉的分合流区段以及交织区段,设计服务水平可降低一级。

表 1-7 **各级公路设计服务水平表**

公路技术等级	高速公路	一级公路	二级公路	三级公路	四级公路
服务水平	三级	三级	四级	四级	—

高速公路、一级公路路段的设计通行能力和二级公路、三级公路的设计通行能力的计算参见《公路路线设计规范》(JTG D20—2017)3.4 和 3.6 条款的规定。交叉口、立体交叉等处的设计通行能力计算可参考交通工程方面的文献。

(7) 设计小时交通量

设计小时交通量是确定车道数的依据,也是确定公路等级、评价公路运行状态和服务水平的重要参数。设计小时交通量越小,公路的建设规模就越小,建设费用也就越低。但是,不恰当地降低设计小时交通量会使公路的交通条件恶化、交通阻塞和交通事故增多,公路的综合经济效益降低。因此,一般将一年中测得的 8760 h 的交通量从大到小排列,取第 30 位小时交通量作为设计小时交通量,但对于交通量季节性变动特别大的道路,如旅游道路等,交通量排序曲线斜率的缓和段不一定从第30位开始,应根据实际情况,控制在第20～40位小时。

1.5 道路勘测设计的程序

1.5.1 道路基本建设程序

道路工程项目建设全过程分为道路规划、道路勘测设计、道路施工及道路养护四个环节。公路建设是基本建设项目,凡新建公路工程项目和改建的大中型公路工程项目,都必须按《公路建设监督管理办法》(交通部令2006年第6号)规定的程序办理。程序要点如下:

① 根据规划,编制项目建议书;

② 根据批准的项目建议书,进行工程可行性研究,编制可行性研究报告;

③ 根据批准的可行性研究报告,编制初步设计文件;

④ 根据批准的初步设计文件,编制施工图设计文件;

⑤ 根据批准的施工图设计文件,组织项目招标;

⑥ 根据国家有关规定,进行征地拆迁等施工前准备工作,并向交通主管部门申报施工许可;

⑦ 根据批准的项目施工许可,组织项目实施;

⑧ 项目完工后,编制竣工图表、工程决算和竣工财务决算,办理项目交、竣工验收和财产移交手续;

⑨ 竣工验收合格后,组织项目后评价。

以上程序,在符合审批制度的前提下,可根据具体情况进行合理的交叉,小型项目可根据具体情况适当合并或减免一些程序。

1.5.2 计划任务书

道路勘测设计工作是根据批准的计划任务书进行的。计划任务书应包括下述内容:道路建设的依据和意义;路线的建设规模和修建性质;路线的基本走向和主要控制点;工程技术等级和主要技术标准;道路勘测设计的阶段划分及各阶段完成的时间;建设期限,投资估算,需要钢材、木材、水泥的数量;施工力量的原则安排。

计划任务书经上级批准后,若对建设规模、期限、技术等级标准及路线走向等重大问题有变更,则应报原批准机关审批同意。

1.5.3 道路勘测设计的阶段划分

(1) 一阶段设计

一阶段设计直接根据批准的设计任务书的要求,一次作详细测量并编制施工图设计和工程预算。它适用于技术简单、方案明确的小型公路工程。

(2) 二阶段设计

二阶段设计为公路测设的主要程序,也是一般公路所采用的测设程序。它按初步设计、施工图设计两个阶段进行。

① 初步设计主要任务:拟定设计原则;选定设计方案;计算主要工程数量;提出施工方案意见,编制设计概算并提供文字说明和图表资料。

② 施工图设计主要任务:进一步对审定的设计原则、设计方案、技术决定加以具体和深化,最终确定各项工程的数量和尺寸,提出文字说明和满足施工需要的图表资料及施工组织计划并编制施工图预算。

(3) 三阶段设计

对于技术复杂而又缺乏经验的建设项目或建设项目中的个别路段、特殊大桥、互通式立体交叉、隧道等,必要时应采用三阶段设计,即分为初步设计、技术设计、施工图设计三个阶段进行。

① 初步设计。

初步设计是项目决策后根据设计任务书要求所作的具体实施方案,应能满足项目投资包干、招标承包、材料与设备订货、土地征用和施工准备等要求。根据批准的设计任务书和搜集的勘测设计资料编制初步设计文件,确定设计原则、技术标准、工程规模、工程数量、工程概算、材料数量等。其组成内容为:

a. 设计说明书。它包括设计依据及概述,设计技术准备,对道路工程设计的各个方案进行技术经济论证和提出推荐方案、存在问题、注意事项等。

b. 主要工程数量和主要材料数量表。

c. 工程概算。它包括编制概算所采用的定额,各项费率标准,材料价格、施工方法及施工费用的依据。

d. 设计图纸。它包括道路位置示意图、平面地形图(包括征地、拆迁线)、纵断面图、横断面图、道路交叉、广场设计图、绿化、照明布置等。

② 技术设计。

技术设计主要用于技术上相当复杂的道路工程。初步设计经审批后就可进行技术勘测,根据技术勘测资料进行技术设计或施工图设计。技术设计是对初步设计中一些复杂工程内容,如道路和广场的竖向设计,难度较大的道路交叉,交通组织措施,全面性的综合排水设计,有关地上管线、地下管线在平面和立面的综合协调等进行深入的、较详细的技术设计。

③ 施工图设计。

施工图设计内容包括绘制道路平面、纵断面、横断面、平面交叉口、立体交叉、广场设计等的各部详细尺寸和标高;路面结构设计组成及厚度;排水设计;中小桥、涵洞、灌溉渠道连通管及其他附属构筑物的位置、标高、孔径、结构设计等施工详图和必要的施工说明,提出征地、房屋拆迁、迁移管线和障碍物等的数量,编制工程预算。当与初步设计有较大变动时,应修正初步设计和概算,报上级批准后实施。

1.5.4 设计文件编制

设计文件是道路勘测设计的最后成果,经审查批准后也是道路施工的依据。其组成、内容和要求随设计阶段而异。

根据《公路工程基本建设项目设计文件编制办法》(交公路发〔2007〕358 号)规定,设计文件的组成和内容如下:

(1) 初步设计文件

初步设计文件由总说明书、总体设计、路线、路基路面、桥梁涵洞、隧道、路线交叉、交通工程及沿线设施、环境保护与景观设计、其他工程、筑路材料、施工方案、设计概算共 13 篇和附件组成。其表达形式有文字说明、设计图、表格三种。

(2) 施工图设计文件

施工图设计文件由总说明书、总体设计、路线、路基路面、桥梁涵洞、隧道、路线交叉、交通工程及沿线设施、环境保护与景观设计、其他工程、筑路材料、施工组织设计、施工图预算共13篇及附件组成。

1.6 本课程的任务

1.6.1 本课程的性质和学习本课程的基本要求

"道路勘测设计"是公路与城市道路专业的一门主要专业课。它主要介绍道路勘测设计的基本理论、原则和方法,是实践性最强、与理论紧密结合的课程。因此,必须贯彻理论与实践相结合的原则,通过本课程的学习,学生应能掌握道路路线线形的基本设计方法。本课程除课堂教学外,平时需布置习题,放映与课程相关的视频录像及幻灯片,学生须结合课程完成一项道路定线的课程作业,并争取在条件许可的情况下针对一些专门性问题进行现场参观或调查,生产实践方面的技能可在道路勘测设计生产(或毕业)实习中得到锻炼与掌握。

1.6.2 本课程的特点

道路是一条带状的空间三维结构物,受到人、车、路和环境等诸多因素的影响和约束。道路交通特性、驾驶员的心理状态与道路几何设计都有着密切的关系,这就要求在道路勘测设计时要深入调查、综合研究各方面产生的作用,从而设计出技术先进、方案合理、坚固耐用、经济节约的道路。

本课程与各基础课程及其他相关专业课程有着密切的联系,涉及较多方面,如工程制图、工程测量、工程地质、桥涵水文、桥梁工程、路基路面、道路建筑材料、道路工程经济与管理等。

1.6.3 本课程的主要内容

本课程的内容包括道路的相关基本概念,道路的平面线形设计、纵断面设计、横断面设计,道路的选线、定线、平面交叉设计、立体交叉设计等,以及道路的排水设计等,其中均包含公路与城市道路两个系统的内容。

如何进行合理的道路线形几何设计和路线勘测是本课程研究的重点。有关道路结构设计的内容将在路基路面工程、桥梁工程、隧道工程、桥涵水文等专业课程中学习。

本章小结

(1) 现代交通运输系统是由铁路运输、道路运输、水路运输、航空运输和管道运输五种运输方式组成的。

(2) 道路按照属性分性,一般分为公路、城市道路、厂矿道路、旅游道路、林区道路、乡村道路及其他道路。

(3) 公路根据交通特性及控制干扰的能力分为高速公路、一级公路、二级公路、三级公路和四级公路。

(4) 根据道路在城市道路网中的地位、交通功能以及对沿线的服务功能,将城市道路分为快速路、主干路、次干路和支路四类。

习题与思考题

1-1　简述现代交通运输系统的组成及各自的优缺点。

1-2　什么是城市道路的红线规划？其主要工作内容有哪些？

1-3　道路勘测设计的控制要素有哪些？分别控制道路的哪些方面？

1-4　简述公路工程基本建设的程序与内容。

参考文献

[1]　林雨，陶明霞. 道路勘测设计 [M]. 武汉：武汉大学出版社，2013.

[2]　中华人民共和国交通运输部. 公路工程技术标准：JTG B01—2014 [S]. 北京：人民交通出版社股份有限公司，2014.

[3]　中华人民共和国交通运输部. 公路路线设计规范：JTG D20—2017 [S]. 北京：人民交通出版社股份有限公司，2017.

[4]　中华人民共和国住房和城乡建设部. 城市道路路线设计规范：CJJ 193—2012 [S]. 北京：中国建筑工业出版社，2013.

[5]　中华人民共和国住房和城乡建设部. 城市道路工程设计规范(2016 年版)：CJJ 37—2012 [S]. 北京：中国建筑工业出版社，2016.

[6]　中华人民共和国交通运输部. 公路项目安全性评价规范：JTG B05—2015 [S]. 北京：人民交通出版社股份有限公司，2016.

[7]　张弛，潘兵宏，杨宏志. 道路勘测设计 [M]. 6 版. 北京：人民交通出版社股份有限公司，2023.

[8]　许金良，等. 道路勘测设计 [M]. 5 版. 北京：人民交通出版社股份有限公司，2018.

[9]　张金水. 道路勘测与设计 [M]. 2 版. 上海：同济大学出版社，2009.

[10]　周亦唐，唐正光. 道路勘测设计 [M]. 6 版. 重庆：重庆大学出版社，2023.

2 平面线形设计

【内容提要】

本章主要内容包括直线、圆曲线、缓和曲线、平面线形设计的一般原则与组合、行车视距及平面设计成果等。本章的教学重点为圆曲线半径指标；缓和曲线参数的确定方法；平面线形要素组合形式。教学难点为横向力系数确定；缓和曲线直角坐标计算方法；S形回旋线计算方法。

【能力要求】

通过本章的学习，学生应了解道路平面设计的基本要求，掌握直线、圆曲线、缓和曲线线形指标的应用及组合，理解行车视距的检查方法，熟悉路线平面设计图绘制的方法。

2.1 概　　述

2.1.1 路线

道路是一个带状构造物，它的中线是一条空间曲线。一般所说的路线，是指道路中线，而道路中线的空间形状称为路线线形。道路中线在水平面上的投影称为路线的平面。沿着中线竖直剖切，再展开就称为纵断面。中线各点的法向切面是横断面。路线的平面、纵断面构成了道路的线形组成。路线设计是指确定路线空间位置和各部分几何尺寸的工作，为研究与应用的方便，把它分解为平面线形设计和纵面线形设计。二者是相互关联的，既要分别进行，又要综合考虑。线形是道路的骨架，它不仅对行车的速度、安全、舒适、经济及道路的通行能力起决定性的作用，而且直接影响道路构造物设计、排水设计、土石方数量、路面工程及其他构造物，同时对沿线的经济发展、土地利用、工农业生产、居民生活及自然景观、环境协调也有很大影响。

2.1.2 汽车行驶轨迹及平面线形要素

从理论上讲，平面线形的构成要素应与汽车行驶的轨迹相吻合，只有这样才能保证行车的安全、顺适。

(1) 汽车行驶轨迹

大量的观测研究表明，汽车行驶轨迹在几何性质上有以下特征：

① 轨迹线是连续的，即在任意一点上不出现错头、折点或间断；

② 轨迹线的曲率是连续的，即轨迹上任意一点不出现两个曲率值；

③ 轨迹线的曲率对里程或时间的变化率是连续的，即轨迹上任意一点不出现两个曲率变化率值。

(2) 平面线形要素

经分析，汽车行驶轨迹特征与汽车转向机构中导向轮与车身纵轴之间的角度(转角)有下列三种关系：

① 当汽车转角为零时,其行驶轨迹为直线;

② 当汽车转角为常数时,其行驶轨迹为圆曲线;

③ 当汽车转角为变数时,其行驶轨迹为曲率渐变的曲线(即缓和曲线)。

道路平面线形正是由上述三种线形——直线、圆曲线和缓和曲线构成的,称为“平面线形三要素”,如图2-1所示。当道路的平面线形受地形、地物等障碍物的影响而发生转折时,在转折处就需要设置曲线或组合曲线。近代一些高速公路也有只用曲线而不用直线的。这三要素是基本组成,但各要素所占比例及使用频率并无规定,只要使用合理、配置得当,均可满足汽车行驶要求。至于它们的参数,则要视地形情况、人的视觉和心理、道路施工技术等条件来确定。

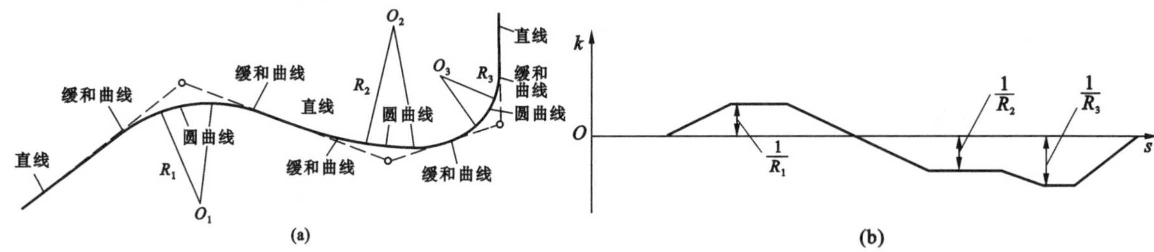

图2-1 曲率连续的平面线形

(a) 路线图;(b) 曲率图

2.2 直 线

2.2.1 直线的特点

作为平面线形要素之一的直线,在道路中的使用十分广泛。其主要特点如下:

① 直线以最短的距离连接两个目的地,具有路线短捷、行车方向明显等特点。

② 直线线形简单,容易测设。

③ 从行车安全和线形美观来看,过长的直线会显得路线线形呆板,行车单调,易使驾驶员产生疲劳,也容易产生超车和超速行驶的现象,行车时难以估计车间距离,在直线上夜间相向行车会产生眩光等。这些都是影响行车安全的不利因素,因而直线段,特别是长直线段,行车安全性差,往往是发生交通事故较多的路段。

④ 直线虽然方向明确,但只能满足两个控制点的要求,难以与地形及周围环境相协调。特别是在山区、丘陵区,采用过长的直线会严重破坏自然景观,不仅难以与环境协调,而且容易造成大挖大填的现象,工程经济效益也差。

2.2.2 直线的运用

(1) 直线的适应场合

在道路平面线形设计中,下述路段可采用直线:

① 不受地形、地物限制的平坦地区或山间的开阔谷地;

② 城镇及其近邻,或规划方正的农耕区;

③ 长大桥梁、隧道等构造物路段;

④ 路线交叉点及其前后路段;

⑤ 双车道公路提供的超车路段。

(2) 长直线的限制

由于直线的长度不宜过长，那么应用长直线时应有条件地加以限制。对于直线的最大长度(以 m 计)，日本、德国规定不宜超过 $20V$(V 是设计速度，单位为 km/h)，即以设计速度行驶 72 s 的行程；西班牙规定不宜超过 80%设计速度的 90 s 的行程；法国认为长直线宜采用半径 5000 m 以上的圆曲线代替。中国地域辽阔，不同地区地形差异较大，对直线长度很难做出统一规定。《公路路线设计规范》(JTG D20—2017)中，仅说明直线的长度不宜过长，受地形条件或其他特殊情况限制而采用长直线时，应结合沿线具体情况采取相应的技术措施，并未对直线最大长度做出具体限制。

2.2.3 直线的最小长度

考虑到线形的连续和驾驶的方便，相邻两曲线之间应有一定的直线长度，这个直线长度是指前一曲线的终点(缓直点 HZ 或圆直点 YZ)到后一曲线的起点(直缓点 ZH 或直圆点 ZY)之间的长度。

(1) 同向曲线间的直线最小长度

转向相同的同向曲线之间若插入较短的直线段，则容易产生把直线和两端的曲线看成反向曲线的错觉，如图 2-2 所示。当直线过短时甚至会把两个曲线看成一个曲线。这种线形破坏了公路整体线形的连续性，且容易造成驾驶员操作失误，道路平面线形设计中应尽量避免。《公路路线设计规范》(JTG D20—2017)规定，当设计速度大于或等于 60 km/h 时，同向曲线间直线最小长度(以 m 计)以不小于设计速度(以 km/h 计)的 6 倍为宜；当设计速度小于或等于 40 km/h时，可参照上述规定执行。

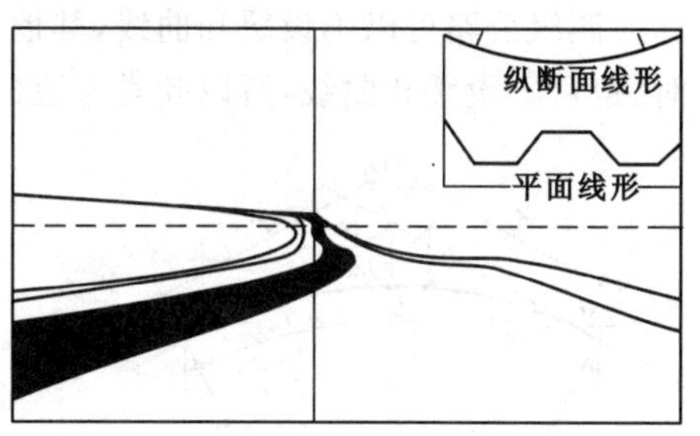

图 2-2 同向曲线间插入短直线

(2) 反向曲线间的直线最小长度

转向相反的两曲线之间，考虑到设置超高和加宽缓和段以及驾驶人员转向操作的需要，宜设置一定长度的直线。《公路路线设计规范》(JTG D20—2017)规定，当设计速度大于或等于60 km/h 时，反向曲线间直线最小长度(以 m 计)以不小于设计速度(以 km/h 计)的 2 倍为宜；当设计速度小于或等于 40 km/h 时，可参照上述规定执行。在特别困难的山岭区三级公路、四级公路设置超高时，中间直线长度不得小于 15 m。若两反向曲线已设缓和曲线，在受到条件限制的地点也可将两反向曲线首尾相连，但被连接的两缓和曲线和圆曲线应满足一定的技术条件。

(3) 相邻回头曲线间的直线最小长度

回头曲线是指山区公路为克服高差在同一坡面上回头展线时所采用的曲线。相邻回头曲线之间应争取有较长的距离。由一个回头曲线的终点至下一个回头曲线起点的距离，在二级公路、三级公路、四级公路上应分别不小于 200 m、150 m 和 100 m。

2.3 圆 曲 线

2.3.1 圆曲线的线形特征

圆曲线也是平面线形设计中常用的线形。《公路路线设计规范》(JTG D20—2017)规定，各级公路不论转角大小均应设置圆曲线。圆曲线在设计中使用相当广泛，其主要特点如下：

① 圆曲线上任意一点的曲率半径为常数，故测设比缓和曲线简便。

② 能较好地适应地形的变化,适应范围较广且灵活。

③ 较大半径的长缓圆曲线具有线形美观、顺适、行车舒适的优点。

④ 圆曲线上的每一点都在不断地改变方向,汽车受到离心力作用,同时汽车行驶时比直线段多占用宽度。

⑤ 圆曲线半径较小时,汽车在圆曲线内侧行驶,视线受到路堑边坡或其他障碍物的影响,视距条件差,容易发生交通事故。

2.3.2 圆曲线的几何要素

四级公路可以不设缓和曲线,其他各级公路当曲线半径大于或等于“不设超高的圆曲线半径”时,也可不设缓和曲线,所以此类弯道的平曲线中只有圆曲线。圆曲线的几何要素如图 2-3 所示。

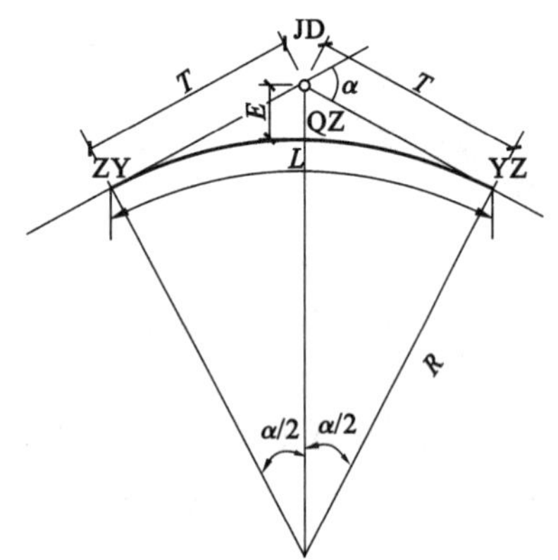

图 2-3 圆曲线几何要素

注:JD、QZ、ZY、YZ 均为桩号。

$$T = R\tan\frac{\alpha}{2}$$

$$L = \frac{\pi}{180°}\alpha R$$

$$E = R\left(\sec\frac{\alpha}{2} - 1\right)$$

$$J = 2T - L$$

式中 T——切线长,m;

L——曲线长,m;

α——转角,(°);

R——圆曲线半径,m;

E——外距,m;

J——超距或切曲差,m。

2.3.3 圆曲线半径

2.3.3.1 圆曲线半径计算的一般公式

汽车在曲线上行驶时,除受重力作用以外,还受到离心力的作用,也正是离心力的作用使得行驶在平曲线上的汽车有两种横向不稳定的危险:一种是汽车向外滑移;另一种是汽车向外倾覆。

在平曲线上行驶的汽车受力分析如图 2-4 所示,离心力 F 计算公式为:

$$F = \frac{G}{g}\cdot\frac{v^2}{R} = \frac{GV^2}{127R}$$

式中 G——汽车所受重力,N;

R——圆曲线的半径,m;

g——重力加速度,9.81 m/s^2;

v,V——汽车的行驶速度,分别以 m/s、km/h 计。

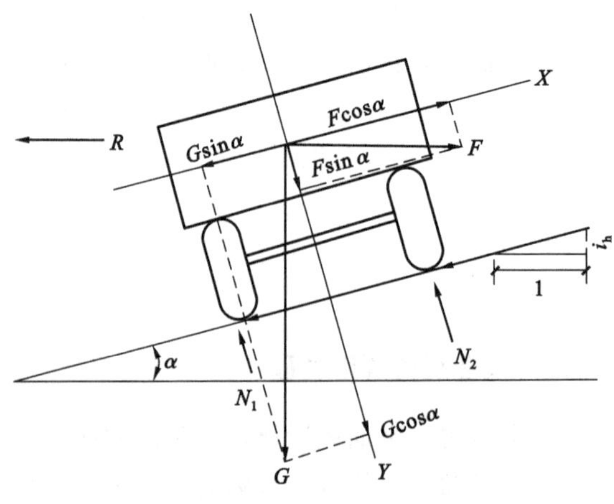

图 2-4 平曲线上汽车的受力分析

为减小离心力的作用,保证汽车在平曲线上行驶的稳定性,一般把路面做成外侧高的单向横坡形式,也就是超高。汽车在具有超高的平曲线上行驶，重力的水平分力可以抵消一部分离心力的作用，其余可由横向摩阻力来平衡。

沿着平行于路面的横向力 X 和垂直于路面的竖直力 Y 对离心力 F 和汽车重力 G 进行分解，可得下式：

$$X = F\cos\alpha - G\sin\alpha$$
$$Y = F\sin\alpha + G\cos\alpha$$

由于路面的横向倾角 α 一般很小，$\sin\alpha = \tan\alpha = i_h$，$\cos\alpha \approx 1$，其中 i_h 称为超高横坡度（也称超高率）。因此可以得到：

$$X = F - Gi_h = \frac{G}{g} \cdot \frac{v^2}{R} - Gi_h = G\left(\frac{v^2}{gR} - i_h\right)$$

在汽车行驶的过程中，横向力 X 是一个不稳定的因素，为了表示汽车所受横向力的程度，采用单位车重所受的横向力这个概念，也就是用横向力系数来衡量汽车所受横向力的程度，即

$$\mu = \frac{X}{G} = \frac{v^2}{gR} - i_h$$

将车速 v(m/h)变成 V(km/h)，可以得到：

$$\mu = \frac{V^2}{127R} - i_h \tag{2-1}$$

式中 μ——横向力系数；

i_h——超高横坡度（或称超高率）；

V——设计速度，km/h；

R——平曲线半径，m。

式(2-1)表达了横向力系数和车速、平曲线半径及超高横坡度之间的关系，从中可以看到，横向力系数越大，则汽车行驶的稳定性越差。

对式(2-1)进行变形可得：

$$R = \frac{V^2}{127(\mu + i_h)} \tag{2-2}$$

由式(2-2)可以看出，在 V 一定的前提下，曲线的最小半径取决于容许的最大横向力系数及最大超高横坡度。因此首先对这两个因素进行讨论，然后分析曲线的最小半径的计算。

(1) 横向力系数

横向力系数的存在会对行车产生不利的影响，主要表现在以下几个方面：

① 行车安全方面。汽车在路面上不发生滑移的前提条件是横向力系数 μ 不大于轮胎与路面之间的横向摩阻系数 f，即 $\mu \leqslant f$。

② 增进燃料消耗和轮胎磨损。在平曲线路段，由于横向力系数的存在，故车辆的燃油消耗和轮胎磨损较平直路段都有所增加，表 2-1 所列是实测的燃料消耗和轮胎磨损情况。

表 2-1 **实测的燃料消耗和轮胎磨损**

横向力系数 μ	燃料消耗	轮胎磨损	横向力系数 μ	燃料消耗	轮胎磨损
0	100%	100%	0.15	115%	300%
0.05	105%	160%	0.20	120%	390%
0.10	110%	220%	—	—	—

③ 乘客感觉不舒适。横向力系数的存在不仅造成驾驶员操作困难、燃油消耗及轮胎磨损的增加，还对乘客的乘车体验造成不良影响，当 μ 值过大时，乘客会感觉不舒适。据试验，乘客的乘车体

验随 μ 值的变化如下:

当 $\mu<0.10$ 时,感觉不到有曲线存在,很平稳;

当 $\mu=0.15$ 时,稍感到有曲线存在,尚平稳;

当 $\mu=0.20$ 时,感到有曲线存在,稍感不稳定;

当 $\mu=0.35$ 时,感到有曲线存在,不稳定;

当 $\mu>0.40$ 时,非常不稳定,车辆有倾覆的危险。

综上所述,μ 值的采用关系到行车的安全、经济与舒适,必须确定一个合理的界限。通过研究,一般认为 0.11～0.16 是一个比较合理的范围,在设计中可以根据公路等级采用不同的值。

(2) 超高横坡度

设置超高是为了抵消部分离心力的作用,但公路上行驶车辆的速度并不一致,特别是在混合交通的公路上,不仅要照顾快车,也要照顾慢车。因此,要选择合适的超高横坡度才能保证行车的安全。

确定最大的超高横坡度,除了根据公路所在地区的气候条件外,还应充分考虑驾驶员和乘客的心理反应。对重山区、城市附近、交叉口及有相当数量非机动车的公路,其最大超高率比一般路段要小。我国《公路工程技术标准》(JTG B01—2014)明确规定,超高横坡度按设计速度、半径大小,结合路面类型、自然条件和车辆组成等情况确定,见表 2-2。当超高横坡度的计算值小于路拱坡度时,应将超高横坡度的值设置为与路拱坡度相等。

表 2-2 **各级公路最大超高横坡度**

公路所在地区的气候	高速公路、一级公路	二级公路、三级公路、四级公路
一般地区	10%或 8%	8%
积雪冰冻地区	6%	6%

《城市道路工程设计规范(2016 年版)》(CJJ 37—2012)规定的城市道路最大超高横坡度见表 2-3。

表 2-3 **城市道路最大超高横坡度**

设计速度/(km/h)	100	80	60	50	40	30	20
最大超高横坡度	6%		4%		2%		

2.3.3.2 圆曲线最小半径

圆曲线最小半径包括极限最小半径、一般最小半径、不设超高的最小半径。《公路工程技术标准》(JTG B01—2014)和《城市道路工程设计规范(2016 年版)》(CJJ 37—2012)规定的圆曲线最小半径分别见表 2-4 和表 2-5。

表 2-4 **公路圆曲线最小半径**

设计速度/(km/h)		120	100	80	60	40	30	20
一般最小半径/m		1000	700	400	200	100	65	30
极限最小半径/m	$i_h=10\%$	570	360	220	115	—	—	—
	$i_h=8\%$	650	400	250	125	60	30	15
	$i_h=6\%$	710	440	270	135	60	35	15
	$i_h=4\%$	810	500	300	150	65	40	20
不设超高最小半径/m	路拱 ≤2.0%	5500	4000	2500	1500	600	350	150
	路拱>2.0%	7500	5250	3350	1900	800	450	200

表 2-5 **城市道路圆曲线最小半径**

设计速度/(km/h)		100	80	60	50	40	30	20
不设超高最小半径/m		1600	1000	600	400	300	150	70
设超高的一般最小半径/m	一般值	650	400	300	200	150	85	40
	极限值	400	250	150	100	70	40	20

(1) 极限最小半径

极限最小半径是指按设计速度行驶的车辆，能保证其安全行驶的最小半径。计算时，μ 值视设计速度采用 0.11～0.16；i_h 值视道路的不同环境而定，公路用 0.10、0.08 或 0.06，城市道路用 0.06、0.04 或 0.02。我国《公路工程技术标准》(JTG B01—2014)和《城市道路工程设计规范(2016 年版)》(CJJ 37—2012)中所制定的极限最小半径是在考虑了我国的具体情况并参照国外资料后，取适当的 μ_{max} 和 $i_{h,max}$ 代入式(2-2)计算整理出的。

极限最小半径是设计采用的极限值，是在特殊困难的条件下不得已才使用的，通常不轻易采用。

(2) 一般最小半径

一般最小半径指按设计速度行驶的车辆能保证其安全性和舒适性的最小半径，它是通常情况下推荐采用的最小半径值，介于极限最小半径与不设超高的最小半径之间，其超高值随半径增大而按比例减小。一般最小半径下 μ 和 i_h 的取值见表 2-6。

表 2-6 **公路一般最小半径下 μ 及 i_h 的取值**

设计速度/(km/h)	120	100	80	60	50	40	30	20
μ	0.05	0.05	0.06	0.06	0.06	0.06	0.05	0.05
i_h	0.06	0.06	0.07	0.08	0.07	0.07	0.06	0.06

(3) 不设超高的最小半径

不设超高的最小半径是指曲线半径较大，离心力较小，靠轮胎与路面间的摩阻力就足以保证汽车安全稳定行驶所采用的最小半径。这时路面就可以不设超高。从舒适角度考虑，此时 μ 的取值比极限最小半径所取的 μ 要小得多。《公路工程技术标准》(JTG B01—2014)规定不设超高的最小半径是按 $\mu=0.035$，$i_h=-0.015$ 代入式(2-2)计算后取整得来的。《城市道路工程设计规范(2016 年版)》(CJJ 37—2012)规定的城市道路不设超高的最小半径是按 $\mu=0.06$，$i_h=-0.015$ 代入式(2-2)计算后取整得来的。

2.3.3.3 圆曲线最大半径

选用圆曲线半径时，在地形等条件允许的前提下，应尽量采用大半径曲线，使行车舒适。但半径过大，使圆曲线太长，对测设和施工都不利，且过大的半径，其几何性质与直线没有多大差异。因此，《公路路线设计规范》(JTG D20—2017)规定，圆曲线最大半径值不宜超过 10000 m。

2.3.3.4 圆曲线半径的确定

圆曲线能较好地适应地形变化，并可获得圆滑的线形，使用范围较广且灵活。圆曲线在适应地形的情况下，应尽量选用较大的半径。在确定半径时，应注意以下几点：

① 一般情况下宜采用极限最小半径的 4～8 倍或超高横坡度为 2%～4%的圆曲线半径；

② 地形条件受限制时,应采用大于或接近一般最小半径的圆曲线半径；

③ 地形条件特别困难,不得已时方可采用极限最小半径；

④ 应同前后线形要素相协调,使之构成连续、均衡的曲线线形；

⑤ 应同纵面线形相配合,应避免小半径曲线与陡坡重叠；

⑥ 每个弯道半径值的确定,应根据实地的地形、地物、地质、人工构造物及其他条件的要求,用外距、切线长、曲线长、曲线上任意点线位、合成纵坡等控制条件反算,并结合相关标准综合确定。

2.3.4 圆曲线的计算

对于未设置缓和曲线的单圆曲线,其几何要素为 T、L、E 和 J,其计算公式如 2.3.2 节所述。在圆曲线上有四个主点桩,如图 2-3 所示,其里程桩号计算如下：

$$\text{ZY(桩号)} = \text{JD(桩号)} - T$$

$$\text{YZ(桩号)} = \text{ZY(桩号)} + L$$

$$\text{QZ(桩号)} = \text{YZ(桩号)} - L/2$$

$$\text{JD(桩号)} = \text{QZ(桩号)} + J/2$$

【例 2-1】 某弯道交点桩号为 K87+441.41,$\alpha_{右}=26°52'$,$R=300$ m,试计算曲线要素和曲线主点桩号。

【解】 (1) 计算圆曲线要素

由已知条件可知：

$$T = R\tan\frac{\alpha}{2} = 300 \times \tan\frac{26°52'}{2} = 71.66(\text{m})$$

$$L = \frac{\pi}{180°}\alpha R = \frac{\pi}{180°} \times 26°52' \times 300 = 140.67(\text{m})$$

$$E = R\left(\sec\frac{\alpha}{2} - 1\right) = 300\left(\sec\frac{26°52'}{2} - 1\right) = 8.44(\text{m})$$

$$J = 2T - L = 2 \times 71.66 - 140.67 = 2.65(\text{m})$$

(2) 计算曲线主点桩号

JD	K87+441.41
$-T$	71.66
ZY	K87+369.75
$+L$	140.67
YZ	K87+510.42
$-L/2$	70.33
QZ	K87+440.09
$+J/2$	1.32
JD	K87+441.41

(校核无误)

2.4 缓和曲线

2.4.1 缓和曲线的线形特征

缓和曲线是设置在直线和圆曲线之间或半径相差较大的两个同向的圆曲线之间的一种曲率逐渐变化的曲线，是道路平面线形要素之一。《公路工程技术标准》(JTG B01—2014)规定，除四级公路可不设缓和曲线外，其余各级公路都应按要求设置缓和曲线。在城市道路上，缓和曲线也被广泛地使用，《城市道路工程设计规范(2016 年版)》(CJJ 37—2012)规定，当设计车速大于或等于 40 km/h时，应按要求设置缓和曲线。

从满足行车要求来看，缓和曲线具有以下线形特征：

① 缓和曲线曲率渐变，设于直线与圆曲线间，其线形符合汽车转弯时的行驶轨迹，从而使线形缓和，消除了曲率突变点；

② 由于缓和曲线曲率渐变，故道路线形顺适、美观，给人以良好的视觉效果和心理效应；

③ 在直线和圆曲线间加入缓和曲线后，使平面线形更为灵活，线形自由度提高，更能与地形、地物及环境相适应、协调、配合，使平面线形布置更加灵活、经济、合理；

④ 与圆曲线相比，缓和曲线的计算及测设均较复杂。

2.4.2 缓和曲线的作用与性质

2.4.2.1 缓和曲线的作用

① 缓和曲线通过其曲率逐渐变化，可更好地适应汽车转弯的行驶轨迹。

汽车在转弯过程中，其行驶轨迹是一条曲率连续变化的轨迹线，它的形式和长短随行车速度、曲率半径和驾驶员转动方向盘的快慢而定。从安全角度出发，缓和曲线的合理设计有利于车辆在行驶过程中不致偏离车道，从而保证行车安全。

② 汽车从一曲线过渡到另一曲线的行驶过程中使离心加速度逐渐变化。

汽车行驶在曲线上会产生离心力，离心力的大小与曲线的曲率成正比。从直线驶入圆曲线，如果不设缓和曲线，其曲率会产生突变，在一定的车速情况下，乘客就会有不舒适的感觉。设置了缓和曲线，其曲率是从直线到圆曲线逐渐过渡的，离心加速度也是逐渐变化的，乘客就不会有不舒服的感觉。

③ 缓和曲线可以作为超高和加宽变化的过渡段。

道路路线在弯道上要设置超高和加宽，从双面横坡过渡到单面横坡，和由直线上的正常宽度过渡到圆曲线上的加宽宽度，这一过程变化一般是在缓和曲线长度内完成的。

④ 与圆曲线配合得当，增加线形的美感。

圆曲线与直线相连接，其曲率是突变的，在视觉上有明显不平顺的感觉，如图 2-5 所示。设置缓和曲线以后，线形连续圆滑，增加了线形的美感，同时驾驶员也会有安全感。

2.4.2.2 缓和曲线的性质

汽车由直线进入缓和曲线，其行驶轨迹的曲率是逐渐变化的。假定汽车匀速行驶，驾驶员匀速转动方向盘，当方向盘转动角为 φ 时，前轮相应转动角度为 φ'，如图 2-6 所示。它们之间的关系为：

(a)

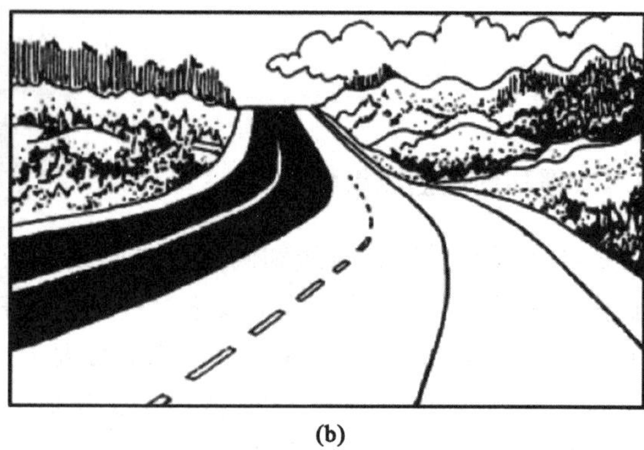
(b)

图 2-5 直线与曲线连接效果图

(a) 不设缓和曲线感觉路线扭曲;(b) 设缓和曲线后变得平顺美观

$$\varphi' = k\varphi \quad (k < 1)$$

方向盘转动的角速度为 ω,则汽车前轮转动角度 $\varphi' = k\varphi = k\omega t$。根据图 2-6,可以得知:

$$r = \frac{d}{\tan\varphi'}$$

因为 φ' 很小,所以可以近似地表示为:

$$r = \frac{d}{\varphi'} = \frac{d}{k\omega t}$$

汽车以速度 v 匀速行驶,将 $l = vt$ 代入上式并整理得到:

$$l = v\frac{d}{k\omega r}$$

式中 k——常数。

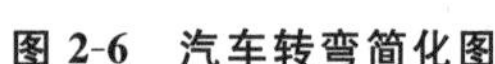

图 2-6 汽车转弯简化图

因此定义:

$$\frac{vd}{k\omega} = C$$

故此得到:

$$l = \frac{C}{r} \quad \text{或} \quad rl = C \tag{2-3}$$

式中 l——汽车自曲线起点开始转弯,经 t(s)后行驶的距离,m;

r——汽车行驶 t(s)后的曲率半径,m;

C——常数。

推证说明,汽车匀速从直线进入缓和曲线(或相反),其行驶轨迹的弧长与曲线的曲率半径之乘积为一常数。这一性质与数学上的回旋线正好相符。

2.4.3 缓和曲线的形式

2.4.3.1 缓和曲线的数学表达式

在公路设计中最常用的一种缓和曲线是回旋线。回旋线的基本公式为:

$$rl = A^2 \tag{2-4}$$

式中 r——回旋线上任意点的曲率半径,m;

l——回旋线上任意点到原点的长度，m；

A——回旋线的参数。

由于 rl 的量纲是 m^2，因此为使量纲一致，令常数 $C=A^2$，表示回旋线曲率变化的缓急程度。对于回旋线的终点处 $r=R, l=L_S$，则式(2-4)可以表示为：

$$RL_S = A^2 \quad 或 \quad A=\sqrt{RL_S} \tag{2-5}$$

式中　R——回旋线所连接的圆曲线的半径，m；

L_S——回旋线的长度，m。

回旋线作为缓和曲线，所使用曲率半径的范围是 $R=\infty$ 至 $R=R'$(圆曲线半径)，其数学计算式推导如下。

由图 2-7 可知：

$$\begin{aligned} dl &= r d\beta \\ dx &= dl \cdot \cos\beta \\ dy &= dl \cdot \sin\beta \end{aligned} \tag{2-6}$$

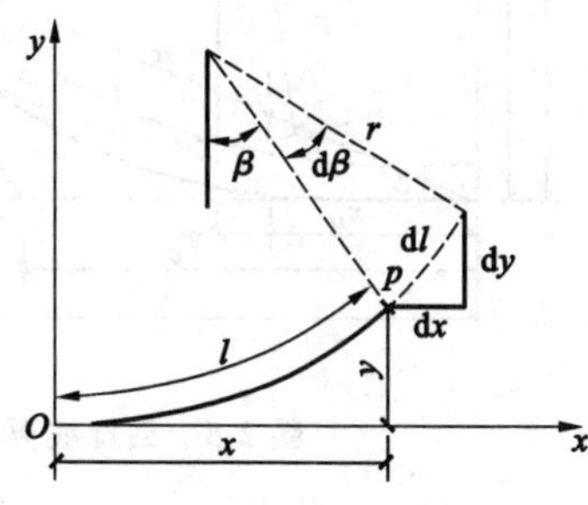

图 2-7　回旋线图

将 $rl=A^2$ 代入得：

$$l dl = A^2 d\beta, \quad dl=\frac{A^2}{l}d\beta$$

积分得：

$$l^2 = 2A^2\beta$$

则缓和曲线角：

$$\beta = \frac{l^2}{2A^2} \tag{2-7}$$

将 $dl=\frac{A^2}{l}d\beta$ 代入式(2-6)，得：

$$\begin{cases} dx = \frac{A^2}{l}\cos\beta d\beta = \frac{A}{\sqrt{2\beta}}\cos\beta d\beta \\ dy = \frac{A^2}{l}\sin\beta d\beta = \frac{A}{\sqrt{2\beta}}\sin\beta d\beta \end{cases} \tag{2-8}$$

将式(2-8)积分并将 $\cos\beta \cdot \sin\beta$ 用级数展开整理得：

$$\begin{cases} x = l - \frac{l^3}{40r^2} + \frac{l^5}{3456r^4} - \cdots \\ y = \frac{l^2}{6r} - \frac{l^4}{336r^3} + \frac{l^6}{42240r^5} - \cdots \end{cases} \tag{2-9}$$

在回旋线终点处，$l=L_S$(L_S 为回旋线长度)，$r=R$，代入式(2-9)得：

$$\begin{cases} x = x_0 = L_S - \frac{L_S^3}{40R^2} + \frac{L_S^5}{345R^4} - \cdots \\ y = y_0 = \frac{L_S^2}{6R} - \frac{L_S^4}{336R^3} + \frac{L_S^6}{42240R^5} - \cdots \end{cases} \tag{2-10}$$

如果用切线支距法敷设缓和曲线，则可用下列近似公式计算：

$$\begin{cases} x \approx l - \frac{l^3}{40r^2} \quad 或 \quad x \approx l - \frac{l^5}{40C^2} \\ y \approx \frac{l^2}{6r} - \frac{l^4}{336r^3} \quad 或 \quad y \approx \frac{l^3}{6C} - \frac{l^7}{336C^3} \end{cases} \tag{2-11}$$

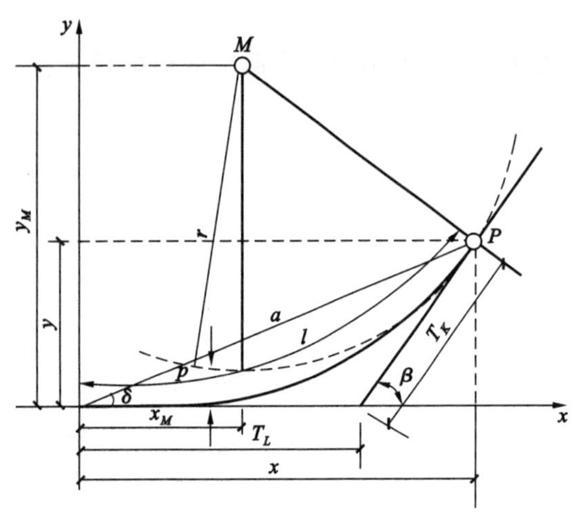

图 2-8 回旋线要素

2.4.3.2 回旋曲线的几何要素

(1) 回旋线上任意点 P 的计算公式

其计算公式如下(图 2-8):

P 点的曲率半径:

$$r = \frac{A}{\sqrt{2\beta}}$$

P 点的回旋线长:

$$l = A\sqrt{2\beta}$$

缓和曲线角:

$$\beta = \frac{l^2}{2A^2} = \frac{l^2}{2rl} = \frac{l}{2r}$$

长切线长:

$$T_L = x - y \cdot \cot\beta$$

短切线长:

$$T_K = \frac{y}{\sin\beta}$$

P 点的弦长:

$$a = \frac{y}{\sin\delta}$$

P 点的偏角:

$$\delta = \arctan\frac{y}{x} \approx \frac{\beta}{3}$$

(2) 有缓和曲线的公路平曲线的几何要素

公路平面线形的基本组合为直线—缓和曲线—圆曲线—缓和曲线—直线,如图 2-9 所示。

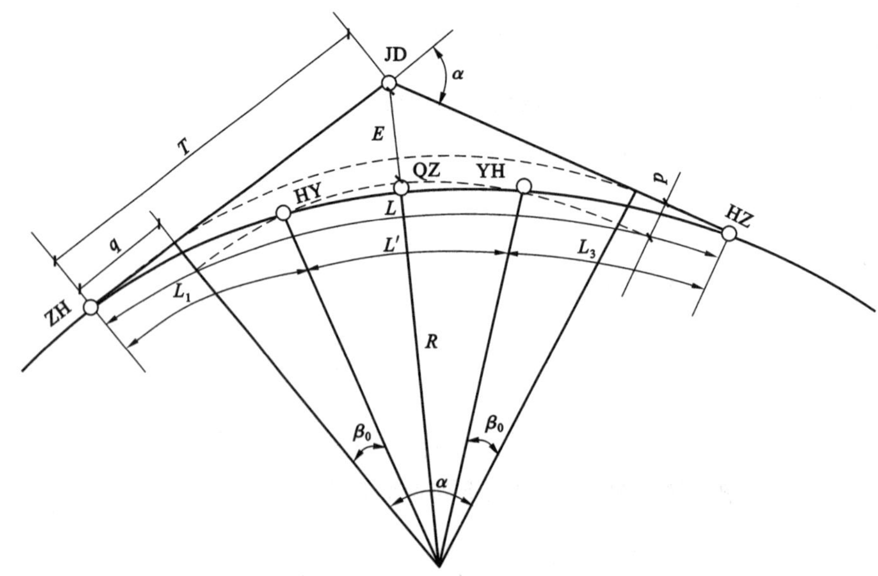

图 2-9 基本型平曲线

其几何元素的计算公式如下：

$$q=\frac{L_S}{2}-\frac{L_S^3}{240R^2}$$

$$p=\frac{L_S^2}{24R}-\frac{L_S^4}{2688R^3}$$

$$\beta_0=28.6479\frac{L_S}{R}$$

$$T=(R+p)\tan\frac{\alpha}{2}+q$$

$$L=(\alpha-2\beta_0)\frac{\pi}{180^\circ}R+2L_S$$

$$E=(R+p)\sec\frac{\alpha}{2}-R$$

$$J=2T-L$$

式中　q——缓和曲线起点到圆曲线原起点的距离，也称为切线增值，m；

p——设缓和曲线后圆曲线内移值，m；

β_0——缓和曲线终点的缓和曲线角，(°)；

L_S——缓和曲线长，m；

R——圆曲线半径，m；

α——转角，(°)；

T——切线长，m；

L——曲线长，m；

E——外距，m；

J——超距，m。

2.4.3.3　回旋线参数 A 的确定

回旋线是缓和曲线的常用曲线形式。所有的回旋线在几何上都是相似的，参数 A 是长度的量度，可认为是放大的倍数。$RL=A^2$，设 $R/A=r$，$L/A=l$，则单位回旋线方程为 $rl=1$，即参数 A 越大，对缓和曲线长度 L 来说，回旋线的弯曲度愈缓，回旋线的整体大小度也越大。这种性质与圆曲线半径越大，圆弧弯曲度越平缓，整个圆也就变得越大是一样的。

参数 A 作为不同等级道路的回旋线标准，应根据下述几方面来计算，综合比较加以确定。

(1) 从汽车在回旋线上缓和行驶确定

设 v 为汽车行驶速度(m/s)，L 为缓和曲线长度(m)，R 为圆曲线半径(m)，则离心加速度变化率为：

$$p=\frac{v^2/R}{L/v}=\frac{v^3}{LR}=\frac{v^3}{A^2}$$

若 V 以 km/h 计，则：

$$p=0.0214\frac{V^3}{A^2}$$

所以：

$$A=\sqrt{\frac{0.0214}{p}}\sqrt{V^3}\tag{2-12}$$

p 值可参照下述规定设置:高速公路及快速路推荐值为 0.35,绝对最小值为 0.5;一般公路及 $V<60$(km/h)的匝道、地方道路为 0.6;山岭区公路为 0.75;其他特殊地区道路为 0.775。

(2) 依行驶时间确定

设汽车在回旋线上行驶必要的最小时间为 t(s),汽车车速为 v(m/s),则 $L=vt$,所以:

$$A=\sqrt{RL}=\sqrt{vRt}$$

以 V(km/h)代入 v(m/s),并取 $t=3$ s,则:

$$A=\sqrt{3vR}=\sqrt{\frac{VR}{1.2}} \tag{2-13}$$

(3) 根据视觉条件确定

确定合理的缓和曲线参数 A,可以使线形达到顺适与美观的要求。通过跟踪驾驶员的视觉发现,当缓和曲线角小于 3°时,曲线极不明显,在视觉上容易被忽略;当缓和曲线角大于 29°时,曲线过于弯曲,很难与相邻的圆曲线顺接。保持缓和曲线角 $3°<\beta<29°$,就可以确定合适的 A 值。

因为:

$$\beta_0=28.6479\frac{L_S}{R}$$

所以:

$$L_S=\frac{R\beta_0}{28.6479}$$

而

$$A=\sqrt{RL_S}=R\sqrt{\frac{\beta_0}{28.6479}} \tag{2-14}$$

在回旋线终点,$\beta=\beta_0$,将 $\beta_0=3°$和 $\beta_0=29°$分别代入式(2-14),则大致有下面的关系:

$$\frac{R}{3}\leqslant A\leqslant R$$

不过上述关系只适用于 R 在某种范围内。经验证明,设计时,一般当 $R\approx100$ m 时,取 $A=R$;当 $R<100$ m 时,取 $A\geqslant R$;当 100 m$<R<$3000 m 时,取 $A=R/3$;当 $R>3000$ m 时,取 $A<R/3$。

2.4.4 缓和曲线的最小长度

由于车辆要在缓和曲线上完成不同曲率的过渡行驶,所以要求缓和曲线有足够的长度,以便驾驶员能从容地操纵方向盘。这样可以使乘客感觉舒适,道路线形美观、流畅,圆曲线上的超高和加宽的过渡也能在缓和曲线段内比较合理地完成,所以应当规定缓和曲线的最小长度。为此,可从以下几方面考虑计算。

(1) 离心加速度变化率

即离心加速度从直线上的零增加到进入圆曲线时的最大值,离心加速度变化率限制在一定的范围内。

离心加速度变化率为:

$$p=\frac{v^3}{L_S R}$$

设置缓和曲线通常采用 $p\leqslant0.6$(m/s^3),并以 V(km/h)代替 v(m/s),则:

$$L_S=0.036\frac{V^3}{R} \tag{2-15}$$

(2) 驾驶员操作反应时间

$$L_S = vt = \frac{1}{3.6}Vt$$

一般要求操作反应时间 t 不小于 3 s,若取 $t=3$ s,则:

$$L_S = \frac{3V}{3.6} = 0.83V \tag{2-16}$$

(3) 视觉条件

从回旋线特性知 $RL_S=C$,经验认为 $C=\frac{R^2}{9}\sim R^2$ 即可使线形舒顺协调。所以:

$$L_S = \frac{R}{9} \sim R \tag{2-17}$$

实际采用的缓和曲线长度应取上述计算中的较大值(一般取 5 m 的整倍数)。《公路路线设计规范》(JTG D20—2017)规定了回旋线最小长度,见表 2-7。《城市道路工程设计规范(2016 年版)》(CJJ 37—2012)规定了城市道路的缓和曲线最小长度,见表 2-8。

表 2-7 **各级公路缓和曲线最小长度**

设计速度/(km/h)	120	100	80	60	40	30	20
缓和曲线最小长度/m	100	85	70	50	35	25	20

注:四级公路为超高加宽缓和段的长度。

表 2-8 **城市道路缓和曲线最小长度**

设计速度/(km/h)	100	80	60	50	40	30	20
缓和曲线最小长度/m	85	70	50	45	35	25	20

2.4.5 缓和曲线的省略

在直线和圆曲线之间设置缓和曲线后,圆曲线在原来与直线相切的基础上产生了一个内移值 p,在缓和曲线长度 L_S 一定的情况下,p 与圆曲线半径 R 成反比,当 R 增大到一定程度时,p 值可忽略不计,即使直线与圆曲线径相连接,汽车也能完成缓和曲线的行驶,因为在路面的富余宽度中已经包含了这个内移值。因此,《公路路线设计规范》(JTG D20—2017)规定,在下列情况下可不设回旋线。

(1) 直线与圆曲线间缓和曲线的省略

《公路路线设计规范》(JTG D20—2017)规定,当圆曲线半径大于或等于表 2-4 中不设超高的圆曲线最小半径时,可不设缓和曲线;四级公路可将直线和圆曲线径相连接,在圆曲线两端的直线上设置超高缓和段、加宽缓和段。

《城市道路工程设计规范(2016 年版)》(CJJ 37—2012)规定,当设计速度小于 40 km/h 时,可以省略缓和曲线;大于 40 km/h 时,如半径大于不设缓和曲线的最小圆曲线半径,则缓和曲线可以省略,见表 2-9。

表 2-9 **城市道路不设缓和曲线的最小圆曲线半径**

设计速度/(km/h)	100	80	60	50	40
不设缓和曲线的最小圆曲线半径/m	3000	2000	1000	700	500

(2) 半径不同的圆曲线间缓和曲线的省略

半径不同的圆曲线间缓和曲线的省略有以下两种情况：

① 小圆半径大于表 2-4 中不设超高的圆曲线最小半径时，可以省略缓和曲线。

② 小圆半径大于表 2-10 中所列半径，且符合下列条件之一时，均可省略缓和曲线。

a. 小圆曲线按规定设置相当于最小回旋曲线长的回旋线时，其大圆与小圆的内移值之差不超过 0.1 m；

b. 设计速度大于或等于 80 km/h 时，大圆半径与小圆半径之比小于 1.5；

c. 设计速度小于 80 km/h 时，大圆半径与小圆半径之比小于 2。

表 2-10　**复曲线中小圆临界曲线半径**

设计速度/(km/h)	120	100	80	60	40	30
小圆临界曲线半径/m	2100	1500	900	500	250	130

【例 2-2】 在平原区某二级公路(V=80 km/h)有一弯道 R=250 m，交点 JD 的桩号为 K17+568.38，转角 $\alpha=38°30'00''$，试计算该曲线上设置缓和曲线后的五个基本桩号。

【解】 (1) 缓和曲线长度 L_S

平原区二级公路设计速度为 80 km/h，则：

$$L_S = 0.036\frac{V^3}{R} = 0.036\times\frac{80^3}{250} = 73.73(\text{m})$$

$$L_S \geqslant \frac{V}{3.6}\times 3 = \frac{80}{3.6}\times 3 = 66.67(\text{m})$$

$$L_S = \frac{R}{9}\sim R = \frac{250}{9}\sim 250 = 27.78\sim 250(\text{m})$$

取整数 5 m 的倍数，采用缓和曲线长 75 m[《公路工程技术标准》(JTG B01—2014)规定：V=80 km/h 时，最小缓和曲线长为 70 m]。

(2) 圆曲线的内移值 p 和切线增值 q

$$p = \frac{L_S^2}{24R} = \frac{75^2}{24\times 250} = 0.94(\text{m})$$

$$q = \frac{L_S}{2} - \frac{L_S^3}{240R^2} = \frac{75}{2} - \frac{75^3}{240\times 250^2} = 37.47(\text{m})$$

(3) 总切线长 T

$$T = (R+p)\tan\frac{\alpha}{2} + q = (250+0.94)\tan\frac{38°30'}{2} + 37.47 = 125.10(\text{m})$$

(4) 曲线总长度 L

$$\beta_0 = \frac{L_S}{2R}\cdot\frac{180°}{\pi} = 8°35'55''$$

$$L = (\alpha - 2\beta_0)\frac{\pi}{180°}R + 2L_S = (38°30'00'' - 2\times 8°35'55'')\times\frac{\pi}{180°}\times 250 + 2\times 75$$
$$= 242.99(\text{m})$$

(5) 五个基本桩号

JD	K17＋568.38
$-T$	125.10
ZH	K17＋443.28
$+L_S$	75
HY	K17＋518.28
$+(L-L_S)$	167.99
HZ	K17＋686.27
$-L_S$	75
YH	K17＋611.27
$-1/2(L-2L_S)$	46.495
QZ	K17＋564.775
$+J/2$	3.605
JD	K17＋568.38
	(校核无误)

其中超距为:

$$J = 2T - L = 2 \times 125.10 - 242.99 = 7.21(\text{m})$$

2.5 平面线形设计的一般原则与组合

2.5.1 平面线形设计的一般原则

(1) 平面线形应与地形、地物相适应,与周围环境相协调

路线要与地形相适应,这既是美学问题,也是经济问题和生态保护问题。在地势平坦开阔的平原微丘区,路线以方向为主导,线形应直接舒顺,平面线形三要素中以直线为主;在地势起伏很大的山岭重丘区,路线以高程为主导,为了适应地形,路线多弯曲,则曲线所占比例较大。如果在没有任何障碍物的开阔地区(如戈壁、草原)设置一些不必要的曲线,或者在高低起伏的山地设置长直线,都将给人以不协调的感觉。直线、圆曲线、缓和曲线的选用与合理组合取决于地形、地物等具体条件,片面强调路线要以直线为主或以曲线为主,或人为规定三者的比例都是错误的。

(2) 保持平面线形的均衡与连贯

为使一条道路上的车辆尽量以均匀的速度行驶,各线形要素应注意保持连续性而不出现技术指标的突变。在设计时应充分注意以下两点:

① 长直线和大半径曲线的尽头不能接小半径曲线。长直线和大半径曲线会导致较高的车速,若突然出现小半径曲线,会因减速不及而造成事故。特别是在下坡方向的尽头更要注意。若由于

地形所限,小半径曲线在所难免,则中间应插入中等曲率的过渡性曲线,并使纵坡不要过大。

② 高、低标准之间要有过渡。同一等级的道路由于地形的变化在技术指标的采用上会有变化,同一条道路按不同设计速度的各设计路段之间也会形成技术标准的变化。遇有这种高、低标准变化的路段,除满足有关设计路段在长度上的要求外,还应结合地形的变化,使路线的平面线形指标逐渐过渡,避免出现突变。

(3) 平曲线应有足够的长度

平曲线太短,汽车在曲线上行驶时间过短,会使驾驶员来不及调整,一般都应控制平曲线(包括圆曲线及其两端的缓和曲线)的最小长度,见表 2-11～表 2-14。

表 2-11 **各级公路平曲线的最小长度**

设计速度/(km/h)		120	100	80	60	40	30	20
平曲线最小长度/m	一般值	600	500	400	300	200	150	100
	极限值	200	170	140	100	70	50	40

表 2-12 **公路转角小于或等于 7°时平曲线的最小长度**

设计速度/(km/h)	120	100	80	60	40	30	20
一般值	$1400/\alpha$	$1200/\alpha$	$1000/\alpha$	$700/\alpha$	$500/\alpha$	$350/\alpha$	$280/\alpha$
最小值	200	170	140	100	70	50	40

表 2-13 **城市道路平曲线与圆曲线的最小长度**

设计速度/(km/h)		100	80	60	50	40	30	20
平曲线最小长度/m	一般值	260	210	150	130	110	80	60
	极限值	170	140	100	85	70	50	40
圆曲线最小长度/m		85	70	50	40	35	25	20

表 2-14 **城市道路小转角平曲线的最小长度**

设计速度/(km/h)	100	80	60	50	40
平曲线最小长度/m	$1200/\theta$	$1000/\theta$	$700/\theta$	$600/\theta$	$500/\theta$

注:当 $\theta<2°$时,按 2°计。

公路弯道在一般情况下由两段缓和曲线(或超高、加宽缓和段)和一段圆曲线组成。缓和曲线的长度不能小于该级公路对其最小长度的规定,中间圆曲线的长度宜大于以设计速度行驶 3 s 的行程,当条件受限时,可将缓和曲线在曲率相等处对接,此时的圆曲线长度为零。

路线转角的大小反映了路线的舒顺程度,但如果转角过小,即使设置了较大的半径也容易把曲线长看成比实际的要短,造成急转弯的错觉。转角越小这种倾向越显著,造成驾驶者枉作减速转弯的操作。一般认为,$\theta\leqslant7°$应属于小转角弯道。对于小转角弯道应设置较长的平曲线,其长度应大于表 2-12 中规定的平曲线长度。

2.5.2　平面线形的组合

平面线形由直线、圆曲线和缓和曲线三个几何要素组成，三个线形要素可以组成不同的组合线形。

(1) 简单型曲线

当一个弯道由直线与圆曲线组合时称为简单型曲线，即按直线—圆曲线—直线的顺序组合，如图 2-10 所示。

简单型曲线在 ZY 和 YZ 点处有曲率突变点，对行车不利。当半径较小时，该处线形也不顺适，一般仅限四级公路采用。在其他等级公路中，当平曲线半径大于不设超高半径时，省略缓和曲线后也可以采用简单型曲线。

(2) 基本型曲线

基本型曲线指的是直线—回旋线—圆曲线—回旋线—直线的组合，如图 2-11 所示。

基本型曲线的两个回旋线应符合缓和曲线的规定，但不必要求相等，也可根据地形等条件设计成非对称型曲线。为使线形连续协调，回旋线—圆曲线—回旋线的长度之比最好设计成 1∶1∶1 或1∶2∶1。

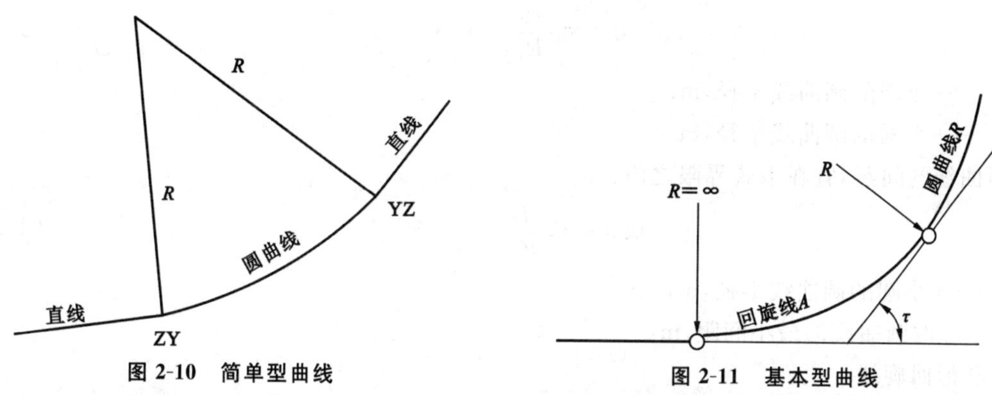

图 2-10　简单型曲线

图 2-11　基本型曲线

(3) S 形回旋线

S 形回旋线指的是用两个回旋线连接两个反向圆曲线的组合，如图 2-12 所示。S 形回旋线相邻两个回旋线参数 A_1 与 A_2 宜相等。当采用不同的参数时，A_1 与 A_2 之比应小于 2.0，有条件时，以小于 1.5 为宜。此外，在 S 形回旋线上，两个反向回旋线之间不应设置直线。不得已插入直线时，必须尽量短，且短直线的长度或重合段的长度应符合下式：

$$l \leqslant \frac{A_1 + A_2}{40} \tag{2-18}$$

式中　l——反向回旋线间短直线或重合段的长度，m；

A_1，A_2——回旋线参数。

S 形回旋线的两圆曲线半径之比不宜过大，一般应控制在：

$$\frac{1}{3} \leqslant \frac{R_1}{R_2} \leqslant 1 \tag{2-19}$$

式中　R_1——小圆的圆曲线半径，m；

R_2——大圆的圆曲线半径，m。

(4) 卵形回旋线

卵形回旋线指的是用一个回旋线连接两个同向圆曲线的组合，如图 2-13 所示。

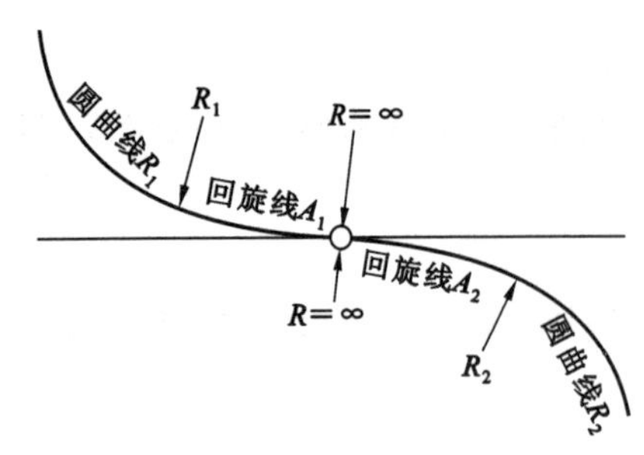

图 2-12　S 形回旋线

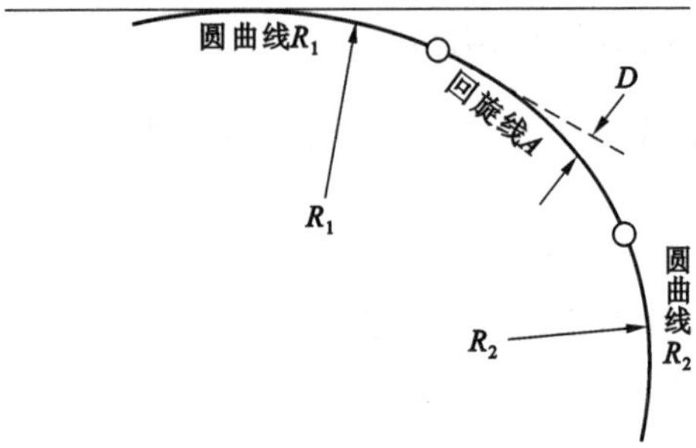

图 2-13　卵形回旋线

卵形回旋线的参数宜符合下式规定的范围：

$$\frac{R_1}{2} \leqslant A \leqslant R_1 \tag{2-20}$$

式中　A——回旋线参数，m；

R_1——小圆的圆曲线半径，m。

两圆曲线半径之比应控制在式(2-21)范围之内：

$$0.2 \leqslant \frac{R_1}{R_2} \leqslant 0.8 \tag{2-21}$$

式中　R_1——小圆的圆曲线半径，m；

R_2——大圆的圆曲线半径，m。

两圆曲线的间距，宜在下式界限之内：

$$0.003 \leqslant \frac{D}{R_1} \leqslant 0.03 \tag{2-22}$$

式中　R_1——小圆的圆曲线半径，m，

D——两圆曲线的最小间距，m。

(5) 凸形回旋线

凸形回旋线指的是两同向回旋线间不插入圆曲线而直接连接的组合，如图 2-14 所示。一般情况下，最好不采用凸形回旋线，只有在地形受限制的山嘴等处使用该组合。

(6) 复合型回旋线

复合型回旋线指的是两个以上同向回旋线间在曲率相等处相互衔接的组合，如图 2-15 所示。复合型回旋线的两回旋线之比以 1∶1.5 为宜。复合型回旋线除因地形或其他特殊原因限制外，一般很少使用。

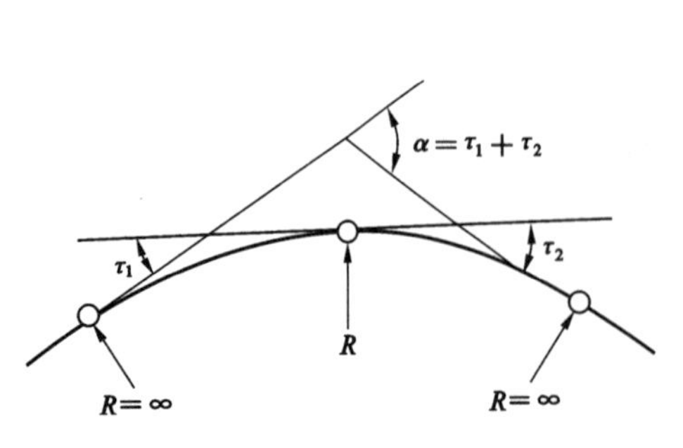

图 2-14　凸形回旋线

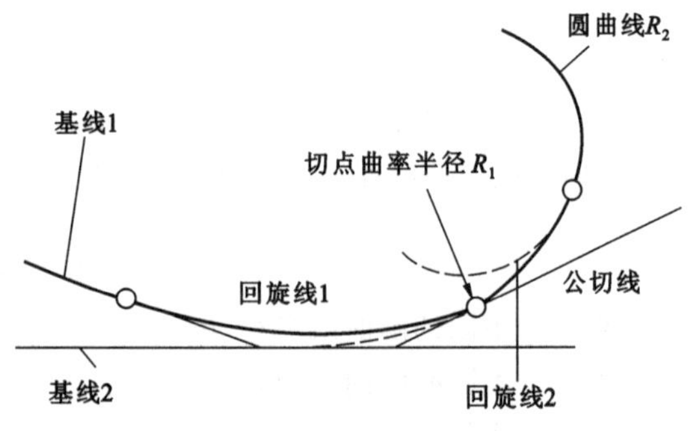

图 2-15　复合型回旋线

(7) C形回旋线

C形回旋线指的是同向曲线的两回旋线在曲率为零处连接的形式，如图2-16所示。其连接处的曲率为零，相当于两个基本型的同向曲线中间直线长度为零，这种线形对行车也会产生不利影响。因此，C形回旋线只有在特殊地形条件下方可采用。

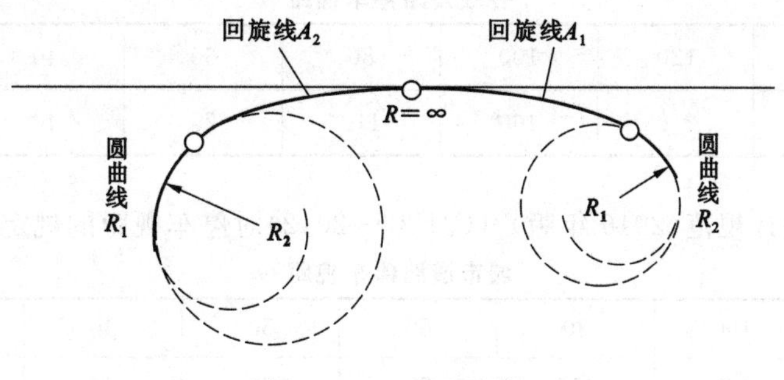

图2-16 C形回旋线

2.6 行车视距

为保证行车安全，当驾驶员看到障碍物或迎面来车时，进行刹车或绕行等操作所必需的最小可视距离，称为行车视距。道路平面上的暗弯(处于挖方路段的弯道和内侧有障碍物的弯道)、纵断面上的凸形竖曲线及以下穿式立体交叉的凹形竖曲线上都可能存在行车视距不足的问题。根据驾驶员所采取的措施不同，行车视距可分为以下几种。

(1) 停车视距

汽车在路上行驶时，驾驶员看到前方障碍物，采取紧急安全制动所需的最短距离称作停车视距。此时，驾驶员视线高度取1.2 m，障碍物高出路面0.1 m。

停车视距由三部分组成，如图2-17所示。

$$S_T = S_1 + S_2 + S_0 \tag{2-23}$$

式中 S_1——驾驶员反应时间内汽车行驶的距离，m；

S_2——制动距离，即汽车开始制动到完全停止时所行驶的距离，m；

S_0——安全距离，一般可取5～10 m。

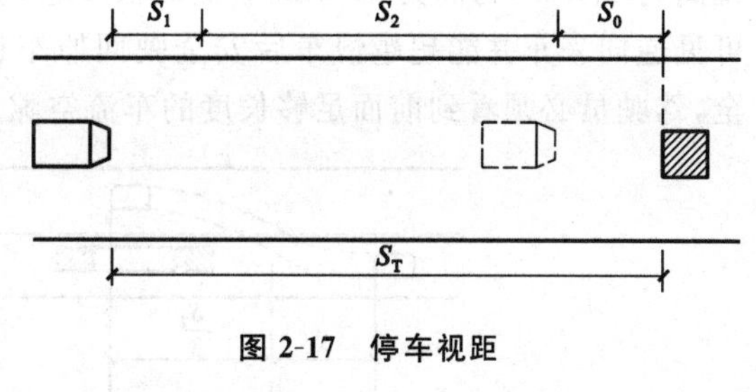

图2-17 停车视距

则

$$S_1 = \frac{V}{3.6}t \tag{2-24}$$

制动距离S_2取决于制动力和车速的大小，当忽略滚动阻力系数时，其计算式为：

$$S_2 = \frac{KV^2}{254(\varphi \pm i)} \tag{2-25}$$

式中 V——汽车行驶速度，km/h；

t——驾驶员反应时间，可取2.5 s(判断时间1.5 s、运行时间1.0 s)；

K——制动系数，在设计中取1.0～1.4；

φ——路面附着系数；

i——纵坡(%)。

综上所述，停车视距的计算公式应为：

$$S_T = S_1 + S_2 + S_0 = \frac{V}{3.6}t + \frac{KV^2}{254(\varphi \pm i)} + S_0 \tag{2-26}$$

我国《公路工程技术标准》(JTG B01—2014)充分考虑了决定汽车制动的各种因素，结合国内外的基本情况，确定了各级公路的停车视距，见表 2-15。

表 2-15 **各级公路停车视距**

设计速度/(km/h)	120	100	80	60	40	30	20
停车视距/m	210	160	110	75	40	30	20

《城市道路工程设计规范(2016 年版)》(CJJ 37—2012)对停车视距的规定见表 2-16。

表 2-16 **城市道路停车视距**

设计速度/(km/h)	100	80	60	50	40	30	20
停车视距/m	160	110	70	60	40	30	20

(2) 会车视距

会车视距为两辆对向行驶的汽车能在同一车道上及时刹车所必需的距离。

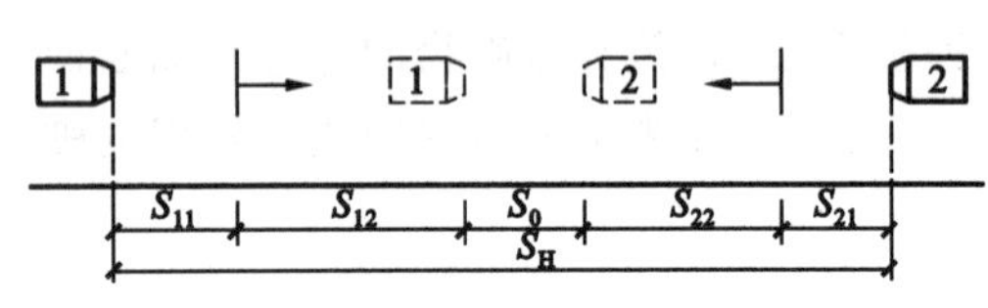

图 2-18 会车视距

会车视距由三部分组成(图 2-18)：双方驾驶员反应时间内汽车行驶的距离，双方汽车的制动距离和安全距离。

可见，会车视距的规定值是其长度不应小于停车视距的 2 倍。

(3) 超车视距

汽车行驶时为超越前车所必需的视距称作超车视距。它是指在对向行驶的双车道公路上，当视高为 1.2 m，物高为 1.2 m，后面的快车超越前面的慢车的过程中，从开始驶离原车道之处起，至可见逆向来车并能超越慢车后安全驶回原车道所需的最短距离，如图 2-19 所示。为了超车的安全，驾驶员必须看到前面足够长度的车流空隙。

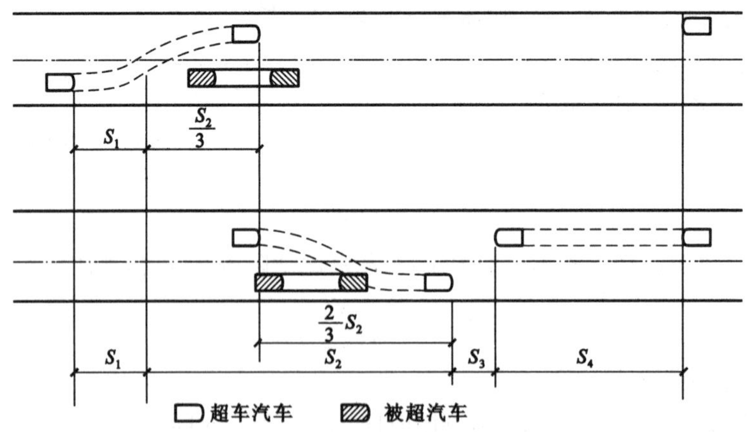

图 2-19 超车视距

超车视距可分为以下四个部分：

$$S_C = S_1 + S_2 + S_3 + S_4 \tag{2-27}$$

式中 S_C——超车视距，m；

S_1——汽车加速行驶的距离，m；

S_2——汽车在对向车道上行驶的距离，m；

S_3——完成超车时，汽车与对向来车之间的安全距离，m；

S_4——在这个超车过程中，对向汽车的行驶距离，m。

① 汽车加速行驶的距离。

当欲超车的快车认为有超车可能，于是加速行驶移向对向车道，在进入对向车道前所行驶的距离为：

$$S_1=\frac{V_0}{3.6}t_1+\frac{1}{2}at_1^2 \tag{2-28}$$

式中　V_0——超车前汽车匀速行驶的速度，km/h；

t_1——加速时间，s；

a——平均加速度，m/s^2。

② 超车汽车在对向车道上行驶的距离。

此距离为：

$$S_2=\frac{V_1}{3.6}t_2 \tag{2-29}$$

式中　V_1——超车汽车加速后在对向车道上行驶的速度，km/h；

t_2——在对向车道上行驶的时间，s。

③ 超车完成时，超车汽车与对向汽车之间的安全距离。

这个安全距离根据不同等级公路上的设计速度的不同而采用不同的值，一般取 20～100 m。

④ 超车汽车从开始超车到完成超车的过程中对向汽车所行驶的距离。

此距离为：

$$S_4=\frac{V_2}{3.6}(t_1+t_2) \tag{2-30}$$

式中　V_2——对向汽车匀速行驶的速度，km/h。

在实际的超车过程中，不需要这样理想化的超车距离，并且在地形较为复杂的地段要实现这一目标也较为困难。实际上，在超车汽车加速追上被超汽车后，一旦发现有对向来车而距离不足时，还可以回到原来的车道。这个时间一般可取 $2t_2/3$，所行驶的距离为 $2S_2/3$；对向来车的行驶时间只考虑超车汽车进入对向车道后的时间就能够保证交通安全了，所以保证超车安全的最小超车视距为：$2S_2/3+S_3+S_4$。在《公路工程技术标准》(JTG B01—2014)的制定过程中，充分考虑了超车时的各种因素，确定了各级公路的最小超车视距，见表 2-17。对向行驶的双车道公路，应根据需要并结合地形，在适当的距离内设置具有超车视距的路段。

表 2-17　　**二级公路、三级公路、四级公路停车视距、会车视距与超车视距**

设计速度/(km/h)	80	60	40	30	20
停车视距/m	110	75	40	30	20
会车视距/m	220	150	80	60	40
超车视距/m	550	350	200	150	100

城市道路通常规定车辆分道行驶,不许利用对向车道超车,因此《城市道路工程设计规范(2016年版)》(CJJ 37—2012)没有超车视距的规定。

(4) 视距标准的采用

停车视距、超车视距和会车视距,应根据道路的等级和具体条件采用,《公路工程技术标准》(JTG B01—2014)和《公路路线设计规范》(JTG D20—2017)规定如下:

① 高速公路和一级公路应满足停车视距的要求。其原因是高速公路和一级公路均有中间分隔带,因此不存在会车问题,也不存在超车问题。

② 二级公路、三级公路、四级公路,一般应满足会车视距的要求。在工程特别困难或受其他限制地段,可采用停车视距,但必须采取分道行驶的措施,如设分隔带、分道线、分隔桩或设两条分离的单车道。

③ 对向行驶的双车道公路,应根据需要并结合地形在适当的距离内设置具有超车视距的路段,一般情况下,超车视距不小于路线总长度的10%~30%。

《城市道路工程设计规范(2016年版)》(CJJ 37—2002)规定如下:

① 道路平面、纵断面上的停车视距应大于或等于表2-16的规定值。

② 车道上对向行驶的车辆若有会车可能,则应采取会车视距,其值为表2-16中停车视距的2倍。

2.7 平面设计成果

2.7.1 直线、曲线及转角一览表

直线、曲线及转角一览表全面反映了路线的平面位置和路线平面线形的各项指标,它是道路设计的主要成果之一。只有在完成直线、曲线及转角一览表以后,才能据此计算逐桩坐标表和绘制路线平面设计图,同时在做路线的纵断面设计、横断面设计和其他构造物设计时都要使用本表的数据。某公路某段直线、曲线及转角一览表见表2-18。本表对公路和城市道路都适用,其中"交点坐标"一栏视道路等级和测设情况取舍。

2.7.2 逐桩坐标表

逐桩坐标表是高等级公路平面设计成果的组成内容之一,是道路中线施工放样的重要资料。高等级公路的线形指标高,在平面上表现为圆曲线半径较大,缓和曲线较长。在测设和放样时需采用坐标法,方能保证其测量精度。

某公路某段逐桩坐标表即各个中桩的坐标,见表2-19,其计算和测量的方法是按从整体到局部的原则进行的。一般是根据导线点坐标用全站仪或GPS测量路线交点坐标或从图上直接量取(纸上定线时)交点坐标,计算交点转角、方位角和交点间距,再根据选定的曲线半径和缓和曲线长度计算中线上各桩的坐标。

表 2-18 某公路某段直线、曲线及转角一览表

交点号	交点坐标		交点桩号	转角值	曲线要素值					
	x	y			半径/m	缓和曲线长度/m	切线长度/m	曲线长度/m	外距/m	校正值/m
1	2	3	4	5	6	7	8	9	10	11
起点	41808.20	90033.60	K0+000.00	—	—	—	—	—	—	—
2	41317.59	90464.10	K0+652.72	右 35°35′25.0″	800.00	0.00	256.78	496.93	40.20	16.62
3	40796.31	90515.91	K1+159.95	左 57°32′52.0″	250.00	50.00	162.51	301.10	35.69	23.92
4	40441.52	91219.01	K1+923.56	左 34°32′06.0″	150.00	40.00	66.75	130.41	7.55	3.09
5	40520.20	91796.47	K2+503.27	右 78°53′21.0″	200.00	45.00	187.38	320.38	59.53	54.39
6	40221.11	91898.70	K2+764.97	左 51°40′28.0″	224.13	40.00	128.67	242.14	25.22	15.19
7	40047.40	92390.47	K3+271.32	左 34°55′51.0″	150.00	40.00	67.32	131.45	7.72	3.20
8	40190.11	92905.94	K3+802.98	右 22°25′25.0″	600.00	0.00	118.93	234.82	11.67	3.04
终点	40120.03	93480.92	K4+379.18	—	—	—	—	—	—	—

交点号	曲线位置					直线长度及方向			测量断链		备注
	第一缓和曲线起点	第一缓和曲线终点或圆曲线起点	曲线中点	第二缓和曲线起点或圆曲线终点	第二缓和曲线终点	直线长度/m	交点间距/m	计算方位角或计算方向角	桩号	增减长度/m	
1	12	13	14	15	16	17	18	19	20	21	22
起点	—	—	—	—	—	—	—	138°44′00.0″	—	—	—
2	—	K0+395.94	K0+644.41	K0+592.87	—	395.94	652.72	174°19′25.0″	—	—	—
3	K0+997.44	K1+047.44	K1+147.99	K1+248.54	K1+298.54	104.56	523.85	116°46′33.0″	—	—	—
4	K1+856.81	K1+896.81	K1+922.02	K1+947.22	K1+987.22	558.27	787.54	82°14′27.0″	—	—	—
5	K2+315.89	K2+360.89	K2+476.08	K2+591.27	K2+636.27	328.67	582.81	161°07′48.0″	—	—	—
6	K2+636.30	K2+676.30	K2+757.37	K2+838.44	K2+878.44	0.03	316.08	109°27′20.0″	—	—	—
7	K3+204.00	K3+244.00	K3+269.72	K3+295.44	K3+335.44	325.56	521.55	74°31′29.0″	—	—	—
8	—	K3+684.05	K3+801.46	K3+918.87	—	348.60	534.59	96°56′54.0″	—	—	—
终点	—	—	—	—	—	460.31	579.24	—	—	—	—

表 2-19　**某公路某段逐桩坐标表**

桩号	坐标/m		方向角	桩号	坐标/m		方向角
	x	y			x	y	
K1+500.00	40632.34	90840.86	116°46′33.0″	K2+140.00	40471.16	91436.53	82°14′27.0″
K1+540.00	40614.32	90876.57	116°46′33.0″	K2+160.00	40473.86	91456.35	82°14′27.0″
K1+570.00	40600.80	90903.36	116°46′33.0″	K2+180.00	40476.56	91476.16	82°14′27.0″
K1+600.00	40587.29	90930.14	116°46′33.0″	K2+200.00	40479.26	91495.98	82°14′27.0″
K1+630.33	40573.62	90957.22	116°46′33.0″	K2+220.00	40481.96	91515.80	82°14′27.0″
K1+669.00	40556.20	90991.74	116°46′33.0″	K2+240.00	40484.66	91535.61	82°14′27.0″
K1+680.00	40551.25	91001.56	116°46′33.0″	K2+260.00	40487.36	91555.43	82°14′27.0″
K1+700.00	40542.24	91019.42	116°46′33.0″	K2+280.00	40490.06	91575.25	82°14′27.0″
K1+720.00	40533.23	91037.27	116°46′33.0″	K2+300.00	40492.76	91595.06	82°14′27.0″
K1+750.00	40519.71	91064.06	116°46′33.0″	ZH2+315.89	40494.91	91610.81	82°14′27.0″
K1+780.00	40506.20	91090.84	116°46′33.0″	K2+340.00	40497.90	91634.73	84°05′26.5″
K1+800.00	40497.19	91108.69	116°46′33.0″	HY2+360.89	40499.30	91655.57	88°41′08.7″
K1+820.00	40488.18	91126.55	116°46′33.0″	K2+380.00	40498.83	91674.67	94°09′37.3″
K1+840.00	40479.17	91144.41	116°46′33.0″	K2+400.00	40496.38	91694.51	99°53′23.8″
ZH1+856.31	40471.59	91159.41	116°46′33.0″	K2+420.00	40491.97	91714.01	105°37′10.3″
K1+870.00	40465.71	91171.22	115°56′42.1″	K2+440.00	40485.63	91732.97	111°20′56.7″
HY1+896.81	40455.19	91195.86	109°08′09.7″	K2+460.00	40477.43	91751.20	117°04′43.2″
K1+900.00	40454.18	91198.89	107°55′03.1″	QZ2+476.08	40469.54	91765.21	121°41′06.9″
QZ1+922.01	40448.96	91220.25	99°30′30.3″	K2+500.00	40455.79	91784.76	128°32′16.2″
K1+940.00	40477.06	91238.13	92°38′19.1″	K2+520.00	40442.57	91799.76	134°16′02.6″
YH1+947.00	40446.90	91245.34	89°52′50.9″	K2+540.00	40427.92	91813.36	139°59′49.1″
K1+960.00	40447.41	91258.11	85°46′43.6″	K2+560.00	40411.98	91825.43	145°43′35.6″
K1+980.00	40449.57	91227.99	82°29′23.3″	K2+580.00	40394.92	91835.85	151°27′22.1″
HZ1+987.22	40450.53	91285.15	82°14′27.0″	YH2+591.27	40384.88	91840.95	154°41′05.3
K2+000.00	40452.26	91297.81	82°14′27.0″	K2+600.00	40376.91	91844.52	156°56′35.0″
K2+010.00	40453.61	91307.72	82°14′27.0″	K2+620.00	40358.26	91851.74	160°17′15.4″
K2+030.00	40456.31	91327.54	82°14′27.0″	HZ2+636.27	40342.89	91857.08	161°07′48.0″
K2+050.00	40459.01	91347.35	82°14′27.0″	K2+650.00	40329.92	91861.56	160°31′48.6″
K2+070.00	40461.71	91367.17	82°14′27.0″	K2+670.00	40311.32	91868.66	157°30′02.7″
K2+100.00	40465.76	91396.90	82°14′27.0″	K2+700.00	40284.32	91881.90	149°57′30.4″
K2+120.00	40468.46	91461.71	82°14′27.0″	—	—	—	—

2.7.3 路线平面设计图

路线平面设计图是道路设计文件的主要内容之一，它不仅综合反映了路线的平面位置、线形和几何尺寸，还反映出沿线人工构造物和重要工程设施的布置及道路与周边环境、地形、地物和行政区划分的关系等。

(1) 公路路线平面设计图

公路路线平面设计图应标示出沿线的地形、地物、路线位置及里程桩号、断链、平曲线主要桩位、与其他交通路线的关系以及县以上地界等；标注水准点、导线点及坐标网格或指北图示；标示出特大桥、大中桥、隧道、路线交叉位置等；列出平曲线要素和交点坐标表等。比例尺一般为 1∶5000～1∶2000，如图 2-20 所示。

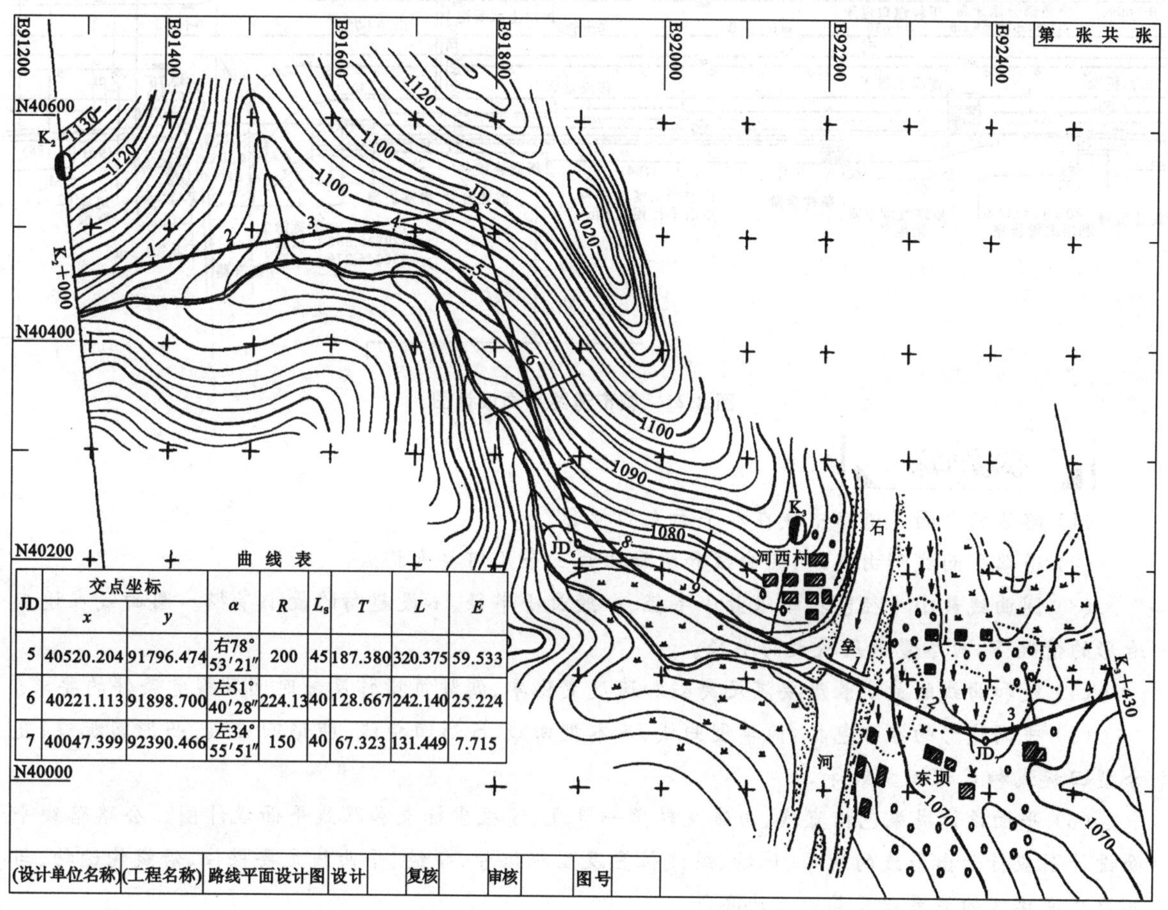

JD	交点坐标 x	交点坐标 y	α	R	L_s	T	L	E
5	40520.204	91796.474	右78°53′21″	200	45	187.380	320.375	59.533
6	40221.113	91898.700	左51°40′28″	224.13	40	128.667	242.140	25.224
7	40047.399	92390.466	左34°55′51″	150	40	67.323	131.449	7.715

图 2-20 公路路线平面设计图

(2) 城市道路平面设计图

城市道路平面设计图一般应标明路线、规划红线、车行道线、人行道线、停车场、绿化、交通标志、人行横道线、沿线建筑物出入口，各种地上地下管线的起向位置、雨水进入口、窨井等，注明交叉口及沿线里程桩，弯道及交叉口处应注明曲线要素，交叉口转角缘石的转弯半径等，比例尺一般为 1∶1000～1∶500，如图 2-21 所示。

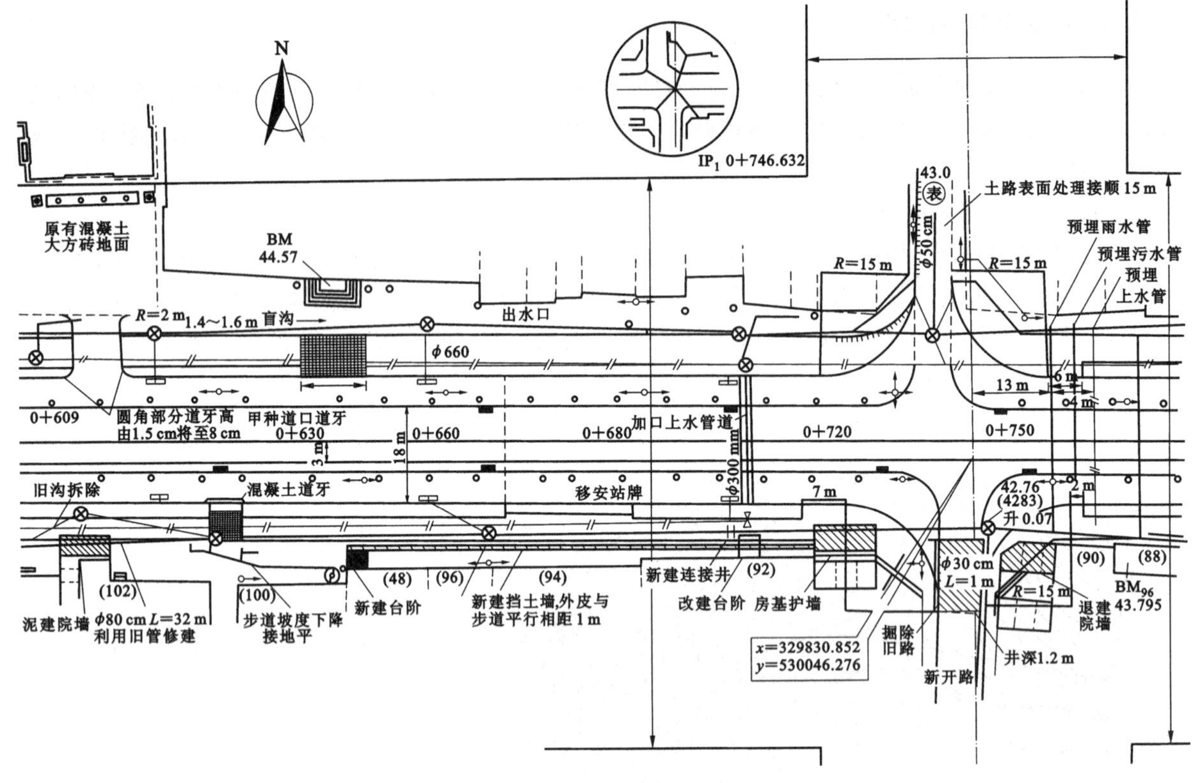

图 2-21　城市道路平面设计图

本章小结

(1) 路线的平面是道路中线在水平面上的投影。

(2) 道路平面线形由直线、圆曲线和缓和曲线三个几何要素构成。

(3) 圆曲线最小半径包括极限最小半径、一般最小半径、不设超高的最小半径。圆曲线在适应地形的情况下,应尽量选用较大的半径。

(4) 缓和曲线的最小长度要满足离心加速度变化率、驾驶员操作反应时间及视觉条件的要求。

(5) 平面线形的组合包括:简单型曲线、基本型曲线、S 形回旋线、卵形回旋线、凸形回旋线、复合型回旋线和 C 形回旋线等。

(6) 平面设计成果包括直线、曲线及转角一览表、逐桩坐标表和路线平面设计图。公路路线平面设计图应标示出沿线的地形、地物、路线位置及里程桩号、断链、平曲线主要桩位、沿线构造物、与其他交通路线的关系以及县以上地界等。

习题与思考题

2-1　直线设置的基本原则是什么?如何确定直线的最小长度?

2-2　什么是道路的极限最小半径、一般最小半径和不设超高的最小半径?

2-3　设置缓和曲线的目的是什么?如何计算缓和曲线的最小长度?

2-4　道路平面线形设计的一般原则有哪些?

2-5　道路平面线形要素有哪些组合类型?

2-6　什么是道路行车视距？有哪些类型？

2-7　平面线形设计成果包括哪些？

参考文献

[1]　林雨，陶明霞．道路勘测设计［M］．武汉：武汉大学出版社，2013.

[2]　中华人民共和国交通运输部．公路工程技术标准：JTG B01—2014［S］．北京：人民交通出版社股份有限公司，2014.

[3]　中华人民共和国交通运输部．公路路线设计规范：JTG D20—2017［S］．北京：人民交通出版社股份有限公司，2017.

[4]　中华人民共和国住房和城乡建设部．城市道路路线设计规范：CJJ 193—2012［S］．北京：中国建筑工业出版社，2013.

[5]　中华人民共和国住房和城乡建设部．城市道路工程设计规范（2016 年版）：CJJ 37—2012［S］．北京：中国建筑工业出版社，2016.

[6]　许金良，等．道路勘测设计［M］．5 版．北京：人民交通出版社股份有限公司，2018.

[7]　张金水．道路勘测与设计［M］．2 版．上海：同济大学出版社，2009.

3 道路纵断面设计

【内容提要】

本章主要内容包括纵坡及坡长设计、竖曲线设计、纵断面设计方法与纵断面图，以及平、纵线形组合设计等。教学重点为纵坡及坡长设计，竖曲线设计，平、纵线形组合设计；教学难点为竖曲线最小半径的确定。

【能力要求】

通过本章的学习，学生应了解纵断面设计的一般要求，熟悉纵断面设计各项指标的规定及平、纵线形组合设计的要求，掌握纵断面设计方法及步骤。

3.1 概　　述

沿着道路中线的竖向剖面展开图称为路线纵断面图，它是道路设计的重要技术图表之一，主要反映路线起伏、纵坡及与原地面的切割等情况。把道路的纵断面图与平面图、横断面图结合起来，就能够完整地表达出道路的空间位置和立体线形。

道路的纵断面线形应根据道路的性质、任务、等级、地形、地物和水文等因素，考虑路基稳定、排水及工程量等的要求，对纵坡的大小、坡长长短、竖曲线半径以及与平面线形的组合关系等进行设计。

在道路中线的原地面高程称为地面高程，地面高程的连线称为地面线。对于纵断面上的设计高程，即路基(包括路面厚度)的设计高程，有如下规定：

(1) 新建公路的路基设计高程

高速公路和一级公路采用中央分隔带外侧边缘高程；二级公路、三级公路和四级公路采用路基边缘高程。在设置超高和加宽的路段则是指在设置超高和加宽之前该处原路基边缘的高程。

(2) 改建公路的路基设计高程

一般按新建公路的规定办理，也可视具体情况而采用中央分隔带中线或行车道中线高程。

(3) 城市道路的路基设计高程

这是指建成后的行车道中线路面高程或中央分隔带中线高程。

在任一横断面上设计高程与地面高程之差，称为该处的施工高度(图 3-1)。施工高度的大小决定了路堤的高度或路堑的深度。当设计线在地面线上面时，路基筑成路堤(填方)，当设计线在地面线下面时，路基筑成路堑(挖方)。

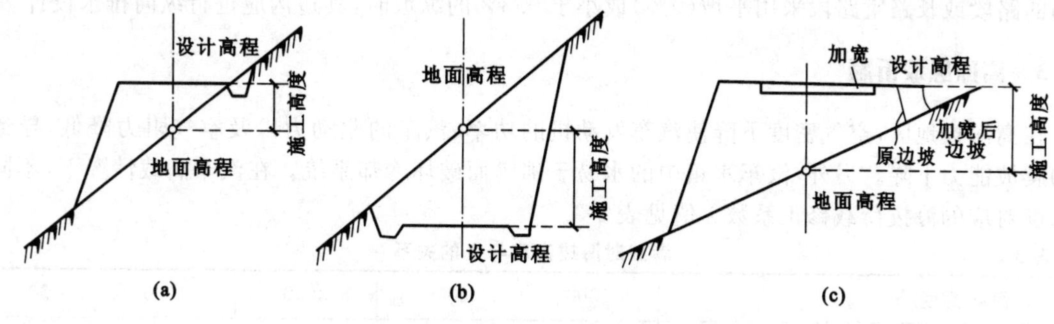

图 3-1 路基的地面高程与设计高程

(a) 路堤；(b) 路堑；(c) 曲线超高加宽段

3.2 纵坡及坡长

3.2.1 最大纵坡

最大纵坡是指在道路纵断面设计中各级道路允许采用的最大坡度值。它是路线设计中的一项重要控制指标，直接影响着路线长短、使用质量、行车安全以及运输成本和工程的经济性。

最大纵坡主要是依据汽车的动力特性、道路等级、自然条件、车辆安全行驶以及工程、运营经济等因素进行确定。汽车沿陡坡上行时，因克服升坡阻力及其他阻力需增大牵引力，车速便会降低，若陡坡过长，将引起汽车水箱"开锅"(即沸腾)、气阻等情况，严重时，还可能使发动机熄火，恶化驾驶条件。汽车沿陡坡下行时，因制动次数增多，制动器易因发热而失效；驾驶员心理紧张，易引起交通事故。当道路泥泞时，情况更为严重。

根据上述因素，我国《公路工程技术标准》(JTG B01—2014)、《公路路线设计规范》(JTG D20—2017)以及《城市道路工程设计规范(2016 年版)》(CJJ 37—2012)规定的公路最大纵坡值及城市道路机动车道最大纵坡值见表 3-1 和表 3-2。

表 3-1 **公路最大纵坡值**

设计速度/(km/h)	120	100	80	60	40	30	20
最大纵坡	3%	4%	5%	6%	7%	8%	9%

注：1. 设计速度为 120 km/h、100 km/h、80 km/h 的高速公路受地形条件或其他情况限制时，经技术经济论证，最大纵坡可增加 1%；

2. 设计速度为 40 km/h、30 km/h、20 km/h 的公路，改建中利用原有公路的路段，经技术经济论证，最大纵坡可增加 1%；

3. 四级公路位于海拔 2000 m 以上或积雪冰冻地区的路段，最大纵坡不应大于 8%。

表 3-2 **城市道路机动车道最大纵坡值**

<table>
<tr><td colspan="2">设计速度/(km/h)</td><td>100</td><td>80</td><td>60</td><td>50</td><td>40</td><td>30</td><td>20</td></tr>
<tr><td rowspan="2">最大纵坡</td><td>一般值</td><td>3%</td><td>4%</td><td>5%</td><td>5.5%</td><td>6%</td><td>7%</td><td>8%</td></tr>
<tr><td>极限值</td><td>4%</td><td>5%</td><td colspan="2">6%</td><td>7%</td><td colspan="2">8%</td></tr>
</table>

3.2.2 最小纵坡

在挖方路段、设置边沟的低填方路段和其他横向排水不畅的路段，为了保证排水，防止水渗入路基而影响路基的稳定性，应设置不小于 0.3%的纵坡(一般情况下不宜小于 0.5%)。当横向排水不畅的路段或长路堑路段采用平坡(0%)或小于0.3%的纵坡时,其边沟应进行纵向排水设计。

3.2.3 高原纵坡折减

在高海拔地区,空气密度下降使汽车发动机的功率、汽车的驱动力以及空气阻力降低,导致汽车的爬坡能力下降。另外,汽车水箱中的水易于沸腾而破坏冷却系统。在汽车满载情况下,不同海拔高度对应的海拔荷载修正系数λ值见表3-3。

表3-3　**满载时海拔高度与λ的关系**

海拔高度/m	0	1000	2000	3000	4000	5000
海拔荷载修正系数λ	1.00	0.89	0.78	0.69	0.61	0.53

可见海拔高度对λ值的影响是相当大的,也就是对纵坡的影响很大。为此,在高原地区除了汽车本身要采用一些措施使得汽油充分燃烧外,为避免海拔增高使功率降低过多,在道路纵坡设计中应适当采用较小的坡度。

《公路工程技术标准》(JTG B01—2014)规定:位于海拔3000 m以上的高原地区,各级公路的最大纵坡值应按表3-4的值予以折减。折减后若小于4%,仍采用4%。

表3-4　**高原纵坡折减值**

海拔高度/m	3000～4000	4000～5000	5000以上
纵坡折减	1%	2%	3%

3.2.4 平均纵坡

平均纵坡是指路段高差与水平距离之比,它是衡量线形设计质量的重要指标之一。其值为:

$$i_{平均} = \frac{H}{l} \times 100\% \tag{3-1}$$

式中 $i_{平均}$——平均纵坡(%);

H——相对高度,m;

l——路段长度,m。

为保证行车安全与平顺,避免过多地使用最大纵坡和缓和坡段,对山区公路连续纵坡组合路段,应对平均坡度加以限制。《公路工程技术标准》(JTG B01—2014)规定,为使连续升坡(或降坡)路段的纵坡运用合理,二级公路、三级公路和四级公路越岭路段的平均纵坡应符合下述规定:

① 越岭路段相对高差为200～500 m时,平均纵坡不应大于5.5%;越岭路段相对高差大于500 m时,平均纵坡不应大于5%。

② 任一连续3 km范围内的平均纵坡不应大于5.5%。

高速公路、一级公路连续长、陡下坡路段的平均坡度与连续坡长不宜超过表3-5的规定;超过时,应进行交通安全评价,提出路段速度控制和通行管理方案,完善交通工程和安全设施,并论证增设货车强制停车区。

表3-5　**连续长、陡下坡路段的平均坡度与连续坡长**

平均坡度	<2.5%	2.5%	3.0%	3.5%	4.0%	4.5%	5.0%	5.5%	6.0%
连续坡长/km	不限	20.0	14.8	9.3	6.8	5.4	4.4	3.8	3.3
相对高差/m	不限	500	450	330	270	240	220	210	200

3.2.5　合成坡度

合成坡度是指在有超高的平曲线上，路线纵坡与超高横坡所组成的坡度，如图 3-2 所示。其值可按下式计算：

$$i_{合} = \sqrt{i_{超}^2 + i_{纵}^2} \tag{3-2}$$

式中　$i_{合}$——合成坡度(%)；

$i_{超}$——超高坡度(%)；

$i_{纵}$——纵坡坡度(%)。

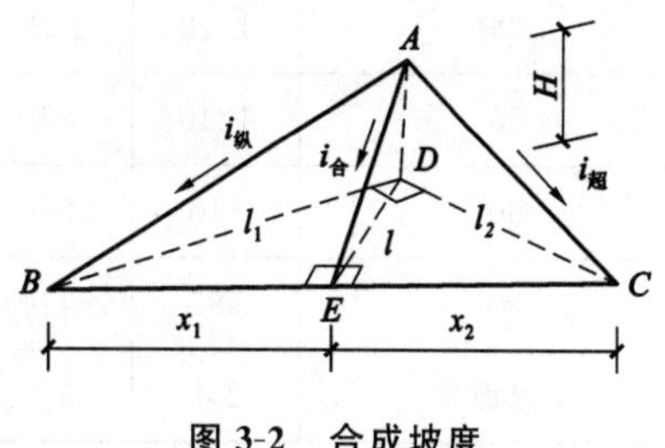

图 3-2　合成坡度

如果在小半径弯道上且伴有较大纵坡时，离心力作用会给汽车行驶造成危险。为防止汽车沿合成坡度方向滑移，应将超高坡度与纵坡坡度的组合控制在适当范围内，以确保安全。

《公路工程技术标准》(JTG B01—2014)规定公路最大合成坡度见表 3-6。

表 3-6　**公路最大合成坡度**

公路技术等级	高速公路、一级公路				二级公路、三级公路、四级公路				
设计速度/(km/h)	120	100	80	60	80	60	40	30	20
合成坡度	10.0%	10.0%	10.5%	10.5%	9.0%	9.5%	10.0%	10.0%	10.0%

我国城市道路对最大合成坡度的规定见表 3-7。

表 3-7　**城市道路最大合成坡度**

设计速度/(km/h)	100,80	60,50	40,30	20
合成坡度	7.0%	6.5%	7.0%	8.0%

合成坡度的组合图解以及设计速度的圆曲线半径见图 3-3、表 3-8。

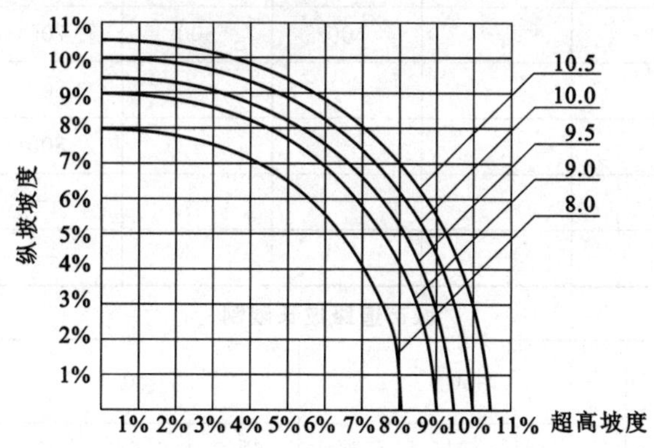

图 3-3　合成坡度临界线图

表3-8 **合成坡度与曲线半径关系**

设计速度/(km/h)	曲线半径/m								
120	3240	2160	1620	1300	1080	930	810	720	650
100	1710	1220	950	770	650	560	500	440	400
80	1240	830	620	500	410	350	310	280	250
60	810	570	430	340	280	230	200	160	125
50	590	410	310	240	200	160	130	100	80
合成坡度	2%	3%	4%	5%	6%	7%	8%	9%	10%

3.2.6 坡长限制

坡长限制主要是指对较陡纵坡的最大长度和一般纵坡的最小长度加以限制。

(1) 最大坡长

山岭重丘区公路,当连续纵坡大于5%时,汽车上坡时为发挥更大的牵引力,应多用低速挡。如坡长过长,长时间使用低速挡会使发动机过分发热从而导致汽车效率降低、水箱沸腾、行驶无力。而下坡时,则坡度过陡、坡段过长会使刹车频繁,影响行车安全。因此,为保证行车安全,对较陡纵坡的坡长应加以限制,见表3-9和表3-10。

表3-9 **公路不同纵坡最大坡长** (单位:m)

纵坡坡度	设计速度/(km/h)						
	120	100	80	60	40	30	20
3%	900	1000	1100	1200			
4%	700	800	900	1000	1100	1100	1200
5%	—	600	700	800	900	900	1000
6%	—	—	500	600	700	700	800
7%	—	—	—	—	500	500	600
8%	—	—	—	—	300	300	400
9%	—	—	—	—	—	200	300
10%	—	—	—	—	—	—	200

表3-10 **城市道路坡长限制**

设计速度/(km/h)	100	80	60			50			40		
纵坡坡度	4%	5%	6%	6.5%	7%	6%	6.5%	7%	6.5%	7%	8%
最大坡长/m	700	600	400	350	300	350	300	250	300	250	200

城市道路非机动车道纵坡坡度宜小于2.5%,当纵坡坡度大于或等于2.5%时,应按表3-11规定限制坡长。

表 3-11 **城市道路非机动车道坡长限制** (单位:m)

纵坡坡度	车种	
	自行车	平板车、三轮车
3.5%	150	—
3%	200	100
2.5%	300	150

(2) 最小坡长

最小坡长是指纵面线形上两个变坡点之间的最小长度。纵断面上如变坡点太多,会造成车辆行驶过程中频繁颠簸,行车顺适性差,如坡面长度太短,则变坡点之间不能设置相邻两竖曲线的切线长,此外,对两凸形变坡点间的距离还应满足行车视距的要求。考虑上述因素,应对最小坡长加以限制。我国公路坡段采用的最小长度见表 3-12。

表 3-12 **公路坡段最小长度**

设计速度/(km/h)	120	100	80	60	40	30	20
最小坡长/m	300	250	200	150	120	100	60

我国城市道路坡段最小长度见表 3-13。

表 3-13 **城市道路坡段最小长度**

设计速度/(km/h)	100	80	60	50	40	30	20
最小坡长/m	250	200	150	130	110	85	60

注:平面交叉路口、立体交叉匝道等坡段不受此限制。

(3) 坡长计算

当连续陡坡是由几个不同坡度值的坡段组合而成时,应按不同坡度的坡长限制折算确定。如公路设计速度为 20 km/h,坡段纵坡坡度为 8%,长 160 m,该长度是相应限制坡长(400 m)的 2/5,如相邻坡段的纵坡坡度为 7%,则其坡长不应超过相应坡长限制(600 m)的 3/5,即 600×3/5=360(m),也就是说,8%纵坡设计160 m后,还可接着设计纵坡为 7%长为 360 m 的坡段或纵坡为 6%长为 480 m 的坡段,其后再设置缓和坡段。

3.2.7 缓和坡段

在纵断面设计中,当陡坡的长度达到限制坡长时,应安排一段缓坡路段,用以恢复在陡坡上升、下降的速度。同时,从下坡行车的安全考虑,缓坡路段也是需要的。在缓坡上汽车将加速行驶,理论上缓坡的长度应适应这个加速过程的需要,但实际设计中很难满足这个需求。

据计算,除设计速度为 40 km/h 及其以下时,理想的最大纵坡坡度都未超过 3%,加上实际观测试验结果,通常采用缓和坡段的纵坡坡度不大于 3%,其长度应不小于表 3-12 和表 3-13 中的最小坡长。

缓和坡段的具体位置应结合纵向地形起伏情况,尽量减少填、挖方工程数量,同时应考虑路线的平面地形要素。在一般情况下,缓和坡段宜设置在平面的直线或较大半径的平曲线上,以便充分发挥缓和坡段的作用,提高整条道路的使用质量。在必须设置缓和坡段而地形又较困难的地段,可以将缓和坡段设于半径比较小的平曲线上,但应适当增加缓和坡段的长度,以使缓和坡段端部的竖曲线位于该小半径平曲线之外。这种要求对于提高行驶质量、保证行车安全是完全必要的。

3.3 竖 曲 线

3.3.1 竖曲线要素计算

纵断面上两相邻不同坡度线的交点称为变坡点。为保证行车安全、舒适及行车视距的需要,在变坡点处设置的纵向曲线称为竖曲线。相邻两坡度线的交角用坡度角 ω 表示,坡度角一般较小,可近似地用两坡段坡度的代数差表示,即

$$\omega = i_1 - i_2$$

式中 i_1, i_2——两相邻坡段的坡度值,上坡为正,下坡为负。

如图 3-4 所示,ω_2 为正,变坡点在曲线下方,竖曲线开口向上,称为凹形竖曲线;ω_1 为负,变坡点在曲线上方,竖曲线开口向下,称为凸形竖曲线。

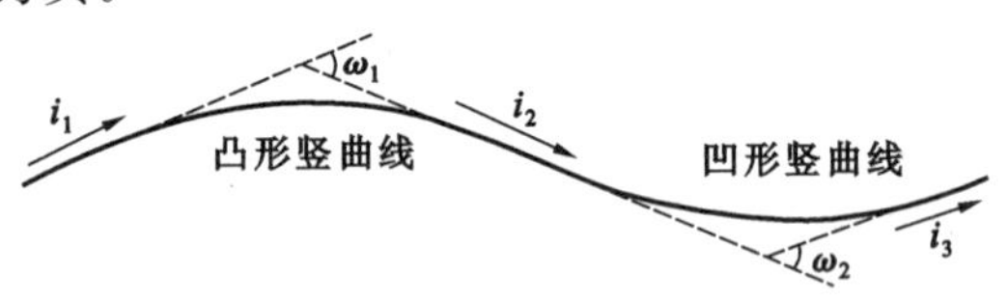

图 3-4 竖曲线示意图

《公路工程技术标准》(JTG B01—2014)规定各级公路及城市道路在变坡点处均应设置竖曲线,竖曲线形式为二次抛物线,但在实用范围内圆形和二次抛物线的线形几乎没有差别,所以通常采用圆形竖曲线。竖曲线要素主要包括竖曲线长度 L、切线长度 T 和外距 E,如图 3-5 所示。设 R 为竖曲线半径,ω 为两纵坡段的坡度角,因纵坡很小,而高程变化值与水平距离之比相差很大,因而实际计算时,均假定竖曲线的切线长度 T、竖曲线长度 L 等于其水平投影长度。则由几何关系得:

$$L = R\omega \frac{\pi}{180^\circ} \approx R(i_1 - i_2) \tag{3-3}$$

$$T = R\sin\frac{\omega}{2} \approx \frac{L}{2} \approx \frac{R}{2}(i_1 - i_2) \tag{3-4}$$

$$E = R\left(\sec\frac{\omega}{2} - 1\right)$$

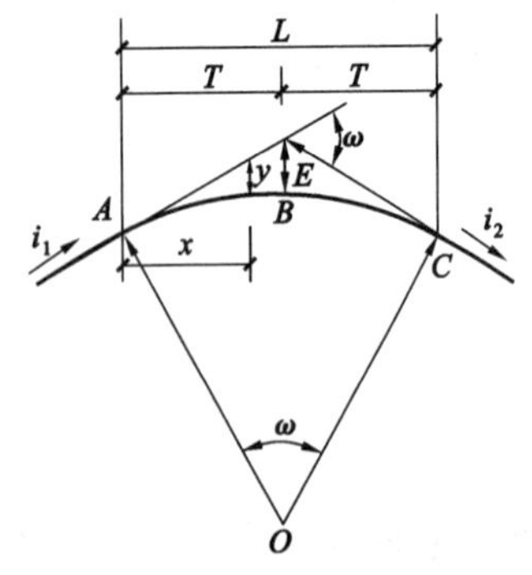

图 3-5 竖曲线几何要素

由几何关系可得:

$$(R+E)^2 - T^2 = R^2$$

故

$$E = \frac{T^2}{2R+E}$$

E 与 $2R$ 相比甚小,可忽略不计,则:

$$E = \frac{T^2}{2R} = \frac{L^2}{8R} = \frac{R(i_1 - i_2)^2}{8} = \frac{T\omega}{4} \tag{3-5}$$

为了具体敷设竖曲线坐标,竖曲线中间各点横纵坐标 x, y 值按下式计算:

$$y = \frac{x^2}{2R} \tag{3-6}$$

式中 x——竖曲线起讫点至所求桩号之间的距离;

y——竖曲线各点的纵距,当 $x=T$ 时,$y=E$。

对于凸形竖曲线：

$$设计高程=未设竖曲线时的设计高程-y$$

对于凹形竖曲线：

$$设计高程=未设竖曲线时的设计高程+y$$

【例 3-1】 某二级汽车专用公路上有一变坡点，桩号为 K10＋200，切线高程为 120.28 m，两相邻路段的纵坡为 $i_1=+5\%$ 和 $i_2=-3\%$，$R=5000$ m。试设计该变坡处的竖曲线。

【解】 (1) 计算竖曲线要素

竖曲线长度：

$$L=R(i_1-i_2)=5000\times[0.05-(-0.03)]=400(\mathrm{m})$$

切线长度：

$$T=\frac{L}{2}=\frac{400}{2}=200(\mathrm{m})$$

外距：

$$E=\frac{T^2}{2R}=\frac{200^2}{2\times5000}=4(\mathrm{m})$$

(2) 求竖曲线起点和终点桩号

竖曲线起点桩号：

$$\mathrm{K}10+200-200=\mathrm{K}10+000$$

竖曲线终点桩号：

$$\mathrm{K}10+200+200=\mathrm{K}10+400$$

(3) 求各桩号的设计高程

① K10＋000 竖曲线起点。

切线高程：

$$120.28-200\times0.05=110.28(\mathrm{m})$$

设计高程：110.28 m。

② K10＋100 处。

至起点距离：

$$x=10200-10100=100(\mathrm{m})$$

切线高程：

$$110.28+100\times0.05=115.28(\mathrm{m})$$

纵距：

$$y=\frac{x^2}{2R}=\frac{100^2}{2\times5000}=1.00(\mathrm{m})$$

设计高程：

$$115.28-1.00=114.28(\mathrm{m})$$

③ K10＋200 竖曲线中点。

切线高程：120.28 m。

设计高程：

$$120.28-4.00=116.28(\mathrm{m})$$

④ K10＋300 处。

至起点距离：

$$x=10400-10300=100(\text{m})$$

切线高程:

$$120.28-100\times0.03=117.28(\text{m})$$

纵距:

$$y=\frac{x^2}{2R}=\frac{100^2}{2\times5000}=1.00(\text{m})$$

设计高程:

$$117.28-1.00=116.28(\text{m})$$

⑤ K10+400 竖曲线终点。

切线高程:

$$120.28-200\times0.03=114.28(\text{m})$$

设计高程:114.28 m。

用以上公式计算得的竖曲线各桩号设计高程见表3-14。

表3-14 **K10+200竖曲线计算表**

桩号	切线高程/m	高程改正 $y=\frac{x^2}{2R}$/m	设计高程/m	备注
K10+000	110.28	0	110.28	竖曲线起点
K10+020	111.28	0.04	111.24	
K10+040	112.28	0.16	112.12	
K10+060	113.28	0.36	112.92	
K10+080	114.28	0.64	113.64	
K10+100	115.28	1.00	114.28	
K10+120	116.28	1.44	114.84	
K10+140	117.28	1.96	115.32	
K10+160	118.28	2.56	115.72	
K10+180	119.28	3.24	116.04	
K10+200	120.28	4.00	116.28	竖曲线中点
K10+220	119.68	3.24	116.44	
K10+240	119.08	2.56	116.52	
K10+260	118.48	1.96	116.52	
K10+280	117.88	1.44	116.44	
K10+300	117.28	1.00	116.28	
K10+320	116.68	0.64	116.04	
K10+340	116.08	0.36	115.72	
K10+360	115.48	0.16	115.32	
K10+380	114.88	0.04	114.84	
K10+400	114.28	0	114.28	竖曲线终点

3.3.2　竖曲线最小半径

3.3.2.1　竖曲线设计的限制因素

在纵断面设计中，竖曲线的设计受到许多因素的限制，其中以下三个限制因素决定着竖曲线的最小半径。

(1) 缓和冲击

汽车在竖曲线上行驶时，产生径向(这里是垂直方向)离心力。在凹形竖曲线上径向离心力与重力方向一致，是增重(人的感觉为超重)；在凸形竖曲线上径向离心力与重力方向相反，是减重(人的感觉为失重)。这种增重与减重达到某种程度时，驾驶员和乘客就会产生不舒服的感觉，同时对汽车的悬挂系统也有不利影响，所以在确定道路竖曲线半径时，应该对离心力(或离心加速度)加以控制。汽车在竖曲线上行驶时，其离心加速度为：

$$a = \frac{v^2}{R} = \frac{V^2}{13R} \tag{3-7}$$

式中　v——行驶车速，m/s；

V——行驶车速，km/h；

R——竖曲线半径，m。

根据试验，认为离心加速度 a 限制在 0.5～0.7 m/s^2 比较合适。但考虑到不能因为冲击而造成不舒适感，以及视觉平顺等要求，我国《公路工程技术标准》(JTG B01—2014)规定的凹形竖曲线最小半径值按 a=0.277(m/s^2)通过公式计算获得。

$$R_{\min} = \frac{V^2}{13a} = \frac{V^2}{3.6} \tag{3-8}$$

(2) 时间行程

汽车从直道行驶到竖曲线上，尽管竖曲线半径较大，但如果其长度过短，乘客同样会感到不舒适。因此，应限制汽车在竖曲线上的行程时间不能过短，最短应满足 3 s 行程，即

$$L_{\min} = vt = \frac{V}{3.6} \times 3 = \frac{V}{1.2} \tag{3-9}$$

(3) 视距要求

汽车行驶在凸形竖曲线上，如果半径太小，道路的凸起部分会阻挡驾驶员的视线。为了行车安全，对凸形竖曲线的最小半径还应从保证视距的角度加以限制。

汽车行驶在凹形竖曲线上时，也同样存在视距问题。比如，在地形起伏较大地区的道路上，夜间行车时，若竖曲线半径过小，前车灯照射距离近，可能造成视距不足而影响行车速度和安全；又比如在高速公路及城市道路上有许多跨线桥、门式交通标志及广告宣传牌等，如果它们正好处在凹形竖曲线上方，也会影响驾驶员的视线。

总之，无论是凸形竖曲线还是凹形竖曲线都要受到上述三种因素的控制。需要明确的是，最不利的情况下的限制因素，才是有效控制因素，就凸、凹形竖曲线来说，其有效控制因素是不一样的。

3.3.2.2　凸形竖曲线最小半径

根据计算比较，凸形竖曲线最小半径和最小长度以满足视距要求为控制因素，按竖曲线长度 L 和停车视距 S_T 的关系分为以下两种情况。

(1) 当 $L<S_T$ 时[图 3-6(a)]

$$h_1=\frac{d_1^2}{2R}-\frac{t_1^2}{2R} \rightarrow d_1=\sqrt{2Rh_1+t_1^2}$$

$$h_2=\frac{d_2^2}{2R}-\frac{t_2^2}{2R} \rightarrow d_2=\sqrt{2Rh_2+t_2^2}$$

式中 R——竖曲线半径,m;

h_1——驾驶员视线高,即计算目高,取 $h_1=1.2$ m;

h_2——道路障碍物高,即计算物高,取 $h_2=0.1$ m。

由 $t_1=d_1-l=\sqrt{2Rh_1+t_1^2}-l$,得:

$$t_1=\frac{Rh_1}{l}-\frac{l}{2}$$

由 $t_2=d_2-(L-l)=\sqrt{2Rh_2+t_2^2}-(L-l)$,得:

$$t_2=\frac{Rh_2}{L-l}-\frac{L-l}{2}$$

视距长度:

$$S_T=t_1+L+t_2=\frac{Rh_1}{l}+\frac{L}{2}+\frac{Rh_2}{L-l}$$

令 $\frac{\mathrm{d}S_T}{\mathrm{d}l}=0$,解得 $l=\frac{\sqrt{h_1}}{\sqrt{h_1}+\sqrt{h_2}}L$,代入上式有:

$$S_T=\frac{R}{L}(\sqrt{h_1}+\sqrt{h_2})^2+\frac{L}{2}=\frac{(\sqrt{h_1}+\sqrt{h_2})^2}{\omega}+\frac{L}{2}$$

$$L_{\min}=2S_T-\frac{2(\sqrt{h_1}+\sqrt{h_2})^2}{\omega}\approx 2S_T-\frac{4}{\omega} \tag{3-10}$$

(2) 当 $L\geqslant S_T$ 时[图 3-6(b)]

$$h_1=\frac{d_1^2}{2R} \rightarrow d_1=\sqrt{2Rh_1}$$

$$h_2=\frac{d_2^2}{2R} \rightarrow d_2=\sqrt{2Rh_2}$$

$$S_T=d_1+d_2=\sqrt{2R}(\sqrt{h_1}+\sqrt{h_2})$$

或

$$S_T=\sqrt{\frac{2L}{\omega}}(\sqrt{h_1}+\sqrt{h_2})$$

$$L_{\min}=\frac{S_T^2\omega}{2(\sqrt{h_1}+\sqrt{h_2})^2}\approx\frac{S_T^2\omega}{4} \tag{3-11}$$

比较以上两种情况,显然式(3-11)的计算结果大于式(3-10),所以将式(3-11)作为有效控制。

根据缓和冲击、时间行程及视距要求三个限制因素,可计算出各设计速度时的凸形竖曲线最小半径,见表 3-15。表 3-15 中《公路工程技术标准》(JTG B01—2014)规定的一般最小半径约为极限最小半径的 1.5~2.0 倍,在条件许可时应尽量采用大于一般最小半径的竖曲线。

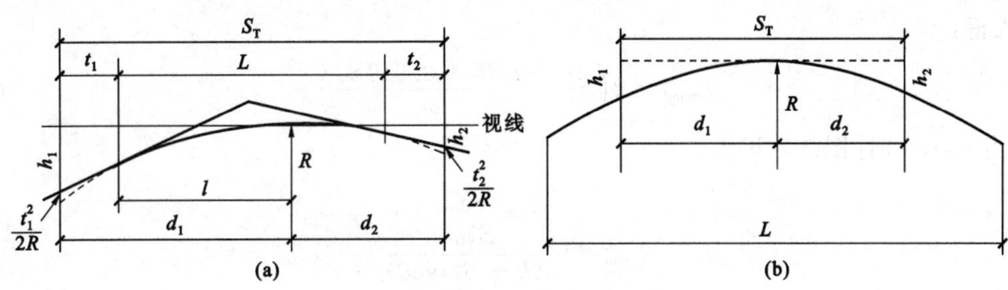

图 3-6　凸形竖曲线计算图示

(a) 当 $L<S_T$ 时；(b) 当 $L\geqslant S_T$ 时

表 3-15　**凸形竖曲线最小半径**

设计速度 V/(km/h)	停车视距 S_T/m	缓和冲击 $R_{min}=\frac{V^2}{3.6}$	视距要求 $R_{min}=\frac{S_T^2}{4}$	《公路工程技术标准》(JTG B01—2014)规定值	
				极限最小半径/m	一般最小半径/m
120	210	4000	11100	11000	17000
100	160	2780	6450	6500	10000
80	110	1780	3020	3000	4500
60	75	1000	1410	1400	2000
40	40	440	410	450	700
30	30	250	230	250	400
20	20	110	100	100	200

3.3.2.3　凹形竖曲线最小半径

凹形竖曲线要保证夜间行车灯光照射的要求。影响凹形竖曲线极限最小半径值的灯光视距主要有下述两种情况。

(1) 夜间行车前灯照射距离要求(图 3-7)

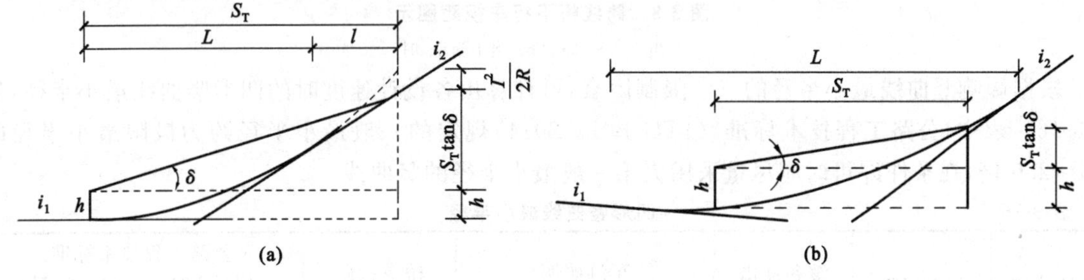

图 3-7　前车灯照射距离图示

(a) 当 $L<S_T$ 时；(b) 当 $L\geqslant S_T$ 时

① 当 $L<S_T$ 时[图 3-7(a)]。

$$L_{min}=2\left(S_T-\frac{h+S_T\tan\delta}{\omega}\right)$$

式中　S_T——停车视距，m；

h——前车灯高度，取 0.75 m；

δ——前车灯光束扩散角，取 1°。

代入得:

$$L_{min} = 2\left(S_T - \frac{0.75 + 0.017S_T}{\omega}\right) \tag{3-12}$$

② 当 $L \geqslant S_T$ 时[图 3-7(b)]。

有:

$$L_{min} = \frac{S_T^2\omega}{2(h + S_T\tan\delta)}$$

代入得:

$$L_{min} = \frac{S_T^2\omega}{1.5 + 0.0349S_T} \tag{3-13}$$

显然,式(3-13)的计算结果大于式(3-12),所以应以式(3-13)作为有效控制。

(2) 跨线桥下行车视距要求

① 当 $L < S_T$ 时[图 3-8(a)]。

$$L_{min} = 2S_T - \frac{26.92}{\omega} \tag{3-14}$$

② 当 $L \geqslant S_T$ 时[图 3-8(b)]。

$$L_{min} = \frac{S_T^2\omega}{26.92} \tag{3-15}$$

比较式(3-14)和式(3-15),应以式(3-15)作为有效控制。

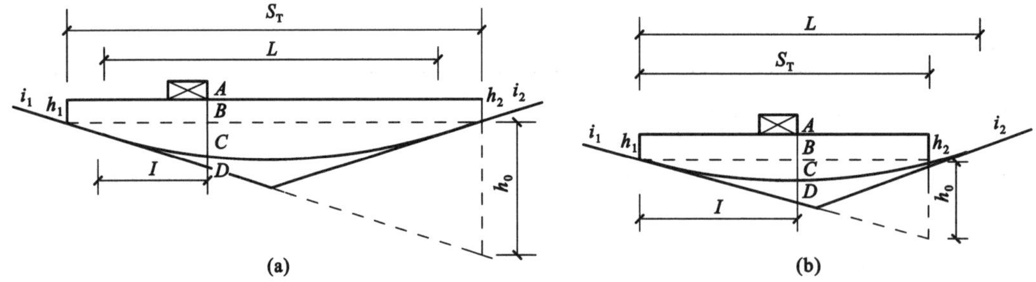

图 3-8 跨线桥下行车视距图示

(a) 当 $L < S_T$ 时;(b) 当 $L \geqslant S_T$ 时

根据影响竖曲线最小半径的三个限制因素,可计算出各设计速度时的凹形竖曲线最小半径,见表 3-16。表中《公路工程技术标准》(JTG B01—2014)规定的一般最小半径约为极限最小半径的 1.5~2.0 倍,在条件许可时应尽量采用大于一般最小半径的竖曲线。

表 3-16 **凹形竖曲线最小半径**

设计速度 V/(km/h)	停车视距 S_T/m	缓和冲击 $R_{min}=\frac{V^2}{3.6}$	车灯照明 $R_{min}=\frac{S_T^2}{1.5+0.0349S_T}$	桥下视距 $R_{min}=\frac{S_T^2}{26.92}$	《公路工程技术标准》(JTG B01—2014)规定值	
					极限最小半径/m	一般最小半径/m
120	210	4000	5000	1688	4000	6000
100	160	2780	3620	951	3000	4500
80	110	1780	2210	449	2000	3000
60	75	1000	1370	209	1000	1500
40	40	440	880	59	450	700

续表

设计速度 V/(km/h)	停车视距 S_T/m	缓和冲击 $R_{min}=\frac{V^2}{3.6}$	车灯照明 $R_{min}=\frac{S_T^2}{1.5+0.0349S_T}$	桥下视距 $R_{min}=\frac{S_T^2}{26.92}$	《公路工程技术标准》(JTG B01—2014)规定值	
					极限最小半径/m	一般最小半径/m
30	30	250	350	33	250	400
20	20	110	180	15	100	200

《城市道路工程设计规范(2016 年版)》(CJJ 37—2012)规定,各级道路纵坡变坡点处应设置竖曲线。竖曲线采用圆曲线。竖曲线半径见表 3-17,在条件许可时应尽量采用大于一般最小半径的竖曲线。

表 3-17　城市道路竖曲线最小半径

设计速度/(km/h)		100	80	60	50	40	30	20
凸形	极限最小半径/m	6500	3000	1200	900	400	250	100
	一般最小半径/m	1000	4500	1800	1350	600	400	150
凹形	极限最小半径/m	3000	1800	1000	700	450	250	100
	一般最小半径/m	4500	2700	1500	1050	700	400	150

3.3.3 竖曲线最小长度

为满足汽车驾驶员操作的需要,竖曲线最小长度按设计速度运行 3 s 的距离计算。如以公式表示,即

$$L=\frac{5}{6}V \tag{3-16}$$

式中　V——设计速度,km/h。

我国《公路工程技术标准》(JTG B01—2014)规定见表 3-18。

表 3-18　竖曲线最小长度

设计速度/(km/h)	120	100	80	60	50	40	30	20
竖曲线最小长度/m	100	85	70	50	40	35	25	20

注:城市道路 V=20～80 km/h 时,采用与表列相同值。

3.3.4 竖曲线设计

3.3.4.1　竖曲线设计的一般要求

竖曲线是否平顺,在视觉上是否良好,是决定纵断面线形优劣的主要因素。竖曲线设计应满足以下要求:

① 宜选用较大的竖曲线半径。

在不过分增加工程量的情况下,宜选用较大的竖曲线半径。通常采用大于竖曲线一般最小半径的半径值,特别是当坡度差较小时,更应采用大半径,以保证视觉效果和路容美观。只有当地形限制或其他特殊困难不得已时才允许采用极限最小半径。在有条件的路段,为获得平顺、连续且视

觉良好的纵面线形,可参照表3-19选择竖曲线半径。

表3-19　从视觉观点所需的竖曲线半径

设计速度/(km/h)	凸形竖曲线半径/m	凹形竖曲线半径/m
120	20000	12000
100	16000	10000
80	12000	8000
60	9000	6000

② 同向竖曲线应避免"断背曲线"。

同向竖曲线特别是同向凹形竖曲线间,如直坡段不长,应合并为单曲线或复曲线。

③ 反向曲线间由直坡段连接,也可径相连接。

反向竖曲线间最好设置一段直坡段,直坡段的长度应能保证汽车以设计速度行驶3 s的行程,以使汽车有一个缓和段。如受条件限制,也可互相连接或插入短的直坡段。

④ 竖曲线设置应满足排水需要。

若相邻纵坡的代数差很小,采用大半径竖曲线可能导致竖曲线上的纵坡坡度小于0.3%,不利于排水,应重新进行设计。

3.3.4.2　竖曲线半径的选择

选择竖曲线半径时应考虑以下因素:

① 选择半径应符合表3-15、表3-16和表3-18所规定的竖曲线的最小半径和最小长度。

② 在不过分增加土石方工程量的情况下,为使行车舒适,宜采用较大的竖曲线半径。

③ 结合纵断面起伏情况和高程控制要求,确定合适的外距值,按外距控制选择竖曲线半径。

④ 考虑相邻竖曲线的连接(即保证最小直坡段长度或不发生重叠)限制曲线长度,按切线长度选择竖曲线半径。

⑤ 过大的竖曲线半径将使竖曲线过长,从施工和排水来看是不利的,选择竖曲线半径时应注意。

⑥ 对夜间行车交通量较大的路段考虑改变灯光照射的方向,使前灯照射范围受到限制,选择竖曲线半径时应适当加大,以使其有较长的照射距离。

3.4　爬坡车道

3.4.1　设置爬坡车道的条件

为了在长陡的路段上将大型车、慢速车从主线车流中分离出去,从而提高主线车辆的行驶自由程度,以增加该路段的通行能力而设置的附加车道,称为爬坡车道。

我国《公路路线设计规范》(JTG D20—2017)规定:四车道高速公路、四车道一级公路以及二级公路连续上坡路段,符合下列情况之一者,宜在上坡方向行车道右侧设置爬坡车道。

① 沿连续上坡方向载重汽车的运行速度降低到表3-20所列的容许最低速度以下时。

表3-20　上坡方向容许最低速度

设计速度/(km/h)	120	100	80	60	40
容许最低速度/(km/h)	60	55	50	40	25

② 上坡路段的设计通行能力小于设计小时交通量时。

③ 经设置爬坡车道与改善主线纵坡不设爬坡车道技术经济比较论证，设置爬坡车道的效益费用比、行车安全性较优时。

3.4.2 爬坡车道的设计

(1) 横断面组成

爬坡车道设于主线道路上坡方向行车道右侧，如图 3-9 所示。爬坡车道的宽度一般为 3.5 m，包括设在其左侧路缘带的宽度 0.5 m。

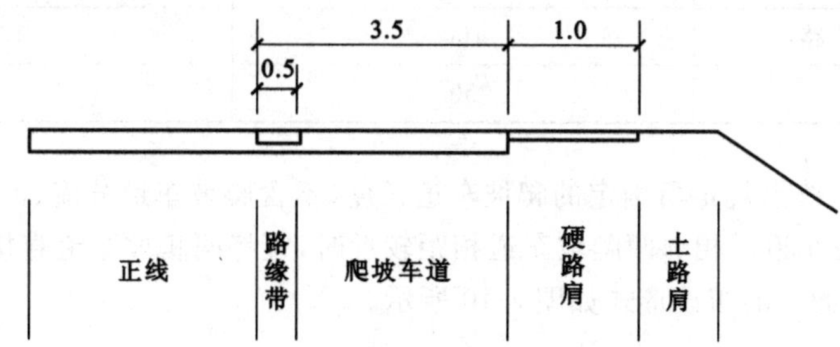

图 3-9 爬坡车道横断面组成(单位:m)

爬坡车道的路肩和主线一样仍然由硬路肩和土路肩组成。但由于爬坡车道上汽车的行驶速度较低，其硬路肩宽度可以不按主线的安全标准要求设计，一般为 1.0 m。而土路肩宽度以按主线要求设计为宜。

窄路肩不能提供停车使用，在长而连续的爬坡车道上，其右侧应按规定间隔一定的距离设置一紧急停车带。

(2) 横坡度

如上所述，因为爬坡车道的行车速度比主线小，为行车安全起见，高速公路主线的超高坡度与爬坡车道的超高坡度之间的对应关系见表 3-21。

表 3-21 主线超高坡度与爬坡车道超高坡度的对应关系

主线的超高坡度	10%	9%	8%	7%	6%	5%	4%	3%	2%
爬坡车道超高坡度	5%		4%					3%	2%

超高坡度的旋转轴为爬坡车道内侧边缘线。若爬坡车道位于直线路段，则其横坡度的大小同主线路拱坡度，采用直线式横坡，坡向向外。另外，爬坡车道右侧路肩的横坡度大小和坡向参照主线与右侧路肩之间关系的有关规定确定。

(3) 布置与长度

进行爬坡车道设计时，应综合考虑它与线形设计的关系。其起、终点应设置在通视良好、便于辨认和过渡顺适的位置。爬坡车道的长度应与主线相应纵坡长度一致。

爬坡车道的起点，应设于陡坡路段上载重汽车运行速度降低至表 3-20 中"容许最低速度"处。

爬坡车道的终点，应设于载重汽车爬经陡坡路段后恢复至"容许最低速度"处，或陡坡路段后延伸的附加长度的端部。该陡坡路段后延伸的附加长度规定见表 3-22。

表 3-22 **陡坡路段后延伸的附加长度**

附加路段的纵坡坡度	下坡	平坡	上坡			
			0.5%	1.0%	1.5%	2.0%
附加长度/m	100	150	200	250	300	350

爬坡车道起、终点处应按规定设置分流、汇流渐变段,其长度见表 3-23 的规定。

表 3-23 **爬坡车道分流、汇流渐变段长度**

公路等级	分流渐变段长度/m	汇流渐变段长度/m
高速公路、一级公路	100	150～200
二级公路	50	90

按爬坡车道的起、终点规定所确定的爬坡车道长度(不含爬坡车道分流、汇流渐变段长度)小于 250 m 时,可不设爬坡车道。相邻两爬坡车道相距较近时,宜将两爬坡车道直接连接。

爬坡车道在纵断面上的布设形式如图 3-10 所示。

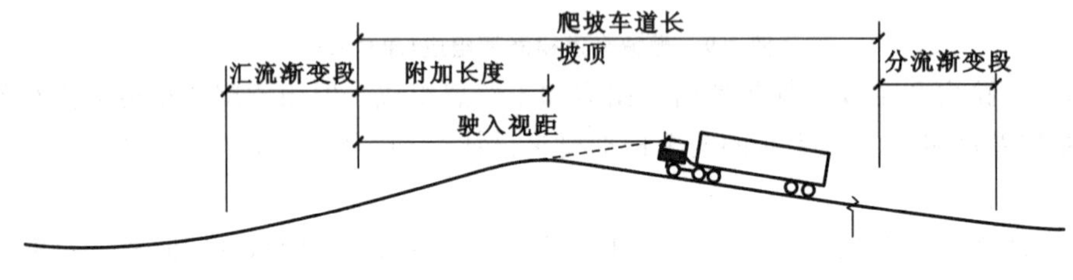

图 3-10 典型爬坡车道

3.5 纵断面设计方法及纵断面图

3.5.1 纵断面设计方法与步骤

3.5.1.1 纵断面设计方法

在纵坡设计前、路线位置拟定后,应先根据中桩的桩号和地面高程绘出纵断面图的地面线及平面线一栏,然后按选线意图决定控制点及其高程,考虑填挖等工程经济及与周围地形景观的协调,综合考虑平、纵、横三个方面试定坡度线,再对照横断面检查核对,确定纵坡值,定出竖曲线半径,计算设计高程,完成纵断面图。

3.5.1.2 纵断面设计步骤

(1) 准备工作

纵坡设计前,应先根据中桩和水准记录点绘出路线纵断面图的地面线,绘出平面直线、平曲线示意图,写出每个中桩的桩号和地面高程以及沿线土壤地质说明资料,并掌握全线的有关勘测设计资料,领会设计意图和要求。

(2) 标注控制点

控制点是指影响纵坡设计的高程控制点。如路线起点和终点、越岭垭口、重要桥涵、地质不良地段的最小填土高度、最大挖深、填挖平衡点(也称经济点)、沿溪线的洪水位、隧道进出口、平面交叉点和立体交叉点、铁路道口、城镇规划控制高程及受其他因素限制路线必须通过的高程控制点等。

(3) 试坡

在已标出控制点的纵断面图上,根据技术指标、选线意图,结合地面起伏变化,在这些点位间进行穿插与取值,试定出若干直坡线。对各种坡度线方案反复比较,最好确定出既符合技术标准,又满足控制点要求,且土石方较省的设计线作为初定坡度线,将前后坡度线延长交会定出变坡点的初步位置。

(4) 调整坡度线

对照技术标准检查设计的最大纵坡、最小纵坡、坡长限制等是否符合规定;平、纵线形组合是否适当;路线交叉、桥涵和接线等处的纵坡是否合理等。若有问题应进行调整,调整方法是对初定坡度线平抬、平降、延伸、缩短或改变坡度值。

(5) 核对

选择有控制意义的重点横断面,如高填深挖、地面横坡较陡路基、挡土墙、重要桥涵及其他重要控制点等,在纵断面图上直接读出对应桩号的填、挖高度,用路基设计“模板”在横断面图上“戴帽子”,检查是否存在填挖过大、坡脚落空或过远、挡土墙工程过大、桥梁过高或过低、涵洞过长等情况,若有问题,则应及时调整纵坡设计线。

(6) 定坡

经调查核对无误后,逐段把直坡线的坡度值、变坡点桩号和高程确定下来。变坡点一般要调整到 10 m 的整桩号上,相邻边坡点桩号之差为坡长。各变坡点高程是由纵坡度和坡长值依次推算而得。

(7) 设置竖曲线

根据道路等级和地形情况,确定竖曲线半径,并计算竖曲线要素及各桩号的设计高程。

3.5.2 纵断面图的绘制

纵断面图是道路设计的重要技术文件之一,也是纵断面设计的最后成果。纵断面图采用直角坐标,以横坐标表示桩号,纵坐标表示高程。为了明显地反映沿着道路中线的地面起伏形状,通常横坐标比例尺采用 1∶2000(城市道路采用 1∶1000～1∶500),纵坐标采用 1∶200(城市道路采用 1∶100～1∶50),如图 3-11 所示。

纵断面图是由位于坐标系内的图形和位于图形下的注解栏两部分内容组成。图形部分主要用来绘制地面线和纵坡设计线,另外,也用以标注竖曲线及其要素;沿线桥涵及人工构造物的位置、结构类型、孔数和孔径;与道路、铁路交叉的桩号及路名;沿线跨越的河流名称、桩号、常水位和最高洪水位;水准点位置、编号和高程;断链桩位置、桩号及长短链关系。

注解栏主要用来填写有关内容,自下而上分别填写:直线及平曲线,里程桩号,地面高程,设计高程,填、挖高度,坡度及坡长,土壤地质说明等。纵断面设计图应按规定采用标准图纸和统一格式,以便装订成册。

城市道路的纵断面图一般包括以下内容:道路中线的地面线,纵坡设计线,施工高度,土壤地质剖面图,沿线桥涵位置,街沟类型及孔径,沿线交叉口位置和高程,沿线水准点位置、桩号和高程等,以及在图的下方附以简要的说明表格。在市区主干道的纵断面图上,还应标注出相交道路的路名与交叉口的交点高程,以及街坊与主要建筑物的出入口高程等。如图 3-12 所示。

7/65
R-40000
T-111
E-0.16
1-8.0mR.C板桥 K87+460
1-3.0m石拱涵 K87+524.5
1-20m石拱涵兼人行通道 K87+640
1-3.0mR.C盖板涵 K87+852 人行通道
400
390
380
410
ZH73 10.7
ZH72 10.0
ZH74 7.7
ZH151 2.9
地质概况
K87+000~K89+300 紫红色泥岩夹粉砂质泥岩和灰绿色砂质条带，泥岩风化严重，覆盖层厚3~10 m
设计高程/m
380.77 381.03 381.28 381.54 381.80 382.05 382.18 382.45 382.57 382.89 383.15 383.34 383.59 383.85 384.11 384.57 384.62 384.84 385.14 385.39 385.65 385.91 386.18 386.45 386.74 387.04 387.35 387.66 387.99 388.33 388.68 389.03 389.40 389.80 390.10 390.50 390.87
地面高程/m
375.64 377.13 378.55 381.94 382.49 383.60 355.38 388.39 389.45 387.03 381.75 377.69 377.87 378.17 378.31 378.48 377.91 379.07 380.14 380.48 380.25 380.54 380.93 381.43 380.75 381.58 382.17 383.12 380.58 396.21 400.04 399.50 395.28 387.31 318.20 392.49 398.27
坡度及坡长
1.284%
500(760)
+700
387.19
1.84%
200(370)
里程桩号
2 20 40 60 80 3 20 40 60 80 4 20 40 60 80 5 20 40 60 80 6 20 40 60 80 7 20 40 60 80 8 20 40 60 80 9
直线及平曲线
JD190-R 1198 89 LS-70
×××设计院
××公路××合同段
路线纵断面图
设计
复核
审核
图号

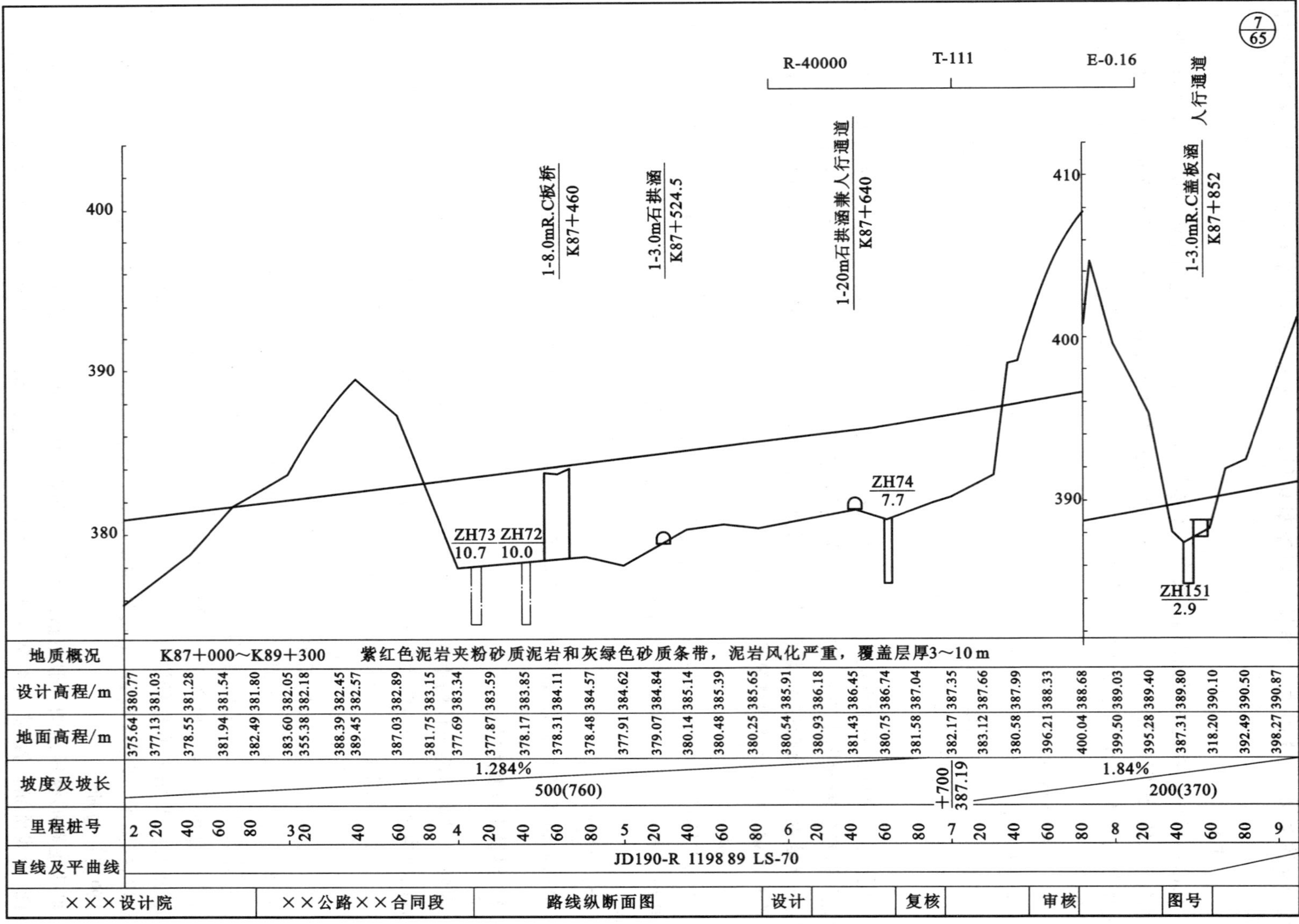

图 3-11　公路纵断面图

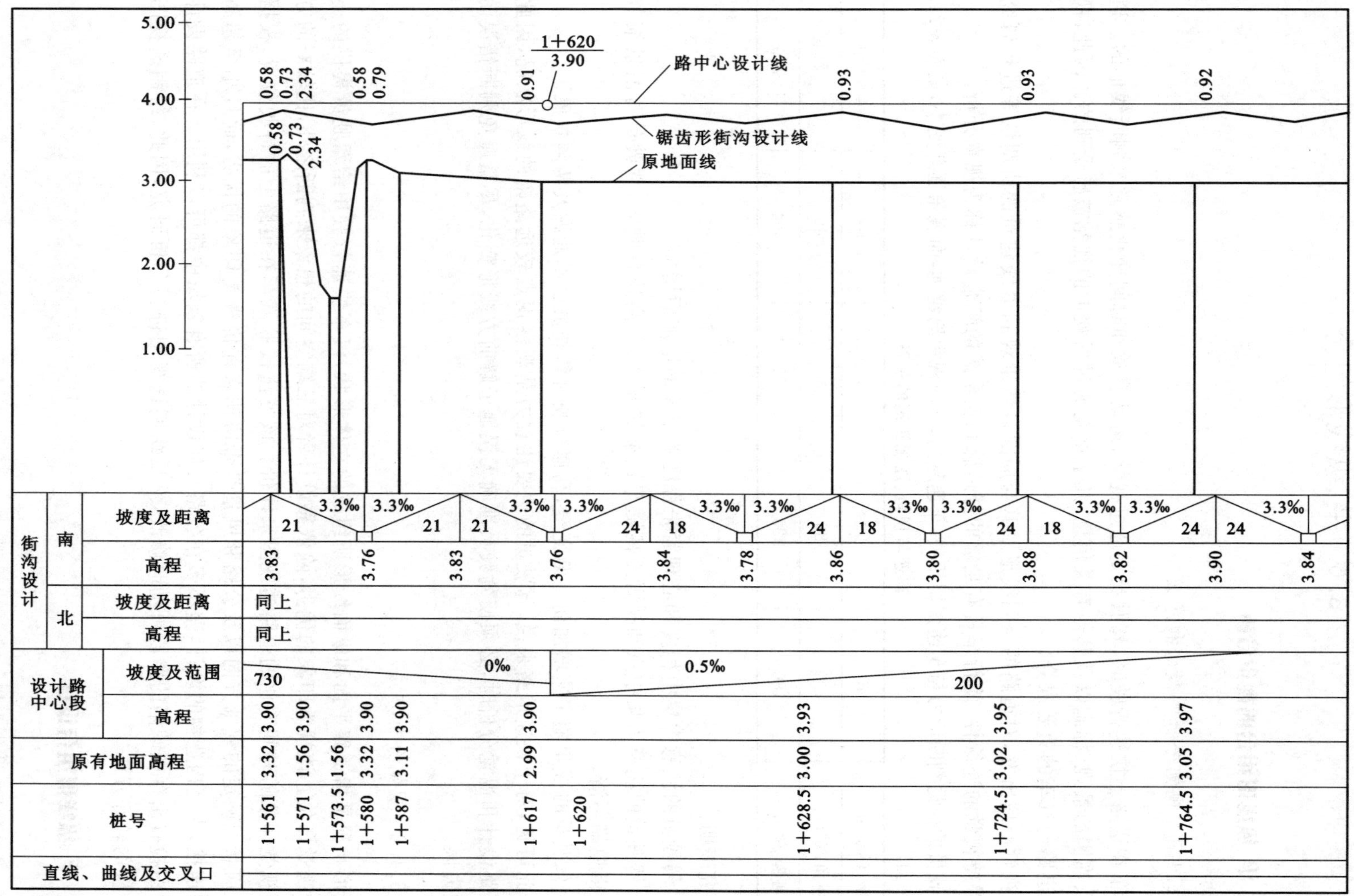

图3-12　城市道路纵断面图

3.6 平、纵线形组合

3.6.1 平、纵线形组合的视觉分析

3.6.1.1 视觉分析的概念和意义

汽车在道路上快速行驶时,驾驶员是通过视觉、运动感觉和时间变化感觉来判断线形的。道路的线形、周围的景观、标志以及其他有关信息,几乎都是通过驾驶员的视觉被感受到的。因此,视觉是连接道路与汽车的重要媒介。

从视觉心理出发,对道路的空间线形及其与周围自然景观和沿线建筑的协调性等进行研究分析,以保持视觉的连续性,使行车具有足够的舒适感和安全感的综合设计称为视觉分析。

驾驶员的视觉判断能力与车速密切相关,车速越高,其注视距离越远,而视角逐渐变小,见表3-24。

表3-24　**车速与视角、注视距离的关系**

车速/(km/h)	40	60	80	100	120
视角/(°)	100	86	60	40	22
注视距离/m	180	335	377	564	710

研究表明:

① 驾驶员的注意力集中程度和心理紧张程度随车速的增加而增加。

② 驾驶员的注意力集中点和视野距离随车速增加而增大,高速行驶时,驾驶员对前景细节的视觉变得模糊不清。

③ 驾驶员的视角随车速增加而逐渐变窄,高速行驶时驾驶员已不能顾及两侧景象了。

由此可见,对于快速道路来说,驾驶员的主要注意力是观察视点较远路幅的线形状况,因此在进行道路设计和视觉分析时,必须使驾驶员准确无误地了解前方线形变化,尽量避免判断错误而导致驾驶失误。

3.6.1.2 视觉分析方法

线形状况是指道路平面和纵面线形所组成的立体形状,汽车快速行驶中给驾驶员提供的连续不断的视觉印象。该视觉印象的优劣,除依靠设计者对三维空间的想象来判断之外,比较好的方法是利用视觉印象随时间变化的道路透视图来评价。该方法按照汽车在道路上的行驶位置,根据线形的几何状况确定的视轴方向以及公路和风景是否协调来评价视觉印象的优劣,而且小至超高过渡段的连接,大至构造物的设计,差不多在公路几何设计的所有领域中都可以利用。在道路设计中用透视图检查出存在缺陷的路段可随时修改,然后绘制透视图进行分析研究,因此,绘制透视图是视觉分析的较好方法。

3.6.2 平、纵线形组合设计

3.6.2.1 平、纵线形组合设计的原则

道路线形设计是从道路选线、定线开始,最终以平、纵、横面所组成的立体线形反映于驾驶员的

视觉上。平、纵线形组合是指在满足汽车运动学和力学要求的前提下，研究如何满足视觉和心理方面的连续感、舒适感，如何与周围环境相协调，并有良好的排水条件。尽管平、纵线形组合均是按前述标准进行设计的，但若平、纵线形组合得不好，不仅有碍于其优点的发挥，而且会放大其存在的缺点，造成行车上的危险，也就不可能获得最优的立体线形。

对于不同设计速度的公路，平、纵线形组合设计的指导原则有所不同。对于设计速度大于或等于 60 km/h 的道路，必须注意平、纵线形的合理组合，尽量做到线形连续、指标均衡、视觉良好、景观协调、安全舒适。设计速度越高，线形设计时考虑的因素越应周全。对于设计速度小于或等于 40 km/h 的道路，应在保证行车安全的前提下，正确地运用线形要素指标，在条件允许的情况下力求做到各种线形要素的合理组合，并尽量避免或减轻不利的组合。

道路平、纵线形组合设计应遵循以下原则：

① 应在视觉上自然地引导驾驶员的视线，并保持视觉的连续性。任何使驾驶员感到茫然、迷惑和易判断失误的线形，必须尽量避免。在视觉上能否自然地引导视线，是衡量平、纵线形组合是否合理的最基本标准。

② 注意平、纵线形的技术指标大小应保持均衡。它不仅影响线形的平顺性，而且与工程费用相关。对纵面线形反复起伏的问题，在平面上采用高标准的线形是无意义的；反之亦然。

③ 选择平、纵线形组合得当的合成坡度，以利于路面排水和行车安全。

④ 注意与道路周围环境的配合，以减轻驾驶员的疲劳和紧张程度，并起到引导视线的作用。

3.6.2.2　平、纵线形组合设计的基本要求

（1）平曲线与竖曲线应相互重合，且平曲线应稍长于竖曲线

这种组合是使平曲线和竖曲线对应，即所谓的“平包竖”。如图 3-13 所示为平曲线与竖曲线相互重合的透视形状。这种立体线形不仅能起引导视线的作用，而且可取得平顺而流畅的效果。对于等级较高的道路应尽量做到这种组合，并使平、竖曲线半径都大一些，这样才显得协调，特别是凹形竖曲线处车速较高，二者半径更应该大一些。

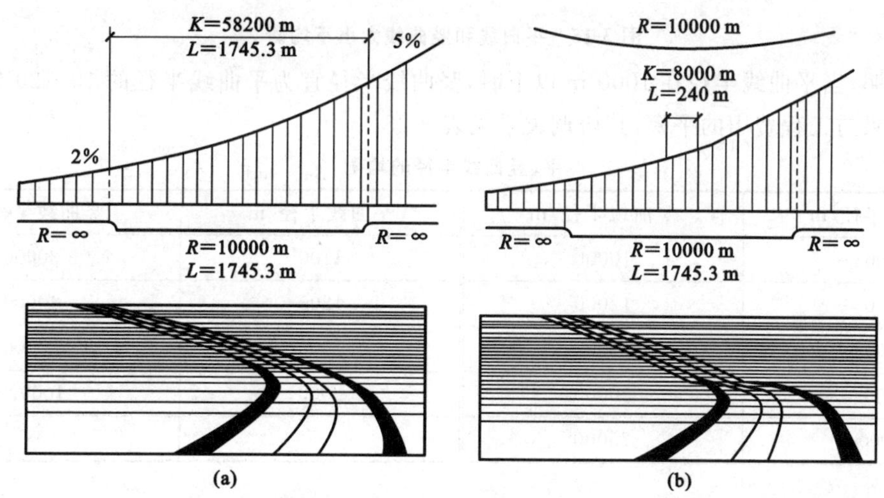

图 3-13　平、竖曲线组合对比

竖曲线的起、终点最好分别放在平曲线的两个缓和曲线内，其中任一点都不要放在缓和曲线以外的直线上，也不要放在圆弧段之内，如图 3-14 所示。若平、竖曲线半径都很大且坡率差较小，则平、竖曲线位置可不受上述限制；若做不到平、竖曲线较好的组合，宁可把二者拉开相当距离，使平

曲线位于直坡段或竖曲线位于直线上。

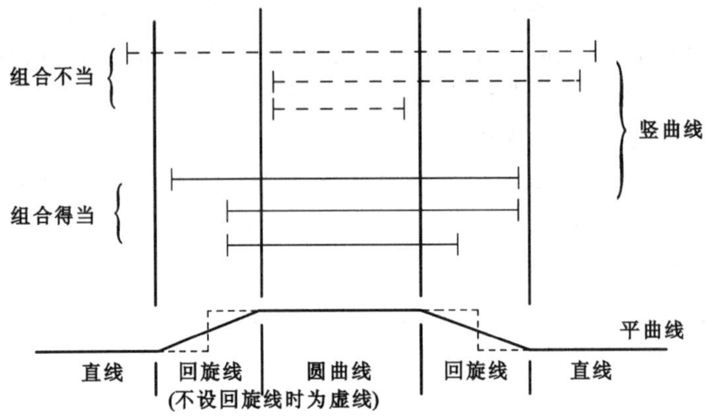

图 3-14 平曲线与竖曲线的组合

(2) 要保持平曲线与竖曲线大小的均衡

平曲线和竖曲线其中一方大而平缓,那么另一方就不要多而小。如果一个长的平曲线内有两个以上凸、凹相间的竖曲线,或一个大的竖曲线含有两个以上反向平曲线,看上去会非常别扭,如图 3-15 所示为上述两种组合的透视形状。

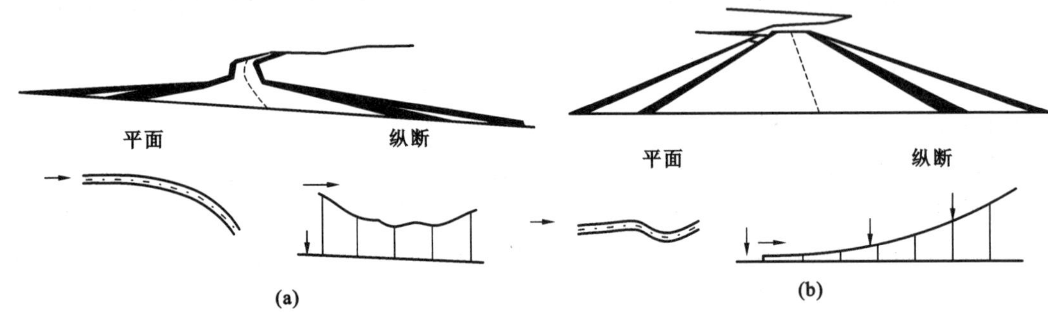

图 3-15 平曲线和竖曲线大小不均衡

研究表明,当平曲线半径在 1000 m 以下时,竖曲线半径宜为平曲线半径的 10～20 倍,此时可获得视觉效果与工程费用的平衡,其协调关系见表 3-25。

表 3-25 平、竖曲线半径的均衡

平曲线半径/m	竖曲线半径/m	平曲线半径/m	竖曲线半径/m
500	10000	1100	30000
700	12000	1200	40000
800	16000	1500	60000
900	20000	2000	100000
1000	25000	—	—

(3) 要选择适当的合成坡度

合成坡度过大,对行车安全不利,车辆易出事故。山区纵坡大的路段插入小半径平曲线时,应注意控制最大合成坡度,陡峻傍山路段及非汽车交通比率高的路段合成坡度最好小于 8%。合成坡度过小,不利于路面排水,高速行驶的车辆会由于路面溅水而影响自身行车安全。如果变坡点与路面横向排水不良的平曲线路段组合，易使合成坡度过小，排水不利，妨碍高速行车，故合成坡度一般应不小于0.5%。

3.6.2.3 平、纵线形设计中应注意避免的组合

平、竖曲线重合是一种理想的组合，但由于地形等条件限制，这种组合往往不是总能争取到的。如果平曲线的中点与竖曲线的顶(底)点位置错开不超过平曲线长度的1/4，仍然可以获得比较满意的外观。但是，如果错位过大或大小不均衡，就会出现视觉效果很差的线形组合。

① 避免竖曲线的顶、底部插入小半径的平曲线。

如果在凸形竖曲线的顶部有小半径的平曲线，不仅不能引导视线而且急转方向时易使行车发生危险。在凹形竖曲线的底部有小半径的平曲线，会出现汽车加速且转向过急，同样可能发生危险。

② 避免使竖曲线顶、底部与反向平曲线的拐点重合。

此类组合都存在不同程度的扭曲外观，前者不能正确引导视线，会使驾驶员操作失误，引起交通事故；后者会导致路面排水不畅，形成积水影响行车安全。

③ 应避免小半径的竖曲线与缓和曲线的重合。

对凸形竖曲线视觉引导性差，事故率较高；对凹形竖曲线会导致路面排水不良，影响行车安全。

④ 避免出现驼峰、暗凹、跳跃等使驾驶员视线中断的线形。

在一个平曲线或一段长直线内包含几个竖曲线，特别是小半径竖曲线，易出现驼峰、暗凹、跳跃等线形，使前方道路失去连续性，如图3-15所示。当然，我国平原微丘区的高速公路设计，因地形平坦，平曲线半径一般较大，但沿线通道多，为减少工程数量、降低路肩填土高度，有时不得不在一个长的平曲线内多次变坡。实践表明，在纵坡不大且坡差又较小，竖曲线半径选用较大的情况下，多次起伏并不影响道路线形的连续性。

3.6.2.4 道路线形与景观的协调配合

道路作为一种人工构造物，应将其视为景观对象来研究。修建道路会对自然景观产生影响，具有一定破坏作用。而道路两侧的自然景观反过来又会影响道路上汽车的行驶，特别是对驾驶员的视觉、心理及驾驶操作等都有很大影响。

平、纵线形组合必须在充分与道路所经地区的景观相配合的基础上进行；否则，即使线形组合符合有关规定也不一定是良好设计。对于驾驶员来说，只有看上去具有优美的线形和景观的道路，才能称为舒适和安全的道路。特别是对设计速度高的道路，平、纵线形组合设计与周围景观的配合尤为重要。

道路景观工程包括内部协调和外部协调两方面。其中内部协调主要指平、纵线形视觉的连续性和立体协调性；而外部协调是指道路与其两侧坡面、路肩、中间带、沿线设施等的协调以及道路的宏观位置。实践证明，道路线形与景观的配合应遵循以下原则：

① 应在道路的规划、选线、设计、施工的全过程中重视景观要求。尤其在规划和选线阶段，比如对风景旅游区、自然保护区、名胜古迹区、文物保护区等景点和其他特殊地区，一般以绕避为主。

② 尽量少破坏沿线自然景观(比如沿线周围的地貌、地形、天然树林、池塘湖泊等)，避免深挖高填。纵断面设计尽量减少填挖；横断面设计要使边坡造型和绿化与现有景观相适应，以弥补必要填挖对自然景观的破坏。

③ 应能提供视野的多样性，力求与周围的风景自然地融为一体。充分利用自然风景如孤山、湖泊、大树等，或人工建筑物如水坝、桥梁、高烟囱、农舍等，或在路旁设置一些设施，以消除单调感，

并使道路与自然密切结合。

④ 不得已时,可采用修整、植草、种树等措施加以补救。

⑤ 条件允许时,适当放缓边坡或将其变坡点修整圆滑,以使边坡接近自然地面形状,增进路容美观。

⑥ 应进行综合绿化处理,避免形式和内容上的单一化,将绿化视作引导视线、点缀风景以及改造环境的一种技术措施进行专门设计。

本章小结

(1) 路线纵断面图即沿着道路中线竖向剖面的展开图。

(2) 纵坡设计必须满足相关规范对坡度、坡长的各项规定。

(3) 竖曲线最小半径取决于缓和冲击、时间行程及视距要求三种因素。就凸、凹形竖曲线来说,其有效控制因素是不一样的。

(4) 纵断面图是由上、下两部分内容组成的:上部主要用来绘制地面线和纵坡设计线,标注竖曲线及其要素、沿线桥涵及人工构造物等;下部主要用来填写有关内容,即直线及平曲线,里程桩号,地面高程,设计高程,填、挖高度及土壤地质说明等。

(5) 纵断面设计要符合道路平、纵线形组合设计的要求。

习题与思考题

3-1 纵断面设计有哪些控制指标?各有什么控制作用?

3-2 怎样确定竖曲线最小半径?

3-3 竖曲线最小半径的控制因素有哪些?凸、凹竖曲线半径的有效控制因素是否相同?

3-4 怎样计算任意点设计高程?

3-5 简述路线纵断面设计的步骤。

3-6 平、纵线形组合设计的一般原则有哪些?

参考文献

[1] 林雨,陶明霞. 道路勘测设计 [M]. 武汉:武汉大学出版社,2013.

[2] 中华人民共和国交通运输部. 公路工程技术标准:JTG B01—2014 [S]. 北京:人民交通出版社股份有限公司,2014.

[3] 中华人民共和国交通运输部. 公路路线设计规范:JTG D20—2017 [S]. 北京:人民交通出版社股份有限公司,2017.

[4] 中华人民共和国住房和城乡建设部. 城市道路路线设计规范:CJJ 193—2012 [S]. 北京:中国建筑工业出版社,2013.

[5] 中华人民共和国住房和城乡建设部. 城市道路工程设计规范(2016年版):CJJ 37—2012 [S]. 北京:中国建筑工业出版社,2016.

[6] 张弛,潘兵宏,杨宏志. 道路勘测设计 [M]. 6版. 北京:人民交通出版社股份有限公司,2023.

[7] 许金良,等. 道路勘测设计 [M]. 5版. 北京:人民交通出版社股份有限公司,2018.

[8] 张金水. 道路勘测与设计 [M]. 2版. 上海:同济大学出版社,2009.

[9] 周亦唐,唐正光. 道路勘测设计 [M]. 6版. 重庆:重庆大学出版社,2023.

4 道路横断面设计

【内容提要】

本章主要内容包括道路横断面组成，横断面各组成部分设计，平曲线设置超高、加宽的原因和计算方法，横断面视距保证，横断面设计，路基土石方计算及调配等。

【能力要求】

通过本章的学习，学生应了解横断面设计的一般要求，熟悉横断面设计各项指标的规定及要求，掌握横断面设计的方法及步骤。

4.1 横断面组成

4.1.1 公路横断面组成

4.1.1.1 一般组成

① 行车道。它是公路上供各种车辆行驶部分的总称，包括快车行车道和慢车行车道。

② 路肩。它位于行车道外缘至路基边缘，是具有一定宽度的带状结构部分。

③ 中间带。它是高速公路与一级公路用于分隔对向车辆的带状构造物，由中央分隔带和两条左侧路缘带组成。

④ 边坡。它是为了保证路基的稳定，设在路基两侧的具有一定坡度的坡面。

⑤ 边沟。它是为了汇集和排除路面、路肩及边坡流水，在挖方或低填方路基两侧设置的纵向排水沟。高速公路与一级公路的横断面组成如图 4-1 所示，二、三、四级公路的横断面组成如图 4-2 所示。

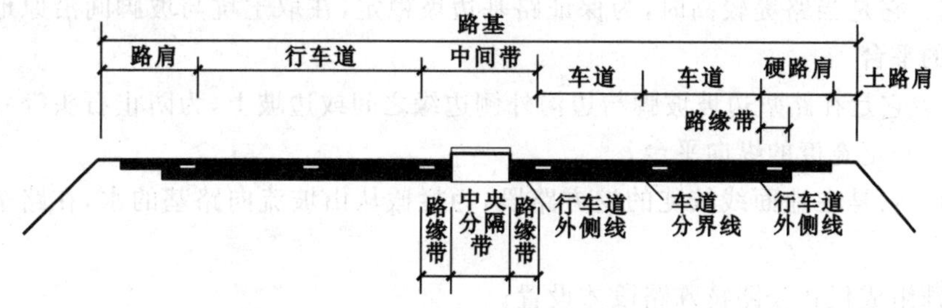

图 4-1 高速公路与一级公路的横断面组成

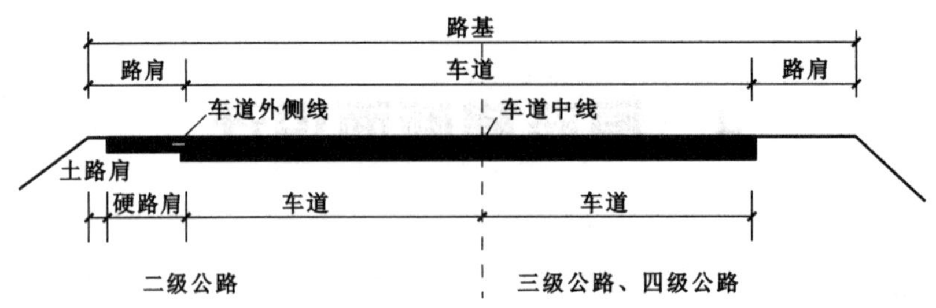

图 4-2　二、三、四级公路的横断面组成

4.1.1.2　特殊组成

① 爬坡车道。它是在高速公路、一级公路及二级公路的连续上坡路段设置的,专供慢车爬坡使用的车道。

② 加(减)速车道。它是供车辆驶入(离)高速车流之前(后)加(减)速用的车道。

③ 错车道。它是当四级公路采用 4.5 m 的单车道路基时,在适当的可通视距离内设置的供车辆交错避让用的一段加宽车道。其间距应不大于 300 m,相邻两错车道能相互通视。设置错车道路段的路基宽度应不小于 6.5 m,有效长度应不小于 20 m,如图 4-3 所示。

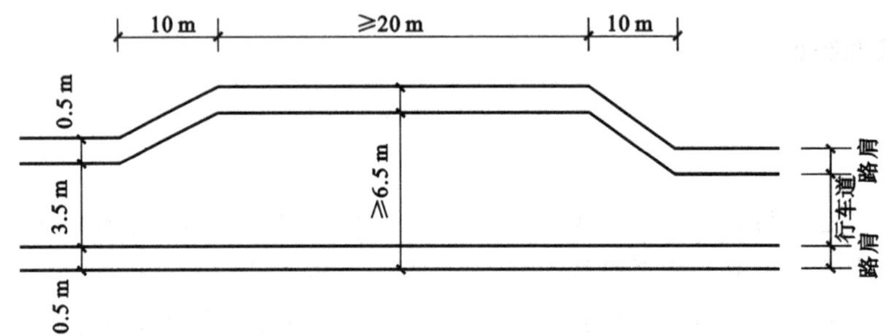

图 4-3　错车道布置图

④ 紧急停车带。它是在高速公路和一级公路上设置的供临时发生故障或基于其他原因需紧急停车的车辆使用的临时停车地带。

⑤ 避险车道。它是设置在连续长、陡下坡路段避免车辆在行驶中速度失控而造成事故的路段,是在特殊路段设置的安全车道。

⑥ 护坡道。它是当路堤较高时,为保证路基边坡稳定,在取土坑与坡脚间沿原地面纵向保留的有一定高度的平台。

⑦ 碎落台。它是在路堑边坡坡脚与边沟外侧边缘之间或边坡上,为防止石头等碎落物落入边沟而设置的具有一定宽度的纵向平台。

⑧ 截水沟。它是在地面线较陡的挖方路段,为拦截从山坡流向路基的水,在路堑坡顶外设置的水沟。

公路的特殊组成仅在公路特殊路段才设置。

4.1.2　城市道路横断面的组成、类型

4.1.2.1　城市道路横断面的组成

城市道路的横断面由车行道、人行道、绿化带、分隔带及其他部分组成,布置图如图 4-4 所示。

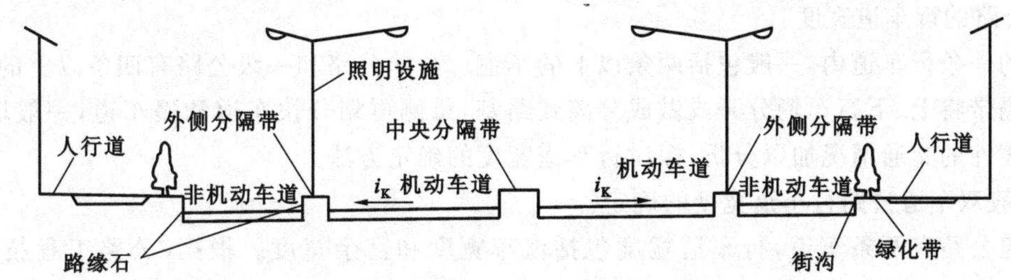

图 4-4 城市道路横断面布置图

① 车行道。它是指在城市道路上供各种车辆行驶的路面。供汽车、无轨电车、摩托车等机动车行驶的部分称为机动车道;供自行车、三轮车、板车、电动车等非机动车行驶的部分称为非机动车道。车行道按车道行车方向上的不同位置,可分为内侧车道、中间车道和外侧车道;按车道的不同性质可分为变速车道、爬坡车道、停车道、错车道、会车道、专用车道等。

② 人行道。它是指在城市道路上用路缘石或护栏及其他类似的设施加以分隔的专门供人行走的部分。

③ 绿化带。它是指在道路用地范围内提供绿化的条形地带。

④ 分隔带(又称分车带)。它是指沿道路纵向设置的分隔车行道的带状设施。位于路中线位置的称为中央分隔带,位于路中线两侧的称为外侧分隔带。

⑤ 其他组成部分。除以上组成部分以外,还有路缘石、街沟、路拱、照明设施等。路缘石指设置在路边的界石,简称缘石,包括平缘石和立缘石。街沟指设在路面边缘处,由立缘石与平缘石或铺装路面形成的侧沟。路拱指路面横断面的两端与中间形成的具有一定坡度的拱起形状。

4.1.2.2 城市道路横断面的类型

① 单幅路。它适用于机动车交通量不大且非机动车较少的次干路、支路或用地不足和拆迁困难的旧城改建的城市道路。

② 双幅路。它主要用于各向至少具有两条机动车道且非机动车较少的道路。

③ 三幅路。它用于机动车交通量大且非机动车多的城市道路。

④ 四幅路。它适用于机动车车速较高、各向两条机动车道以上且非机动车多的快速路与主干路。

4.2 横断面各组成部分设计

4.2.1 行车道

4.2.1.1 行车道宽度的确定

行车道宽度是根据车辆宽度、设计交通量、交通组成和汽车行驶速度来确定的。而单向车道数可按下式计算:

$$\text{单向车道数} = \frac{\text{主要方向小时交通量}}{\text{每一车道的设计通行能力}} \tag{4-1}$$

双向车道数按式(4-1)计算结果取整数(即不小于且最接近计算结果的整数)的2倍。

(1) 公路的行车道宽度

公路的一条行车道内,一般包括两条以上的车道。高速公路和一级公路有四条以上的车道,一条中央分隔带将上、下行车辆分开或做成分离式路基,每侧再划分快车道和慢车道,一般取两者中比较有代表性的交通情况加以分析,探讨行车道宽度的确定方法。

① 一般双车道公路行车道宽度的确定。

双车道公路有两条车道,行车道宽度包括汽车宽度和富余宽度。根据《公路工程技术标准》(JTG B01—2014)规定,设计车辆最大宽度为 2.5 m,再加上错车、超车所必需的余宽来确定行车道的宽度。富余宽度是指对向行驶时两车厢之间的安全间隙、汽车轮胎至路面边缘的安全距离,如图 4-5 所示。

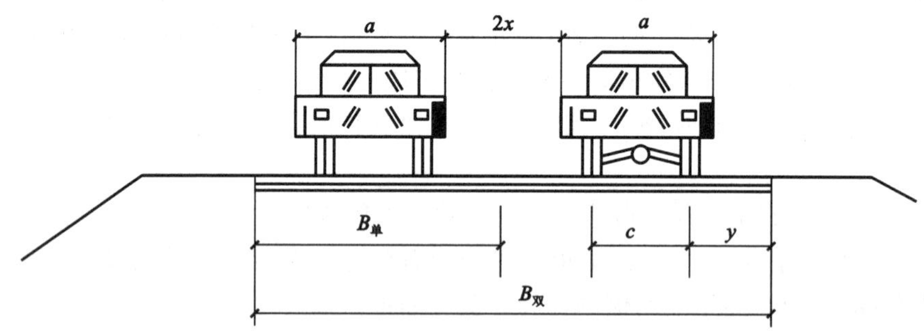

图 4-5 双车道公路的行车道宽度

则双车道公路的一条单向行驶的车道的宽度可用下式计算:

$$B_{单} = \frac{a+c}{2} + x + y \tag{4-2}$$

两条车道的宽度为:

$$B_{双} = a + c + 2x + 2y \tag{4-3}$$

根据大量试验观测,得出计算 x、y 的经验公式为:

$$x = y = 0.50 + 0.005V \tag{4-4}$$

式中 a——车厢宽度,m;

c——汽车轮距,m;

$2x$——两车厢安全间隙,m;

y——轮胎与路面边缘之间的安全距离,m;

V——行车速度,km/h。

② 有中央分隔带公路行车道宽度的确定。

高速公路、一级公路平原、微丘区采用宽 3.75 m 的车道。设计速度为 60 km/h 时,车道宽度采用 3.50 m。主要考虑以下因素:

a. 设计速度大,远景交通量大,特别是我国载重汽车混入率高。

b. 参考德国、法国的高速公路,意大利的太阳公路,日本的高速公路,东欧各国的一级公路,英国和加拿大的高速公路,其车道宽度均为 3.75 m。

c. 美国各州公路的工作者协会认为,各级公路合乎理想的车道宽度为 3.66 m(12 ft),不宜大于 3.97 m(13 ft)。近年来,美国有的城市将车道宽度减为 3.35 m(11 ft),甚至 3.05 m(10 ft)。

对于有四条以上车道的高速公路、一级公路,一般都设置中央分隔带。中央分隔带两侧的行车道只有同向行驶的汽车,如图 4-6 所示,则单侧行车道宽度可按下式计算:

$$B = S + D + M + a_1 + a_2 \tag{4-5}$$

式中　S——后轮边缘与车道外侧之间的安全间隙，m；

D——两汽车后轮外缘之间的安全间隙，m；

M——后轮外缘与车道内侧之间的安全间隙，m；

a_1, a_2——汽车后轮外缘间距，m，普通车为 $a_1 = a_2 = 1.6$ m，大型车为 $a_1 = a_2 = 2.3$ m。

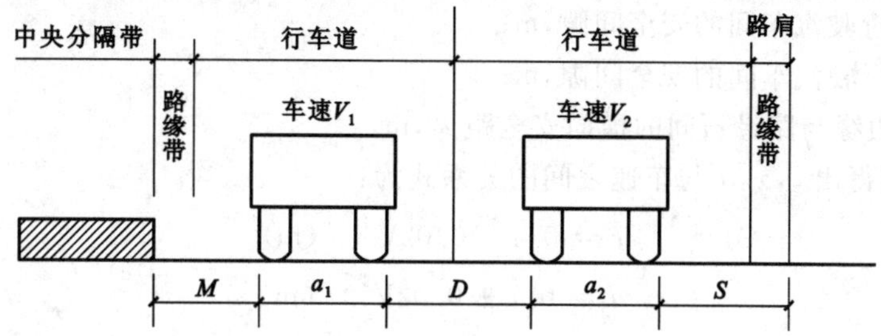

图 4-6　只有同向行驶的汽车的车道

根据实地观测宽度，得出如下的关系式：

$$S = 0.0103V_1 + 0.56 \tag{4-6}$$

$$D = 0.000066(V_2^2 - V_1^2) + 1.49 \tag{4-7}$$

$$M = 0.0103V_2 + 0.46 \tag{4-8}$$

式中　V_1——被超车汽车的车速，km/h；

V_2——超车汽车的车速，km/h。

根据以上计算结果得出下列结论：当设计速度 $V = 120$ km/h 时，每条车道的宽度均采用 3.75 m；当设计速度 $V = 100$ km/h，且交通量大和大型车混入率较高时，内侧车道宽度应为 3.75 m，外侧车道宽度可采用 3.75 m 或 3.50 m。

当高速公路的交通量超过四个车道的容量时，其车道数可以按双数增加。

(2) 城市道路的行车道宽度

① 靠路边的车道宽度。

a. 一侧靠边，另一侧为反向行驶的车道，如图 4-7 所示。

$$B_1 = \frac{x}{2} + a_1 + c \tag{4-9}$$

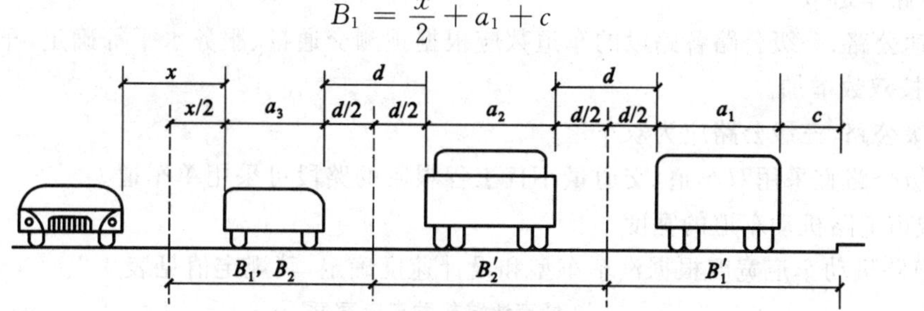

图 4-7　一侧靠边，另一侧为反向行驶的车道

b. 一侧靠边，另一侧为同向行驶的车道。

$$B_1' = \frac{d}{2} + a_1 + c \tag{4-10}$$

② 靠路中心线的车道宽度。

$$B_2 = \frac{x}{2} + a_3 + \frac{d}{2} \tag{4-11}$$

③ 同向行驶的中间车道宽度。

$$B_2' = \frac{d}{2} + a_2 + \frac{d}{2} \tag{4-12}$$

式中 a_1, a_2, a_3——车厢全宽,m;

x——反向行驶汽车间的安全间隙,m;

d——同向行驶汽车间的安全间隙,m;

c——车身边缘与路缘石间的横向安全距离,m。

根据试验观测得出 c, x, d 与车速之间的关系式为:

$$c = 0.4 + 0.02V^{\frac{3}{4}} \quad (\text{m}) \tag{4-13}$$

$$d = 0.7 + 0.02V^{\frac{3}{4}} \quad (\text{m}) \tag{4-14}$$

$$x = 0.7 + 0.02(V_1 + V_2)^{\frac{3}{4}} \quad (\text{m}) \tag{4-15}$$

式中 V——实际车速,km/h。

上列各式表明,车道宽度 B 是车速 V 的函数,依车速的变化一般为3.40～3.80 m。考虑到城市道路上行驶的车辆各异,且车道还需调剂使用,一条车道的平均宽度取3.50 m即可;当车速 $V \gg 40$ km/h时,可取3.75 m。

4.2.1.2 行车道宽度及车道数的规定

(1) 公路行车道宽度

根据设计速度规定,公路行车道宽度见表4-1。

表4-1 **公路行车道宽度**

设计速度/(km/h)	120	100	80	60	40	30	20
车道宽度/m	3.75	3.75	3.75	3.50	3.50	3.25	3.00

注:1. 设计速度为20 km/h且为单车道时,车道宽度应采用3.50 m。
2. 高速公路为八车道时,内侧车道宽度可采用3.50 m。

(2) 公路车道数

① 高速公路、一级公路各路段的车道数应根据预测交通量、服务水平等确定,车道数为四车道以上时,应按双数增加。

② 二级公路、三级公路应为双车道。

③ 四级公路宜采用双车道,交通量小且工程艰巨的路段可采用单车道。

(3) 城市道路机动车道的宽度

城市道路机动车道宽度根据汽车车型和设计速度确定,其规定值见表4-2。

表4-2 **城市道路机动车道宽度**

车型及行驶状态	设计速度/(km/h)	车道宽度/m
大型汽车或大、小汽车混行	≫40	3.75
	<40	3.50
小型汽车专用线	—	3.50
公交汽车停靠站	—	3.00

(4) 城市道路非机动车道的宽度

确定非机动车道宽度时,应以自行车为主,如图 4-8 所示。

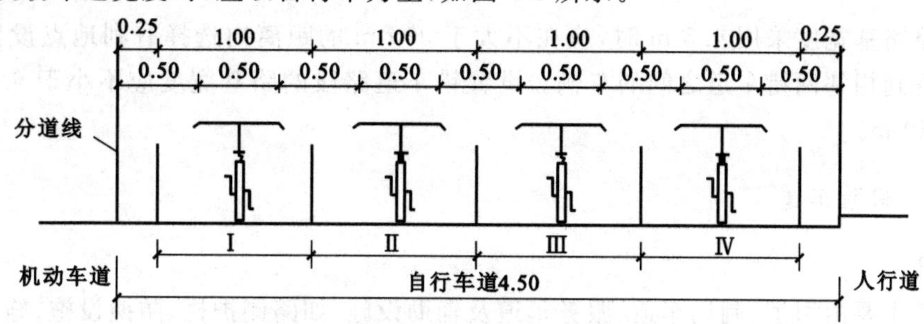

图 4-8 非机动车道宽度确定(单位:m)

非机动车道基本宽度推荐采用 5.00 m(4.50 m)、6.50 m(6.00 m)、8.00 m(7.50 m),并且不得小于 2.50 m。

(5) 专用车道宽度

① 爬坡车道、变速车道宽度为 3.5 m;

② 错车道路段行车道宽度不小于 5.5 m;

③ 避险车道宽度不小于 4.5 m;

④ 紧急停车带宽度为 5.0 m;

⑤ 公交车站港湾式停靠站宽度为 3.0 m。

4.2.2 特殊车道

4.2.2.1 爬坡车道

(1) 爬坡车道的功能

爬坡车道设置在上坡路段原有车道的外侧,是供慢速上坡车辆行驶的专用车道。

(2) 爬坡车道的设计要求

① 高速公路、一级公路及二级公路在连续上坡路段设置爬坡车道时,其宽度应为 3.5 m。

② 高速公路、一级公路的爬坡车道应紧靠车道的外侧设置,可利用硬路肩宽度,爬坡车道的外侧应设置路缘带和土路肩。

③ 二级公路的爬坡车道应紧靠车道的外侧设置,可利用硬路肩宽度。当需要保留原来供非机动车行驶的硬路肩时,该部分应移至爬坡车道的外侧。

(3) 作用

爬坡车道是丘陵地区超车车道的一种特殊形式,以保证快速车辆能越过货车和其他慢速车辆向前行驶,不仅可减少慢车压车时间,提高整个路段的平均车速和服务水平;也避免了强行超车,有利于交通安全。

4.2.2.2 加(减)速车道

高速公路、一级公路的互通式立体交叉、服务区、停车区、公共汽车停靠站、管理与养护设施等与主线相衔接处,应设置加速车道和减速车道。加(减)速车道宽度应为 3.5 m。

4.2.2.3 错车道

四级公路路基宽度采用4.5 m时,应在不大于300 m的距离内选择有利地点设置错车道,并使驾驶者能看到相邻两错车道之间的车辆。设置错车道路段的路基宽度应不小于6.5 m,有效长度应不小于20 m。

4.2.2.4 避险车道

(1) 组成

避险车道主要由引道、制动车道、服务车道及辅助设施(如路侧护栏、防撞设施、施救锚栓、呼救电话、照明)等组成。

(2) 设计要求

在连续长、陡下坡路段,为减轻失控车辆的损失和保护第三方安全,宜在长、陡下坡地段右侧视距良好的适当位置设置避险车道,其宽度不应小于4.5 m。

(3) 类型

避险车道主要有上坡道型、水平坡道型、下坡道型和砂堆型四种。

4.2.3 紧急停车带

紧急停车带宽为3.5 m,有效长度不小于30 m,如图4-9所示。

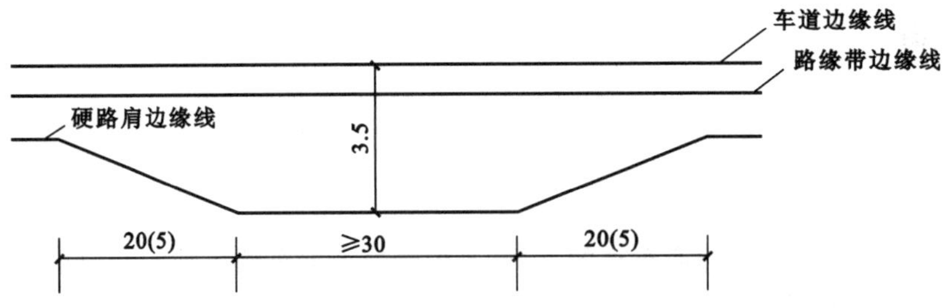

图4-9 紧急停车带平面图(单位:m)

二级公路为避免急需停靠的车辆占道,根据需要可设置紧急停车带,其间距不宜大于500 m。

高速公路和一级公路的特长桥梁、隧道,可根据需要设置紧急停车带,其间距为750 m左右,过渡段长度一般取20 m,工程特别艰巨时,可采用最小值为5 m。当采用最小值时,为使过渡段的外形不出现明显的折线,可用反向圆曲线连接,使之圆滑、顺道,如图4-10所示。

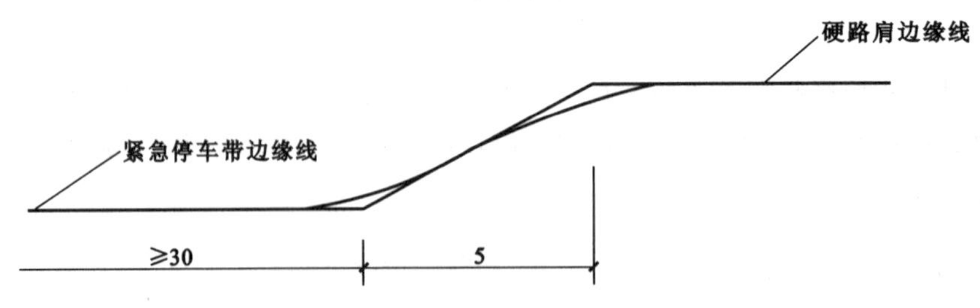

图4-10 隧道中的紧急停车带过渡段(单位:m)

4.2.4 人行道

4.2.4.1 作用

人行道是供行人步行的通道，应能保证行人的安全并保持通畅，满足高峰时的行人流量。同时也是种植植物和架设立杆的场地，其地下空间还可埋设管线等。

4.2.4.2 人行道宽度

人行道宽度必须满足行人通行的安全与畅通，可按下式计算：

$$\omega_p = \frac{N_W}{N_{W_1}} \tag{4-16}$$

式中 ω_p——人行道宽度，m；

N_W——人行道高峰小时行人流量，P/h；

N_{W_1}——单位宽度人行道设计通行能力，P/(h·m)。

按式(4-16)可以确定人行道宽度，为保持街道各部分宽度的均衡，一般认为街道总宽与单侧人行道宽度之比在5∶1～7∶1最为合适。

式(4-16)中的人行道高峰小时行人流量 N_W 需根据交通调查结果确定，下面主要介绍设计通行能力 N_{W_1} 的确定方法。

(1) 一条人行带的通行能力

一条人行带是指一个步行的人所占用人行道的宽度，主要与人的肩宽、手中携带物品的大小以及携带方式有关，一般为0.6～0.9 m。一条人行带的通行能力可按下式计算：

$$N_P = \frac{1000V}{L} \tag{4-17}$$

式中 N_P——一条人行带的通行能力，P/h；

V——行人步行速度，在一般城市道路上为3～4 km/h，供散步与休息的路段为1～2 km/h，在行人急速行走的路段可达6 km/h；

L——行人间距，一般为2～4 m。

(2) 单位宽度人行道的可能通行能力

按式(4-17)计算的一条人行带通行能力为300～1800 P/h，换算成1 m宽度并取较大值即得单位宽度人行道的可能通行能力。

设计上所采用的通行能力是在可能通行能力的基础上乘折减系数得到。折减系数取值如下：全市性的车站、码头、商场、公园、剧场及市中心处的人行道、人行横道、人行天桥、人行地道等采用0.75；大商场、商店、公共文化中心及区中心处的人行道、人行横道等采用0.8；区域性地带采用0.85；支路、住宅区采用0.9。折减后得到的设计通行能力为单位宽度人行道的设计通行能力。

4.2.4.3 人行道坡度

人行道横坡为单向坡，坡度一般为1.5%～2.0%，其向路缘石一侧倾斜，高出行车道0.1～0.2 m。

4.2.4.4 绿化带

人行道上靠行车道一侧种植行道树，其株距一般为4～6 m，树池采用1.5 m×1.5 m的正方形或 1.2 m×1.8 m 的矩形。也有绿化带种植草皮和花丛。

4.2.4.5 设施带

设施带宽度包括行人护栏、照明灯柱、标志牌、信号灯等的宽度。在红线宽度较窄及条件困难时,设施带可与绿化带合并,但应避免各种设施与树木间的干扰。常见宽度为:护栏 0.25～0.5 m,杆柱 1.0～1.5 m。

按上述求得的人行道宽度、绿化带宽度与设施带宽度之和即为路侧带宽度。此外,还应考虑人行道下埋设管线所需要的宽度。

4.2.4.6 路缘石

路缘石是设置在路面与其他构造物之间的标石。在分隔带与路面之间,人行道与路面之间一般都需要设置路缘石。

路缘石的形状有立式、斜式和曲线式三种类型。

城市道路的人行道及人行横道宽度范围内的路缘石宜做成低矮、平缓的,以便老人与儿童车、轮椅及残疾人通行,以斜式为宜。在分隔带的端头和交叉口处,路缘石以曲线式为宜。

4.2.5 路肩

4.2.5.1 路肩的作用

① 支挡作用;
② 供临时停车或堆料;
③ 增加有效行车道宽度;
④ 提供道路养护作业、埋设地下管线的场地;
⑤ 供行人及非机动车使用;
⑥ 精心养护的路肩,能增加公路的美观。

4.2.5.2 路肩的组成

路肩一般由右侧路缘带(仅高速公路和一级公路设置)、硬路肩和土路肩三部分组成,如图 4-11所示。硬路肩是指有路面铺装的路肩;土路肩是指加固路肩,使用粒料改善土。

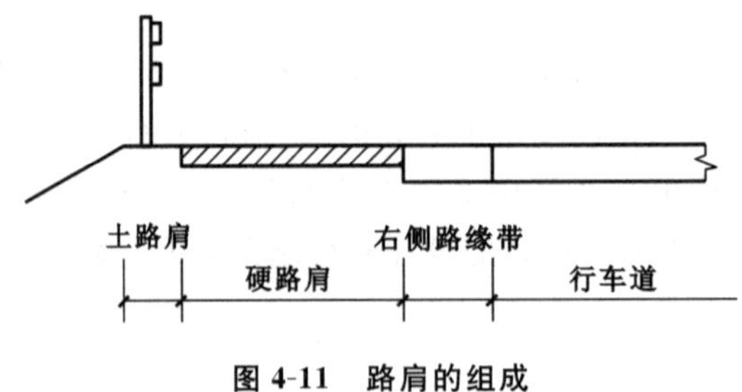

图 4-11 路肩的组成

4.2.5.3 路肩的宽度

(1) 右侧路肩

各级公路右侧路肩的宽度见表 4-3。

表 4-3 **各级公路右侧路肩的宽度**

<table>
<tr><td colspan="2">公路等级(功能)</td><td colspan="3">高速公路</td><td colspan="2">一级公路
(干线功能)</td><td colspan="2">一级公路
(集散功能)和
二级公路</td><td colspan="3">三级、四级公路</td></tr>
<tr><td colspan="2">设计速度/(km/h)</td><td>120</td><td>100</td><td>80</td><td>100</td><td>80</td><td>80</td><td>60</td><td>40</td><td>30</td><td>20</td></tr>
<tr><td rowspan="2">右侧硬路肩宽度/m</td><td>一般值</td><td colspan="3">3.0(2.5)</td><td colspan="2">3.0(2.5)</td><td>1.5</td><td>0.75</td><td rowspan="2"></td><td rowspan="2"></td><td rowspan="2"></td></tr>
<tr><td>最小值</td><td colspan="3">1.5</td><td colspan="2">1.5</td><td>0.75</td><td>0.25</td></tr>
<tr><td rowspan="2">右侧土路肩宽度/m</td><td>一般值</td><td colspan="3">0.75</td><td colspan="2">0.75</td><td colspan="2">0.75</td><td rowspan="2">0.75</td><td rowspan="2">0.5</td><td rowspan="2">0.25(双车道)
0.5(单车道)</td></tr>
<tr><td>最小值</td><td colspan="3">0.75</td><td colspan="2">0.75</td><td colspan="2">0.5</td></tr>
</table>

① 设计速度为 120 km/h 的四车道、六车道、八车道高速公路,宜采用 3.0 m。

② 高速公路、一级公路应在右侧硬路肩宽度内设右侧路缘带,其宽度为 0.5 m。

③ 二级公路的硬路肩可供非机动车使用。非机动车交通量较大的路段,也可采用全铺的方式,以充分利用。

④ 二、三、四级公路在路肩上设置的标志、防护设施等不得侵入公路建筑限界,否则应加宽路肩。

(2) 左侧路肩

高速公路和一级公路的分离式路基应该设置左侧路肩,其宽度见表 4-4,左侧路肩含左侧路缘带,左侧路缘带宽度为 0.5 m。

表 4-4 **高速公路和一级公路的分离式路基应该设置左侧路肩的宽度**

设计速度/(km/h)	120	100	80	60
左侧硬路肩宽度/m	1.25	1.00	0.75	0.75
左侧土路肩宽度/m	0.75	0.75	0.75	0.75

路肩宽度变化处,应有圆顺的过渡段,其渐变率一般为 1∶30。

路肩的坡度应保证排水,对直线段一般比路面横坡大 1%～2%,对弯道超高路段可与横向超高坡度相同。

4.2.6 路拱

4.2.6.1 定义

为了迅速排除路面上的雨水,将道路表面做成中间高、两边低的拱形,称之为路拱。路拱对排水有利,但对行车不利。路拱坡度所产生的水平分力增加了行车的不稳定性,同时也给乘客带来不舒适的感觉。当车辆在有冰、雪、水或潮湿路面上制动时,还会增加侧向滑移的危险。为此,路拱的横向坡度在满足横向排水的要求下应尽量采用低值。

4.2.6.2 路拱形式

(1) 直线路拱

直线路拱如图4-12所示。

直线路拱的特点是:① 中间呈屋脊形;② 横坡一致。

直线路拱的适用范围是:① 路拱横坡小的水泥路面;② 有中央分隔带的路面;③ 宽度较小的低等级公路。

(2) 直线加曲线路拱

直线加曲线路拱如图4-13所示。

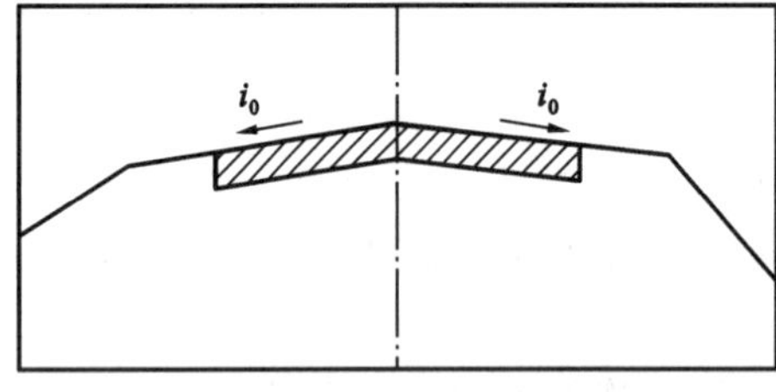

图4-12 直线路拱

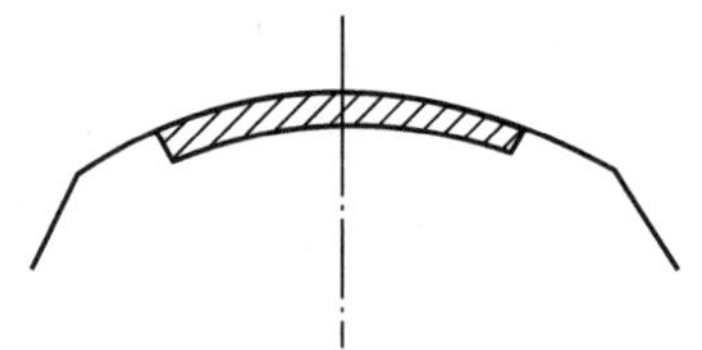

图4-13 直线加曲线路拱

直线加曲线路拱的特点是:两侧较平缓,中间呈曲线形。

直线加曲线路拱的适用范围是:宽度大于20 m的柔性路面。

(3) 折线形路拱

折线形路拱的特点是:坡度从中到边逐步增大利于排水,横坡变化缓慢,对行车有利。

折线形路拱的适用范围是:多车道水泥混凝土路面。

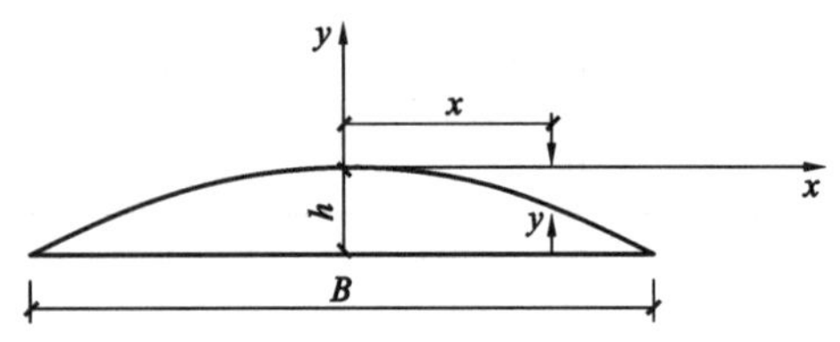

图4-14 抛物线路拱

(4) 抛物线路拱

抛物线路拱如图4-14所示。

① 二次抛物线方程为:

$$y = \frac{4h}{B^2}x^2 \tag{4-18}$$

其特点是:中间平,两边陡,有利于行车和排水。但当路面宽度大时,边缘坡度过大。

其适用范围是:宽度小于12 m的黑色路面。

② 改进的二次抛物线方程为:

$$y = \frac{2h}{B^2}x^2 + \frac{h}{B}x \tag{4-19}$$

其特点是:中间平,两边适中。

其适用范围是:宽度小于20 m的黑色路面。

4.2.6.3 路拱坡度的规定

路拱坡度应根据路面类型和当地自然条件,按表4-5的规定取值。

表 4-5　**路拱坡度**

路面类型	路拱坡度
沥青混凝土、水泥混凝土	1%～2%
其他沥青路面	1.5%～2.5%
半整齐块石	2%～3%
碎、砾石	2.5%～3.5%
低级路面	3%～4%

4.2.7　中间带

4.2.7.1　中间带的组成

四条和四条以上车道的公路应设置中间带。中间带由两条左侧路缘带和中央分隔带组成。

4.2.7.2　中间带的作用

① 将上行车流和下行车流分开，防止对向车辆相撞，减少交通事故，减少公路中心线附近的交通阻力，保证车速，从而提高通行能力；

② 可作为设置公路标志牌及其他交通管理设施的场地，也可作为行人的安全岛使用；

③ 种植花草灌木或设置防眩网，可防止对向车辆灯光眩目，还可起到美化路容和环境的作用；

④ 设于分隔带两侧的路缘带增加了行车所必需的侧向余宽，从而提高了行车的安全性和舒适性。

4.2.7.3　中间带宽度

中间带的宽度根据行车道外侧向余宽、护栏、种植、防眩网、桥墩等所需设施带宽度确定。中间带越宽，作用越明显，但在用地紧缺的地区采用宽中间带是困难的，我国采用窄中间带。

高速公路和作为干线一级公路的整体式断面的中央分隔带宽度应从对向分隔、安全防护、防眩的主要功能出发，综合考虑中央分隔带护栏防护形式和防护能力确定。对于承担集散功能的一级公路，中央分隔带宽度应根据中间物理隔离措施的宽度确定。城市道路的相关规定与公路基本相同。左侧路缘带常用宽度为 0.50 m 或 0.75 m。

整体式路基的中间带宽度宜保持等值。当中间带的宽度根据需要增宽或减窄时，宽度变化地点应设过渡段。过渡段以设在回旋线范围内为宜，长度宜与回旋线长度相等；当中间带宽度变化较大时，应考虑在中间带的两侧边缘设置回旋线进行过渡，或采用左右分幅进行线形设计，以保证线形顺畅、圆滑。条件受限制且设计速度小于 80 km/h、宽度变化小于 3.0 m 时，可采用渐变过渡，过渡段的渐变率不应大于 1/100。当整体式路基逐渐分开为分离式路基，或分离式路基汇合为整体式路基时，其中间带的宽度会逐渐增宽或减窄，应设置过渡段。过渡段以设置在圆曲线半径较大的路段为宜。

4.2.7.4　注意事项

一条道路上不得频繁地变化中间带的宽度，以保持良好的线形和视觉感。不得已需改变中间带宽度时,应设置渐变过渡段,使车道中心线的线形圆滑、顺适。过渡段以设在回旋线范围内为宜,其长度应与回旋线长度相等。对于宽度大于 4.5 m 的中间带,其过渡段宜设在半径较大的平曲线路段。

4.2.7.5 中央分隔带开口

(1) 开口的设置

为了便于养护作业和某些车辆在必要时驶向反向车道,中央分隔带应按一定距离设置开口。一般情况下,开口部以每 2 km 的间距设置为宜,并应设置在通视良好的直线段。若在曲线上开口,其曲线半径宜大于 700 m。在互通式立体交叉、隧道、特大桥、服务区等设施的前后必须设置开口。城市道路可根据横向交通情况按需要设置。

(2) 开口的形状

开口常用的形状有两种。

① 半圆形:适用于窄分隔带($M<3.0$ m)。

② 弹头形(如图 4-15 所示):适用于宽分隔带($M\geqslant 3.0$ m)。

图 4-15 中 L 为开口宽度,R、R_1、R_2 为设计控制半径。只有 R 和 R_1 足够大时,才能保证汽车以一定速度驶离主车道,进行左转弯,一般 $R_1=25\sim120$ m。R 切于开口中心线,其值取决于开口的大小,一般取 $R\geqslant 15$ m。一般情况下弹头尖端圆弧半径 $R_2=M/5$,这样从外观上看比较美观。

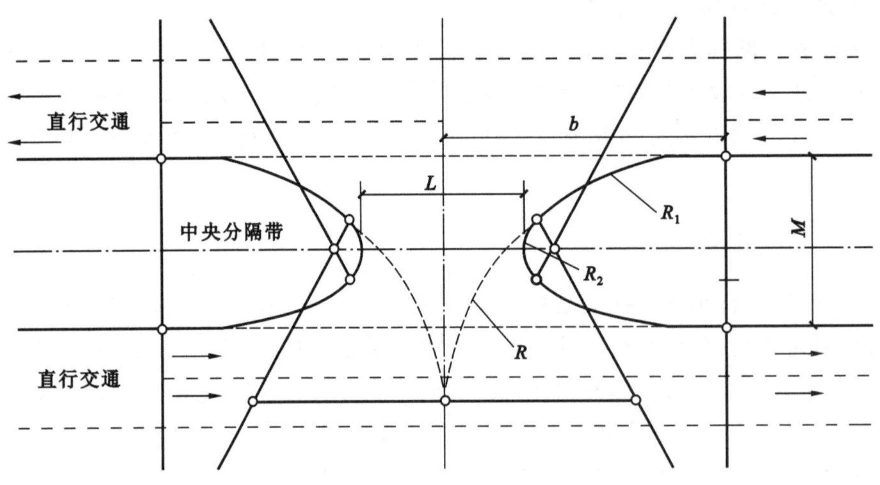

图 4-15 弹头形开口形状

(3) 规范要求

① 互通式立体交叉、隧道、特大桥、服务区等设施前后,以及整体式路基、分离式路基的分离(回合)处,应设置中央分隔带开口。

② 中央分隔带开口间距应视需要而定,最小间距应不小于 20 m。

③ 中央分隔带开口长度不宜大于 40 m;八车道高速公路开口长度可适当增加,但不应大于 50 m。中央分隔带开口处应设置活动护栏。

④ 中央分隔带开口应设置在通视良好的路段,若开口设于曲线路段,该圆曲线半径的超高值不宜大于 3%。

⑤ 中央分隔带开口端部的形状:中央分隔带宽度小于 3.00 m 时可采用半圆形,中央分隔带宽度大于或等于 3.00 m 时宜采用弹头形。

4.2.7.6 中央分隔带的表面形式

分隔带一般用缘石围砌，高出地面 10～20 cm。中央分隔带的表面形式有两种，即：

① 凹形，适用于宽度大于 4.50 m 的中间带，一般种植花草树木；

② 凸形，适用于宽度小于或等于 4.50 m 的中间带，一般可铺面封闭。

4.2.7.7 两侧带

布置在横断面两侧的分车带称为两侧带，其作用与中间带相同，只是设置的位置不同而已。两侧带常用于城市道路的横断面设计中，它可以分隔快车道和慢车道、机动车道和非机动车道、行车道和人行道等。

两侧带的最小宽度规定为 2.00～2.25 m。在北方寒冷积雪地区，在满足最小宽度的前提下，还应考虑能否满足临时堆放积雪的需要。

4.2.7.8 紧急出口

对于控制进入的高速公路，在能提供消防、急救、道路养护及处理事故等条件的地点可设置紧急出口。其位置应选在通视良好、与外部一般公路连接方便的地点。

4.3 超高及加宽

4.3.1 超高

4.3.1.1 定义

在弯道上，当汽车在双向横坡的车道外侧行驶时，其重力的水平分力将增大横向侧滑力。所以，当采用的圆曲线半径小于不设超高的最小半径时，为抵消车辆在曲线路段上面行驶时所产生的离心力，将曲线段的外侧路面横坡做成与内侧路面同坡度的单坡横断面，这样的设置称为超高。

4.3.1.2 超高坡度

(1) 最大超高坡度

由水平曲线半径公式计算可以得超高坡度的计算公式为：

$$i_c = \frac{u^2}{127R} - \mu \tag{4-20}$$

式中 i_c——超高坡度；

u——行车速度，km/h；

R——平曲线半径，m；

μ——摩擦系数。

当采用极限最小半径时即为计算最大超高坡度公式：

$$i_{c,\max} = \frac{u^2}{127R_{\min}} - \mu \tag{4-21}$$

最大超高坡度的限值与气候条件、地形、地区、汽车以低速行驶的频率、路面施工的难易程度等因素有关。从保证汽车转弯时有较高速度和乘客舒适性来看,要求超高坡度应尽量大一些,但考虑车辆的组成不同,车速不一,特别是在弯道上停车($\mu=0$)时,有可能产生向弯道内侧滑移的危险。另外,在冰雪天气下,过大的超高坡度对车辆启动及刹车不利。

当 $\mu=0$ 产生滑移的极限状态时:

$$i_{c,\max}=\frac{u^2}{127R_{\min}} \tag{4-22}$$

故横向滑移限制条件为:

$$i_{c,\max}\leqslant\varphi_h \tag{4-23}$$

式中 φ_h——横向附着系数。

各级道路圆曲线部分最大超高值规定见表4-6和表4-7。

二、三、四级公路混合交通量较大且接近城镇的路段,或通过城镇作为连接街道使用的路段,当车速受到限制,按规定设置超高有困难时,可根据行车速度查相关规范设置超高。

表4-6 **公路最大超高坡度**

公路等级	高级公路	一级公路	二级公路	三级公路	四级公路
一般地区最大超高坡度	10%		8%		
积雪、严寒地区最大超高坡度	6%				

表4-7 **城市道路最大超高坡度**

设计速度/(km/h)	100	80	60	50	40	30	20
最大超高坡度	6%		4%		2%		

(2)超高坡度的确定

超高坡度按设计速度、曲线半径大小计算,并结合路面类型、当地自然条件等最后确定。当超高横坡的计算值小于路拱横坡时,应设置等于路拱坡度的超高坡度。

4.3.1.3 超高过渡方式

(1)公路的超高过渡方式

公路的超高过渡方式,根据超高旋转轴在公路横断面上的位置,分为以下几种。

① 无中间带道路的超高过渡。

若超高横坡度等于路拱坡度,路面由直线上双向倾斜路拱形式过渡到曲线上具有超高的单向倾斜形式,只需要行车道外侧绕中线逐渐抬高,直至与内侧横坡相等为止,如图4-16所示。

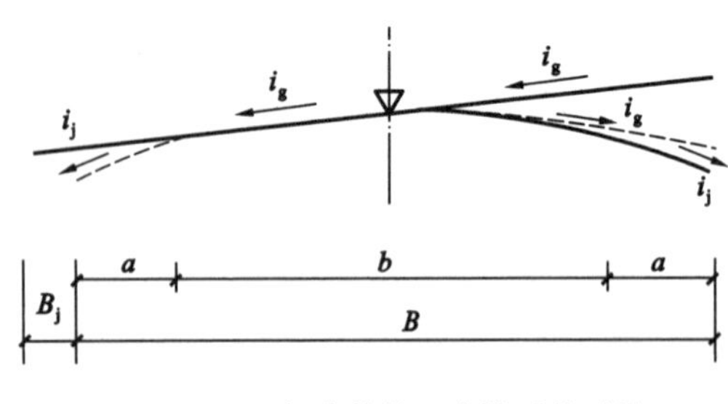

图4-16 超高值等于路拱时的过渡

当超高坡度大于路拱坡度时,可分别采用以下三种过渡方式:

a. 绕内边线旋转。先将外侧车道绕道路中线旋转,待达到与内侧车道构成单向横坡之后,整个断面再绕着未加宽前的内侧车道边线旋转,直至达到超高横坡值,如图4-17(a)所示。

b. 绕中线旋转。先将外侧车道绕路中线旋转,待达到与内侧车道构成单向横坡后,整个断面再绕着中线旋转,直至达到超高横坡值,如图4-17(b)所示。

c. 绕外边线旋转。先将外侧车道绕着外边线旋转，与此同时，内侧车道随中线的降低而相应降低，待达到单向横坡后，整个断面仍绕外侧车道边线旋转，直至达到超高横坡值。如图 4-17(c)所示。

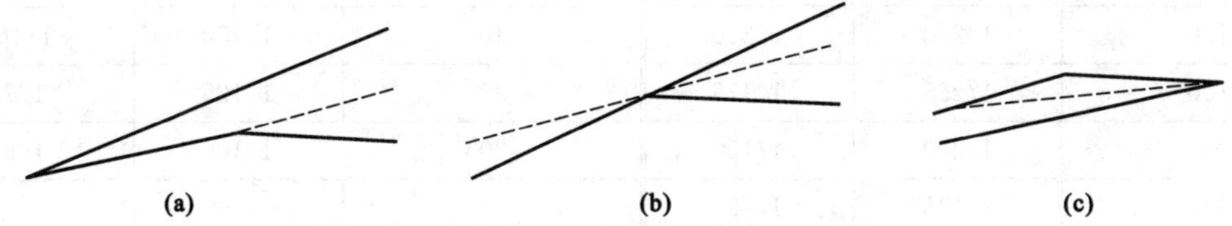

图 4-17 无中间带道路超高的过渡方式

上述方法中，绕内边线旋转由于行车道内侧坡度不降低，有利于路基纵向排水，一般新建工程多用此法。绕中线旋转可保持中线标高不变，且在超高坡度一定的情况下，外侧边缘抬高的值较小，多用于旧路改建工程。而绕外边线旋转是一种比较特殊的设计，仅用于某些改善路容的地点。

② 有中间带公路的超高过渡。

a. 绕中间带的中心线旋转。先将外侧行车道绕中央分隔带边缘旋转，待达到与内侧行车道构成单向横坡后，整个断面一同绕中心线旋转，直至达到超高横坡值。此时中央分隔带呈倾斜状，如图 4-18(a)所示。

b. 绕中央分隔带边缘旋转。将两侧行车道分别绕中央分隔带边缘旋转，使之各自成为独立的单向超高横断面，此时中央分隔带维持原水平状态，如图 4-18(b)所示。

c. 绕各自行车道中线旋转。将两侧行车道分别绕各自的中心线旋转，使之各自成为独立的单向超高断面，此时中央分隔带两边缘分别升高和降低而成为倾斜断面，如图 4-18(c)所示。

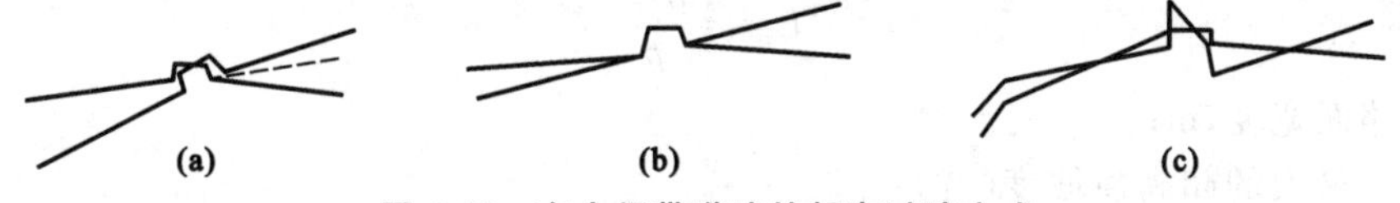

图 4-18 有中间带道路的超高过渡方式

③ 分离式公路的超高过渡。

公路分离式断面的超高过渡可视为两条无中间带的公路分别予以处理。

(2) 城市道路的超高过渡方式

城市道路的超高过渡方式应根据地形状况、车道数、超高横坡度值、横断面形式、便于排水、路容美观等因素决定。单幅路面宽度及三幅机动车道路面宽度宜绕着中线旋转；双幅路面宽度及四幅机动车道路面宽度宜绕着中央分隔带边缘旋转，使两侧行车道各自成为独立的超高横断面。

4.3.1.4 超高缓和段

为了行车舒适、路容美观和排水通畅，必须设置一定长度的超高过渡段，超高的过渡是在超高过渡段全长范围内进行的。双车道公路最小超高过渡段长度可按下式计算：

$$L_C = \frac{B'\Delta_i}{p} \tag{4-24}$$

式中 L_C——超高缓和段长度，m；

B'——旋转轴至行车道(设路缘带时为路缘带)外侧边缘的宽度，m；

Δ_i——超高坡度与路拱坡度的代数差(%)；

p——超高渐变率，即旋转轴线与行车道(设路缘带时为路缘带)外侧边缘线之间相对升降的比率，其规定值见表 4-8 和表 4-9。

表 4-8　**公路超高渐变率**

设计速度/(km/h)	超高旋转轴位置		设计速度/(km/h)	超高旋转轴位置	
	绕中线旋转	绕边线旋转		绕中线旋转	绕边线旋转
120	1/250	1/200	40	1/150	1/100
100	1/225	1/175	30	1/125	1/75
80	1/200	1/150	20	1/100	1/50
60	1/175	1/125	—	—	—

表 4-9　**城市道路超高渐变率**

设计速度/(km/h)	超高渐变率	设计速度/(km/h)	超高渐变率
80	1/150	40	1/100
60	1/125	30	1/75
50	1/115	20	1/50

绕中线旋转时,式(4-24) 可写为:

$$L_C = \frac{\frac{b}{2}(i_{cmax} + i_g)}{p} \tag{4-25}$$

绕边线旋转时,式(4-24)可写为:

$$L_C = \frac{b i_c}{p} \tag{4-26}$$

式中　b——路面宽度,m;

i_{cmax}——最大的超高横坡度(%);

i_g——路拱坡度(%)。

多车道公路的超高缓和段长度,视车道数按上式计算之值乘以下列系数:

① 行车道边缘到旋转轴距离为 1.5 车道时,乘以 1.2;

② 行车道边缘到旋转轴距离为 2 车道时,乘以 1.5;

③ 行车道边缘到旋转轴距离为 3 车道时,乘以 2.0。

超高缓和段长度应采用 5 的倍数,并且不小于 10 m;四级公路超高的过渡应在超高过渡段的全长范围内进行。

对线形设计有一定要求的公路,应在超高缓和段的起、终点插入一段二次抛物线,使之连接圆滑、顺适。

超高的过渡应在回旋线全长范围内进行。当回旋线较长时,应采取以下措施予以处理:

① 超高过渡段设在回旋线的某一区段内,其超高起点宜设在曲率半径大于不设超高半径处,全超高断面宜设在缓圆点和圆缓点处。

② 超高过渡段的纵向渐变率不得小于 1/330。

③ 六车道以上的公路宜增设路拱线。

4.3.1.5　横断面上超高值的计算

(1) 无中间带时的计算

平曲线上设置超高以后,道路中线和内、外侧边线与原中线上的设计高程之高差 h,应予以计算并列于“路基设计表”中，以便施工。依据图 4-19 和图 4-20，此超高值的计算公式见表 4-10 和表 4-11。

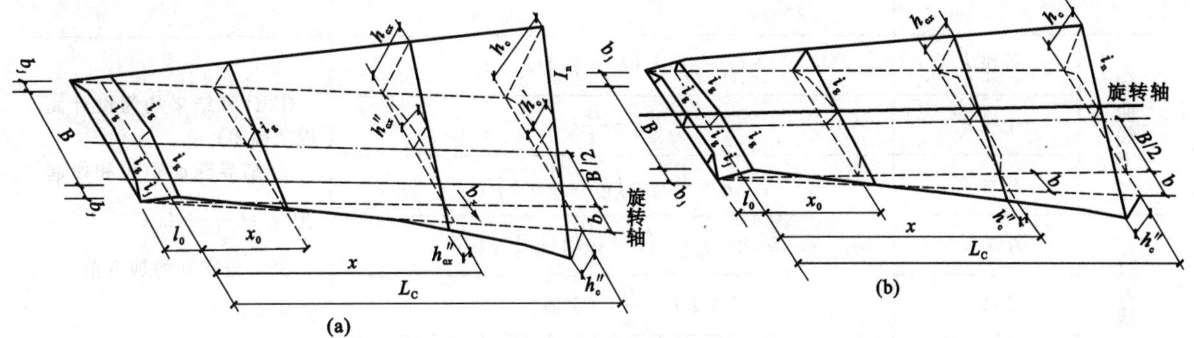

图 4-19　超高过渡方式

(a) 绕边线旋转；(b) 绕中线旋转

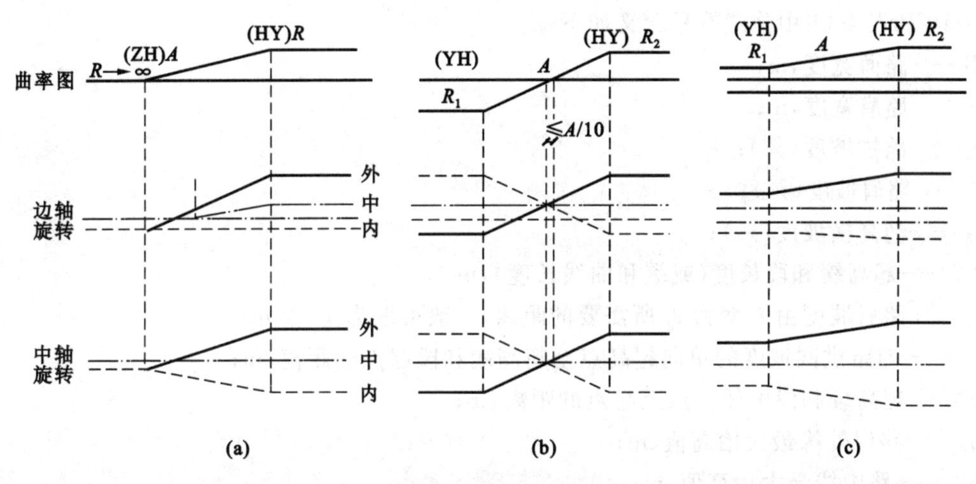

图 4-20　超高设计图

(a) 直线—回旋线；(b) 圆—反向回旋线—圆；(c) 大圆—回旋线—小圆

表 4-10　　绕边线旋转超高值计算公式

最高位置		计算公式		备注
		$x\leqslant x_0$	$x>0$	
圆曲线上	外缘 h_c	$b_j i_j+(b_j+B)i_h$		① 计算结果均为设计高程之高差；② 临界断面距缓和段起点：$x=\frac{i_g}{i_h}L_C$；③ x 距离处的加宽值为：$b_x=\frac{x}{L_C}b$
	中线 h_c'	$b_j i_j+\frac{B}{2}i_h$		
	内缘 h_c''	$b_j i_j+(b_j+b)i_h$		
过渡线上	外缘 h_{cx}	$b_j(i_j-i_g)+[b_j i_g+(b_j+B)i_h]\frac{x}{L_C}$		
	中线 h_{cx}'	$b_j i_j+\frac{B}{2}i_g$	$b_j i_j+\frac{B}{2}\frac{x}{L_C}i_h$	
	内缘 h_{cx}''	$b_j i_j-(b_j+b_x)i_g$	$b_j i_j-(b_j+b_x)\frac{x}{L_C}i_h$	

表 4-11 **绕中线旋转超高值计算公式**

<table>
<tr><th colspan="2" rowspan="2">超高位置</th><th colspan="2">计算公式</th><th rowspan="2">备注</th></tr>
<tr><th>$x \leqslant x_0$</th><th>$x > 0$</th></tr>
<tr><td rowspan="3">圆曲线上</td><td>外缘 h_c</td><td colspan="2">$b_j(i_j - i_g) + \left(b_j + \frac{B}{2}\right)(i_g + i_h)$</td><td rowspan="6">① 计算结果均为设计高程之高差;
② 临界断面距缓和段起点:$x_0 = \frac{2i_g}{i_g + i_h} L_C$;
③ x 距离处的加宽值为:$b_x = \frac{x}{L_C} b$</td></tr>
<tr><td>中线 h_c'</td><td colspan="2">$b_j i_j + \frac{B}{2} i_g$</td></tr>
<tr><td>内缘 h_c''</td><td colspan="2">$b_j i_j + \frac{B}{2} i_g - \left(b_j + \frac{B}{2} + b\right) i_h$</td></tr>
<tr><td rowspan="3">过渡线上</td><td>外缘 h_{cx}</td><td colspan="2">$b_j(i_j - i_g) + \left(b_j + \frac{B}{2}\right)(i_g + i_h) \frac{x}{L_C}$</td></tr>
<tr><td>中线 h_{cx}'</td><td colspan="2">$b_j i_j + \frac{B}{2} i_g$(定值)</td></tr>
<tr><td>内缘 h_{cx}''</td><td>$b_j i_j - (b_j + b_x) i_g$</td><td>$b_j i_j + \frac{B}{2} i_g - \left(b_j + \frac{B}{2} + b_x\right) \frac{x}{L_C} i_h$</td></tr>
</table>

表 4-10 和表 4-11 中公式符号含义如下:

B——路面宽度,m;

b_j——路肩宽度,m;

i_g——路拱坡度(%);

i_j——路肩坡度(%);

i_h——超高横坡度(%);

L_C——超高缓和段长度(或缓和曲线长度),m;

l_0——路肩坡度由 i_j 变为 i_g 所需要的距离,一般可取为 1~2 m;

x_0——与路拱同坡度的单向超高点至超高缓和段起点的距离,m;

x——超高缓和段中任一点至起点的距离,m;

h_c——路肩外缘最大抬高值,m;

h_c'——路中线最大抬高值,m;

h_c''——路基内缘最大降低值,m;

h_{cx}——x 距离处路基外缘抬高值,m;

h_{cx}'——x 距离处路中线抬高值,m;

h_{cx}''——x 距离处路基内缘降低值,m;

b——路基加宽值,m;

b_x——x 距离处路基加宽值,m。

前述的外道的超高设计都是对一个弯道而言。两个或者两个以上的弯道,其间距离又不太长,除考虑单一弯道的超高设计外,还需要研究两个弯道间的超高过渡问题,解决这个问题,需要“超高设计图”。

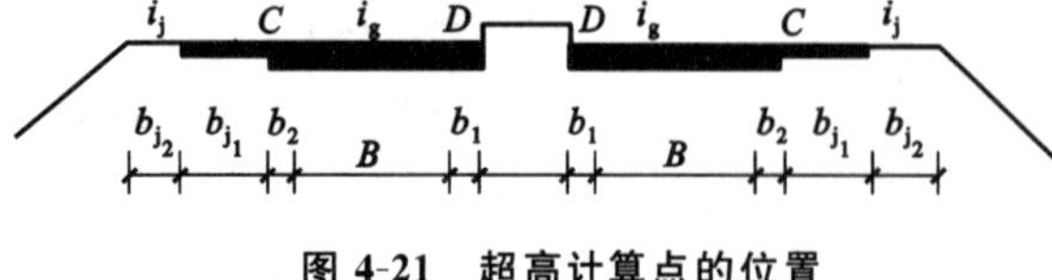

图 4-21 超高计算点的位置

(2) 有中间带时的计算

依据图 4-21,此超高值的计算公式列于表 4-12 和表 4-13 中。

表 4-12 **绕中央分隔带边缘超高值计算方式**

超高位置		计算公式	x 距离处行车道横坡值	备注
外侧	C	$(b_1+B+b_2)i_x$	$i_x=\frac{i_h-i_g}{L_C}x-i_g$	① 计算结果为与设计高程之高差； ② 设计高程为中央分隔带外侧边缘的高程； ③ 加宽值 b_x 按加宽计算公式计算； ④ 当 $x=L_C$ 时，为圆曲线上的超高值
	D	0		
内侧	D	0	$i_x=\frac{i_h-i_g}{L_C}x+i_g$	
	C	$-(b_1+B+b_x+b_2)i_x$		

表 4-13 **绕各自行车道中心旋转超高值计算方式**

超高位置		计算公式	x 距离处行车道横坡值	备注
外侧	C	$\left(\frac{B}{2}+b_2\right)-\left(\frac{B}{2}+b_1\right)i_g$	$i_x=\frac{i_h-i_g}{L_C}x-i_g$	① 计算结果为与设计高程之高差； ② 设计高程为中央分隔带外侧边缘的高程； ③ 加宽值 b_x 按加宽计算公式计算； ④ 当 $x=L_C$ 时，为圆曲线上的超高值
	D	$-\left(\frac{B}{2}+b_1\right)(i_x+i_g)$		
内侧	D	$\left(\frac{B}{2}+b_1\right)(i_x-i_g)$	$i_x=\frac{i_h-i_g}{L_C}x+i_g$	
	C	$-\left(\frac{B}{2}+b_x+b_2\right)i_x-\left(\frac{B}{2}+b_1\right)x$		

表 4-12 和表 4-13 中公式符号含义如下：

B——左侧(或右侧)行车道宽度，m；

b_1——左侧路缘带宽度，m；

b_2——右侧路缘带宽度，m；

b_x——x 距离处路基加宽值，m；

i_h——超高横坡度(%)；

i_g——路拱横坡度(%)；

x——超高缓和段中任意一点至超高缓和段起点的距离，m；

L_C——超高缓和段长度，m。

表 4-12 和表 4-13 中仅列出了行车道外侧边缘和中央分隔带边缘的超高计算值，硬路肩外侧边缘、路基边缘的超高可根据路肩横坡和路肩宽度从车道外侧边缘推算。

4.3.2 加宽

4.3.2.1 定义

汽车在曲线路段上行驶时，靠近曲线内侧后轮行驶的曲线半径最小，靠近曲线外侧的前轮行驶的曲线半径最大。为适应汽车在平曲线上行驶时后轮轨迹偏向曲线内侧的需要，平曲线内侧相应增加的路面、路基宽度称为曲线加宽(又称弯道加宽)。

圆曲线上加宽值与平曲线半径、设计车辆的轴距有关，同时还需要考虑车辆在弯道上行驶时的摆动及驾驶员操作所需的附加宽度。因此，圆曲线上的加宽值由几何需要的加宽和汽车转弯时的摆动加宽两部分组成。

几何加宽值的计算：

对于普通载货汽车,由如图 4-22 所示的几何关系可求得:

$$e = R_0 - (R_1 + K) \tag{4-27}$$

$$R_1 + K = \sqrt{R_0^2 - S^2} \tag{4-28}$$

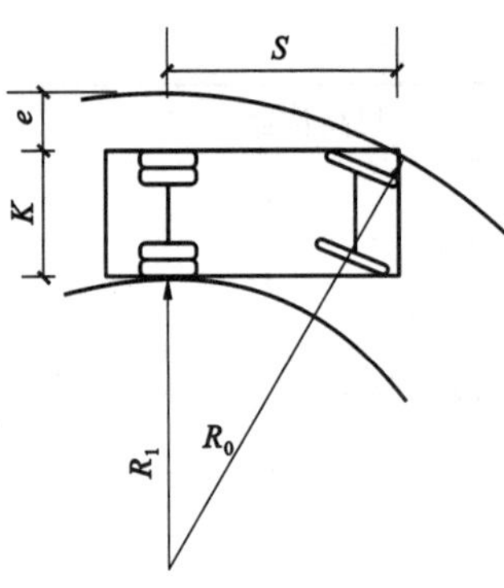

图 4-22　单车道加宽

代入

$$e = R_0 - \sqrt{R_0^2 - S^2} = R_0 - \left(R_0 - \frac{S^2}{2R_0} - \frac{S^4}{8R_0^3} - \cdots\right)$$

$$= \frac{S^2}{2R_0} + \frac{S^4}{8R_0^3} \tag{4-29}$$

式(4-29)第二项的数值极小,可忽略不计,故一条车道的加宽值为:

$$e = \frac{S^2}{2R_0} \tag{4-30}$$

式中　S——汽车后轴到前保险杠的距离,m;

R_0——圆弧半径,m。

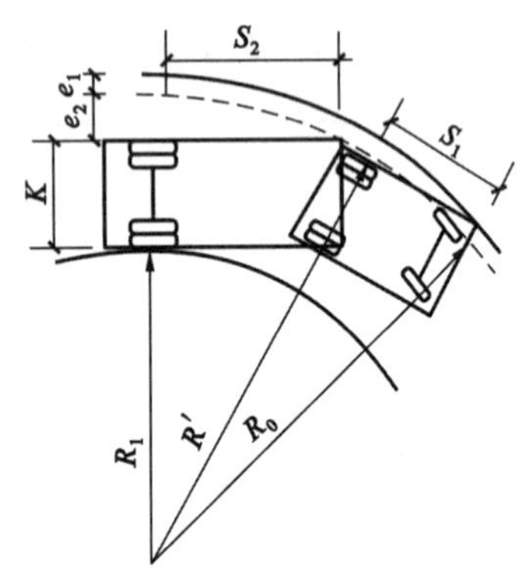

图 4-23　半挂车加宽

对于半挂车的加宽值由如图 4-23 所示的几何关系求得:

$$e = e_1 + e_2 = \frac{S_1^2 + S_2^2}{2R_0} \tag{4-31}$$

令 $S_1^2 + S_2^2 = S^2$,则

$$e = \frac{S^2}{2R_0} \tag{4-32}$$

加宽还与车速有关,车道摆动加宽值计算的经验公式为:

$$e' = \frac{0.05v}{\sqrt{R_0}} \tag{4-33}$$

式中　v——汽车转弯时的车速,km/s。

《公路路线设计规范》(JTG D20—2017)规定,二、三、四级公路的圆曲线半径小于或等于 250 m 时,应设置加宽。双车道路面加宽值规定见表 4-14。

表 4-14　**双车道路面加宽值**

加宽类型	车辆轴距加前悬/m	设计车辆	圆曲线半径/m								
			200<R≤250	150<R≤200	100<R≤150	70<R≤100	50<R≤70	30<R≤50	25<R≤30	20<R≤25	15<R≤20
第 1 类	0.8+3.8	小客车	0.4	0.5	0.6	0.7	0.9	1.3	1.5	1.8	2.2
第 2 类	1.5+6.5	载重汽车	0.6	0.7	0.9	1.2	1.5	2.0	—	—	—
第 3 类	4.8+11	铰接列车	0.8	1.0	1.5	2.0	2.7	—	—	—	—

对于分道行驶的公路,如平曲线半径较小,其内侧车道的加宽应大于外侧车道的加宽值,设计时应通过计算确定其差值。

根据《城市道路工程设计规范(2016 年版)》(CJJ 37—2012),圆曲线半径不大于 250 m 时,应在圆曲线的内侧加宽,每条车道加宽值见表 4-15。

表 4-15 **城市道路圆曲线每条车道的加宽值**

加宽类型	车辆轴距加前悬/m	设计车辆	圆曲线半径/m								
			200< $R\leqslant250$	150< $R\leqslant200$	100< $R\leqslant150$	80< $R\leqslant100$	70< $R\leqslant80$	50< $R\leqslant70$	40< $R\leqslant50$	30< $R\leqslant40$	20< $R\leqslant30$
1	0.8+3.8	小客车	0.30	0.30	0.35	0.40	0.40	0.45	0.50	0.60	0.75
2	1.5+6.5	大型车	0.40	0.45	0.60	0.65	0.70	0.90	1.05	1.30	1.80
3	1.7+5.8+6.7	铰接车	0.45	0.60	0.75	0.90	0.95	1.25	1.50	1.90	2.75

4.3.2.2 加宽缓和段

当平曲线半径小于或等于 250 m 时，一般在弯道内侧圆曲线范围内设置全加宽，当其平曲线内无圆曲线(凸形)，仅在平曲线中点处断面设置全加宽。为了使路面路基均匀变化，需设置一段从加宽值为零逐渐加宽到全加宽的过渡缓和段，称之为加宽过渡段，如图 4-24 和图 4-25 所示。加宽缓和段(或超高缓和段)范围内，如无缓和曲线和超高缓和段，则应另设加宽缓和段。

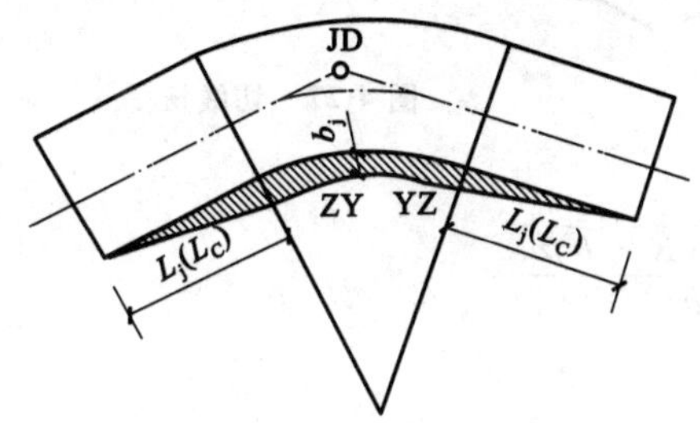

图 4-24 加宽过渡段(单圆曲线)

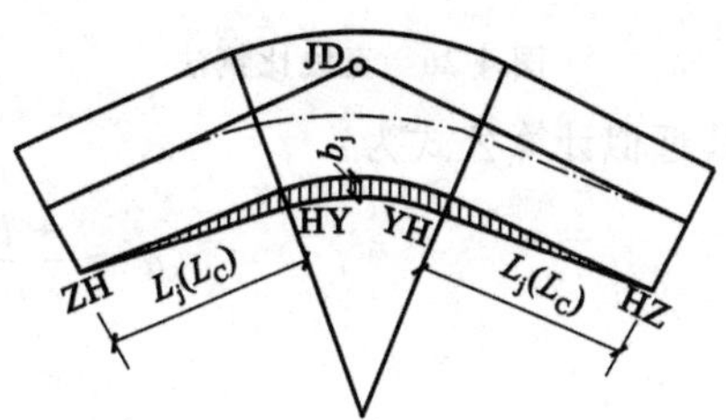

图 4-25 加宽过渡段(基本型曲线)

(1) 加宽缓和段的长度 L_j

在公路设计中，加宽缓和段长度取决于以下三方面的要求：

① 加宽所需要的最小长度。在不设缓和曲线或者超高缓和段时，加宽缓和段长度应按渐变率 1∶15 且不小于 20 m 的要求设置。

② 超高缓和段长度 L_C。

③ 缓和段长度 L_{h_0}。

设置缓和曲线或超高缓和段时，加宽缓和段长度采用与缓和曲线或超高缓和段长度相同的数值。

若不设缓和曲线，加宽缓和段长度取超高缓和段长度，其渐变率不小于 1∶15，且长度不小于 10 m。此时，超高、加宽缓和段一般设于紧接圆曲线起、终点的直线段。在施工困难地段，允许将超高、加宽缓和段的一部分插入曲线，但插入曲线内的长度不得超过超高、加宽缓和段长度的一半。

(2) 缓和段 L_j 内加宽值的过渡方式

在加宽缓和段内，加宽是逐渐变化的，其过渡方式有以下几种：

① 按直线比例变化。

加宽缓和段内任意一点 x 处的加宽值 b_{jx} 与该点到加宽缓和段起点的距离 L_x 同加宽缓和段全长 L_j 的比率成正比。如图 4-26 所示。

$$b_{jx} = Kb_j \tag{4-34}$$

$$K = \frac{L_x}{L_j} \tag{4-35}$$

式中 b_{jx}——加宽缓和段上任一点的加宽值,m;

b_j——行车道加宽值,m;

K——修正系数;

L_x——加宽缓和段内任意一点到加宽缓和段起点的长度,m;

L_j——加宽缓和段的长度,m。

这种过渡方式简单粗糙,线形不够圆滑美观,一般适用于二、三、四级公路。

② 切线法。

为消除加宽缓和段内侧边线与圆曲线起、终点的明显折点,采用路面加宽边缘线与圆曲线上路面加宽后边缘线圆弧相切的方法,如图 4-27 所示。

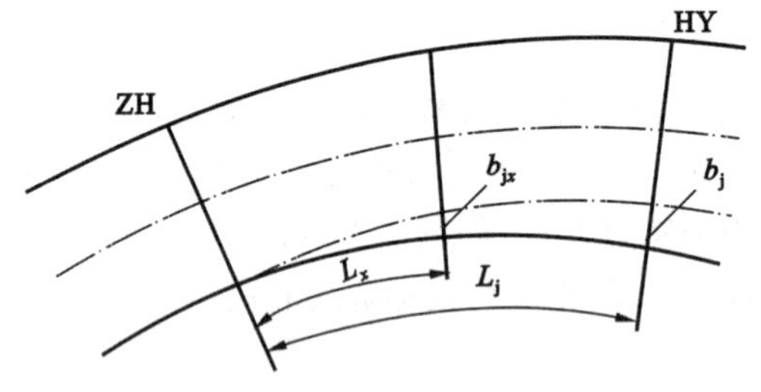

图 4-26 直线比例法

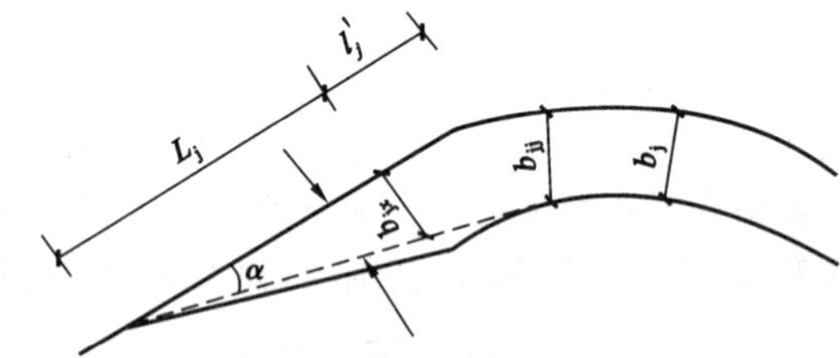

图 4-27 切线法

其近似计算公式为:

$$\alpha = \frac{-L_j \sqrt{L_j + 2(R-b)b_j}}{R-b}$$

$$l_j' = R\alpha$$

$$b_{jj} = L_j \tan\alpha$$

$$b_{jx} = L_x \tan\alpha \tag{4-36}$$

式中 α——路面加宽边缘线与未加宽边缘线的夹角,(°);

L_j——加宽缓和段长度,m;

R——路中线的曲线半径,m;

b_j——行车道加宽值,m;

b——未加宽前的路面宽度,m;

l_j'——插入圆曲线内的加宽缓和段长度,即圆曲线起、终点到切点的距离,m;

b_{jj}——修正后圆曲线起、终点处的路面加宽值,m;

b_{jx}——加宽缓和段内任一点加宽值,m;

L_x——加宽缓和段内任一点到加宽缓和段起点的长度,m。

亦可采用修正系数求得 e_j' 和 b_{jj}:

$$e_j' = K\frac{R}{L_j} \tag{4-37}$$

$$b_{jj} = Kb \tag{4-38}$$

式中修正系数可按表 4-16 取用。

表 4-16　　**切线法修正系数**

加宽缓和段长度/m		10	15	20	25	≥30
圆曲线半径/m	≤30	0.90	0.94	—	—	—
	>30	0.80	0.88	0.95	0.96	0.97

切线法一般适用于四级人工构造物路段。

③ 插入高次抛物线的方法。

加宽缓和段内任一点加宽值 b_{jx} 按下式计算：

$$b_{jx} = (4K^3 - 3K^4)b_j \tag{4-39}$$

式中　K——修正系数，$K=\dfrac{L_x}{L_j}$。

采用这种过渡方法的路面边缘线圆滑、顺适，适用于高速公路、一级公路以及对公路有较高要求的二级公路。

④ 插入二次抛物线的方法。

为了使加宽缓和路段的路边缘是平顺、优美的曲线，可采取在 ZH 点（HZ 点）和 HY 点（YH 点）插入二次抛物线的方式，如图 4-28 所示。加宽缓和段按下述三个区段设计：

$$b_{jx} = \frac{L_x^2}{30L_h}b_j \quad (0 \leqslant L_x < 15\ \text{m})$$

$$b_{jx} = \frac{L_x - 7.5}{L_h}b_j \quad (15\ \text{m} \leqslant L_x \leqslant L_x - 15\ \text{m})$$

$$b_{jx} = b_j - \left(\frac{L_v - L_x}{30L_h}b_j\right) \quad (L_v - 15\ \text{m} \leqslant L_x \leqslant L_v) \tag{4-40}$$

式中　L_v——加宽总长度，m；

L_h——缓和曲线长度，m；

L_x——加宽缓和段内任意一点到加宽缓和段起点的长度，m；

b_j——行车道加宽值，m；

b_{jx}——加宽缓和段任意一点加宽值，m。

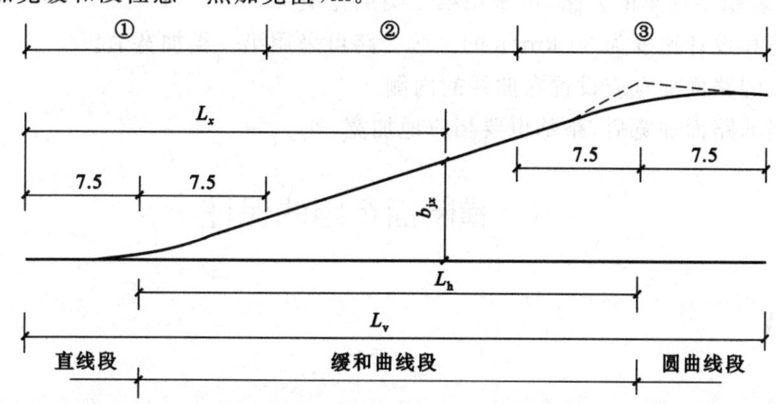

图 4-28　插入二次抛物线方法（单位：m）

这种方式适用于高等级公路或大城市郊区路段、桥梁、高架桥、挡土墙、隧道等构造物，以及需要设置各种安全防护设施的路段等。

⑤ 复曲线的加宽过渡方法。

对于卵形曲线,加宽方法如图 4-29 所示,其加宽值按下式计算:

$$b_{jx} = b_{j2} + (b_{j1} - b_{j2}) \frac{L_x}{L_j} \tag{4-41}$$

式中符号如图 4-29 所示。

⑥ 插入回旋线的方法。

高速公路、一级公路、二级公路的某些路段,也可以采用插入回旋线的方法,如图 4-30 所示。插入回旋线的方法一般适用于:

a. 位于大城市近郊的路段;

b. 桥梁、高架桥、挡土墙、隧道等构造物处;

c. 设置各种安全防护措施的路段。

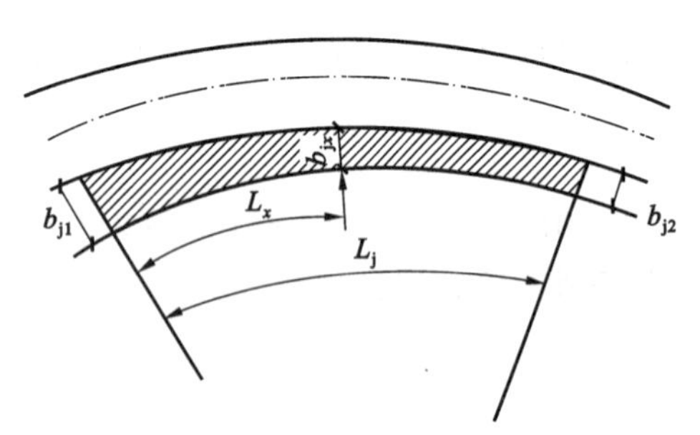

图 4-29　复曲线加宽过渡

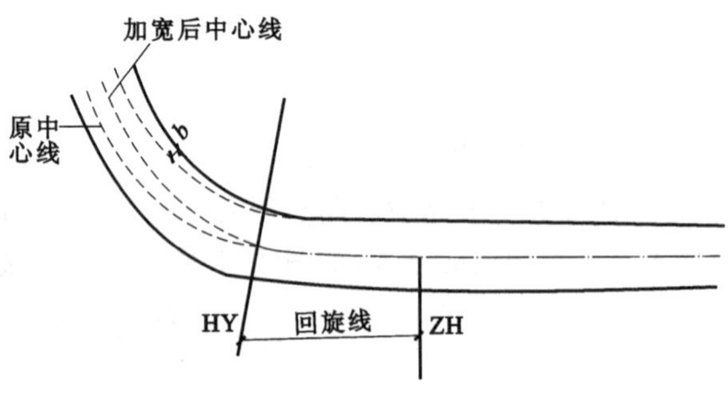

图 4-30　插入回旋线的方法

在加宽缓和路段上插入回旋线,这样不但中线上有回旋线,而且加宽以后的路面边线也是回旋线,与行车轨迹相符,保证了行车的顺适与道路线形的美观。

4.3.2.3　加宽类别的选用

《公路路线设计规范》(JTG D20—2017)对加宽类别选用的规定如下:

① 高速公路、一级公路、二级公路及设计速度为 40 km/h 的三级公路应采用第三类加宽值。对不经常通行集装箱半挂车的公路,可采用第二类加宽值。

② 四级公路和设计速度为 30 km/h 的三级公路可采用第一类加宽值。

③ 圆曲线上的路面加宽应设置在曲线的内侧。

④ 各级公路的路面加宽后,路基也要相应地加宽。

4.4　横断面视距的保证

4.4.1　视距曲线

4.4.1.1　概念

在道路的转弯设计中,除了要考虑诸如曲线半径、参数、超高、加宽等因素外,还必须注意路线内侧是否有树林、房屋、边坡等障碍物阻碍驾驶员的视线,这种处于隐蔽地段的弯道简称为"暗弯"。凡属"暗弯"都应该进行视距检查,若不能保证该级公路或城市道路的最短视距,则应将该阻碍驾驶员视线的障碍物清除。如果是因曲线内侧及中间带设置护栏或其他人工构造物等而不能保证视距时，可采取加宽中间带、加宽路肩或将构造物后移等措施予以处理；如果是因挖方边坡妨碍了视线，则应按所需净距绘制包络线(或称视距曲线)开挖视距台。

横净距是指道路曲线范围最内侧的车道中心线行车轨迹与视距曲线(即包络线)的距离。可根据各种情况按公式计算横净距，若横净距小于行车轨迹至障碍物的距离，视距能够得到保证；反之，视距不能得到保证。

4.4.1.2　图解法确定视距清除范围

按公式计算的横净距值是弯道上须清除的最大的横净距，它位于曲线中点或曲线中点附近。在曲线上任意位置上的横净距是随行车位置的变化而变化的，如果曲线全长按最大横净距值清除，则会造成工程上的浪费。若需要清除的是重要建筑物或岩石边坡，则多采用图解法来确定清除范围，如图 4-31所示。其方法如下：

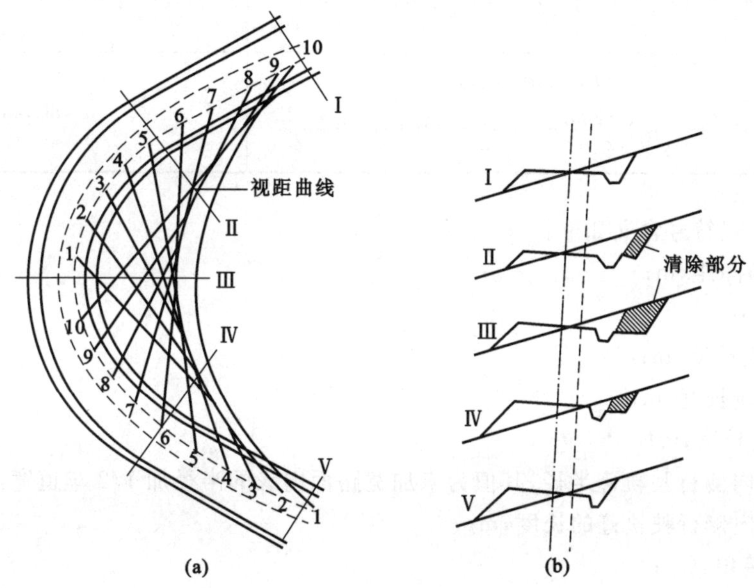

图 4-31　用图解法确定视距清除范围

① 按一定比例绘制弯道平面图，并示出行车轨迹线位置。

② 在轨迹线上从弯道两端相连直线上距曲线起点(或中点)s 的地方开始，按 s 距离定出多组视线 1—1，2—2，3—3，…，10—10。

③ 绘出这些视线的包络线(内切曲线)，即视距曲线。

④ 量出相应断面位置的横净距，即可按上面的方法确定相应断面上视距清除范围。必须指出的是，除平曲线上考虑视距外，在竖曲线上也有保证视距的问题，其保证措施在选择竖曲线半径时考虑。《公路工程技术标准》(JTG B01—2014)对竖曲线最小半径的规定值也考虑了视距的保证因素。

4.4.2　横净距计算

平曲线内最大横净距计算公式见表 4-17。公式中符号见图 4-32～图 4-34。

表 4-17 **最大横净距计算公式**

不设回旋线	$L>s$[图 4-32(a)] $h=R_s\left(1-\cos\frac{\gamma}{2}\right)$	$\gamma=\frac{180°s}{\pi R_s}$
	$L<s$[图 4-32(b)] $h=R_s\left(1-\cos\frac{\beta}{2}\right)+\frac{1}{2}(s-L)\sin\frac{\alpha}{2}$	$L=\frac{\pi}{180°}\alpha R_s$
设回旋线	$L'>s$ $h=R_s\left(1-\cos\frac{\beta}{2}\right)$	$\beta=\frac{180°s}{\pi R_s}$
	$L>s>L'$(图 4-33) $h=R_s\left(1-\cos\frac{\alpha-2\beta}{2}\right)+\sin\left(\frac{\alpha}{2}-\delta\right)(L-L')$	$\delta=\arctan\left\{\frac{1}{6R_s}\left[1+\frac{L'}{L}+\left(\frac{L'}{L}\right)^2\right]\right\}$
	$L<s$(图 4-34) $h=R_s\left(1-\cos\frac{\alpha-2\beta}{2}\right)+\sin\left(\frac{\alpha}{2}-\delta\right)l+\sin\frac{\alpha}{2}\frac{s-L_s}{2}$	$\delta=\arctan\frac{1}{6R_s}$

表 4-17 中公式符号含义如下：

h——最大横净距，m；

s——视距，m；

L——平曲线长度，m；

L'——圆曲线长度，m；

l——回旋线长度，m；

R_s——曲线内侧行驶轨迹半径，其值为未加宽路面内缘的半径加 1/2 车道宽，m；

L_s——曲线内侧行驶轨迹的长度，m；

α——公路转角，(°)；

γ——视距线所对的圆心角，(°)；

β——回旋曲线角，(°)。

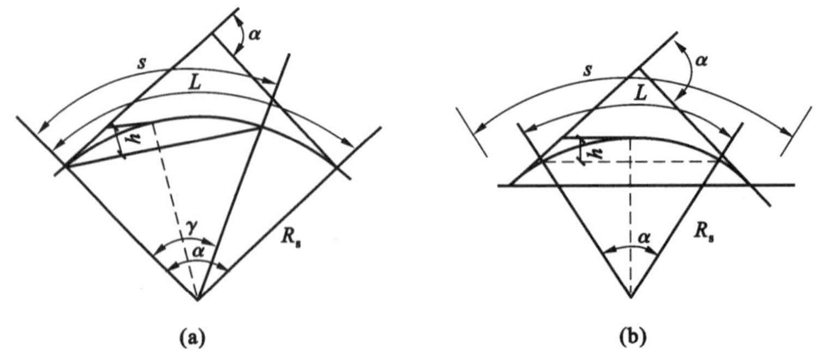

图 4-32　不设回旋线时横净距计算图

(a) $L>s$；(b) $L<s$

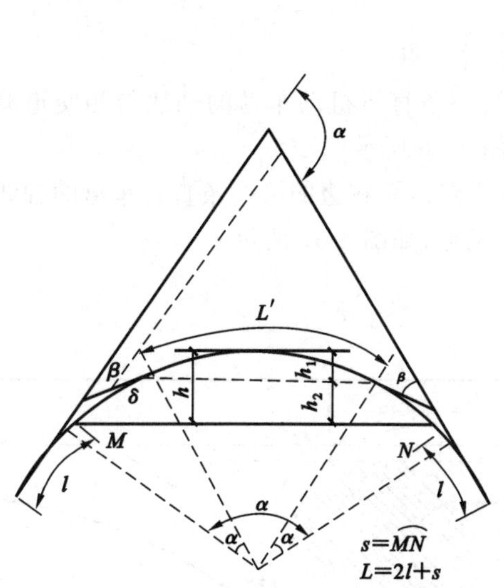

图 4-33　设回旋线时横净距计算图

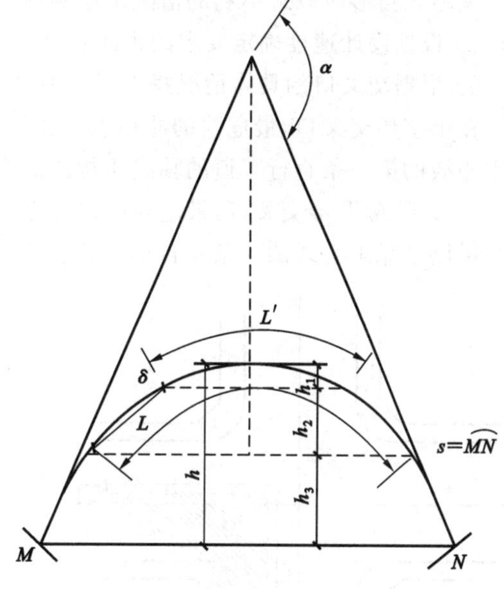

图 4-34　设回旋线横净距计算图

4.4.3　横断面视距切除台及交叉口视距保证

4.4.3.1　横断面视距切除台

因平曲线内侧及中间带设护栏或其他人工构造物等而不能保证视距时，可加宽中间带、路肩或将构造物后移；当挖方边坡妨碍视线，处于凸形竖曲线或采用停车视距时，则应按横净距绘制的包络线予以边坡清除，如图 4-35(a)所示；当采用会车视距时，则应按横净距绘制的包络线，即开挖视距台，如图 4-35(b)所示。

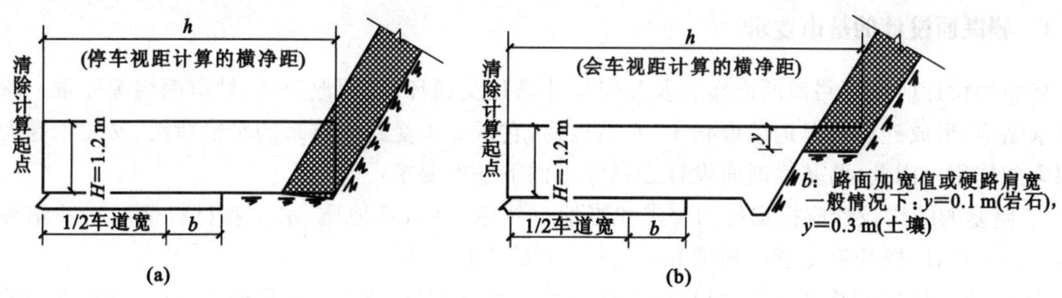

图 4-35　边坡清除断面与开挖视距台断面

4.4.3.2　交叉口视距保证

为了保证交叉口处的行车安全，驾驶员在进入交叉口前的一段距离内，必须能看清相交道路上车辆的行驶情况，以便顺利地行驶过交叉口或及时停车，避免发生碰撞，因此这一距离必须大于或等于停车视距。

由停车视距所组成的三角形称为视距三角形，如图 4-36 和图 4-37 的阴影部分。在视距三角形范围内，不能有任何阻碍驾驶员视线的障碍物。

视距三角形应以最不利的情况来绘制，绘制的方法和步骤如下：

① 根据设计速度确定要求的视距长度。

② 根据交叉口的具体情况找出行车中可能的最危险冲突点。

在十字形交叉口，最危险的冲突点是在最靠右边的第一条直行机动车道的轴线与相交道路最靠中心线的第一条直行车道的轴线所构成的交叉点，如图4-36所示。

在Y形或T形交叉口，最危险的冲突点则是在直行道路最靠右边的第一条直行车道的轴线与相交道路最靠中心线的一条左转车道的轴线所构成的交叉点，如图4-37所示。

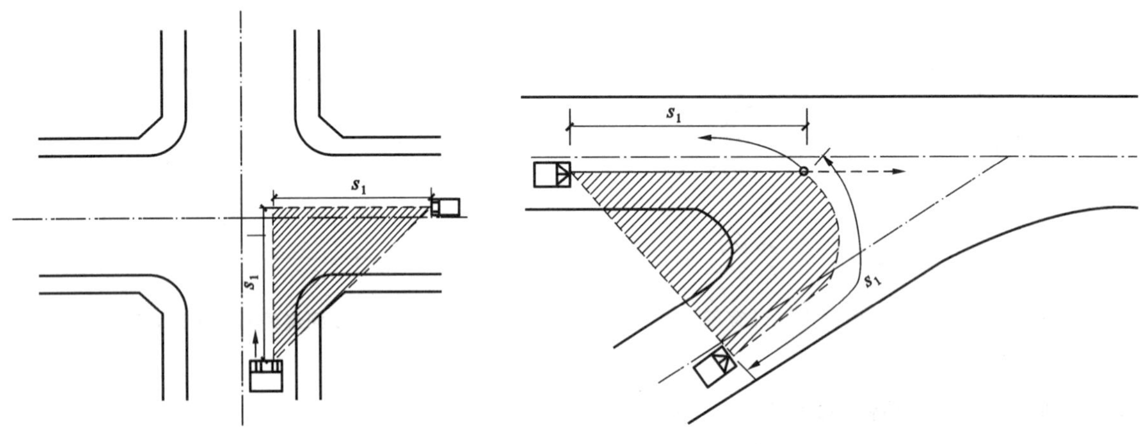

图4-36 十字形交叉口的视距三角形　　图4-37 Y形交叉口的视距三角形

③ 从最危险的冲突点向后沿行车的轨迹线(可取行车的车道中线)分别量取停车视距值。

④ 连接末端，在三条线所构成的视距范围内，不得有阻碍视距的障碍物存在。

4.5 横断面设计

4.5.1 横断面设计的基本要求

横断面设计应使道路横断面布置及几何尺寸满足交通环境、用地经济、城市面貌等要求。路基是支承路面、形成连续行车道的带状土、石结构物，它既要承受路面传来的车辆荷载，又要承受大自然因素的作用。因此，路基横断面设计必须满足以下基本要求：

① 路基的结构设计应根据使用要求和当地自然条件(包括地质、水文和材料情况)，并结合施工条件进行设计，既应有足够的强度和稳定性，又要经济合理。

山岭、重丘地区的路基设计，应根据当地自然条件，特别是地形及工程地质条件，选择适当的路基横断面形式和边坡坡度。在地形陡峻和不良地质地段，不宜破坏天然植被和山体平衡；在狭窄的河谷地段不宜侵占河床，可视具体情况设置其他结构物和防护工程。陡坡上的半填半挖路基，可根据地形、地质条件，采用护肩、砌石或挡土墙；当山坡高陡或稳定性差，不宜多挖时，可采用旱桥、悬出路台等构造物；在悬崖陡壁地段，如山体岩石整体性好，可采用半山洞。

在平原、微丘地区应注意最小填土高度，并设置必要的排水设施。沿河路基应根据冲刷情况设置必要的防护措施。

② 路基的横断面形式和尺寸应根据道路的等级、设计标准和设计任务书的规定以及道路的使用要求，结合具体的条件确定。一般路基可参照典型横断面设计；特殊路基则应进行单独计算

后设计。

③ 路基设计应兼顾当地农田基本建设的需要,在取土、弃土、取土坑设置、排水设计等方面与农田改土、农田水利、灌溉沟渠等配合,尽量减少废土占地,防止水土流失和河道阻塞。

4.5.2 道路横断面布置

4.5.2.1 公路横断面布置

公路横断面的布设一般不做单独计算,其断面形式可结合当地地形、地质、水文、填挖等情况,参照如图 4-38 所示的典型横断面进行布置,而路幅的宽度和路幅内各部分尺寸应根据公路等级、交通量、技术标准和具体情况,按图 4-38 中的规定进行布置。

选用横断面应注意的问题简述如下:

① 一般路堤。它是指填土高度小于 20 m 的路堤,如图 4-38(a)所示。当填土高度小于0.5 m时,为满足最小填土高度和路面、路肩和边坡地面排水的需要,应设置边沟;当填土高度大于 2 m时,可将边沟扩大成取土坑以满足填土需要,但此时为保证边坡的稳定,应在坡脚与取土坑间设置宽度不小于 1 m 的护坡道;当填土高度大于 10 m 时,为保证边坡稳定,应采用折线形边坡。

② 挖方路基。它是指挖方深度小于 30 m、一般地质下的路堑,如图 4-38(b)所示。路堑路段均设置边沟;为拦截和排除上侧地面水以保证边坡的稳定,应在坡顶 5 m 处设置截水沟;开挖路堑所废弃的土石方,应弃于下侧坡顶外并做成规则形状的弃土堆;当挖方高度较大或处于土质变化处,应随之做成折线形边坡或台阶式边坡以保证稳定。

③ 半挖半填路基。它是指一般山坡路段的路基,如图 4-38(c)所示,当地面横坡大于 1/5 时(包括一般路堤在内),为保证边坡稳定,应将原地面挖成台阶,台阶的高度应视填料性质和施工方法而定;挖方部分与一般路堑相同。

④ 沿河路堤。它是指桥头引道和河滩路堤,如图 4-38(d)所示。路堤浸水部分边坡,除应采用较缓和坡度外,还应视水流情况采用相应的加固保护措施。

⑤ 陡坡路基。它是指山区陡坡路段的路基形式,如图 4-38(e)~(i)所示。当挖方边坡土质松软易碎落时,可采用如图 4-38(e)所示的矮墙路基;水田地段的路堤,填方坡脚可依据实地情况设置矮墙或护坡,矮墙可用浆砌片石,高度不宜超过 1.5 m;当挖方地质不良可能产生滑坍时,可采用如图 4-38(f)所示的挡土墙路基;填土高度较大难以填筑,或地面横坡太陡以致坡脚落空不能填筑时,可采用如图 4-38(g)所示的砌石路基或如图 4-38(f)所示的挡土墙路基,前者是干砌或浆砌片石,能支持填方的稳定,片石与路基为一个整体,而挡土墙是不依靠路基也能独立稳定的支挡结构物;填土高度虽不大,但地面横坡较陡,坡脚不远且不易填筑时,可采用如图 4-38(h)所示的护肩路基;当挖方坡脚太远,为避免多占用耕地或拆迁其他建筑时,可采用如图 4-38(i)所示的护脚路基。

⑥ 吹(填)砂(粉煤灰)路基。为了保护边坡的稳定和有利植物的生长,边坡表层 1~2 m 处应用黏质土填筑,路床顶面可采用 0.3~0.5 m 粗粒土封闭,如图 4-38(j)所示。

4.5.2.2 城市道路横断面布置

(1) 布置原则

① 横断面应与路上交通性质与组成协调。

城市道路具有多功能性,但它的主要功能就是为城市交通创造良好的服务条件。因此,应保证车辆与行人的交通安全和畅通。

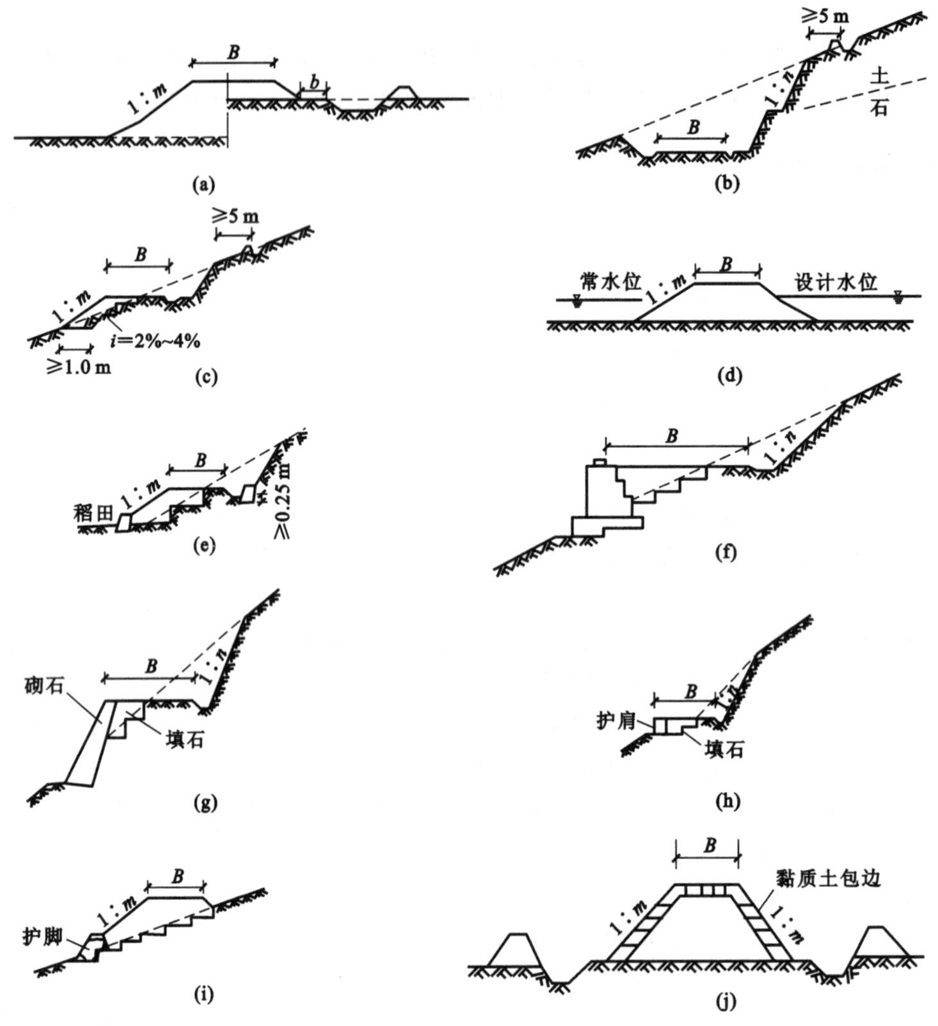

图 4-38 典型横断面

② 应与道路的性质和特点相配合。

对于不同的道路性质,各自的特点和要求是不一样的。因此,在横断面综合布置上也应有所不同,不同功能的道路应有不同的横断面布置。

③ 应与沿线自然景观和建筑物相互协调。

应充分利用城市的天然湖泊、河流等,设计风景优美的海滨或湖滨道路,沿线大型建筑物的高度与路宽应有适当的比例,使之协调、美观。

④ 应充分发挥绿化带的作用。

植树造林和布置绿化带最能美化城市,美化街道,同时又能起到保持卫生和保障安全的作用。它既可与分隔带结合,又可与人行道结合,既可作为不同平面上横断面的衔接部分,又可作为横断面的备用地带。

⑤ 应有利于排水。

在选择路拱形式和横坡坡度时,应确保雨水(雪化水)的迅速排除,同时,还要注意与街道内部的排水系统相协调。

⑥ 应满足地上与地下管线的埋设和人防工程的要求。

道路的总宽度应满足地下管线安排，如上海金山纬一路的总宽度 70 m 就是根据管线要求而决定的。

⑦ 应考虑近、远期结合。

城市道路设计中应注意节约工程费用，节省城市用地，各组成部分的布置既要紧凑，又要留有余地。在城市的发展初期，交通量不大，可先开辟公路形式的横断面，以后逐步过渡到城市道路形式的横断面。为了避免或减少道路构造物的搬迁以及绿化的搬迁，必须处理好近期横断面向远期过渡的问题。

常见的横断面形式都是对称布置的，当受到地形、河流或建筑物等限制时，也可做成不对称布置。在同一道路上，一般采用同一种横断面形式。

(2) 基本布置形式

城市道路交通主要由行人交通和车辆交通两部分组成，在设计中必须合理解决行人与车辆、机动车与非机动车的交通矛盾。通常利用侧平石和绿化带把人行道和行车道布置在不同的位置和高度上，以分隔行人和车辆，保证交通安全。但机动车和非机动车的交通组织是分隔还是混行，则应根据道路和交通的具体情况作具体分析；不同的交通组织，它的机动车道和非机动车道在横断面上的布置形式也相应不同。

根据机动车道和非机动车道不同的布置形式，城市道路横断面的布置有以下四种基本形式(图 4-39)。

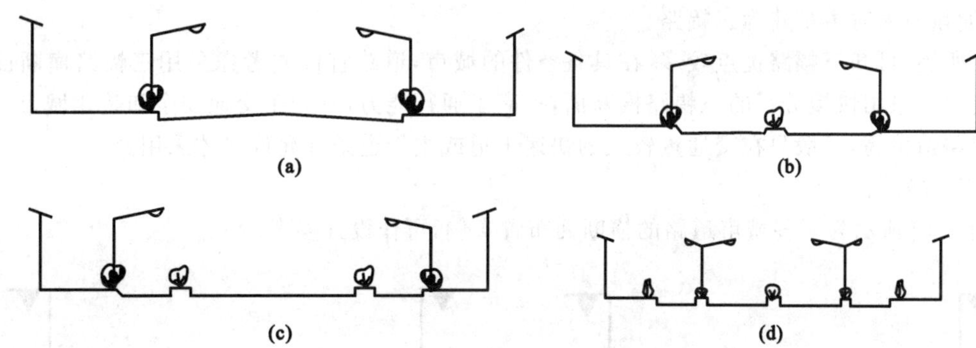

图 4-39 城市通路横断面的布置形式

① 单幅路横断面(“一块板”)。

单幅路横断面[图 4-39(a)]，即把所有车辆都组织在同一个车道上混合行驶，行车道布置在道路中。在画有快(机动车)、慢(非机动车)两种车道线的街道上，机动车在快车道上行驶，非机动车在慢车道上行驶；在不影响交通安全的情况下，它们的车道允许相互临时调剂使用，即允许车辆临时超越分道线。在快、慢车道不分的街道上，机动车在中央行驶，非机动车靠右侧行驶；在特殊情况下，也可把单幅路的行车道专供某种车辆行驶。如北京市的王府井大街、上海市的南京路、天津市的和平路等，在规定的时间内限制非机动车和载货汽车行驶，仅允许小型汽车和公共交通车辆通行。

② 双幅路横断面(“两块板”)。

双幅路横断面[图 4-39(b)]，即利用分隔带(或分隔墩)把单幅路行车道一分为二，在交通组织上起分流渠化作用，分向行驶。在两条对向行驶的车道上，可划分快、慢车道线分流行驶，也可不划分车道线，快、慢车混合行驶。

③ 三幅路横断面(“三块板”)。

三幅路横断面[图 4-39(c)]，即利用分隔带(或分隔墩)把行车道分隔为三幅，中央的为双向行驶机动车行车道,两侧均为单向行驶(彼此方向相反)的非机动车行车道。

④ 四幅路横断面("四块板")。

四幅路横断面[图 4-39(d)],即在三幅路横断面形式的基础上,再用分隔带把中央的机动车行道分隔成两幅,分向行驶。

上述四种形式的特点及适用情况分析如下:

a. 交通安全。三幅路及四幅路比单、双幅路都安全,因为排除了机动车和非机动车的相互干扰,同时分隔带起到保护行人过街安全的作用。但在三、四幅路公交车辆停靠后上、下车的乘客穿越非机动车道较为不便。单幅路由于机动车和非机动车混合行驶,事故较多,已较少使用。

b. 行车速度。单、双幅路由于机动车和非机动车混合行驶、相互干扰,所以车速较低。三、四幅路车速一般较高,而四幅路分隔对向车流,能保证车辆按要求的车速行驶。

c. 照明。三幅路比单幅路容易布置,能较好地处理绿化与照明的矛盾,且照度均匀,可提高夜间行车速度,并减少照明不良引起的事故。

d. 绿化遮阴。三幅路设置多排绿化带,遮阴效果好,有利于夏季行车和行人通行。

e. 噪声减少。三幅路的机动车道在道路中间,两侧绿化带能起到隔音作用,噪声对行人和沿街居民干扰较小。

f. 造价。单幅路占地小、投资少,各类城市道路都可采用。三、四幅路用地多、造价高,但有利于地下管线分期敷设且非机动车道可采用较薄的路面。此外,三幅路便于分期修建,即近期做成单幅路,交通量较大时再扩建为三幅路。

综上所述,可知三幅路优点较多,在具备条件的城市,道路宜优先考虑采用三幅路横断面。如北京市道路已采用快慢分行的三幅路横断面,提高了通行能力,有利于交通安全和美化城市。

四幅路造价高,一般只在交通量较大的快速干道或主干道条件允许时才采用。

(3) 布置实例

如图 4-40 所示为一些城市道路的横断面布置实例,可作设计参考。

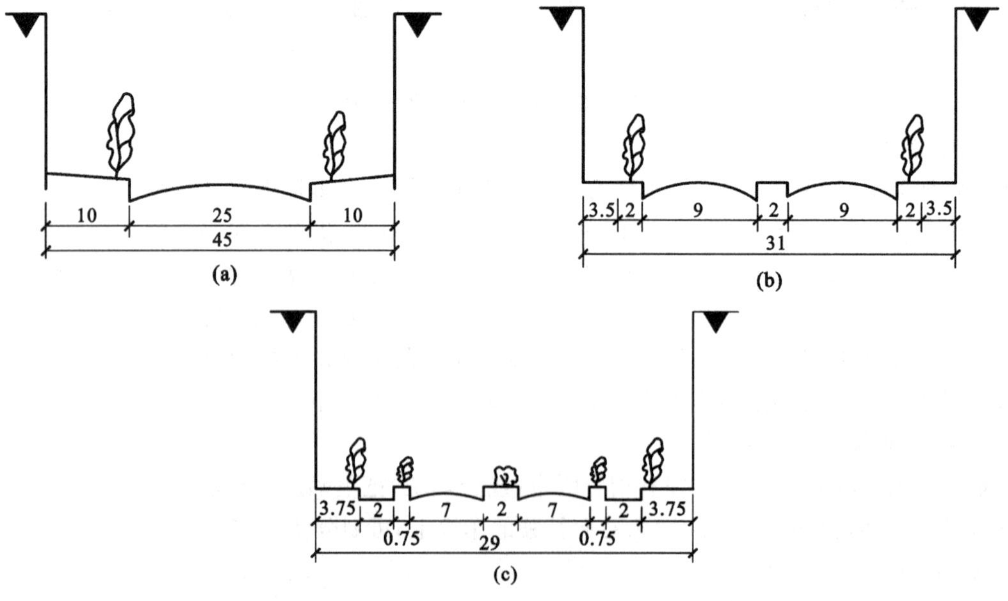

图 4-40 城市通路横断面布置实例(单位:m)

4.5.3　横断面设计步骤及主要成果

4.5.3.1　设计步骤

道路横断面的布置及几何尺寸，应能满足交通、环境、用地经济、城市面貌等要求，并应保证路基的稳定性。

① 点绘各横断面的横向地面线。

② 根据《公路工程技术标准》(JTG B01—2014)的规定，确定路基宽度。

a. 按照土质、水文条件拟定路基边坡坡度；

b. 按照排水要求拟定边沟、截水沟等尺寸。

③ 按弯道半径大小分别拟定超高、加宽值。

④ 根据纵断面设计资料，按设计高程在路基设计表上逐桩进行计算，完成路基设计表。

⑤ 按路基设计表数据绘出横断面设计线。

陡峻山坡需设挡土墙时，应绘于横断面图上，并将挡土墙设计成果另行绘图。

⑥ 检查弯道路段横断面内侧视距是否足够，是否需要清除障碍及设置视距台。

横断面一般在方格纸上按桩号由上向下绘制，并在每个横断面上注明必要的数据(包括加宽、超高、土石分界等)。

4.5.3.2　设计成果

根据《公路工程基本建设项目设计文件编制办法》(交公路发〔2007〕358 号)规定，公路路基设计的主要成果及要求如下：

① 路基设计表。列出平曲线要素、纵坡(坡度、坡长、变坡点桩号及高程)、竖曲线要素、桩号、地面高程、设计高程、填挖高度、路基宽度(原宽、加宽、加宽后总宽)、缓和长度、超高值(左、右)、路基边缘与设计高程之差(左、右)等。边沟(排水沟)需特殊设计时还应列出沟底纵坡设计资料、形状及尺寸、沟底高程(左、右)。

高速公路、一级公路应列出平曲线要素、纵坡(坡度、坡长变坡点桩号及高程)、竖曲线要素、桩号、地面高程、设计高程、填挖高度、路基宽度(中央分隔带，左、右幅分别按行车带及路缘带、硬路带、土路肩计列)、各点与设计高程之差(左、右幅分别按左侧路缘外缘、硬路肩外缘、土路肩外缘各点填列)，并说明加宽、超高情况。

② 边沟(排水沟)设计表。列出桩号、地面高程、设计高程，按左、右侧分别列出边沟或排水沟形式及尺寸、沟中心至中桩距离及沟底纵坡(设计资料、沟底高程、说明等)。

③ 路基标准横断面图。示出路中心线、行车道、拦水缘石、土路肩、路拱横坡、边坡、护坡道、边沟、碎落石、截水沟、用地界碑等各部分组成及其尺寸、路面宽度和概略厚度。高速公路、一级公路按整体式、分离式路基分别绘制，还应示出中央分隔带、缘石、左侧路缘带、硬路肩(含右侧路缘带)、护栏、隔离栅、预埋管道等设置的位置。比例尺用 1∶100～1∶200。

④ 路基一般设计图。绘出一般路堤、路堑、半填半挖路基、高填方路堤、深挖路基、水田内路堤及沿河(江)和水塘(库)等不同形式的代表性路基设计图，并应分别示出路基、边沟、碎落台、截水沟、护坡道、排水沟、边坡率、护脚墙、护肩、护坡、挡土墙等防护加固结构形式和标注主要尺寸。比例尺用 1∶200。

⑤ 路基横断面设计图。绘出所有整桩、加柱的横断面图，示出加宽、超高、边坡、边沟、截水沟、

碎落台、护坡道、路侧取土坑、开挖台阶及视距台等,注明用地界。挡土墙、护面墙、护脚、护肩、护岸、边坡加固、边沟(排水沟)及截水沟加固等均绘在本图上,并注明起讫桩号、圬工种类及断面尺寸(另绘有防护工程设计图的只绘出示意图,注明起讫桩号和设计图编号)。高速公路、一级公路还应标出设计高程、路基边缘高程、边沟(排水沟)底设计高程。比例尺用 1∶200。

⑥ 超高方式图。分类型绘出超高纵断面、缓和段代表性超高横断面,标注出主要尺寸、超高渐变率、横坡及超高值。

⑦ 特殊路基设计工程数量表。分别列出软土地基等不良地质和病害地段路基起讫桩号、位置、长度、宽度、地质说明、处理方式或措施、工程及材料数量等。

⑧ 特殊路基设计图。绘出软土地基等不良地质和病害地段的处理设计图(平面、立面、断面)、加固及构造物等结构设计图,示出工程地质情况。比例尺用1∶50～1∶200。列出每延米或每处(段)工程及材料数量表,软土地基处理应列出地基处理、填土、预压设计表。必要时应绘出工程地质平、纵面图,比例尺根据情况确定。

⑨ 中间带设计图。绘出中央分隔带平面、断面设计图及路缘石大样图,示出预埋管道及轮廓尺寸等,列出每延米工程及材料数量表。比例尺根据情况确定。

⑩ 中央分隔带开口设计图。按类型分绘出平面布置图、中央分隔带渐变段断面图、开口处路面结构图、缘石大样图。比例尺用 1∶20～1∶200。列出中央分隔带开口一览表、一个开口工程及材料数量表。

⑪ 路基土石方数量表。列出桩号、断面积、平均断面积、挖方(总体积、土类、石类)、填方(总体积)、填土及填石(分压实方和自然方)、本桩利用方、余方、欠方、远运利用方、调配示意、运量、借方(分土类、石类、运距、运量)、弃方(土、石、运距、运量)等。

⑫ 路基每公里土石方数量表。列出起讫桩号、长度、挖方(总体积、土类、石类)、填方(总体积)、填土及填石(分压实方和自然方)、本桩利用方、远运利用方、借方、弃方、总运量、计价土石方总数量。

⑬ 路基土石方运量统计表。列出起讫桩号施工方法、人工施工土方、推土机施工土方、铲运机施工土方、挖土机配自卸汽车施工土方、人工施工石方、机械施工石方(人工清运)、机械施工石方(机械清运等)、数量、平均运距。

⑭ 取土坑(场)、弃土堆(场)一览表。列出取土或弃土地段起讫桩号、取土或弃土位置(上下路桩号、支线长度、运距)、取土坑(范围、土量、土类最大挖深、可取量、计划用量)、占用土地(永久或临时)、开挖方式及运输条件、弃土堆(土石方数量、运距)、临时工程(便道、便桥等)。

⑮ 弃土堆(场)设计图。大型取土坑(场)应绘制本图,绘出取土坑(场)或弃土堆(场)平面布置图(示出地形、地物、道路等,沿线取土坑和弃土堆可绘在路线平面总体设计图上)、纵、横断面及排水系统、绿化等设计图,并说明施工注意事项。比例尺根据需要确定。

⑯ 路基防护工程数量表。列出起讫桩号、工程名称、主要尺寸及说明、单位、数量(左、右)、工程及材料数量等(包括挡土墙、护墙、护脚、护肩、边坡加固、驳岸、护岸、防水堤坝等)。

⑰ 路基防护工程设计图。绘出各项防护工程立面、平面、断面及结构设计图、比例尺用1∶50～1∶500。按不同情况列出每延米或每处工程及材料数量表。

4.5.3.3 城市道路横断面图绘制

① 绘制各个路段上的远期规划横断面图和近期设计横断面图,即远期和近期的标准断面图。一般采用 1∶100 或 1∶200 的比例尺。在图上应绘制红线宽度、行车道、人行道、绿化带、照明、新

建或改建的地下管道各组成部分的位置和宽度，以及排水方向、横坡等。

② 绘制各个中线桩处的现状横断面图。图中包括横向地形、地物、中心桩地面高程、路基路面、横坡、行车道、人行道、边沟等。一般采用 1∶100 或 1∶200 的比例尺，直接在米厘纸上绘制，横距表示水平距离，纵距表示高程。纵、横坐标通常都采用相同的比例尺，这给绘制横断面图和计算土石方数量带来方便。但在某些情况下，例如横断面很宽，地面又较平坦时，若水平距离和高程仍采用相同的比例尺，则显示不出地形的变化。此时，应根据高程的变化程度选用不同的横断面图纵、横坐标比例尺，以能显示出地形的起伏变化为原则。先在米厘纸上定出中心线的位置，然后将中心桩的地面高程和中心桩左右各地形的高程点出来，连接各点即得现状横断面的地面线，注明桩号和高程。在一张米厘纸上可以绘制若干个地面，一般是依据桩号自上而下或自左而右地布置。

③ 最后在绘制的各个桩号的现状横断面图上点出中心线的设计标高，以相同的比例尺把设计横断面图(即标准横断面图)画上去。土石方工程的计算和施工放样，就是以此图作为依据，故称为施工横断面图。

4.6　路基土石方计算与调配

路基土石方工程是公路工程的主体工程之一，在公路工程量中占有很大比重。土石方工程数量也是公路方案评价和比选的主要技术经济指标之一。

土石方计算与调配的主要任务是计算路基土石方工程数量，合理地进行土石方调配，并计算土石方的运量。为编制公路概(预)算、公路施工组织、施工计量支付提供依据。

4.6.1　基本公式

路基土石方计算工作量较大，加之路基填挖变化的不规则性，要精确计算土石方体积是十分困难的。在工程中通常采用近似计算。

由此可知，平均断面法的计算结果是偏大的。假定两相邻断面为一棱柱体，按平均断面法计算，其公式为：

$$V=\frac{1}{2}(A_1+A_2)L \tag{4-42}$$

式中　A_1，A_2——两相邻断面的断面面积，m^2；

L——两相邻断面的间距，即两相邻断面的桩号差，m。

平均断面法计算简便、实用，是公路工程上常采用的方法。但其精度较差，该方法只有当两相邻断面面积相差不大时才较准确；相差较大时，用棱台体公式更为接近，其公式如下：

$$V=\frac{1}{3}(A_1+A_2)L\left(1+\frac{\sqrt{m}}{1+m}\right) \tag{4-43}$$

式中　m——两相邻断面面积之比，$m=\frac{A_1}{A_2}$，其中 $A_2>A_1$。

由式(4-43)可知，当 $A_1=A_2$ 时，$V=\frac{1}{2}(A_1+A_2)L$；若 $A_1=0$，则 $V=\frac{1}{3}A_2L$。

4.6.2　断面积计算

路基横断面面积为不规则的几何图形，计算方法有积距法、几何图形法、坐标法、方格法等多种方法。一般常用积距法和坐标法。

4.6.2.1 积距法

积距法的原理是:按单位宽度为 b,把断面积切割成若干梯形与三角形条块,则每一小块面积为其平均高度单位宽度 h_i 与 b 的乘积,即

$$A_1 = bh_2, A_2 = bh_2, \cdots, A_n = bh_n$$

总面积为:

$$A = A_1 + A_2 + \cdots + A_n = bh_1 + bh_2 + \cdots + bh_n = b\sum_{i=1}^{n} h_i \tag{4-44}$$

通常横断面图都是绘在方格米厘纸上的,直接可以用米厘格子 5 mm 宽(等于 1 m)来划分横断面。平均高度总和 $\sum_{i=1}^{n} h_i$ 用卡规法或用纸条法来求积距。其中纸条法多适用于求最大面积的积距。

4.6.2.2 坐标法

由解析几何公式很容易推出面积计算公式如下:

$$A = \frac{1}{2}\sum_{i=1}^{n}(x_i y_{i+1} - x_{i+1} y_i) \tag{4-45}$$

式中 x, y——设计线和地面线围成面积的各折点的坐标,m。

坐标法计算面积精度较高,但方法较烦琐,适用于计算机计算。路基土石方多采用表格计算。

4.6.3 土石方的调配

土石方调配是指路基挖方合理移用填筑路基,以及适当地布置取土坑及弃土堆的土石方调运量计算的工作。通过土石方调配,合理地解决各种路段土石方平衡与利用问题,达到填土有所"用",挖方有所"用",避免不必要的路外借土和弃土,尽量减少占用耕地。

4.6.3.1 调配要求

① 土石方调配应按先横向调运后纵向调运的次序进行。横向调运是指将本桩位内的挖方直接横向调运至本桩填方,达到横向平衡。纵向调运则是将本桩多余的外方(称挖余)纵向运至其他桩号填筑或将其他桩号的挖余土石方运至本桩不足的填方(称填缺)进行填筑。由于横向调运就近填挖,运量小,先横向调运后纵向调运可减少总的运输量。

② 纵向调运的最远距离一般应小于经济运距。路基填方的土石方来源,一是路上的纵向调运,二是就近在路基外借土。一般情况下,距离较近时纵向调运是比较经济的,但是如果调运的距离过长,以至于运价超过了在附近借土的费用时,纵向移挖做填就不如借方经济了。因此,是"调"还是"借"有一个限度问题,按费用经济计算的纵向调运的最大限度距离称为经济运距(L_i),计算公式如下:

$$L_i = \frac{C}{C'} + L_m \tag{4-46}$$

式中 C——借方单价,元;

C'——远运运费单价,元;

L_m——免费运距,m。

根据定额规定土石方作业包括挖、装、运、卸四项工序,在规定的距离内(一般人工运输为

20 m，轻轨运输为 50 m，汽车运输为 1000 m）只按方量计价，不另计运费，这一规定不单独计价的基本运距叫免费运距。在计算纵向调运运距时应扣除免费运距。

在调运时，应综合考虑不同的施工方法、运输条件、施工机械化程度及地形情况，选择合理的经济运距。在取土和弃土不受限制的路段，纵向调运运距应小于经济运距。

③ 土石方调运的方向应考虑桥涵位置和路线纵坡对施工运输的影响。一般情况下，不跨越深沟和少做上坡调运。

④ 借方、弃土方应与借方还田、整地建田相结合。尽量少占用田地，减少对农业的影响。对于取土和弃土地点应事先同地方政府及相关部门商量。

⑤ 不同性质的土方分别调运。调运时可以以石代土，但不可以以土代石，以保证路基填方的质量。调运时还要注意与人工构造物材料结合起来。

⑥ 回头曲线路段的土石调运，要优先考虑上、下线的竖向调运。

4.6.3.2　调配方法

土石调配应明确填挖情况、桥涵位置、纵坡、附近地形、施工方法及可借方和弃方的地点等。

调配可在土石方数量表上进行。首先进行横向调配，满足本桩号利用方的需要，然后计算挖余和填缺的数量。

根据挖余和填方分布情况，可以大致看出调运的方向和数量，结合纵坡情况和经济运距对利用方进行纵向调配，而后填方若有不足或挖方未尽利用，再选定借土或弃土的合适地点，确定借方或弃方数量。调配一般在本公里范围内进行，必要时也可跨公里调配，但需将数量和方向分别注明。

调配的结果示于土石方数量表上，并可按下式复核：

$$\text{横向调运} + \text{纵向调运} + \text{借方} = \text{填方} \tag{4-47}$$

$$\text{横向调运} + \text{纵向调运} + \text{弃方} = \text{挖方} \tag{4-48}$$

$$\text{挖方} + \text{借方} = \text{填方} + \text{弃方} \tag{4-49}$$

最后计算得计价土石方数量，即

$$\text{计价土石方数量} = \text{挖方数量} + \text{借方数量} \tag{4-50}$$

本章小结

（1）公路横断面由行车道、路肩、中间带等（一般组成）和爬坡车道、加（减）速车道、错车道、紧急停车带、避险车道等（特殊组成）组成。

（2）横断面各组成部分设计必须满足相关规范中的各项规定。

（3）当道路采用的圆曲线半径小于不设超高的最小半径时，为抵消车辆在曲线路段上面行驶时所产生的离心力，一般将曲线段的外侧路面横坡做成与内侧路面同坡度的单坡横断面，这样的设置称为超高。

（4）路基的结构设计应根据使用要求和当地自然条件（包括地质、水文和材料情况），并结合施工条件进行设计，既应有足够的强度和稳定性，又要经济合理；路基的横断面形式和尺寸应根据道路的等级、设计标准和设计任务书的规定以及道路的使用要求，结合具体的条件确定；路基设计应兼顾当地农田基本建设的需要，在取土、弃土、取土坑设置、排水设计等方面与农田改土、农田水利、灌溉沟渠等配合，尽量减少废土占地，防止水土流失和河道阻塞。

（5）土石方工程数量是公路方案评价和比选的主要技术经济指标之一。

习题与思考题

4-1　试述车行道宽度确定的基本原理。

4-2　公路路肩的组成及作用分别是什么?

4-3　路拱的作用是什么?有哪些基本形式?

4-4　什么叫作路缘带?其作用是什么?在什么情况下公路需设置路缘带?

4-5　城市道路横断面布置有哪些基本形式?综述各基本形式的特点及适用情况。

4-6　公路的超高设置有哪些方式?试述城市道路与公路的超高过渡方式的不同点。

4-7　道路设置加宽的作用是什么?怎样设置?

4-8　简述道路土石方计算的基本原理和方法。

4-9　城市道路人行道宽度确定的基本依据是什么?有哪些布置形式?

4-10　简述中间带的作用及宽度构成。

参考文献

[1]　林雨,陶明霞.道路勘测设计[M].武汉:武汉大学出版社,2013.

[2]　中华人民共和国交通运输部.公路工程技术标准:JTG B01—2014[S].北京:人民交通出版社股份有限公司,2014.

[3]　中华人民共和国交通运输部.公路路线设计规范:JTG D20—2017[S].北京:人民交通出版社股份有限公司,2017.

[4]　中华人民共和国住房和城乡建设部.城市道路路线设计规范:CJJ 193—2012[S].北京:中国建筑工业出版社,2013.

[5]　张弛,潘兵宏,杨宏志.道路勘测设计[M].6版.北京:人民交通出版社股份有限公司,2023.

[6]　许金良,等.道路勘测设计[M].5版.北京:人民交通出版社股份有限公司,2018.

[7]　张金水.道路勘测与设计[M].2版.上海:同济大学出版社,2009.

[8]　周亦唐,唐正光.道路勘测设计[M].6版.重庆:重庆大学出版社,2023.

5 道路选线

【内容提要】

本章主要内容包括道路选线的目的、任务、一般原则，平原区、山岭区公路选线等内容。本章的教学重点为平原区选线、布线的要点，以及需要注意的问题；沿溪(河)线布线要点、线位高低的选择、桥位的选择；越岭线的布线要点、垭口位置的选择、过岭高程的选择、山脊线的布线要点、如何展线布局等。教学难点为沿溪(河)线线位高低和越岭线垭口位置的选择。

【能力要求】

通过本章的学习，学生应了解道路选线的目的、任务、原则；了解并掌握平原区及山岭区选线、布线的方法及步骤。

5.1 概　　述

道路选线是在路线起终点之间的大地表面上，根据设计任务书规定的使用任务和性质，结合当地自然条件，选定道路中线位置的过程。选线是道路线形设计的重要环节，选线的质量直接影响到整条道路的使用质量和工程造价。道路选线需要考虑自然环境和社会经济条件，以及线形技术指标等各方面的因素。因此，道路选线是一项涉及面广、影响因素多、政策性和技术性都很强的工作。

5.1.1 道路选线的目的与任务

(1) 道路选线的目的

道路选线的目的就是根据道路的性质、任务、等级和标准，结合地形、地质沿线条件，综合平、纵、横三方面因素，在实地或纸上选定道路中线的平面位置。

(2) 道路选线的任务

道路选线的主要任务是确定道路的走向和总体布局，具体确定道路的交点位置、选定道路曲线的几何要素，通过纸上选线或实地选线，把道路中线的平面位置确定下来。

5.1.2 道路选线的一般原则

路线是道路的骨架，它的优劣关系到道路本身功能的发挥和在路网中能否起到应有的作用。如前所述，路线设计除受自然条件影响外，还受诸多社会因素的制约，道路选线要综合考虑多种因素，妥善处理好各方面的关系。

5.1.2.1 路线的基本定向必须与道路的主客观条件相适应

限制和影响道路基本走向的因素很多，归纳起来可分为主观条件和客观条件两类。主观条件是指设计任务书(或其他文件)规定的路线总方向、等级及其在道路网中的地位和作用。客观条件是指道路所经地区原有交通的布局(如铁路、公路、航道、航空、管道等)、城镇、工矿企业、资源状况、土地开发利用和规划的情况以及地形、地质、气象、水文等自然条件。其中主观条件是道路选线的基本依据,客观条件是道路选线时必须考虑的因素。选线时要充分考虑上述条件对道路的影响,在各种可能的方案中选择出一条最优的路线方案。

5.1.2.2 正确掌握和运用技术标准

道路选线时在工程数量增加不大的情况下,尽可能采用较高的技术指标,不轻易采用较低指标或极限指标,但也不应不顾工程数量增加,片面追求高指标。路线布设,应在保证行车安全、舒适、快捷的前提下,做到工程数量小、造价低、运营费用少、效益好并有利于道路施工和养护。

5.1.2.3 注意与农业配合

选线时要处理好道路与农业的关系,注意与农业基本建设的配合,做到少占田地,并应尽量不占高产田、经济作物田,避免穿过经济林园(如橡胶林、茶林、果园等),还要注意与修路造田、农田水利灌溉、土地规划等相结合。

5.1.2.4 重视水文、地质问题

不良地质和地貌对道路的稳定性影响极大,选线时应对工程地质和水文地质进行深入勘测调查,确定它们对道路的影响。

对于易发生滑坡、崩塌及泥石流、岩堆、岩溶、泥沼等严重地质不良地段和沙漠、多年冻土等特殊地区路线的布线,应慎重处理,一般情况下应尽量绕避,必须穿过时,应选择合适的位置,缩小路线穿越范围,并采取必要的工程措施。

5.1.2.5 重视环境保护工作

加强环保工作,重视生态平衡,为人类创造良好的生活环境,是我国的基本国策。在道路选线时应综合考虑由道路修建、汽车交通运行引起的环境问题。主要注意以下几点:

① 通过名胜、风景、古迹地区的道路,应注意保护原有自然状态,并注意与周围环境、景观相协调,严禁损坏重要历史文物。

② 路线对自然景观与资源可能产生的影响。

③ 占地、拆迁房屋对环境带来的影响。

④ 路线布局对城镇布局、行政区规划、农业耕作区、水利排灌体系等现有设施造成分割而产生的影响。

⑤ 噪声以及对大气、水源、农田造成的影响。

⑥ 充分考虑对破坏自然景观、污染资源和环境现象的防治措施及其实施的可能性。

5.1.2.6 选线应综合考虑路与桥的关系

在选线中,个别特殊大桥桥位一般作为路线总方向的控制点,大、中桥桥位原则上应服从路线的总方向,一般作为路线走向的主要控制点。小桥涵位置应服从路线走向。

上述选线原则,对于各级道路都是适用的。但在掌握这些原则上,不同等级的道路会有不同的侧重。如高等级公路主要为起、终点及中间重要控制点间提供快速直达交通服务,这就决定了它的基本方向不应偏离总方向过远,需要与沿线城镇连接时,宜用支线连接。低等级的地方道路主要是为地方交通服务,在合理的范围内,可以考虑多联系一些城镇。

5.2 道路选线的影响因素、方法与步骤

5.2.1 影响路线选择的主要因素

一条路线的起、终点及中间必须经过的重要城镇或地点，通常是由公路网规划规定或领导机关根据社会主义建设需要指定的。这些指定的点称为“据点”，把据点连接成线，就是路线的总方向。两个据点之间的线路可能有不同的走法，可能沿某河、越某岭；也可能沿某几条河、越某几个岭；可能走某河的这一岸，靠近某城镇；也可能走对岸，避开某城镇等。每一种可能的走法就是一个大的路线方案。选线的任务就是在深入调查的基础上，综合考虑路线方案选择的主要因素，通过方案的比选，提出符合设计要求、经济合理、切实可行的最优方案。路线方案的取舍是路线设计中的重要问题，路线方案是否合理，不仅直接关系到道路本身的工程投资和运输效率，更重要的是影响路线在道路网中的作用，直接关系到路线是否满足国家政治、经济及国防的要求和长远利益。

选择路线方案应综合考虑以下主要因素：

① 路线在政治、经济、国防上的意义，国家或地方建设对路线使用任务、性质的要求，改革开放、综合利用等重要方针的体现。

② 路线在铁路、公路、航道、空运等交通网系中的作用，与沿线工矿、城镇等规划的关系，以及与沿线农田水利等建设的配合及用地情况。

③ 沿线地形、地质、水文、气象、地震等自然条件的影响；要求的路线技术标准与实际可能达到的技术标准及其对路线使用任务、性质的影响；路线长度、筑路材料来源、施工条件以及工程量、三材(钢材、木材、水泥)用量、造价、工期、劳动力等情况及其对道路运营、施工、养护等方面的影响。

④ 环境因素的影响。良好的生态环境具有抑制或减轻自然灾害的功能，而对生态环境的破坏则会加重自然灾害。一方面，生态系统是生物群落与周围环境相互作用的功能系统，大量地开挖取土，破坏土体原有自然结构，生物链随之改变，也就改变了动植物的生存环境；另一方面是对水土环境的影响，边坡中深挖路堑、高填路堤，引起塌方、滑坡等现象，造成水土流失、地质条件的不稳定。因此，在道路选线设计中应对环境因素进行周密的考虑，在方案比选中加入环境因子来进行道路选线方案的综合比选。它是改善山区脆弱的生态环境，指导道路选线防灾、减灾的一条根本性措施。

⑤ 其他如与沿线旅游景点、历史文物、风景名胜的联系等。

影响路线方案选择的因素是多方面的，各种因素又多是互相联系和互相影响的。路线应在满足使用任务和性质要求的前提下，综合考虑自然条件、技术标准以及技术指标、工程投资、施工期限和施工设备等因素，通过多方案的比较，精心选择，提出合理的推荐方案。

5.2.2 选线的方法与步骤

5.2.2.1 一般方法

(1) 实地选线

实地选线是由选线人员根据设计任务书的要求，在现场进行实地勘察测量，经过反复比较，直接选定路线的方法。

其特点是方法简便，切合实际。实地选线容易掌握地质、地形、地物情况，做出的方案比较可靠，定线时一般不需要大比例尺地形图。但是，这种方法的野外工作量大，体力劳动强度大，野外测

设工作受气候季节的影响大。同时,由于实地视野的限制,地形、地貌、地物的局限性很大,路线的整体布局有一定的片面性和局限性。实地选线一般适用于等级较低、路线方案比较明确的公路。

(2) 纸上选线

纸上选线是在已经测得的地形图上进行路线布局,然后通过方案比选在纸上确定最终的路线,最后将此路线放到实地的选线方法。

其特点是野外工作量较小,定线不受自然因素干扰,能在室内纵观全局,结合地形、地物、地质条件,综合平、纵、横三方面因素,所选定的路线更为合理。但纸上定线必须有大比例尺地形图,地形图的测设需耗费较大的工作量并具备一定设备。

纸上选线的地形图若用航空摄影成图可大大缩短成图时间,随着航测技术的发展,纸上选线方法开始被广泛运用,特别对于高等级公路和地形、地物及路线方案十分复杂的公路更为适用。

纸上选线的一般步骤是:① 实地敷设导线;② 实测地形图(可用人工或航测法);③ 纸上选定路线;④ 实地放线。

(3) 计算机辅助道路选线

计算机辅助道路选线是目前国内外研究的热点,1974 年同济大学在全国率先搜集和翻译国外关于道路路线优化技术和计算机辅助设计方面的资料。目前利用最多的是 GIS 与 CAD 的结合,其主要程序大致如下。

① 数据准备和建模。

在矢量化的电子地图上创建一系列的构造物,如民房、学校、工厂、水系、采矿区、文物区等,最后输出每个图层,这个过程将产生所有 GIS 需要的具有一一对应关系的图形和数据文件。

② 数据分析与方案生成。

利用 GIS 自带的分析工具对图形进行需求成像和路径方向的成像,根据这两个文件可以尝试设计两点间符合条件的路径。设计的路径为下一步产生一个比较优秀的个体,一般重复该过程多次后产生一个初始总群。

③ 方案优化。

对第二步产生的初始总群进行路径优化筛选,在一系列的点阵中选择最合适的点阵作为最后选择的路径。建立一条符合路线规则的折线点,并导入 GIS 系统,将产生新的点要素,最后导出 CAD 文件,并将这些点按要求作近似处理,最后连接为新的路线。

5.2.2.2 一般步骤

道路路线的选定是经过由浅入深、由轮廓到局部、由总体到具体、由面到带再到线的过程来实现的,一般要经过以下三个步骤:

(1) 全面布局

全面布局是确定路线基本走向的全局性工作。在起、终点及中间必须通过的据点间寻找可能通行的“路线带”,并确定一些大的控制点,连接起来即形成路线的基本走向。例如,在起、终点及据点间可能沿某条河,越某座岭;可能走这一岸,也可能走另一岸,这些都属于路线的布局问题。

全面布局是关系到公路“命运”的根本问题。全面布局如果不当,即使局部路线选得再好,技术指标确定得再恰当,仍然是一条质量很差的路线。因此,在道路选线中,首先应着眼于全面布局工作,解决好基本走向问题。全面布局是通过路线勘察,经过方案比较来解决的。

(2) 逐段安排

逐段安排是在路线基本定向且已经确定的基础上,进一步加密控制点,解决路线局部方案的工作。即在大控制点间,结合地形、地质、水文、气候等条件,逐段定出小控制点。例如,翻越同一山岭垭口后是从左侧展线下山,还是从右侧展线下山;沿一条河是仅走一岸还是多次跨河两岸布线等都属于局部方案问题。逐段安排路线是通过踏勘测量或详勘前的察看路线来解决的。

(3) 具体定线

具体定线是在逐段安排的小控制点间,根据技术标准结合自然条件,综合考虑平、纵、横三方面因素,反复穿线插点,具体定出路线位置的工作。这一步更深入、更细致、更具体。

5.3 平原区公路选线

5.3.1 平原区基本特征

5.3.1.1 平原区自然特征

平原区主要是指一般平原、山间盆地、高原等地面高度变化微小的地区,地面起伏不大,一般自然坡度都在3°以下。其地形、地物特征是:除泥沼、盐渍土、河谷漫滩、草原、戈壁、沙漠等外,一般多为耕地,且分布有较多的各种建筑设施,居民点较密,交通网系较密。在农业区农田水系渠网纵横交错;在城镇区则有大量建筑、电信管网密布;在天然河网或湖区,还密布有湖泊、水塘和河岔。从地质和水文条件来看,平原区一般地质不良现象较少,但有时会遇到软土和沼泽地段。另外,平原区地面平坦,往往排水较困难,地面积水较多,地下水位较高,平原区河流较宽阔,泥沙淤积,河床低浅,洪水较容易泛滥。

5.3.1.2 平原区路线特征

平原区地形对路线的约束限制不大,路线平、纵、横三方面的几何条件很容易达到标准,其路线特征是短捷顺直。平面线形顺直,以直线为主体线形,弯道转角一般较小,平曲线半径较大;在纵面上,坡度平缓,以低路堤为主。路线布设除考虑地物障碍外,一般没有太大困难。平原区路线要充分考虑近期和远期相结合,在线形上要尽量采用高标准,以便将来提高公路等级时能充分利用原路基、桥涵等工程。

5.3.2 布线要点

平原区路线,因地形限制不大,布线应在符合基本路线走向的前提下,着重考虑政治、经济因素,正确处理对地物、地质的避让。综合平原区自然特征和路线特征,布线时应着重考虑以下几点。

(1) 以平面为主安排路线

选线时,首先在起、终点间把经过的城镇、厂矿、农场及风景文物点作为大的控制点,在控制点间通过实地勘察,进一步根据地形条件和水文条件选择中间控制点。除一般较大的建筑群、水电设施、跨河桥位、洪水泛滥线范围以外以及其他必须绕过的障碍物外均可作为中间控制点。在中间控制点之间,无充分理由一般不设转角点。在安排平面线形时,既要使路线短捷顺直,又要注意避免过长的直线,在条件允许的情况下,尽可能多采用转角小、半径大的缓和平曲线线形。纵面线形应综合考虑桥涵、通道、交叉等结构物的要求,合理确定路基设计高度。注意避免纵坡起伏过于频繁,但也不应过于平缓而造成排水不良。

(2) 正确处理路线与农业的关系

修建道路时占地是难以避免的,解决好路线与农田规划、农业灌溉水利设施的关系,是平原区选线的重要问题。布设路线时,要注意既不片面要求路线顺直而占用大面积的良田,也不片面要求不占耕地而降低线形标准,甚至恶化行车条件。同时,应解决好路线与农田水利设施的关系,使路线的布置尽可能地与农业灌溉系统相配合,除较高等级的公路外,一般不应破坏灌溉系统,布线要注意尽量与干渠相平行,减少路线与渠道的相交次数,最好把路线布置在渠道上方非灌溉区的一侧或者渠道的尾部。如图 5-1 所示,虚线方案穿经稻田区,路线短、线形好,但占耕地多、建筑路堤取土距离较远;实线方案的长度略有增加,但避开了大片稻田区,沿山坡布线,路基稳定,又可以节约土方数量。当路线标准不是太高时,应采用实线方案。

注意筑路与造田、护田相结合。在可能条件下,布线要有利于造田、护田,以支援农业生产。路线通过河曲地带且水文条件允许时,可考虑路线直穿,裁弯取直,改移河道,缩短路线,改善线形,如图 5-2所示。

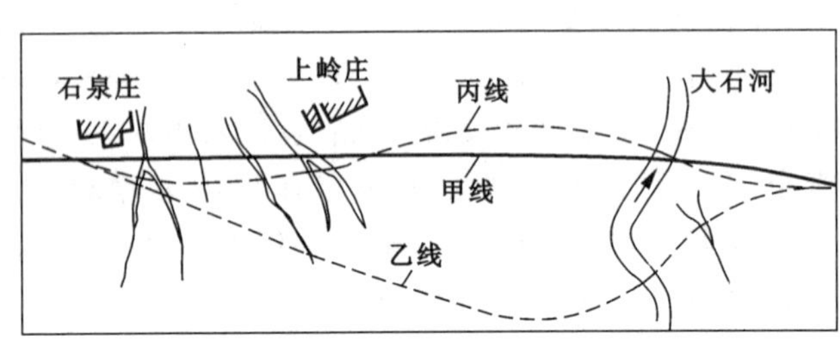

图 5-1　路线方案比较示意图

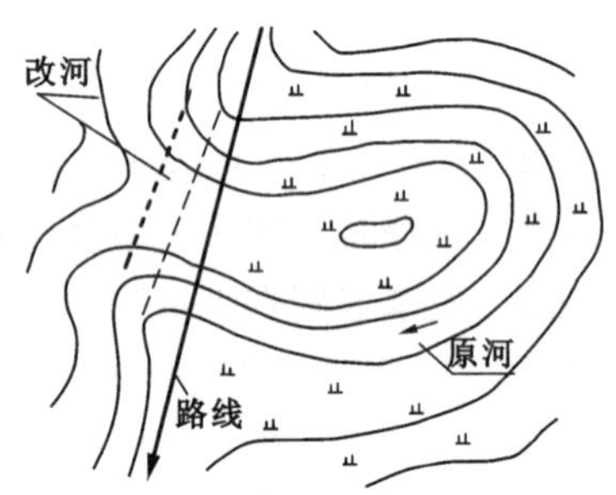

图 5-2　改移河道示意图

(3) 处理好路线和桥位的关系

大、中桥桥位往往是路线的控制点,应在服从路线总方向的原则下综合考虑路、桥,选择有利桥位,布设路线。既要防止只考虑路线顺直、不顾桥位条件,增加桥跨的难度;又要防止片面强调桥位,使路线绕线过长,标准过低。一般情况下,桥位中线应尽可能与洪水主流流向正交,桥梁和引道都在直线上。桥位应选在水文地质、跨河条件较好的河段。如图 5-3 所示,有三个跨河方案,Ⅱ方案与河沟正交跨越,但线形曲折,不利于行车;Ⅲ方案路线直捷,但桥位处于河曲段,跨河不利,并且桥涵较多。综合比较,Ⅰ方案桥位虽略斜,比Ⅱ方案桥跨略长,但路线顺适,故为可取方案。

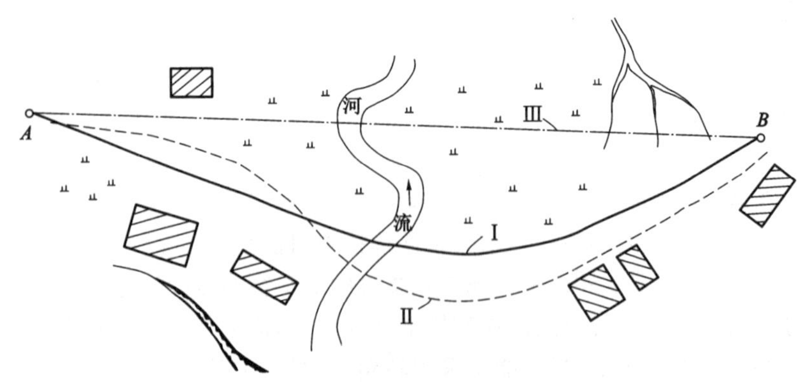

图 5-3　桥位方案比较示意图

小桥涵位置原则上应服从路线走向,但遇到斜交过大(夹角大于 45°时)或河沟过于弯曲时,可考虑采取改沟或改移路线的办法,调整交角,布线时应对不同方案比较确定。

(4) 处理好公路与城镇的关系

平原区有较多的城镇、村庄、工业区及其他公用设施，路线布置应正确处理好服务与干扰、穿越与绕避、拆迁与保留的问题。

① 国防与高等级干线公路，应尽量避免直穿城镇、工矿区和居民密集区，以减少相互干扰。但考虑到公路对这些地区的服务性能，路线又不宜相距太远，必要时还应考虑支线联系。做到“近村不进村，利民不扰民”，既方便运输，又保证安全，布线时注意与地区规划相结合。

② 一般沟通县、区、村直接为农业运输服务的公路，经地方同意可穿越城镇，但要注意有足够的行车视距和行车道宽度(应考虑行人的需要)及必要的交通设施，以保证行人和行车的安全。

③ 路线布设应尽量避开电力、电信及其他重要的管线设施。当必须靠近或交叉时，应遵守有关净空和安全距离的规定，尽量少拆或不拆各种电力、电信和建筑设施。

④ 注意与铁路、航道、机场、港口、已有公路等的配合，以发挥交通运输的综合效益。

(5) 注意地质、水文条件，确保路基稳定

① 在低洼地区布线时，应尽可能在接近分水岭的地势较高处布线，以使路基具有较好的水文条件。

② 路线通过排水不良的低洼地带，布线时要注意保证路基最小填土高度，低填及个别挖方地段要注意排水处理。

③ 路线要避免穿过较大的湖塘、水库、泥沼地带，不得已时应选择最窄、最浅和基底坡面较平缓的地方通过，并采取保证路基稳定的措施。

④ 沿河布线时，应注意洪水泛滥对路线的影响，一般应布线于洪水泛滥线以外，必须通过泛滥区时，桥梁、路基应有足够的高度，以免被洪水淹没，并应对路基边坡进行防护加固，避免被冲毁。

(6) 正确处理新、旧路的关系

平原区通常有较宽的人行道路或等级不高的公路，当设计交通量很大，需要修建汽车专用公路时，应处理好新、旧路的关系。

① 现有一般二级公路由于交通量很大需建汽车专用二级公路时，宜利用、改造原路，并另建辅路供非机动车行驶。

② 现行公路等级低于一般二级公路标准时，宜新建汽车专用公路，原有公路留作辅路。

(7) 尽量靠近建筑材料产地

平原区一般缺乏砂石建筑材料，路线应尽可能靠近建筑材料产地，以节省施工材料、养护材料的运输费用。

5.4 山岭、丘陵区公路选线

5.4.1 山岭区的基本特征

山岭区包括分水岭、起伏较大的山、陡峻的山坡，一般地面自然坡度在20°以上。其主要自然特征是：

(1) 山高谷深，地形复杂，山脉水系分明

由于山岭区高差大，加之陡峻的山坡和曲折幽深的河谷，形成了错综复杂的地形，所以山岭区公路路线弯急、陡坡多、线形差，但清晰的山脉水系也给山岭区公路走向提供了依据。因此，在选线中摸清山脉水系的走向和变化规律，对于正确确定路线的基本走向、选择大的控制点是十分重要的。

(2) 石多、土薄、地质复杂

由于山岭区的地质层理和地壳性质在短距离内变化很大,地质构造复杂,加之气候、水文及其他自然因素急剧变化,引起强烈的风化、侵蚀和分割作用,不良地质现象(如岩堆、滑坡、碎落、泥石流等)较多,这些直接影响着路线的位置和路基的稳定。因此,在山岭区选线工作中,认真做好地质调查,掌握区域地貌和地质情况,摸清不良地质现象的规律,处理好路线与地质的关系,并在选线设计中采取必要的防护措施,对于确保路线质量和路基稳定具有十分重要的意义。同时,山岭区石多、土薄,给公路建设提供了丰富的石料。

(3) 水文条件复杂

山岭区河流曲折迂回,河岸陡峻,比降大、水流急,一般多处于河流的发源地和上游河段。雨季暴雨集中,洪水历时短暂,猛涨猛落,流速快,流量大,冲刷力和破坏力很大,这样复杂的水文条件要求在选线中正确处理好路线和河流的关系,选择好桥位并对路基和排水构造物采取必要的加固措施,确保路基稳定。

(4) 变化的山岭区地形和地貌,多变的气候

一般山岭区气温较低,冬季多冰雪(特别是海拔较高的山岭区),一年四季温差和昼夜温差很大,山高雾大,空气较稀薄,气压较低。这些气象特征对于汽车行驶的效率、安全和通行性能都有很大的影响,在道路选线时应充分考虑。

山岭区由于自然条件复杂,地形变化很大,使得路线在平、纵、横三方面受到很大限制,因而技术指标一般多采用低限值。在所有自然因素中,高差急变是主导因素,因此,在路线布设时,一般多以纵断面线为主安排路线,其次是横断面和平面。在选线时要使平、纵、横三方面因素相协调,结合影响路线的主要自然因素,综合考虑。山岭区按地形布线一般为顺山沿水或横越山岭,顺山沿水的路线有沿溪(河)线、山脊线等。

5.4.2 沿溪(河)线

5.4.2.1 沿溪(河)线的基本特征

沿溪(河)线是指道路沿河谷方向布设的路线。如图5-4所示,沿溪(河)线的有利条件是路线走向明确,河床纵坡较小,平面受纵断面线形的约束较小容易争取较好的线形;沿溪(河)线傍山临河,砂、石材料丰富,用水便利,为道路的施工和养护提供了有利条件;山岭区的溪岸两侧多是居民密集的地方,沿溪(河)线能更好地为沿线居民点服务,充分发挥道路的作用。

图5-4 沿溪(河)线

沿溪(河)线的不利条件是路线临水较近,受洪水威胁较大;在峡谷河段,路线线位摆动的余地很小,难以避让不良地质地段;在路线通过陡岩河段时,工程艰巨、工程量集中、工作面狭窄,给道路测设和施工带来很大困难;沿溪(河)线线位低,往往要跨过较多的支沟,桥涵及防护工程较多;河谷两岸台地往往是较好的耕作地,筑路占地与农田及其水利设施的矛盾较为突出;河谷工程地质情况复杂,河谷的两岸通常处于路基病害(如滑坡、岩堆、坍塌、泥石流等)的下部,路线通过时,容易破坏山体平衡,给道路的设计、施工、养护、运营带来困难。

5.4.2.2 沿溪(河)线布线要点

路线布设的首要任务就是利用有利条件,防止和避让不利条件,沿溪(河)线布局的决定因素是水的问题。由于路线自始至终都要与河流打交道,因此,解决好路线与水的关系是沿溪(河)线布局的关键。路线与河流的基本关系主要是指平面关系和纵面关系,平面关系主要是解决择岸问题,即路线选择走河流的哪一岸,而纵面关系则主要解决线位的高低问题和在什么地点跨河的问题。

(1) 河岸选择

择岸主要是解决路线是否跨河(即一岸布线还是两岸布线)和选择走哪一岸两个问题。任何一条沿溪(河)线公路,除了起、终两点在同一岸且相距很近,工程又不大时,不考虑跨河外,一般情况下都有是否跨河两岸设线的问题。对于较大的河流,如果不是中间控制点的需要,一般因跨河桥梁工程过大而不宜跨河。但是,对于中小河谷,由于跨河较易,应充分利用两岸有利地形,往返跨河时有发生。

路线往返跨河主要有以下几种原因:

① 中间主要控制点的需要,当路线起、终点在河岸两侧,至少必须跨河一次。有时,起、终点虽在河流同一岸,控制点在对岸,如图 5-5 所示。这时,可有两种布线方式:一种是两次跨河方案,如图 5-5 中虚线;另一种是一次跨河方案,如图 5-5 中实线,用支线与中间控制点连接。一般情况下,后一方案可省一座桥,且干线直达快速,路线短捷,是应优先考虑的方案。

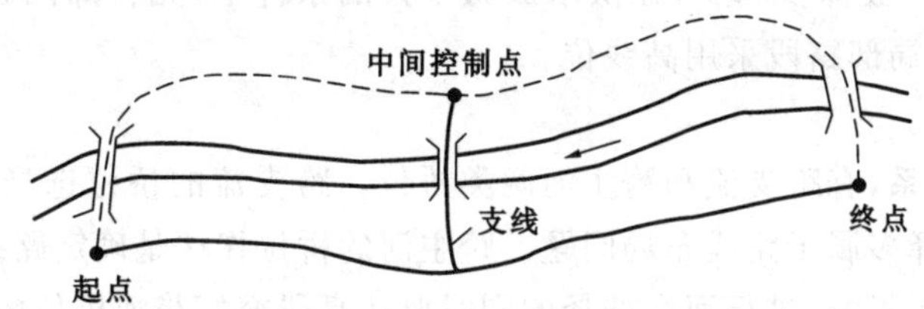

图 5-5 连接中间点的跨河方案

② 避让严重不良地质地段。对于严重地质病害无法穿越或处理时可考虑跨河绕避方案。

③ 避让艰巨工程。在峡谷带,河谷两岸地形的好坏变化常是交替出现,为了利用有利地形,避开艰巨石方工程,常采用两岸交替布线。

④ 避让其他地物障碍,如铁路、农田、大型水利工程、重要建筑设施等。

(2) 择岸

沿溪(河)线考虑跨河是与择岸同时进行的。两岸情况不尽相同,各有利弊,选择时应综合比较确定。主要综合考虑以下几方面因素:

① 两岸地形、地质、水文条件。

② 积雪和冰冻的影响。积雪地区阳坡和阴坡、迎风面和背风面的气候条件差异很大,在不影响路线总体布局的前提下,一般走阳坡面和迎风面比较有利,可减少积雪和流冰对公路的危害;但在冰冻地区,路线选择阴坡面比较有利。

③ 城镇、工矿和居民点的分布情况。除国防路线外,一般公路尽可能选择村镇较多,人口较密的一岸,为革命史迹、历史文物、风景区等创造有利条件。

④ 两岸施工、养护以及路线等级标准和投资情况。

5.4.2.3 线位高低的确定

线位高低是路线纵面线形布局的问题。路线沿岸时高程设置,首先应考虑洪水的威胁。不管是高线位还是低线位,均应设在设计洪水位以上一定安全高度。因此,在选线中应认真做好洪水位调查工作,以确保路线必需的最低线位高度。

(1) 低线位

低线位是指路基高出设计洪水位不多,路基临水一侧边坡常受洪水威胁的布线方案。其主要优点是:平、纵线形比较顺直、平缓,易争取到较高标准;路基土石方数量少,边坡较稳定;路线活动余地稍大,跨河利用有利条件和避让不利条件较容易;道路的养护、施工用水、取材较方便;从国防来看,路基破坏后因线位低抢修也很快。其主要缺点是:线位低,受洪水威胁大,通常防护工程较多;低线位多在沟口附近跨越支沟,桥涵孔径较大,基础工程施工也较困难;路线与农田矛盾较大,处理弃方比较困难。

(2) 高线位

高线位是指路线高出洪水位较多,完全不受洪水威胁的布线方案。其路线特征与山坡线相近。其主要优点是:无洪水影响,防护工程较少,弃方处理问题不突出。当采用台口式路基时,路基比较稳定。其主要缺点是:路基多用台口式路基,挖方大,弃方较多;由于线位高,路线势必随山形走势绕进绕出,特别是鸡爪地形地段,线形差,土石方大,跨支沟的桥涵构造物较多,工程费用较高;路基边坡常出现"缺口",因而挡土墙和加固工程较多;线位高需要跨河时比较困难,施工、养护取料、用水也不如低线位方便。

综上所述,高线位一般弊多利少,在洪水威胁不大的条件下,无特殊问题时,一般以低线位为主,结合路线具体条件,局部路段采用高线位。

(3) 桥位的选择

按路线与河流的关系,有跨支流和跨主河两类桥位。跨支流的桥位选择一般属于局部方案问题,而跨主河的桥位选择多属于路线布局问题。跨主河的桥位往往是确定路线走向的控制点,它与河岸选择相互依存,互相影响,进行河岸选择的同时要认真研究好跨河桥位的选择。当路线由于地形、地质需要换岸布线时,如果桥位选择不好,勉强跨河,很容易造成桥头线形差,或者增大桥梁工程量。要处理好桥位及桥头路线的布局问题,河岸的选择非常重要,应注意以下问题:

① 利用河曲河段跨河。应注意防止河曲地段水流对桥台的冲刷,采取必要的防护措施。

② 利用 S 形河段跨河。将跨河位置选在 S 形河段的腰部,使桥头线形得以显著改善,如图 5-6 所示。

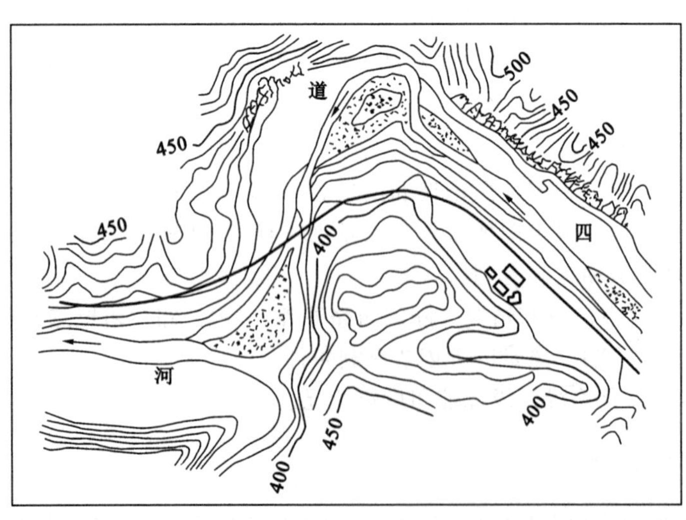

图 5-6 利用 S 形河段跨河

③ 改善桥头线形。路线跨越河流，当没有河曲或S形河段可利用时，由于沿溪(河)线与河谷走向平行，在跨主河时往往形成"之"字形路线，故桥头平曲线半径较小、线形差。对于中、小桥可用适当斜交的方法改善桥头线形，如图5-7(a)所示。对于大桥不宜斜交时，可对桥头路线适当处理，形成杓形桥头线。如图5-7(b)所示，可改善桥头线形，争取较大半径。

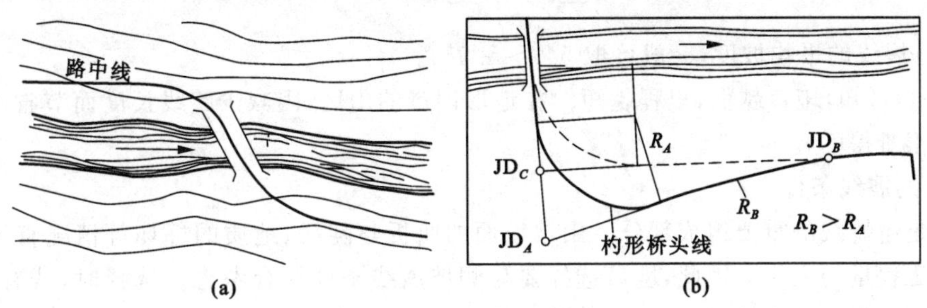

图5-7 改善桥头线形

(a) 斜交跨河方案；(b) 杓形桥头

5.4.3 越岭线

5.4.3.1 越岭线基本特征

越岭线是指公路沿分水岭一侧山坡爬上山脊，在适当地点穿过垭口，再沿另一侧山坡下降的路线，称为越岭线。它的特点是布线不受河谷限制，活动余地大。由于无洪水问题，一般路基较稳定，桥涵及防护工程比沿溪(河)线少。当采用隧道方案时，路线短捷且隐蔽，有利于运营和国防。但越岭线里程较长、线形差、指标低；线位高，远离河谷，施工用水、砂石材料的运输等都不方便。克服高差是越岭线的关键，路线的长度和平面位置主要取决于路线纵坡的安排，因此，在越岭线的选线中，首先要考虑路线纵断面的安排。

5.4.3.2 越岭线的布线

越岭线的布线主要应解决的问题有垭口选择、过岭高程和展线布局，它们是相互联系、相互影响的，布局时应综合考虑，处理好三者的关系。

(1) 垭口选择

垭口是体现越岭线方案的重要控制点，应在基本符合路线走向的较大范围内选择，要全面考虑垭口的位置、高程、地形条件，地质情况和展线条件。

① 垭口位置的选择。

垭口位置在基本符合路线走向的前提下，要与两侧山坡展线方案结合考虑。一方面考虑高差较小，且展线降坡后能与山下控制点直接衔接，不需无效延长的路线；另一方面考虑稍微偏离路线方向，但接线较顺且不致过于增长里程的其他垭口。

如图5-8所示，A、B控制点间有C、D两个垭口，从平面位置看，C垭口在AB直线上，D垭口稍微偏离AB垂直线方向，但从符合路线基本定向来看，穿D垭口比穿C垭口反而展线短些，而且平面线形较好。因此，D垭口比C垭口更有优势。

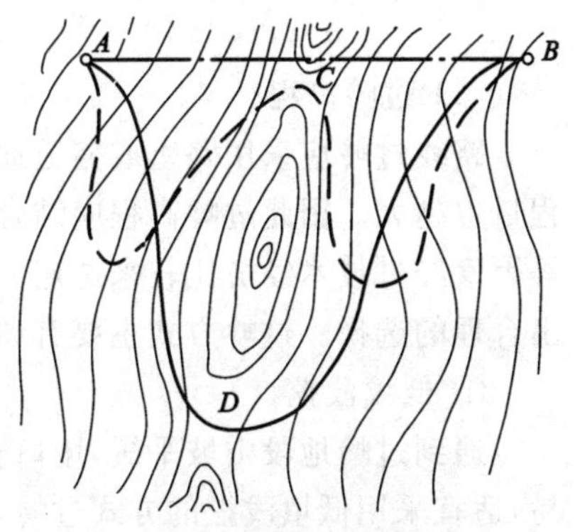

图5-8 垭口位置的选择

② 垭口的高度。

垭口与其山下控制点的高差,直接影响路线展线长度、工程数量大小各运营条件。在展线条件相同时,垭口降低的高度 Δh 和缩短的里程 Δl 有如下的关系:

$$\Delta l = 2 \cdot \Delta h \cdot \frac{1}{i_p} \tag{5-1}$$

式中　i_p——展线的平均坡度,一般可取 5%～5.5%。

由式(5-1)可知,垭口越低,里程越短。在地形困难的山区,因减少路线长度而节省的工程造价和运营费是很难得的。

③ 垭口的展线条件。

山坡线是越岭线的重要组成部分。山坡坡面的曲折与陡缓、地质的好坏等情况直接关系到路线的标准和工程量的大小。因此,垭口选择要与侧坡展线条件结合考虑。选择时,若有地质稳定、地形平缓有利于展线的侧坡,即使垭口位置略偏或垭口较高,也应考虑此垭口。

④ 垭口的地质条件选择。

垭口一般地质构造薄弱,常有不良地质存在,应深入调查研究其地层构造,如图 5-9 所示,摸清其性质和对公路的影响。对软弱层型、构造型和松软土侵蚀型的垭口,只要注意到岩层产状及水的影响,路线通过一般问题不大。对断层破碎带型及断层陷落型垭口,一般应尽量避开;必须通过时,应查清破碎带的大小及程度,选择有利部位通过,并采取可靠工程措施(如设置挡土墙)以保证路基稳定。对地质条件恶劣的垭口,局部移动路线或采取工程措施也不能解决问题时,应该放弃。

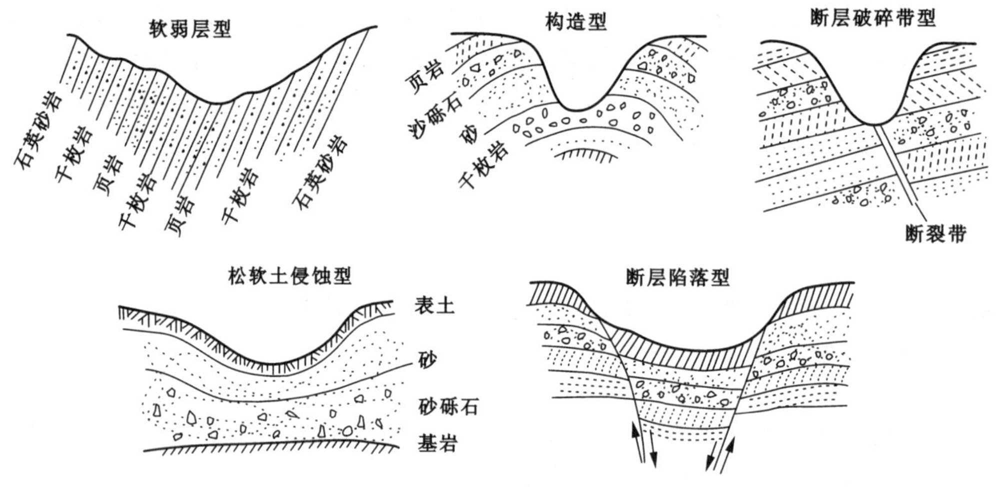

图 5-9　垭口的地层构造

(2) 过岭高程

路线过岭应采用路堑或隧道通过。过岭高程越低,路线就越短,但路堑或隧道就越深、越长,工程量也越大。因此过岭高程应结合路线等级,越岭地段的地形、地质以及两侧展线方案,过岭方式等因素经过技术经济比较来选定。这些因素互相影响,必须全面分析研究各种可能的比较方案,做出合理的选择。过岭方式主要有如下几种。

① 低填浅挖。

遇到过岭地段山坡平缓,垭口宽而厚(有的达到一两千米,有时还有沼泽出现)的地形,展线容易,适宜采用低填浅挖的方式过岭,过岭高程基本上就是垭口高程。

② 深挖垭口。

当垭口比较瘦削时,常用深挖的方式过岭。虽然深挖垭口土石方工程较集中,但由于降低了过岭高程,相应缩短了展线长度,总工程量并不一定增加。即使有所增加,也可从改善行车条件、节约运营费中得到补偿。至于深挖程度,应视地形、地质、气象条件以及展线对垭口高程的要求等因素而定。据现有资料,一般挖深在 20 m 以内,地质情况良好时,还可深些。垭口越瘦,越宜深挖。但垭口通常地质条件较差,挖深应以不致危险及路基稳定为度。否则应采取有效措施,以防止遗留地质病害。有条件时,可采用隧道通过的方案。

深挖垭口,工程量集中,往往要处理大量弃方,施工条件差,影响施工期限,这些都应在选定过岭高程时充分考虑。

过岭高程是越岭线布局的重要控制因素,不同的过岭高程就有不同的展线方案。

③ 隧道穿越。

当垭口挖深在 20 m 以上时,采用隧道往往比明堑经济。特别是垭口瘦薄时,采用不长的隧道能大大降低路线爬升高度,缩短里程,提高路线线形指标,在经济上非常合算。另外,为了避让严重不良地质以及减轻或消除因高山严重积雪、结冰对公路的不良影响,也应结合施工条件及施工期限,考虑采用隧道通过的方案。

一般情况下,隧道高程越低、路线越短,技术指标也越易提高,对运营也越有利。但高程低,隧道就长,造价就高,工期也长。因此,隧道高程的选定通常根据越岭地段的地质条件,并以临界高程作为研究的基础。临界高程就是隧道造价和路线造价总和最小的过岭高程。设计高程如高于临界高程,则路线加长费用将多于隧道缩短费用;设计高程如低于临界高程,则隧道加长费用将多于路线缩短费用。如设计高程降低,可节约运营费用,这对交通量大的路线意义重大,也应作为比选的因素。

综上所述,隧道高程的选定不能单纯着眼于经济方面,还应考虑以下因素:

a. 地质和水文地质条件是选择高程的决定因素,要尽可能把隧道放在条件较好的地层中。

b. 隧道高程应设在常年冰冻线和常年积雪线以下,以保证施工和行车安全。

c. 隧道长度要考虑施工期限和施工技术条件等。

d. 在不过多增加工程造价的情况下,要适当考虑远景的发展,尽可能降低隧道高程。

(3) 展线布局

① 展线的形式。

展线就是采用延展路线长度的方法,逐渐升坡克服高差的布线方式。展线的基本形式有三种,如图 5-10 所示。

a. 自然展线。

图 5-10 中的自然展线方案,是指当山坡平缓、地质稳定时,以适当的纵坡,绕山嘴、沿侧沟来延展路线、克服高差的布线方式。这种方式的优点是:符合路线的基本走向,纵坡均匀,路线短、线形好、技术指标较高。其缺点是:路线避让艰巨工程和不良地质的自由度不大。

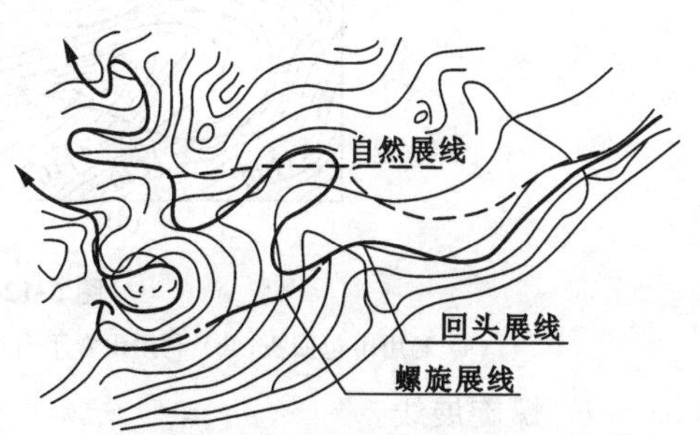

图 5-10 越岭线展线形式

b. 回头展线。

图 5-10 中的回头展线方案,是利用回头曲线延展路线克服高差的布线方式。其优点是:能在短距离内克服较大的高差,并且回头曲线布线灵活,利用有利地形避让

艰巨工程和地质不良地段的自由度较大。其缺点是:平曲线半径小,同一坡面上下线重叠,对施工、行车和养护都不利。图5-11所示的是利用有利地形布设回头展线的实例。

图5-11　回头展线实例

回头位置与回头曲线的线形和工程量大小以及展线布局有很大关系,选择回头位置时应多调查、多比较。回头位置在满足展线布局的前提下,宜选在地面横坡平缓,地形开阔,使上下线路能布置开的地点;相邻回头曲线间距应尽量拉长,以减少回头的次数;利用时要与纵坡安排相结合,既不因回头位置过高利用不上,也不要因其位置过低,使纵坡损失过大而延长路线。

一般较肥厚的山包、山脊平台、平缓的山坡、山沟、山坳及盆谷间的缓坡台地均是回头的有利地形。如图5-12所示的地形均适合布置回头曲线。

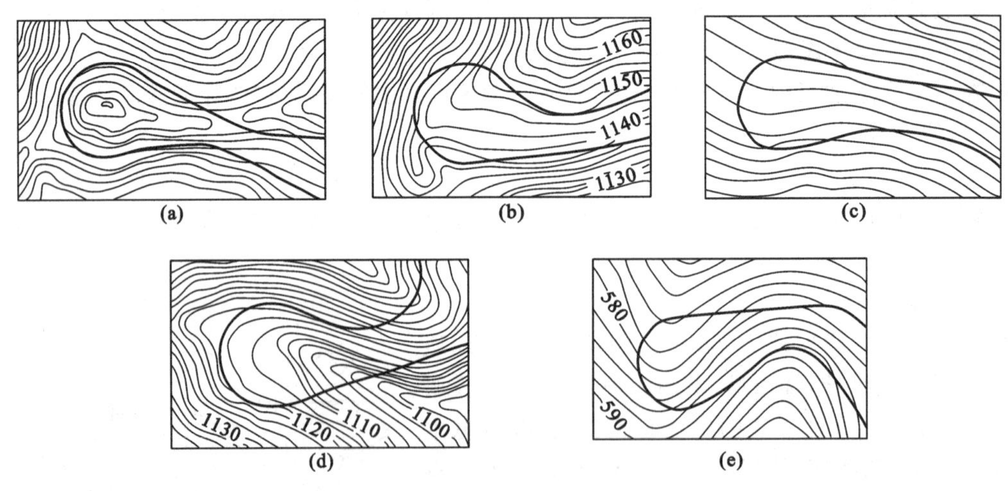

图5-12　适合布置回头曲线的地形

(a) 利用山包回头;(b) 利用山脊平台回头;(c) 利用缓坡回头;(d) 利用山沟回头;(e) 利用山坳回头

c. 螺旋展线。

当路线受到地形、地质限制,需要在某一处集中提高或降低一定高度才能充分利用前后的有利地形时,可以采用螺旋展线的方式。这种展线的路线转角大于360°,其优点是:路线利用有利的山包或瓶颈形山谷，在很短的平面距离内就能克服较大的高差，它比回头曲线有更好的线形，避免了路线的重叠。其缺点是：需建桥或隧道，工程造价高。

螺旋展线有上线跨桥(图 5-13)和下线隧道(图 5-14)两种方式。

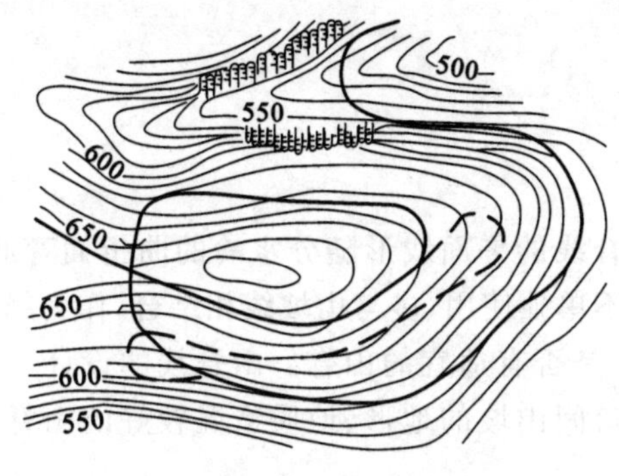

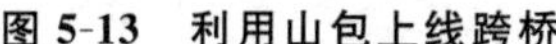
图 5-13　利用山包上线跨桥

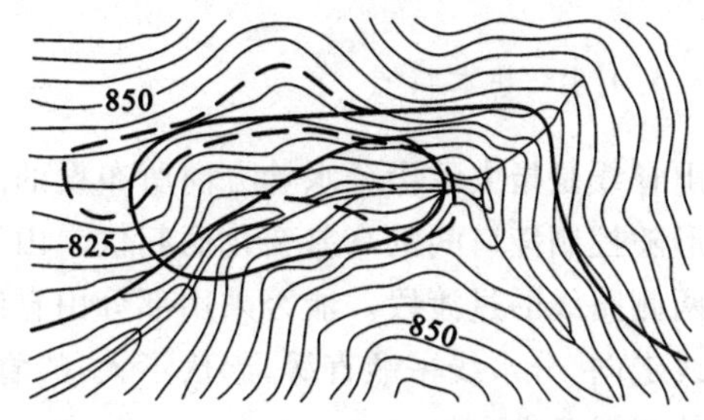

图 5-14　利用瓶颈形山谷下线隧道

以上三种展线形式中，一般应首先考虑采用自然展线；不得已时采用回头展线；当地形十分困难，又有适宜的山谷或山包等条件时，为在短距离内克服较大的高差，可以考虑使用螺旋展线，但需要进行方案比选后确定。

② 展线布局的步骤。

a. 拟订路线大致走向。对在调查和踏勘阶段确定的主要控制点间进行广泛勘察，调查周围地形及地质情况，以粗略勘定的坡度为指引，注意利用有利地形、地质，拟订路线可能的大致走向。

b. 试坡布线。试坡的目的是进一步落实初步拟订的路线走向的可能性；发现和加密中间控制点，发现局部比较方案，拟订路线布局。

试坡由已定的控制点开始。越岭线通常先固定垭口，由上而下，视野开阔，便于争取有利地形，因此，一般多由垭口向下试坡。试坡选用的平均坡度，应根据有关标准的规定，地形曲折、小半径曲线多的地段，可略低于规定值。在试坡过程中，遇到必须避让的地物、工程艰巨及地质不良地段，以及拟用作回头线的地点，要把路线最适宜通过的位置暂时作为一个中间控制点。如果它和试坡线接近，并与前面的暂定控制点之间的坡度不超过最大值，也不低于最小值，就把这个点大致的里程、高程以及可活动的范围记录下来，供以后调整落实参考。如果这个点和试坡线的高差较大，则应返回重新试坡，或修改前面的暂定控制点，认为合适后再向前试坡。如经过修改后的路线纵断面或路线行经地带不够理想，应另寻比较线。这就是通过试坡发现控制点和局部比较线的大致过程，当一系列中间控制点暂定下来后，路线布局就有个大体轮廓了。

主要控制点间可能有几个方案，要经过比选得到一两个较好的方案，再进行下一步工作。

c. 分析、落实控制点，决定布局方案。控制点有固定和活动之分：第一种是位置和高程都不能改变，如工程特别艰巨地点的路线和某些受限制很严的回头曲线地点，必须利用的桥梁，必须通过的街道等；第二种是位置固定、高程可以活动，如垭口、重要桥位等；第三种是位置、高程都有活动余地的，如侧沟展线的跨沟地点，宽阔平缓山坡的回头地点等。一般第一种情况较少，第二、三种情况居多。也就是说控制点大多是有活动余地的，但活动范围有大有小。对活动范围小的控制点，可视为固定控制点，把位置、高程确定下来。然后去研究固定控制点之间、活动范围较大的控制点，以便通过适当调整，达到既不增大工程量又能使道路线形更加合理的目的。

活动控制点的调整落实，一般有两种情况和做法：一是活动性较大的回头地点，可从前后两个固定控制点以适当的坡度分头放坡交会得出；二是两固定控制点间的非回头的活动控制点，应在其可活动的范围内调整，以使固定控制点间的坡度尽量均匀些。

5.4.4 山脊线

5.4.4.1 基本特点

山脊线是指大致沿分水岭方向所布设的路线。山脊线的平面线形随分水岭的曲折而弯曲，纵面线形随控制垭口间的高差变化而起伏。山脊线一般不单独使用，多与山坡线相结合，作为越岭线垭口两侧路线的过渡段。能否采用部分山脊线，取决于是否有适宜的山脊。山脊线的设计一般服从路线走向，分水线平顺直缓，起伏不大，岭脊肥厚，垭口间山坡的地形、地质情况较好的山脊具备较好的布线条件。

山脊线的有利条件是：

① 山脊条件好，山脊线一般里程短，土石方工程量小；

② 水文、地质条件好，路基病害少、稳定；

③ 地面排水条件好，桥涵人工构造物少。

山脊线的不利条件是：

① 线位高，远离居民点，服务性能差；

② 山势高、海拔高、空气稀薄，冬季云雾、积雪、结冰严重，对道路行车和养护都不利；

③ 远离河谷，砂石材料及施工用水运输不便。

5.4.4.2 布线要点

由分水线作引导，山脊线基本走向明确。布线主要解决以下两个问题：

(1) 控制垭口的选择

在山脊上，连绵布置着很多垭口，每一组控制垭口代表着一个方案。因此，选择控制垭口是山脊线布线的关键。一般当分水岭顺直，起伏不大时，几乎每个垭口均可暂作控制点。如地形复杂，山脊起伏较大且较频繁，各垭口高低悬殊时，则低垭口即为路线控制点，而相对突出的高垭口可以舍去。在有支脉的情况下，相距不远的并排垭口，选择前后与路线联系较好、路线较短的垭口为控制点。选择垭口时，还应与两侧布线条件结合起来考虑。

(2) 试坡布线

山脊线有时因两垭口控制点间的高差较大，需要展线；有时为避免路线过于迂回要采用起伏纵坡，以缩短路线里程。因此通常需要试坡布线，一般分为下面两种情况：

① 垭口间平均纵坡不超过规定时，一般情况如中间无太大的障碍，应以均匀坡度沿侧坡布线。若中间遇障碍，则可以加设中间控制点，调整坡度，向两端垭口按均匀坡度布线。

② 垭口间平均纵坡超过规定时，可利用山脊地形展线。如图5-15所示，山脊线的布线是十分灵活的，选线时，应根据地形、地质条件，采用填挖、旱桥、隧道等工程措施来提高低垭口，降低高垭口。也可利用侧坡、山脊等有利地形作回头展线或螺旋展线。

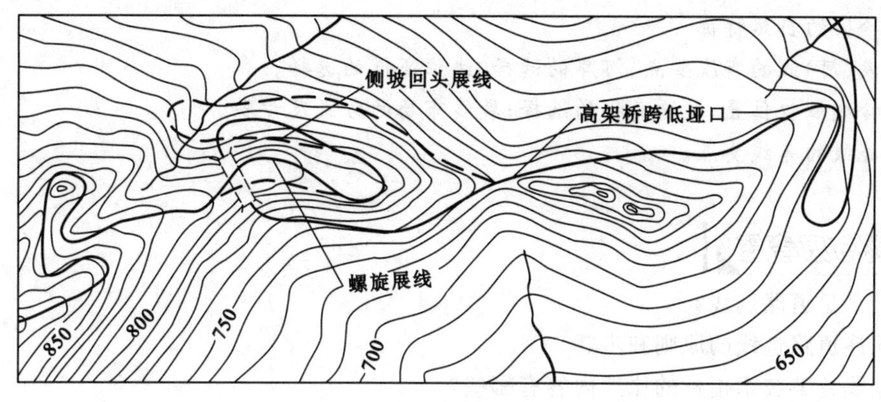

图 5-15 利用山脊线

5.4.5 丘陵区选线

5.4.5.1 丘陵区的自然特征

丘陵区是介于平原区和山岭区之间的地形，其地形特征是山丘连绵、岗坳交错、此起彼伏，山丘曲折迂回，岭低脊宽，山坡较缓，相对高差不大。丘陵区包括微丘和重丘两类地形。

微丘区起伏较小，地面自然坡度在20°以下，山丘、沟谷分布稀疏，坡形缓和，相对高差在100 m以内，而且有较宽的平地可以利用。

重丘区起伏频繁，相对高差较大，地面自然坡度在20°以上，山丘、沟谷分布较密，而且具有较深的沟谷和较高的分水岭，路线平、纵面部分受地形的限制。

5.4.5.2 路线特征

(1) 丘陵区选线的特点

① 局部方案多。由于丘陵区的山冈、谷地较多，路线走向的灵活性大，可行的布线方案一般比较多，一条路线的最终确定往往需要经过多方案的比较。

② 需要路线平、纵、横三方面相互协调、密切配合。由于丘陵区地形迂回曲折和频繁起伏，平、纵、横三方面相互之间的约束和影响较大，若三者组合合理，则可以提高线形技术标准。

③ 路基形式以半填半挖为主。丘陵区的地形特点决定了路线所经地面常有一定的横坡，但是横坡一般不太陡，路线与农林用地和水利设施的矛盾较大。为节约耕地，应采用半填半挖为主的路基形式。

(2) 丘陵区路线布设的方式

① 平坦地带——走直线；

② 斜坡地带——走匀坡线；

③ 起伏地带——走中间。

本章小结

(1) 道路选线的目的、任务、原则。

(2) 选线的方法、步骤。

(3) 平原区选线布线的要点。

(4) 山岭区的自然特征。

(5) 沿溪(河)线的布线要点、河岸的选择、线位高低的选择。

(6) 越岭线垭口位置、过岭高程的选择;展线布局的方式及步骤。

(7) 山脊线的布线要点。

习题与思考题

5-1 什么是道路选线?

5-2 简述道路选线的原则和步骤。

5-3 路线方案技术指标的比选内容有哪些?

5-4 平原区路线布设时应注意哪些影响因素?

5-5 布设沿溪(河)线应解决的主要问题有哪些?

5-6 布设越岭线应解决的主要问题有哪些?

5-7 越岭线展线的方法有哪些? 什么是自然展线? 什么是回头展线? 各有何优缺点?

5-8 高线位和低线位各有何特点?

参考文献

[1] 林雨,陶明霞.道路勘测设计 [M]. 武汉:武汉大学出版社,2013.

[2] 中华人民共和国交通运输部.公路工程技术标准:JTG B01—2014 [S]. 北京:人民交通出版社股份有限公司,2014.

[3] 中华人民共和国交通运输部.公路路线设计规范:JTG D20—2017 [S]. 北京:人民交通出版社股份有限公司,2017.

[4] 中华人民共和国交通运输部.公路工程水文勘测设计规范:JTG C30—2015 [S]. 北京:人民交通出版社股份有限公司,2015.

[5] 中交第一公路勘察设计研究院有限公司.公路工程基本建设项目设计文件编制办法 [M]. 北京:人民交通出版社,2007.

[6] 上海市住房和城乡建设管理委员会科学技术委员会.公路与城市道路设计手册(上)[M]. 2 版.北京:人民交通出版社股份有限公司,2016.

[7] 上海市住房和城乡建设管理委员会科学技术委员会.公路与城市道路设计手册(下)[M]. 2 版.北京:人民交通出版社股份有限公司,2016.

[8] 张弛,潘兵宏,杨宏志.道路勘测设计 [M]. 6 版.北京:人民交通出版社股份有限公司,2023.

[9] 许金良,等.道路勘测设计 [M]. 5 版.北京:人民交通出版社股份有限公司,2018.

[10] 程建川,卞凤兰.道路勘测设计 [M]. 北京:机械工业出版社,2022.

6 道路定线

【内容提要】

本章主要内容包括纸上定线的一般方法、步骤；穿线交点法、拨角法、直接定交点法、坐标法等实地放线方法；实地定线控制点的选择、放坡定线的步骤。本章的教学重点为纸上定线的一般方法、步骤；穿线交点法、坐标法等实地放线方法；实地定线控制点的选择、放坡定线的步骤。教学难点为坐标法、放线法、放坡定线、曲线定线。

【能力要求】

通过本章的学习，学生应了解直接定交点法、路线方案的比较，熟悉拨角法、放线法、实地定线控制点的选择等，掌握纸上定线的方法、坐标法放线法和放坡定线的步骤。

6.1 道路定线任务和方法

6.1.1 任务

道路定线是道路选线的第三个步骤，就是具体落实道路中线确切位置的工作，其任务是在路线总体布局和逐段安排的基础上，按照已定的技术标准，结合地形、地质及其他沿线条件，综合考虑平、纵、横三方面因素，合理安排、定出道路中线位置。道路定线的内容包括确定交点和曲线定线两项工作。

6.1.2 方法

道路定线的方法可分为纸上定线和实地定线两种方法。纸上定线可在实测的大比例尺地形图上或在通过航测得到的大比例尺地形图上进行。技术标准高、地形地物复杂的路线必须使用纸上定线，然后把纸上的路线敷设在地面上（实地放线）。实地定线省去了纸上定线的步骤，所以只适用于标准较低的路线。当实地定线需要局部修改时，可直接在纸上进行，而不必实地修改，这种在纸上局部修改定线的工作称为纸上移线。

6.1.3 定线应注意的问题

道路定线应正确掌握和运用技术标准。道路定线工作应做好总体布局，根据各类地形、地质、水文条件、工程艰巨的路段拟订出可能的方案，然后反复推敲、比较，最终确定采用方案。

道路定线是道路设计过程中很关键的一步。它不仅要解决工程、经济方面的问题，同时要考虑道路是否与周围环境相配合，以及道路本身线形的美观等。

道路定线不仅受地形、地质及地物等条件的制约，还受技术标准、国家政策、社会经济、道路美学以及其他因素的制约。

道路定线应该邀请桥梁、水文、地质等方面的专业人员参加，还需要听取园林建筑方面设计人员的意见，充分发挥各种专业人员的才能和智慧。

6.2 纸上定线

纸上定线是在大比例尺(一般以1∶1000为宜)地形图上确定道路中线的位置。

平原、微丘区定线:地形起伏不大,路线一般不受高程限制,定线主要是正确绕避平面上的障碍,力争控制点间路线顺直短捷。

山岭、重丘区定线:地形复杂,横坡陡峻,定线时利用有利地形,避让艰巨工程、不良地质地段或地物,都涉及调整纵坡的问题,而山岭区纵坡的限制又较为严格,因此,在山区和重丘地区安排好纵坡是首要问题。这些因地形而异的指导原则,并不因采用的定线方法不同而改变。

6.2.1 纸上定线的一般方法

6.2.1.1 定导向线

(1) 确定路线方案

在大比例尺地形图上仔细研究路线布局阶段选定的主要控制点间的地形、地质情况,选择有利地形如平缓、顺直的山坡,开阔的侧沟,利于回头的地点等,拟订路线各种可能的走法。

(2) 绘均坡线

根据等高线间距 h 及选用的平均坡度 $i_{均}$(5.0%~5.5%,视地形曲折程度而定),按 $a=h/i_{均}$ 计算出等高线间平距 a_0,使两角规的开度等于 a_0(比例尺与地形图同),从某一固定点开始,如图6-1所示的 A 点,沿各拟订走法在等高线上依次截取 a、b、c 等点,如最后一点的位置和高程均接近另一固定点 D 时,说明这个方案能够成立;否则,修改路线走法或调整 $i_{均}$,重新试验至方案成立为止。

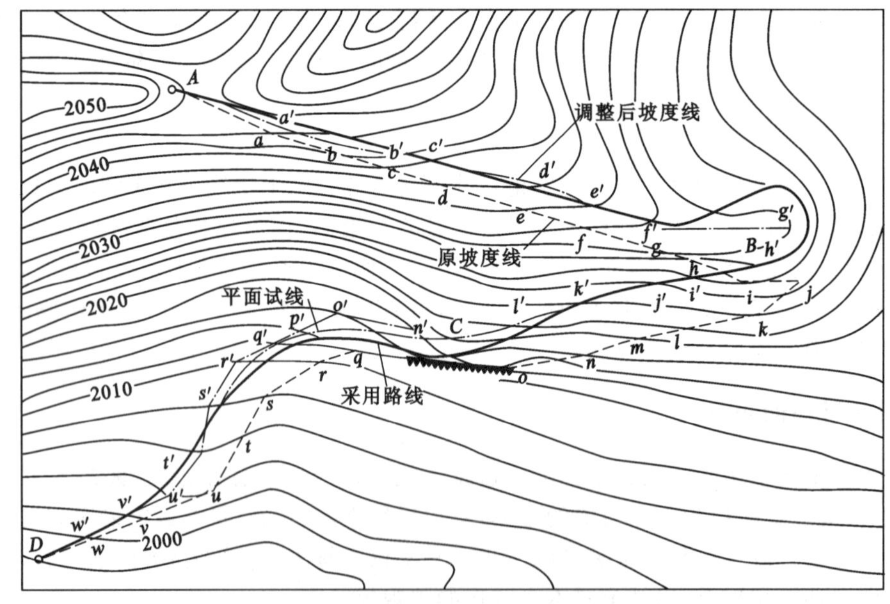

图6-1 纸上定线示例(平面图)

(3) 定导向线

分析这条均坡线对地形、地物、艰苦工程和不良地质的避让情况。如有不合理之处,应选择出需避让的障碍或利用的中间控制点,调整平均纵坡,重新试坡。经过调整修正后得出的折线,称为导向线。如图 6-1 所示，A、a、b、…、D 折线从 C 处陡崖中间通过，B 处利于回头的地点也未利用上，如调整一下 B、C 前后路段的坡度，即能避开陡崖和利用有利的回头地点，因此可以把 B 定为中间控制点，然后分段仿照上法截取 a'、b'诸点，连接 A、a'、b'、…、D 的折线，显示出了路线将行经的部位，即为“导向线”。

(4) 平面试线

穿直线：按照“照顾多数，保证重点”的原则综合考虑平面线形设计的要求，穿线交点，初定路线导线(初定出交点)。

敷设曲线：按道路中线计划通过部位选取且注明各弯道的圆曲线半径、缓和曲线长度等。

平面试线中要考虑平、纵配合，满足线形设计和《公路工程技术标准》(JTG B01—2014)的规定和要求，综合分析地形、地物等情况，穿出直线并选定曲线半径。

6.2.1.2 修正导向线

(1) 点绘纵断面草图

在平面试线的基础上量出地形变化特征点桩号及地面高程，点绘出粗略纵断面地面线(可用分规直接在图纸上量距，确定地面高程)，进行初步纵坡设计，量出各桩的概略设计高程。

(2) 纵断面修正导向线

根据初步纵断面设计的填挖情况，对纵断面地面高程进行修正(挖方过大，降低地面高程；填方过大，升高地面高程)。然后在平面试线上的对应路段进行平面线位调整，称为修正导向线。如图 6-2所示，K0＋200～K0＋400 段挖方工程量较大，该处纵坡已是极限值无法调整，故将路线外移至崖顶边缘通过，如图 6-2 中实线所示，则挖方工程量减少很多。

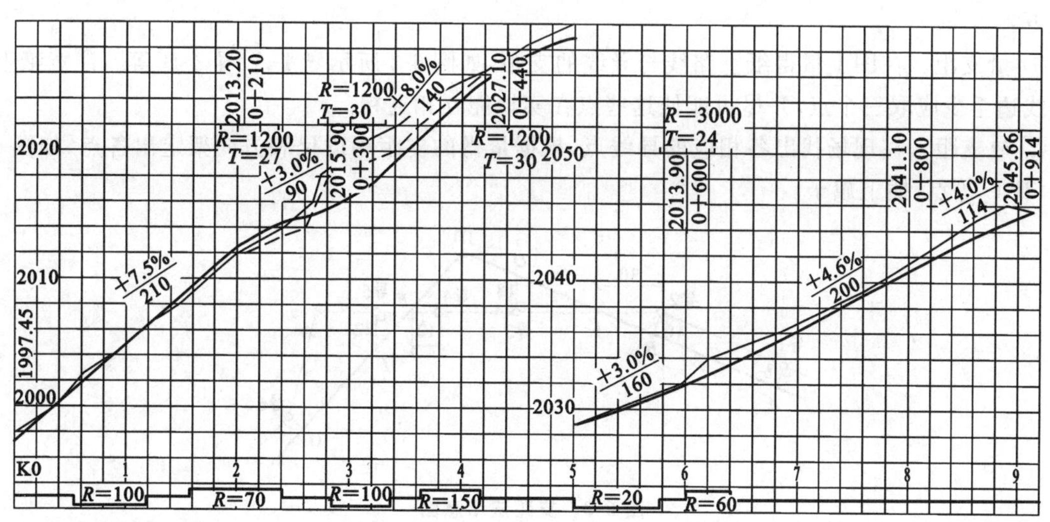

图 6-2 纸上定线示例(路线纵断面图)

(3) 横断面修正导向线

在修正导向线各点的横断面图上，用路基模板逐点找出最经济的或起控制作用的最佳路基中线位置及其可以活动的范围，根据最佳位置点的性质分别用不同符号标注在平面图上，这些点的连线是一条理想纵坡，也是横断面上位置最佳的平面折线，称为二次修正导向线(小比例尺地形图上，最佳位置点无法显示时，可不予标注)。

横断面校核：根据初步纵坡设计，计算出路基填挖高度，绘出工程困难地段的路基横断面图，如地面横坡较陡地段或工程地质不良地段等的路基横断面图,根据路基横断面图的情况修正平面线形。

6.2.1.3 定线

经过几次修正导向线后,最终确定出满足《公路工程技术标准》(JTG B01—2014)的规定、平纵线形都比较合理的路线导向线,定出交点位置(一般由交点坐标控制)。纸上定线应该既符合该级道路规定的几何标准,又能充分适应当地地形,避开尽可能多的障碍物。为此,道路定线必须在分析研究二次修正导向线上各特征点的性质和可活动范围的基础上,反复试线才能得到满意的结果。

6.2.2 实地放线

实地放线是将纸上定好的路线敷设到地面上,供详细测量和施工之用。把纸上路线放到地面上的方法很多,常用的有穿线交点法、拨角法、直接定交点法、坐标法等,应根据路线复杂程度和精度要求、测设仪具设备情况、地形等具体条件选用。

6.2.2.1 穿线交点法

穿线交点法是根据平面图上路线与实测地形时敷设的控制导线(以下简称导线)的关系,把纸上路线的每条边逐一而独立地放到实地去,延长这些直线产生交点,构成路线导线,由于放线的方法不同,又可分为支距法和解析法两种。

(1) 支距法

支距法通常指穿线交点定线,适用于地形不太复杂、路线距离导线不远的地段。其具体方法如下:

① 量支距。在图上量得纸上路线与导线的支距,如图6-3所示导1-A、导2-B等。注意纸上每条导线边至少应取三个点,并尽可能使这些点在实地能互相通视。

② 放支距。在现场找出各相应的导线点,根据量得的支距用皮尺和方向架定出各点,如图6-3中A、B、C等点,插上旗子。

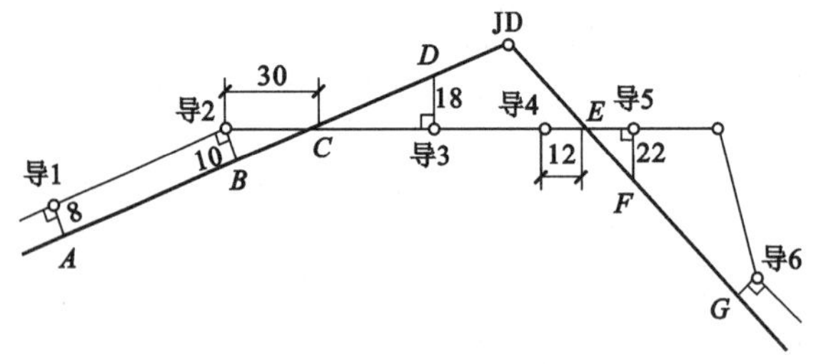

图6-3 支距法示意图

③ 穿线交点。放出的各点,由于量距和放线工作的误差,不可能恰好在一条直线上,必须穿直,穿直线多用花杆进行(长直线或地形起伏很大时可用经纬仪),穿出直线后要根据实际地形审查路线是否合理,不合理则现场修改,改善线路位置。两相邻直线的交点即为转角点,如交点距路线很远或交在不能架设仪器的地方,可插成虚交形式,所有交点和转点都应钉桩以标定路线。

(2) 解析法

解析法是用坐标计算纸上路线与导线的关系,此法较为准确。在地形复杂、直线较长、路线位置需要准确控制时用此法。

6.2.2.2 拨角法

拨角法也是根据纸上路线在平面图上的位置与导线的关系，用坐标计算每一条线的距离、方向、转向角和各控制柱的里程，放线时就按照这些资料直接拨角量距，不穿线交点，外业工作较为迅速，但此法所依据的资料要可靠、准确。

(1) 计算原理

如图 6-4 所示，当需要在现场施放 A 点时，该点坐标可通过计算得到或直接从平面图上量得。在 A 点附近找到 2 个导线点(坐标为已知)，通过坐标解析法计算出 A 点到导线点的距离及 A 点与其两导线点连成的导线边的夹角，即可用拨角法放 A 点。

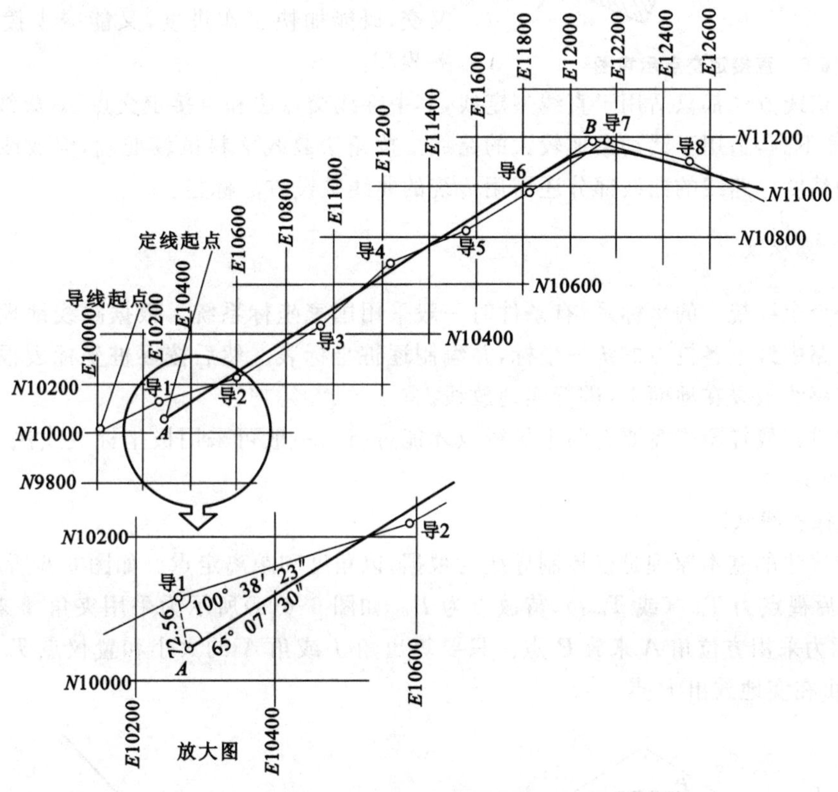

图 6-4 拨角法坐标计算示例

(2) 外业放线

根据内业计算资料的夹角和距离，先从导 1 上放出路线起点 A 和第一边 AB 以后，各边按转向角及距离直接定出。拨角法的精度主要取决于定线所依据的原始资料是否可靠准确和累积放线误差的大小。因此现场放线时，必须十分注意路线实际位置是否合宜，高度是否恰当，必要时可现场变动完善。为了消除拨角量距误差的影响，放线时应视现场具体情况每隔一定距离与导线联系闭合一次，并进行调整。

6.2.2.3 直接定交点法

直接定交点法适宜在地形平坦、视线开阔、路线受限不大、路线位置能根据地面目标决定的地区，可依纸上路线和地貌、地物的关系，现场直接将交点定出。如图 6-5 所示，交点 JD 离河岸约 200 m，位于已有公路曲线的内侧，一端切线距公路桥头 50 m，另一端切线距房屋 25 m，这样便可根据这些关系直接于现场定出交点 JD。

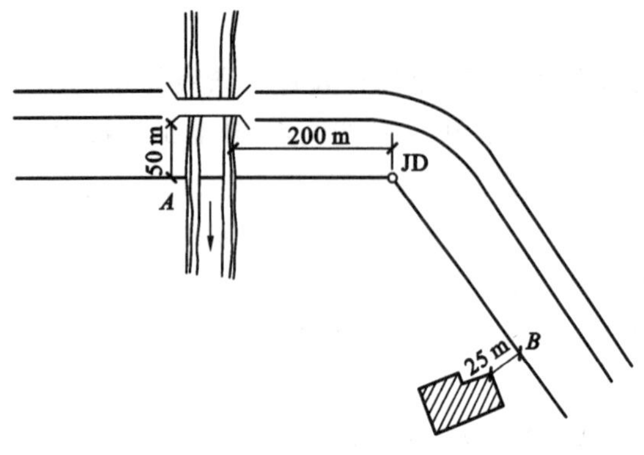

图 6-5　直接定交点示意图

在有些情况下,并没有上例这样明显的条件,路线的平面和高程位置,需要视地形、地质情况,根据现场选线的原则定出交点,做法参见实地定线(直接定线)。

综上所述,穿线交点法定线费时较多,拨角法定线的误差会积累,为了弥补这些工作方法的缺点,取长补短,可以两者结合应用,即拨角法定线到一定距离后,再用穿线交点法放线相交,这样又拨又交,既能加快工作进度,又能减少拨角定线的误差累积。

上述三种定线方法都只适用于直线型定线,其中穿线交点法和直接定交点法,放线资料大都来自图解,准确度不高,适用于活动余地较大的路线。拨角法放线资料虽较准确,但放线误差的累积也影响定线的精度。路线的曲线部分还需用传统的曲线敷设方法标定。

6.2.2.4　坐标法

先建立一个全线统一的坐标系,有条件时一般采用国家坐标系统。根据路线地理位置和几何关系计算出道路中线上各桩点的统一坐标,并编制逐桩坐标表。然后按逐桩坐标表根据实地的控制导线就可将路线敷设在地面上,进行实地放线。

用全站仪进行放样至少需要有两个导线点才能进行。一般可采用极坐标放线法(即拨角测距法)和坐标放线法。

(1) 极坐标放线法

极坐标放线法的基本原理是以控制导线为根据,以角度和距离定点。如图 6-6 所示,以导线点 T_i 为置仪点,后视点为 T_{i-1}(或 T_{i+1}),待放点为 P。如图 6-6(a)所示为采用夹角 J 来放 P 点,如图 6-6(b)所示为采用方位角 A 来放 P 点。只要算出角 J 或角 A 的大小和置仪点 T_i 到待放点 P 的距离 D,就可在实地放出 P 点。

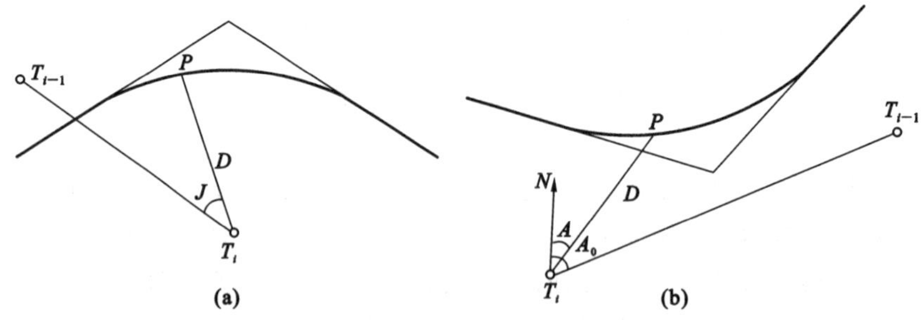

图 6-6　极坐标放线示意图

设置仪点的坐标为 $T_i(x_0, y_0)$,后视点的坐标为 $T_{i-1}(x_h, y_h)$,待放点的坐标为 $P(x, y)$。放线数据 D、A、J 可用直线型定线法计算得出,据此拨角测距即可放出待定点 P。

(2) 坐标放线法

此法的基本原理与极坐标放线法相同,它是利用现代自动测量仪的坐标计算功能,只需输入有关点的坐标值即可,现场不需做任何手工计算,而是由仪器内的电脑自动完成有关数据的计算。

6.3 实地定线(直接定线)

6.3.1 一般定线

当路线不受纵坡限制时,定线以平面和横断面为主安排路线。其要点是:以点定线,以线交点。以点定线,就是在全面布局和逐段安排确定的控制点间,结合各方面因素进一步确定影响道路中线位置的小控制点,然后按照这些小控制点,大致穿出道路直线的方法。以线交点,就是在已定小控制点的基础上结合路线标准和前后路线条件,穿出直线,并延长交出交点。

6.3.1.1 控制点的加密

两控制点之间,一般不可能作直线(特别是地形困难、等级较低的公路),常常需要设置交点,使路线转向,从而避开障碍物,利用有利地形,以达到技术符合要求,经济合理的目的。加密控制点,就是在实地寻找控制和影响道路中线位置的具体点位。一般小控制点有经济性和控制性两种控制点。

(1) 经济性控制点

经济性控制点,主要是在路线穿过斜坡地带时考虑横向填挖平衡或横向施工经济(有挡土墙及其他加固边坡时)因素而确定的小控制点。如图 6-7 中Ⅱ—Ⅱ中线位置,使挖方面积和填方面积大致相等,这时的线位即为经济性控制点。由于这类点仅从横向施工经济出发控制线位,所以只能作为穿线定点的参考位置。

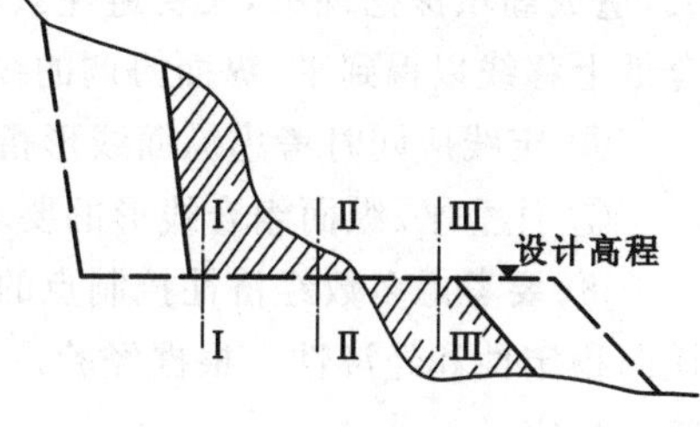

图 6-7 横断面经济位置

(2) 控制性控制点

控制性控制点,是受艰巨工程、不良地质、地物障碍、路基边坡稳定等因素限制而确定的道路中线位置。如图 6-8 所示为各种因素对线位影响的示意图。从图 6-8 中可看出,控制点的位置还与路基的形状尺寸、加固方式、通过不良地质地段的工程措施、地表形状、路基设计高程等因素有关。定线时应综合考虑这些因素,合理确定小控制点的位置。

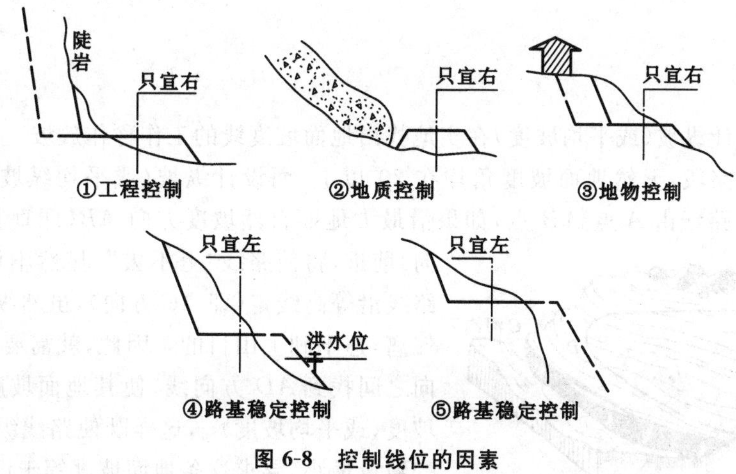

图 6-8 控制线位的因素

6.3.1.2 穿线定点

受各种因素限制的平面位置控制点比较多，这些控制点在平面上的分布没有一定规律，而且路线受技术标准和平面线形组合的限制，不可能照顾到每一个控制点。因此，穿线定点就是根据技术标准和线形组合的要求，满足控制性控制点和照顾多数经济性控制点，前后考虑，用穿线的办法延长直线，交出转角点。

在进行穿线定点时，除要满足技术指标的要求外，还应注意以下几方面：

① 平曲线间必须有足够的直线长度。

② 同向平曲线间应避免出现“断臂曲线”。在满足控制点要求的前提下，调整交点位置使路线偏角较小，交点间距较长，以争取较好的线形。

③ 注意保证行车视距。确定交点位置时，应尽量避免交点正对山嘴或其他障碍物。

④ 注意力求平面线形指标均衡，保持线形的连续性，长直线尽头应尽量避免设小半径曲线，避免急转弯，以利于行车安全。路线绕避障碍物时，要及早转向，以使线形舒顺均衡。

⑤ 路线平面弯曲要与纵面起伏相协调。在定线中既要防止由于路线平面过直使纵面起伏很大，造成高填深挖现象，又要避免只求纵面平缓，使平面线形不顺适的现象。在复杂地形地段，可结合纸上移线以得到平、纵面协调的线形。

⑥ 定线应同时考虑纵面线形指标，尽量少用或不用极限纵坡，越岭线要避免反坡。

⑦ 注意平、纵面组合线形的要求。

⑧ 要考虑多数经济性控制点的要求，使所穿直线横向填挖基本平衡。所定线形应保证路基的横向稳定性和经济性。根据经验，一般要注意暗弯勿多填、明弯勿多挖，这样既减少土石方，又保证路基稳定。

⑨ 定线时应注意横向地形、地质、地物控制的要求，做到定的是一条线，考虑的是一条带，从整个路带范围来布置路线。

⑩ 在横坡较陡的路段，应注意结合路基边坡加固措施来安排路线，尽量避免高边坡和长深的路堑。注意路线与桥涵和其他特殊构造物的配合。

6.3.2 放坡定线

6.3.2.1 放坡

按照要求的设计纵坡(或平均坡度)在实地找出地面坡度线的工作称作放坡。

在山岭重丘区路段，天然地面坡度角均在 20°以上，而设计纵坡(或平均纵坡)是有一定要求的。如图 6-9所示，路线由 A 点到 B 点，如果沿最大地面自然坡度方向 AB(即垂直于等高线的方向)前进，将使路线“上不去”，显然不可能实施。如果路线沿等高线走(即 AC 方向)，虽然纵坡平缓，但方向偏离，达不到上山目的。因此，就需要在 AB 和 AC 方向之间找到 AD 方向线，使其地面坡度正好等于设计坡度(或平均坡度)i_p，这样既使路线纵坡平缓，又使填挖数量最小，寻求这条地面坡度等于设计坡度(或平均纵坡)i_p 的路线就是放坡的任务。

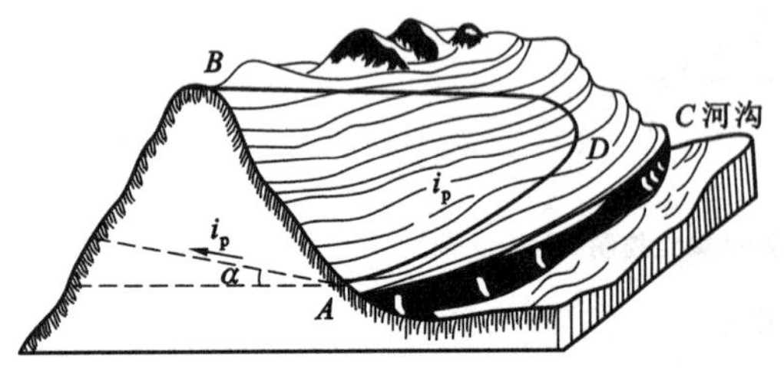

图 6-9 放坡定线原理示意图

6.3.2.2 放坡定线

(1) 作修正导向线

放坡后的坡度点就是大概的路基设计高程位置，而实地道路中线的位置对于路基的稳定和填挖的工程量影响很大。若中线在坡度点的下方[图 6-10(a)]，则横断面以路堤形式为主；若中线正好通过坡度点[图 6-10(b)]，则横断面为半填半挖形式；若中线在坡度点上方[图 6-10(c)]，则横断面以路堑形式为主。

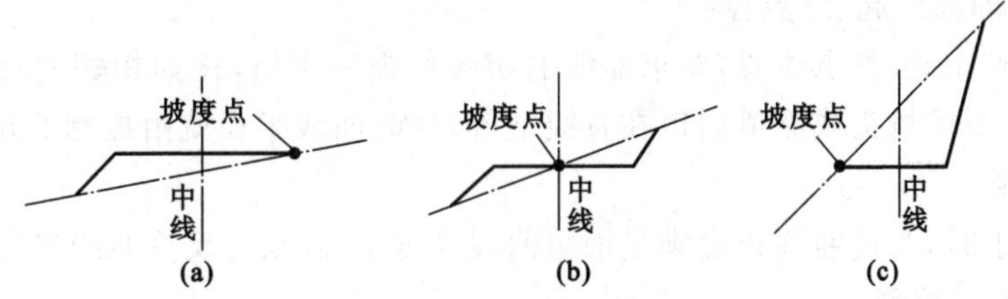

图 6-10 中线与坡度点在横断面上的位置

根据坡度线(如图 6-11 所示的虚线 $A_0A_1A_2\cdots$)连线结合地面横坡考虑路基稳定和工程经济即可确定出合适的中线位置，并插上花杆(或标志)，细实线 $B_0B_1B_2\cdots$称作修正的导向线。根据经验，一般当地面横坡比在 1∶5 以下时，中线在坡度点上方或下方，对路基稳定和工程经济影响不大；当地面横坡比为 1∶2 时，中线与坡度点重合为宜；当地面横坡比大于 1∶2 时，中线宜在坡度点上方，以形成全挖的台口式断面为好。

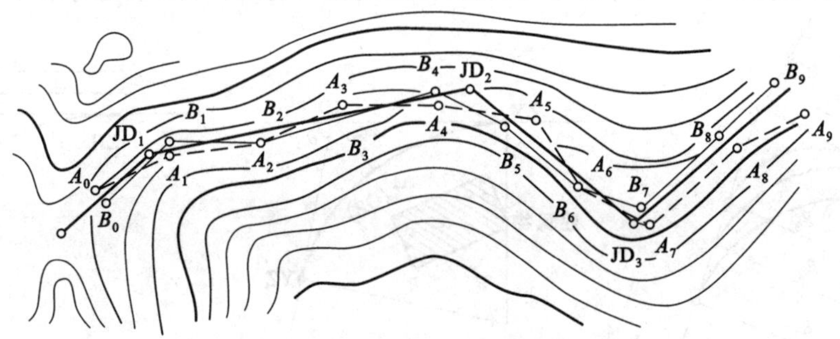

图 6-11 放坡定线示意图

(2) 穿线交点

修正导向线 $B_0B_1B_2\cdots$是具有合理纵坡且横断面上位置最佳的一条折线，但它不能满足平面线形标准的要求，故选线时应尽可能靠近或穿过导向线上的点，裁弯取直，使平、纵、横三方面恰当结合，穿出与地形相适应并符合标准的若干直线，各相邻直线相交即可确定交点 JD_1、JD_2、JD_3 等。这项工作是具体落实到交点，最后确定线位的工作，选线时要反复插试，逐步修改，才可能定出合理的线位。

6.3.3 曲线定线

经过穿线交点确定了路线的交点位置，在交点处还需要根据标准结合地形、地物及其他因素选择适宜的平曲线半径，控制曲线线位。

6.3.3.1 单交点法

单交点是实地定线最常采用的方法之一。它是用一个交点来确定一段单圆曲线的插设曲线方法,比较简便,一般适用于转角不大,实地能直接定设交点的情况。半径 R 的大小,直接影响曲线线位,如图 6-12 所示,当转角较大,不同半径可能使曲线线位相差几米甚至几十米。线位的移动将直接影响线形、工程数量及路基稳定,半径一般结合地形和其他因素按以下控制条件来选择。

(1) 外距控制(即曲线中点控制)

如图 6-13 所示,根据弯道内侧的固定建筑物,确定曲线上的 A 点是不与其他因素发生干扰的控制点。即可用皮尺量出控制的外距值 E,并用罗盘仪测出转角 θ,即可反算半径。

(2) 切线控制(即曲线起、终点控制)

有时路线为了控制起、终点位置,要求曲线的切线长为一定值,比如相邻的反向曲线间要求一定的直线长度,或者要求桥头或隧道洞口在直线上等,这时曲线半径就由控制的切线长来选定。

(3) 曲线长控制

当路线转角较小时,为使曲线长度满足最短曲线长度 $L_{\min}$,则可反算曲线半径最小值。

(4) 曲线上任意点控制

如图 6-14 所示,有时路线由于桥涵人工构造物位置或原路改建的要求,控制曲线必须从点 A 通过,可用试算法选择半径。其办法是:先实地量出 JD 至 B 点的距离和要求的支距(即 BA),初选半径 R,用试算法确定。

(5) 按纵坡控制

当路线纵坡紧迫时,为使弯道上的合成纵坡不因曲线半径太小而超过规定值,这时,应根据已定的纵坡和合成纵坡标准值来反算出超高横坡,再按控制的超高横坡求得最小控制半径。

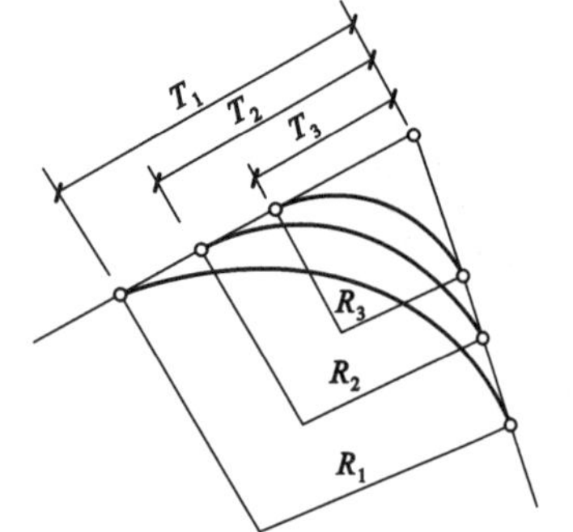

图 6-12 半径对线位的影响

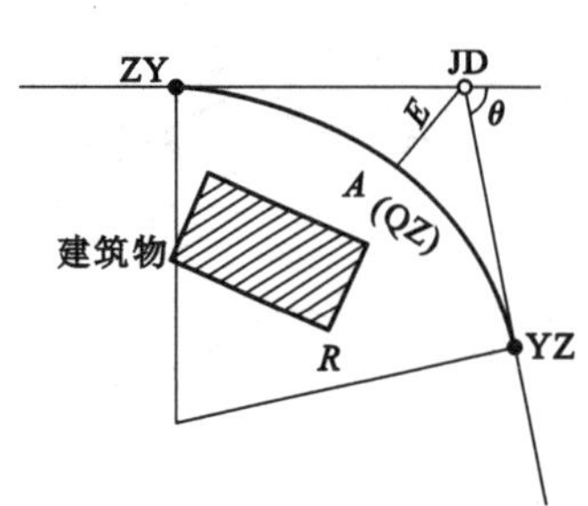

图 6-13 外距控制

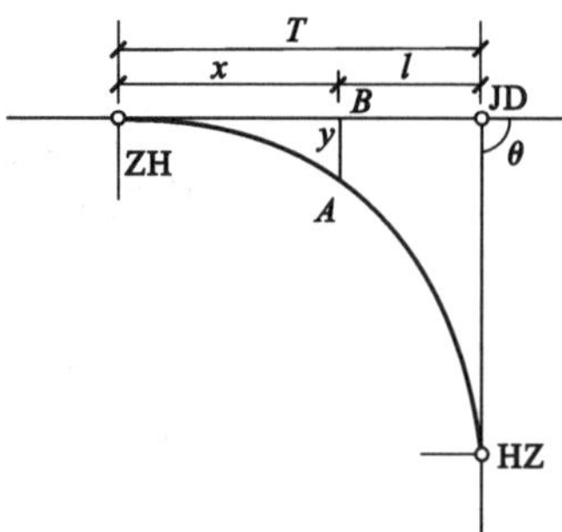

图 6-14 曲线上任意点控制

6.3.3.2 双交点法(虚交点法)

当路线偏角很大及交点受地形或地物障碍限制,无法定设交点时,如图 6-15 所示,可在前后直线上选两个辅助交点 JD_A、JD_B 来代替交点 JD,敷设曲线选择半径,JD_AJD_B 直线称作基线,具体做法有两种:

(1) 切基线法

当选择基线可以控制曲线位置,能使所定曲线与基线相切时,称作切基线法,如图 6-15 所示,GQ 为公切点,量出转角 θ_A、θ_B 和基线长度 AB 后可反算半径。选择半径后还要检查是否满足标准的要求。切基线法,方法简便,控制线位易行,计算简单,是比较常用的方法。

(2) 不切基线法

当选择基线不能控制曲线线位或切基线计算的半径不能满足标准要求时,则所设曲线不能与基线相切,只能按不切基线法来选择半径。如图 6-16 所示,其方法是:先根据标准要求初选半径 R,测量 θ_A、θ_B、基线长度,计算出 T_A、T_B,即可定出曲线起、终点 ZH、HZ,并用切线支距检查曲线上任一点的线位,如与实际情况相符,则所选半径合适,反之应再调整计算。

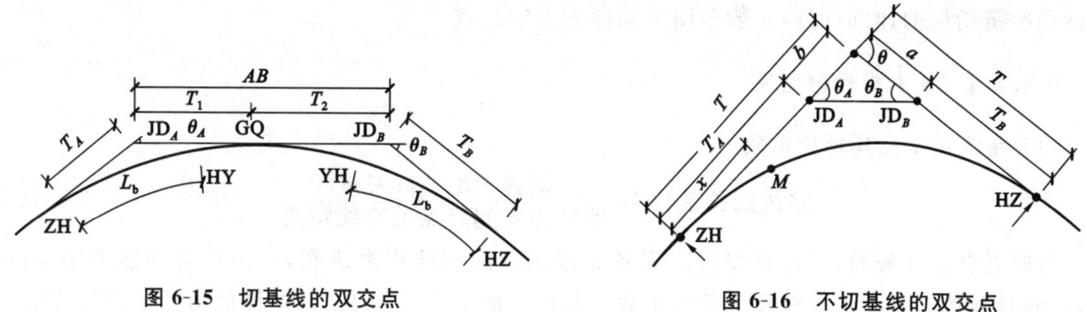

图 6-15　切基线的双交点

图 6-16　不切基线的双交点

6.4　路线方案比较

方案比较是选线中确定路线总体布局的有效方法。在可能的多种布局方案中,通过比较决定取舍,选择出技术合理、费用经济、切实可行的最优方案。路线方案的取舍是路线设计中的重要问题。方案是否合理,不仅直接关系到道路本身的工程投资和运输效率,更重要的是影响到路线在道路网中的作用,直接关系到是否满足国家政治、经济及国防的要求和长远利益。根据方案比较深度的不同有原则性方案比较和详细的路线方案选择两种。

6.4.1　原则性方案比较

从形式上看,方案比较可分为质和量的比较。对于原则性的方案比较,主要是质的比较,多采用综合评价的方法,这种方法不是通过详细计算经济指标和技术指标进行比较,而是综合各方面因素进行评比。其主要综合因素有:

① 路线在政治、经济、国防上的意义,国家或地方建设对路线使用任务、性质的要求,以及战备、支农、综合利用等重要方针的贯彻和体现程度。

② 路线在铁路、公路、航道等网系中的作用,与沿线工矿、城镇等的规划关系,以及与沿线农田水利建设的配合及用地情况。

③ 沿线地形、地质、水文、气象、地震等自然条件对道路的影响,要求的路线等级与实际可能达到的技术标准及其对路线使用任务、性质的影响,路线长度、筑路材料来源、施工条件以及工程量、三材(钢材、木材、水泥)用量、造价、工期、劳动力等情况及其对道路运营、施工、养护的影响,以及施工期限长短等。

④ 工程费用和技术标准情况。

⑤ 其他如与沿线历史文物、革命史迹、旅游风景区的联系。

影响路线方案选择的因素是多方面的,而各种因素又多是互相联系和互相影响的,比选时应在满足使用任务和性质要求的前提下,综合考虑自然条件、技术标准和技术指标、投资、施工期限和施工设备等因素,精心选择,反复比较,才能提出合理的推荐方案。

6.4.2 详细的路线方案选择

路线方案的最终选择是在考虑上述影响因素的基础上进一步进行详细的计算,主要包括技术指标和经济指标的详细计算,一般多用于局部方案的比较。

6.4.2.1 技术指标的比较

(1) 路线长度及其延长系数

$$路线延长系数 = \frac{路线方案实际长度}{路线方案起终点的直线距离} \tag{6-1}$$

有时在初步比较时,可计算路线方案各大控制点间直线距离之和,可不计算路线方案实际长度,这时计算的系数叫作路线技术延长系数。其值一般为 1.05~1.20,具体值由地形条件确定。

(2) 转角数

转角数包括全线的转角数和每公里的转角数。

(3) 转角和转角平均度数

转角是体现路线顺直的一种技术指标。转角平均度数按下式计算:

$$\theta = \frac{\sum_{i=1}^{n}\theta_i}{n} \tag{6-2}$$

式中 θ——转角平均度数,(°);

θ_i——任一转角的度数,(°)。

(4) 最小曲线半径数

(5) 回头曲线数

(6) 与既有道路及铁路的交叉数目

它包括平面交叉和立体交叉两种。

(7) 限制车速的路段长度

它是指居住区、小半径转弯处、交叉点、陡坡路段等。

6.4.2.2 经济指标的比选

经济指标的比选有如下几个方面:

① 土石方工程数量;

② 桥涵工程数量(大桥、中桥、小桥涵的座数、类型及长度);

③ 隧道工程数量;

④ 挡土墙工程数量;

⑤ 征地数量及费用;

⑥ 拆迁建筑物及管线设施的数量;

⑦ 主要材料数量;

⑧ 主要机械、劳动力数量;

⑨ 工程总造价;

⑩ 投资成本效益比;

⑪ 投资利润率;

⑫ 投资回收期。

6.4.2.3 方案比较步骤

一条较长的路线，可能的方案很多，不可能对每一方案都进行实地勘察和比选。只能事先尽可能搜集已有资料，在室内进行筛选，然后选择较佳的且优劣难辨的几个方案进行实地勘察和比选。其一般步骤为：

① 搜集资料；

② 在小比例尺地形图上布局路线，初拟方案；

③ 室内初步比选，确定可比方案；

④ 实地视察、踏勘测量（或在地形图上进行）；

⑤ 进一步比选，确定推荐方案。

如图 6-17 所示为某公路干线，根据公路网规划要求按二级公路、三级公路标准进行视察，共有四个视察方案，各方案的主要技术经济指标汇总见表 6-1。

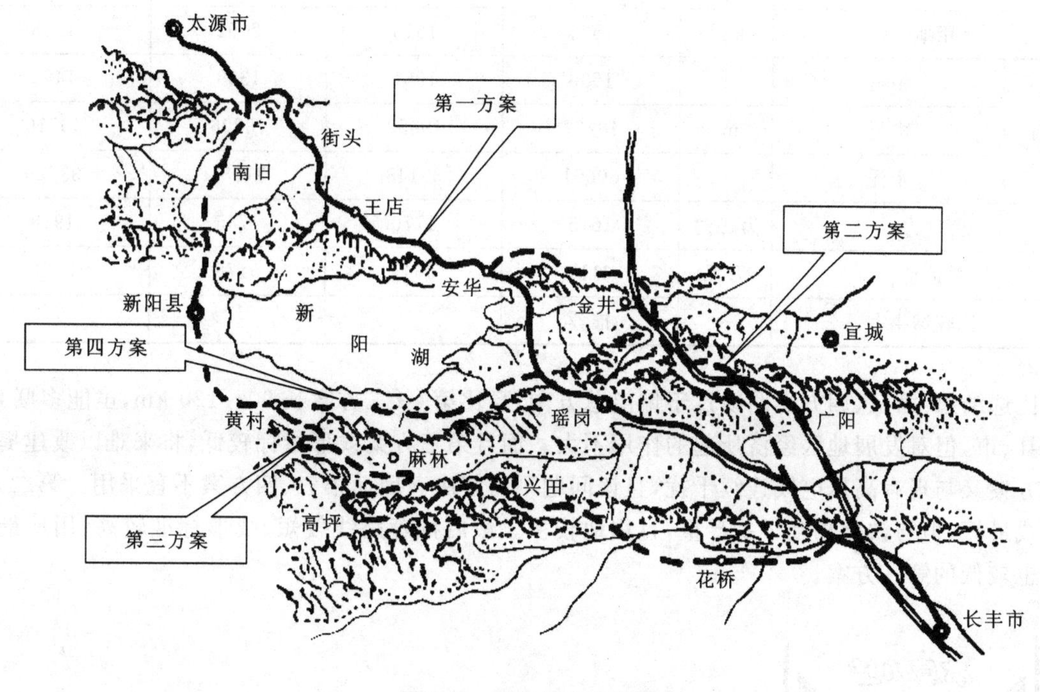

图 6-17 某公路方案比较

表 6-1 某公路各方案主要指标比较表

指标	单位	第一方案	第二方案	第三方案	第四方案
通过县(市)	个	22	35	34	35
路线长度	km	1300	1290	1410	1390
其中新建	km	130	170	157	163
改建	km	1220	1120	1303	1253

续表

指标		单位	第一方案	第二方案	第三方案	第四方案
地形	平原、微丘	km	557	667	501	602
	山岭、重岭	km	782	659	511	603
工程数量	土方	10^4 m^3	352	462	490	513
	石方	10^4 m^3	121	72	80	119
	次高级路面	km^2	5316	5592	4453	5659
	大、中桥	m/座	1542/16	1802/20	1057/13	1207/15
	小桥	m/座	1084/57	846/54	980/52	1566/82
	涵洞	道	970	950	1091	1270
	挡墙	m^3	73530	53330	99770	111960
	隧道	m/处	300/1	150/1	290/1	240/1
用地		km^2	1525	1913	2092	1928
材料	钢材	t	1530	1961	1339	1460
	木材	m^3	18237	19052	18226	19710
	水泥	t	30601	39148	31281	33629
劳动力		万工时	1615	1770	1745	1918
总造价		万元	3118	5647	5178	5982
比较结果		—	推荐	—	—	—

比选结果：第三、四方案路线过于偏离总方向，且比第一、二方案长 90～120 km，虽能多联系两三个县、市，但对发展地区经济所起的作用不大。而且第三方案线形指标较低，将来难以改建提高；第四方案又与现有高压电线连续干扰，且该问题不易解决。因而第三、四方案不宜采用。第二方案虽路线最短，但与铁路相互干扰严重，且用地较多。最后推荐路线较短、线形标准较高、用地最省、造价也较低的第一方案。

本章小结

(1) 纸上定线的一般方法。

(2) 实地放线的方法——穿线交点法、拨角法、直接定交点法、坐标法的运用。

(3) 放坡定线的方法及应注意的问题。

(4) 曲线定线的方法。

(5) 路线方案的比较。

习题与思考题

6-1 道路定线时应注意哪些问题?

6-2 纸上定线的一般步骤包括哪些?

6-3 实地放线的方法有哪些？各自的特点是什么？

6-4 一般小控制点包括哪些？

6-5 穿线定点时，除了要满足技术指标的要求外，还应注意哪些问题？

6-6 曲线定线的方法有哪些？各自的特点是什么？

6-7 路线方案比较的方法有哪些？各自的特点是什么？

参考文献

[1] 林雨，陶明霞. 道路勘测设计［M］. 武汉：武汉大学出版社，2013.

[2] 中华人民共和国交通运输部. 公路工程技术标准：JTG B01—2014［S］. 北京：人民交通出版社股份有限公司，2014.

[3] 中华人民共和国交通运输部. 公路路线设计规范：JTG D20—2017［S］. 北京：人民交通出版社股份有限公司，2017.

[4] 中华人民共和国交通运输部. 公路工程水文勘测设计规范：JTG C30—2015［S］. 北京：人民交通出版社股份有限公司，2015.

[5] 中交第一公路勘察设计研究院有限公司. 公路工程基本建设项目设计文件编制办法［M］. 北京：人民交通出版社，2007.

[6] 上海市住房和城乡建设管理委员会科学技术委员会. 公路与城市道路设计手册（上）［M］. 2版. 北京：人民交通出版社股份有限公司，2016.

[7] 上海市住房和城乡建设管理委员会科学技术委员会. 公路与城市道路设计手册（下）［M］. 2版. 北京：人民交通出版社股份有限公司，2016.

[8] 张弛，潘兵宏，杨宏志. 道路勘测设计［M］. 6版. 北京：人民交通出版社股份有限公司，2023.

[9] 许金良，等. 道路勘测设计［M］. 5版. 北京：人民交通出版社股份有限公司，2018.

[10] 程建川，卞凤兰. 道路勘测设计［M］. 北京：机械工业出版社，2022.

7 道路平面交叉设计

【内容提要】

本章主要内容包括交叉口的类型和适用条件、交通分析以及其设计依据；交叉口的车辆、行人及非机动车的交通组织设计；交叉口的通行空间设计；普通环形交叉口设计；交叉口立面设计的基本要求、基本类型和设计方法等。

【能力要求】

通过本章的学习，学生应掌握平面交叉口的基本类型、设计的基本要求和内容、交叉口的交通组织设计和立面设计，了解交叉口通行空间的概念和设计内容，熟悉平面交叉口交通分析及设计依据等内容。

7.1 交叉口设计概述

道路与道路(或铁路)在同一平面上相交的地方称为平面交叉，又称为交叉口。在道路网中，各种道路纵横交错，必然会形成很多交叉口，它是道路系统的重要组成部分，是道路交通的咽喉。

相交道路的各种车辆和行人都要在交叉口汇集、通过和转换方向。交叉口车多、人多以及车辆和车辆之间、车辆和过街行人之间、特别是机动车和非机动车之间的抢道、相互干扰，不仅会降低车速，阻碍交通，而且也容易发生交通事故。据国内外交通事故统计资料表明，35%～59%的交通事故发生在交叉口。此外，车辆在通过交叉口时，受红灯影响延误的时间就占了全程行车时间的31%；其中，因信号灯而引起的延误时间约占全部交叉口延误时间的60%。因此，如何正确设计交叉口，合理组织交通，对于提高交叉口的行车速度和通行能力，避免交通堵塞，减少交通事故，具有重要的意义。

7.1.1 交叉口的类型及适用条件

平面交叉口的形式，取决于道路网的规划、交叉口用地及其周围的地形、地物情况以及交通量、交通性质和交通组织。常见的交叉口形式有：十字形、T形及其演变而来的X形、Y形、错位交叉和多路交叉等。

这些交叉口在平面上的几何图形，由规划道路网和街坊建筑的形状所决定，一般不易改变。但在具体设计中，常因交通量、交通性质以及不同的交通组织方式，把交叉口设计成各具交通特点的形式，可归纳为加铺转角式、分道转弯式、扩宽路口式和环形交叉式四类。

(1) 加铺转角式

交叉口用适当半径的圆曲线平顺连接相交道路的路基和路面，如图7-1所示。

此类交叉口形式简单，占地少，造价低，设计方便，但行车速度低，通行能力小。适用于交通量小、车速低、转弯车辆少的三级公路、四级公路或地方道路；若斜交不大，也可用于转弯、交通量较小的主要道路与次要道路交叉。设计时要满足转角曲线半径的要求并保证足够的视距。

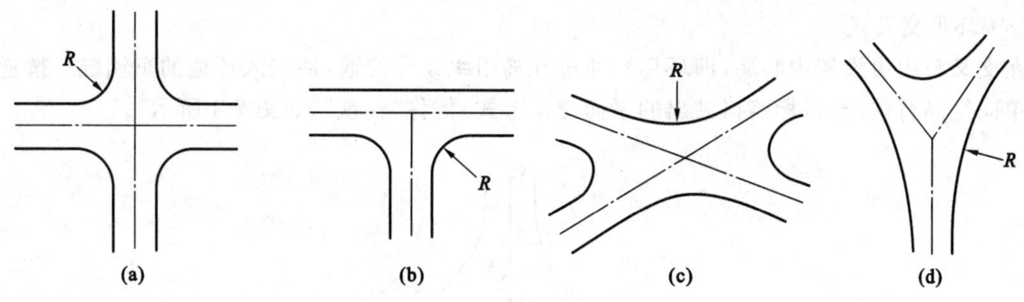

图 7-1 加铺转角式交叉口

(a) 十字形;(b) T形;(c) X形;(d) Y形

(2) 分道转弯式

通过设置分隔岛、导流岛、划分车道等措施,使单向右转或双向左、右转车流以较大半径分道行驶的平面交叉,如图 7-2 所示。

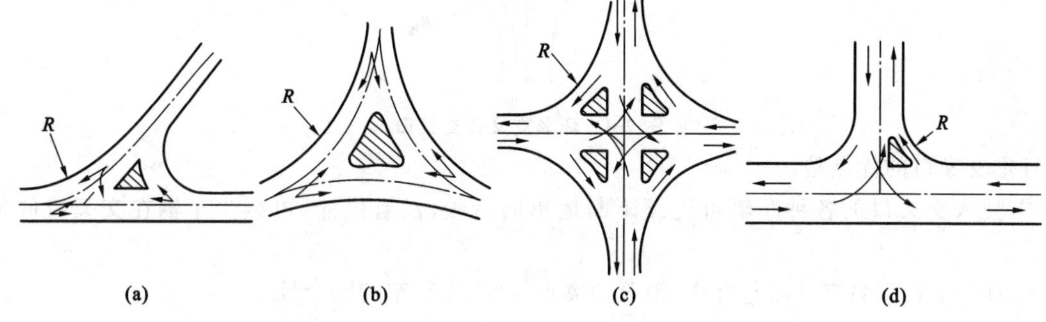

图 7-2 分道转弯式交叉口

此类交叉口转弯车辆,尤其是右转弯车辆的行驶速度和通行能力都较高,适用于车速较高、转弯车辆较多的一般道路。设计时主要解决分道转弯半径问题、保证足够的视距和满足导流岛端部半径的要求。

(3) 扩宽路口式

为使转弯车辆不影响其他车辆的正常行驶,在交叉口连接部增设变速车道和转弯车道的平面交叉。这类交叉可以单增右转或左转车道,也可以同时增设左、右转弯车道,如图 7-3 所示。

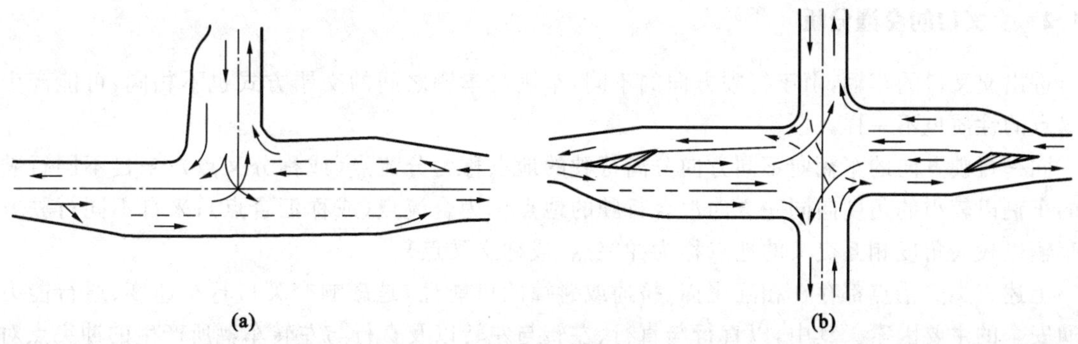

图 7-3 扩宽路口式交叉口

此类交叉口可减少转弯车辆对直行车辆的干扰,车速较高,事故率低,通行能力大;但占地多,投资较大。适用于交通量大、转弯车辆较多的二级公路和城市主干路。设计时主要解决拓宽的车道数,同时也应满足视距和转角曲线半径的要求。

(4) 环形交叉式

在交叉口中央设置中心岛(即环岛),通过环岛组织渠化交通,使进入环道的车辆统一按逆时针方向单向绕岛行驶,至目标路口驶出的平面交叉形式,俗称“转盘”,如图 7-4 所示。

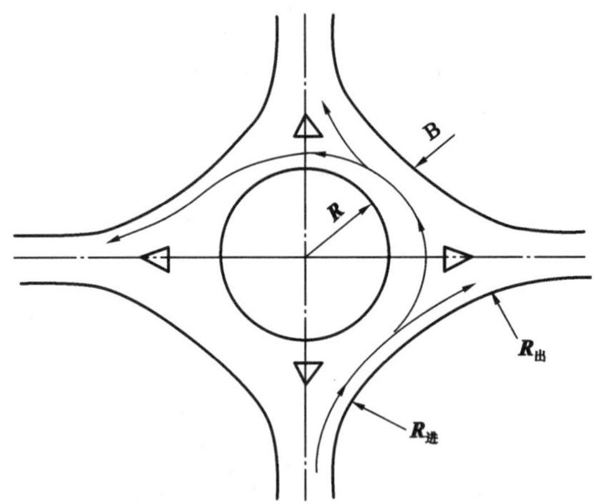

图 7-4 环形交叉式交叉口

环形交叉口的优点是:

① 驶入交叉口的各种车辆可连续不断地单向行驶,没有停滞,可减少车辆在交叉口的延误时间;

② 环道上行车只有分流与合流,消灭冲突点,可提高行车的安全性;

③ 交通组织简便,不需信号管制;

④ 对多路交叉和畸形交叉,用环形交叉渠化交通更为有效;

⑤ 中心岛绿化可美化环境。

环形交叉口的缺点是:

① 一般造价高于其他平面交叉口;

② 增加了车辆的绕行距离,特别是左转弯车辆;

③ 占地面积大,城区改建困难。

7.1.2 交叉口的交通分析

进出交叉口的车辆,由于行驶方向的不同,车辆与车辆之间的交错方式也不相同,可能产生的交错点的性质也不一样。

同一行驶方向的车辆向不同方向分离行驶的地点称为分流点(或称分叉点);来自不同行驶方向的车辆以较小的角度向同一方向汇合行驶的地点称为合流点(或称汇合点);来自不同行驶方向的车辆以较大角度相互交叉的地点称为冲突点(或称交叉点)。

上述三类交错点都存在相互尾撞、挤撞或碰撞的可能性,是影响交叉口行车速度、通行能力和交通安全的主要因素。其中,以直行与直行、左转与左转以及直行与左转车辆所产生的冲突点对交通的干扰和行车的安全影响最大,其次是合流点,最后是分流点。因此,在交叉口设计时,应采取措施尽可能减少冲突点和合流点,尤其要减少或消灭冲突点。

如图 7-5 所示,为三路、四路和五路平面交叉口在无交通管制的情况下交错点的分布情况。其交错点数量见表 7-1。

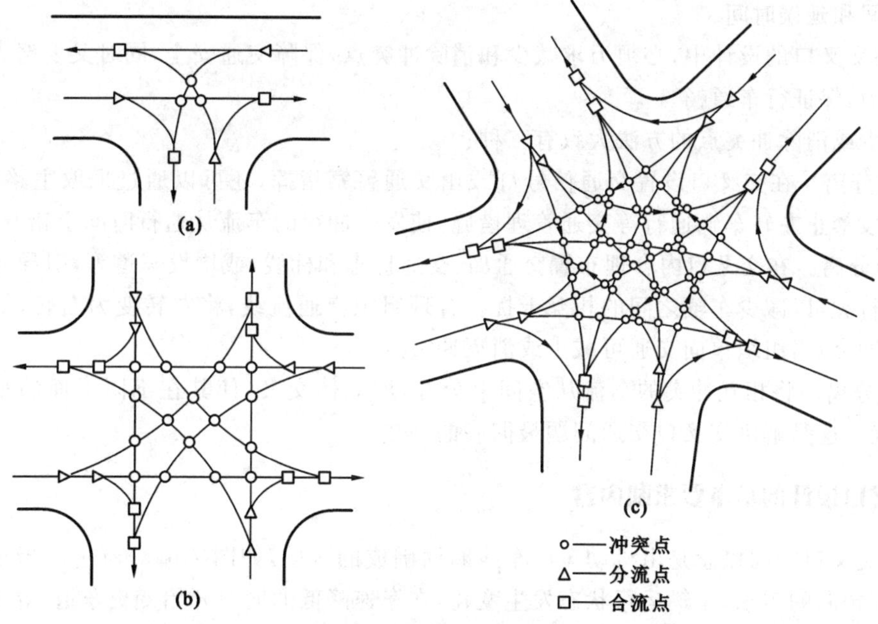

图 7-5 平面交叉口交错点

(a) 三路交叉口；(b) 四路交叉口；(c) 五路交叉口

表 7-1 **平面交叉口交错点数量表**

交叉口类型	交错点数量/个			
	冲突点	分流点	合流点	总数
三路交叉口	3	3	3	9
四路交叉口	16	8	8	32
五路交叉口	50	15	15	80

分析图 7-5 和表 7-1 可得出以下几点结论。

① 在无交通控制的交叉口，各种交错点都存在。其数量随相交道路条数的增加而显著增加，其中增加最快的是冲突点。当相交道路均为双车道时，各交错点的数量可用下式计算：

$$分流点 = 合流点 = n(n-2) \tag{7-1}$$

$$冲突点 = \frac{n^2(n-1)(n-2)}{6} \tag{7-2}$$

式中 n——交叉口相交道路的条数。

例如，无交通控制时，三路交叉的冲突点 3 个，合流点 3 个；四路交叉的冲突点增加到 16 个，合流点 8 个；五路交叉的冲突点猛增到 50 个，合流点 15 个。因此，在规划和设计交叉口时，应力求减少相交道路的条数，尽量避免五条或五条以上道路相交，以减少交错点，简化交通。

② 产生冲突点最多的是左转弯车辆。如图 7-5 所示，四路交叉口若没有左转车流，则冲突点可从 16 个减少至 4 个，而五路交叉口则可从 50 个减少至 5 个。因此，在交叉口设计中如何处理和组织左转弯车辆，是保证交叉口交通通畅和安全的关键因素，是设计交叉口的关键点之一。

③ 为了控制和减少交叉口上的冲突点，以保证交通安全，可以通过设置信号灯的交通管理方式，按顺序开放各条道路的交通。合理设置信号控制的路口，其通行能力会提升，但可能会增加车

辆的停车时间和延误时间。

所以,在交叉口的设计中,必须力求减少和消除冲突点,保障交通安全,同时又要努力提高交叉口的通行能力,保证行车通畅。

通常减少或消除冲突点的方法大致有三种:

a. 时间分离。在交叉口设置交通信号灯或由交通警察指挥,还可以通过采取主路优先管制、设置规定时段禁止左转车辆通行等交通管理措施,使发生冲突的车流从通行时间上错开。

b. 平面分离。在交叉口内合理布置交通岛、交通标志和标线,或增设车道等,引导各方向车流沿固定路径行驶,以减少车辆之间的相互干扰。合理组织交通流线,将左转变为右转,如环形平面交叉可消灭冲突点,组织单向交通可减少或消灭冲突点。

c. 空间分离。将相互冲突的车流从空间上分开,即立体交叉,使其在不同平面的车行道上运行,互不干扰。这是解决交叉口交通问题最彻底的办法。

7.1.3 交叉口设计的基本要求和内容

传统的交叉口空间概念是由机动车停车线断面围成的区域,如图 7-6(a)所示。当车辆接近交叉口时,由于转向的需求,车辆运行状态发生变化,在车速降低的同时开始变更车道,寻求通过交叉口所需的目标车道。同时,由于行人交通可能对交叉口的通行能力和行车安全造成影响,图 7-6(a)仅考虑停车线围成区域的设计不合理。因此,从平面交叉的几何设计和交通组织设计两个方面出发,一个完整的平面交叉口空间限定在交通流运行状态发生变化的断面围成的区域,应由交叉口及其相连接的部分组成,如图 7-6(b)所示。

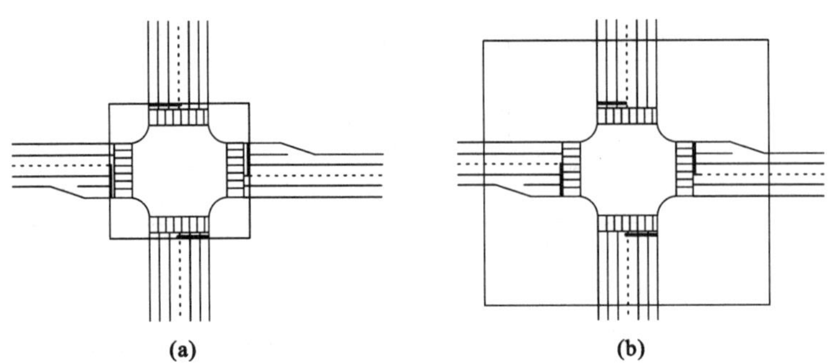

图 7-6 交叉口设计空间范围

交叉口设计的基本要求如下:

① 保证车辆与行人在交叉口能以最短的时间顺利通过,使交叉口的通行能力能与各条道路的通行能力相适应;

② 正确设计交叉口立面,保证转弯车辆的行车稳定;

③ 交叉口的设计要满足排水的要求。

交叉口设计的主要内容包括:

① 选择交叉口的形式,确定各组成部分的几何尺寸,包括行车道的宽度、转角曲线的转弯半径、各种交通岛的尺寸、绿化带的尺寸等;

② 进行交通组织,合理布置各种交通设施,包括设置专用车道和组织渠化交通;

③ 验算交叉口行车视距,保证安全通视条件;

④ 交叉口立面设计,布置雨水口和排水管道。

7.1.4　交叉口的设计依据

7.1.4.1　设计速度

交叉口的设计速度与连接路段的设计速度密切相关，二者速差大时会因减速过大而影响行车安全；对于车辆、行人较多的交叉口，当速差小而路段车速高时，仍有行车危险。因此，确定交叉口的设计速度时要格外慎重，主要根据以下原则：

① 交叉口范围内直行交通的设计速度，原则上应与路段设计速度相同，若受限制必须降低车速，则与路段设计速度之差不应大于 20 km/h。

② 交叉范围车辆变速的加、减速度值见表 7-2。

表 7-2　**加、减速度值**

道路类别		加速度/(m/s^2)	减速度/(m/s^2)
城市道路		1.5	3.0
公路	主要公路	1.0	2.5
	次要公路	1.5	3.0

③ 对于城市道路，我国《城市道路工程设计规范（2016 年版）》（CJJ 37—2012）规定：交叉口的设计速度应按各级道路设计速度的$\frac{1}{2}\sim\frac{7}{10}$倍计算，直行车取较大值，转弯车取较小值。

④ 对于公路，我国《公路路线设计规范》（JTG D20—2017）规定：平面交叉范围内主要公路的设计速度，宜与路段设计速度相同。两相交公路的功能、等级相同或交通量相近时，平面交叉范围内的直行车道的设计速度可适当降低，但不应低于路段设计速度的 70%。次要公路基于交角等原因改线，或因条件受限采用较低的线形指标时，可适当降低设计速度。转弯车道的设计速度应根据路段设计速度、交通量、交叉类型、交通管理方式和用地情况等因素综合确定。

7.1.4.2　设计车辆

道路设计采用小客车、大型客车、铰接客车、载重汽车、铰接列车作为设计车辆，平面交叉的设计也采用这五种车辆作为设计依据，但在实际使用时应根据交叉口相交道路功能、交通组成情况等综合确定。平面交叉转弯曲线的线形和路幅宽度应以设计车辆转弯时的行迹作为设计控制，其转弯时的行迹与行驶速度有关。

各级公路的平面交叉应根据对应设计车辆的行迹进行转弯设计，必要时应对弯道的路面加宽、转向净空等进行检验。左转弯曲线应采用载重汽车的行迹控制设计，转弯设计速度宜采用 5～15 km/h。大型车比例很少或条件受限的公路，可采用 5 km/h 速度时载重汽车的行迹控制设计，但左转弯内缘曲线的最小半径不应小于 12.5 m。设置分隔的右转弯车道时，其转弯设计速度不宜大于 40 km/h；当主要公路设计速度小于或等于 60 km/h 时，其右转弯设计速度不宜低于其 50%。公路技术等级低、交通量不大时，可不设右转弯专用行车道。

7.1.4.3　设计交通量

在平面交叉设计中，大多数情况下采用相交道路设计小时交通量作为交叉口设计交通量，并根据实测的转弯车辆比率确定各路口的左转、右转和直行交通的交通量。对缺乏观测资料和新建的交叉口，可参照条件相似交叉口的交通量观测值类推确定。平面交叉口设计年限不一定等于道路设计年限,其值应根据相交道路交通量的发展趋势和交通组织方式决定,因为有时道路未达到设计年限,其交通量已较大,一般形式的平面交叉已无法适应,这时需作特殊处理或修建立体交叉道路。

在决定设计交通量时,还应考虑其他影响通行能力的诸多因素,如车辆种类、非机动车及行人交通等。

7.1.4.4 通行能力

平面交叉口设计,必须使其设计服务水平下的通行能力满足交叉口的规划交通量的要求,而且不同的交通管制方式,交叉口的通行能力不一样,计算方法也不同。相关内容参见交通工程有关文献。

7.1.4.5 平面交叉间距

(1) 公路

公路平面交叉的间距应根据道路功能、等级及其对行车安全、通行能力和交通延误的影响确定。

一级公路、二级公路作为干线公路时,应优先保证干线公路的畅通,采取排除纵横向干扰措施,平面交叉应保持足够大的间距,必要时可设置立体交叉。

一级公路、二级公路作为集散公路时,应合理设置平面交叉,通过合并支路等措施,减少平面交叉的数量。

一级公路、二级公路的平面交叉最小间距应符合表7-3的规定。

表7-3 **平面交叉最小间距**

公路等级	一级公路			二级公路	
公路功能	干线公路		集散公路	干线公路	集散公路
	一般值	最小值			
间距/m	1000	2000	500	500	300

为使公路平面交叉有足够的间距,规划和设计时应根据公路功能和公路等级,必要时限制平面交叉和出、入口数量,设置互通式立交、分离式立交、通道和天桥。沿线开发程度高的路段,应将街道或小区用道路布置在与公路相交的支路上,或平行于公路且与公路间只提供有限出、入口的辅道上。

(2) 城市道路

城市道路平面交叉间距应根据城市规模、路网规划、道路类型及其在城市中的区域位置而定;从提高车辆通行条件出发,城市道路上平面交叉的间距越大越好,从道路网结构的要求看,交叉口的间距不宜过大,应具有一定的密度。城市道路平面交叉的最小间距,应考虑以下交通要求:

① 在交叉口之间如存在交织和超车,应保证具有足够的安全交织和超车的距离。

② 应满足红灯期车辆最大排队长度以及进出口道总长度的要求。

③ 在车速较高的道路上,为确保安全,交叉口的间距应使驾驶员在专心通过交叉口时,不需要分心就可观察前方的交通情况。

为满足上述交通要求,一般情况下,城市道路平面交叉口的间距不应小于表7-4所列数值。如交叉间距无法满足上述交通要求时,应将交叉口间的道路组织为单向交通或在交叉内禁止左转,以排除交通干扰。

表7-4 **城市道路平面交叉最小间距**

交叉口性质	平面交叉最小间距/m	备注
无信号交叉之间	$1.5V$	禁止左转弯时
无信号交叉之间	$1.5V \cdot n$	

续表

交叉口性质	平面交叉最小间距/m	备注
有信号交叉之间	3V	
有信号交叉与无信号交叉之间	1.5V·n	

注：V 为设计速度(km/h)；n 为单向车道数(不包括附加车道)。

7.2 交叉口交通组织设计

7.2.1 车辆交通组织方法

交叉口相对路段的通行能力小、车速低、行车安全性差，主要原因是相交车流存在各种类型的交通特征点，其中以冲突点的影响和危险最大，而冲突点的产生则来源于左转及直行车辆，并以左转车辆所产生的冲突点为最多，右转车辆一般不会产生冲突点。因此，对于交叉口车辆交通组织设计的着眼点，应在于解决左转车辆和直行车辆的交通组织。具体的交通组织方法归纳起来就是：正确组织不同去向的车流，设置必需的车道数，合理布置交通岛、交通信号灯及各种地面交通标志等，使车辆在交叉口能按渠化交通的原则组织起来，有序通过交叉口。

7.2.1.1 设置专用车道

组织不同车种和不同行驶方向的车辆在各自的车道上分道行驶，互不干扰。如图 7-7 所示，根据行车道宽度和左转、直行、右转车辆的交通量大小可作出多种组合的车道。

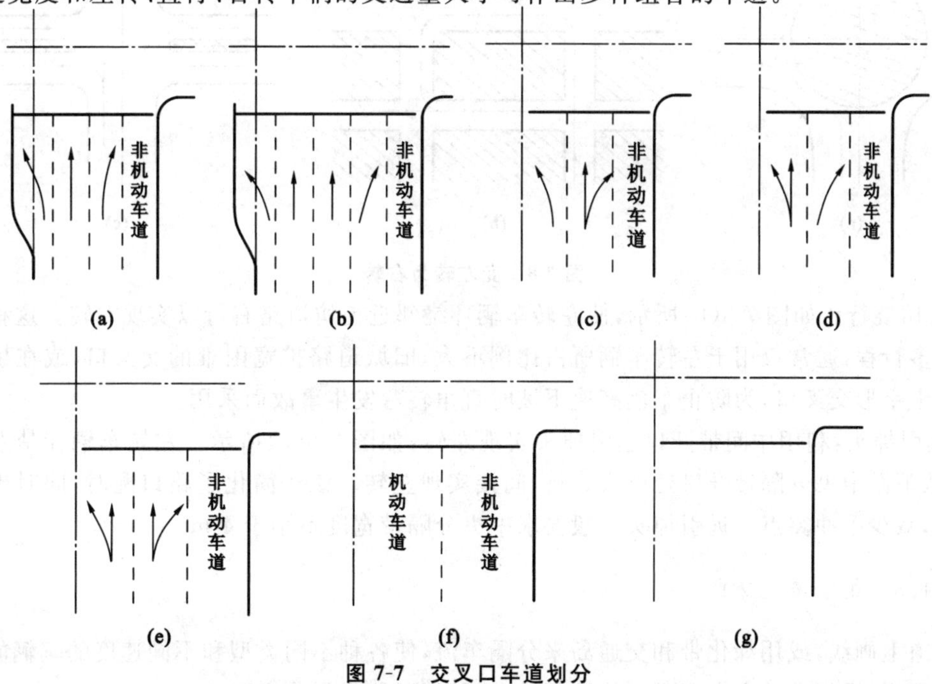

图 7-7 交叉口车道划分

(a) 左转、直行、右转方向车辆数均匀，各设一条专用车道；
(b) 直行车辆较多且左、右转车辆也有一定数量时，设两条直行车道和左、右转各一条车道；
(c) 左转车多而右转车少时，设一条左转车道，直行和右转车共用一条车道；
(d) 左转车少而右转车多时，设一条右转车道，直行和左转车共用一条车道；(e) 左、右转车辆数都较少时，分别与直行车合用车道；
(f) 行车道宽度较窄，不设专用车道，只画快、慢车分道线；(g) 行车道宽度很窄，单向只设一条车道平面交叉应保证进口道车道数与出口道车道数平衡,原则上出口道车道数必须大于或等于进口道车道数,若平面交叉的直行车道数是 2,则直行方向的出口道需设 2 条或 2 条以上车道。同样地,平面交叉需设 2 条左转车道时,左转方向的出口道也需设 2 条或 2 条以上车道。这种设置利于出入口车道位置对应和出入口通行能力对应,避免出口拥堵和发生追尾、碰撞事故。平面交叉还应保证进口道直行交通流在交叉口范围内不改变行驶方向即可驶入出口车道。

7.2.1.2 左转弯车辆的交通组织

左转弯车辆是引起交叉口车流冲突点增多的主要原因,因此合理地组织左转弯车辆的交通,是保证交通安全,提高交叉口通行能力的有效方法。左转弯车辆的交通组织方法主要有以下几种:

(1) 设置专用左转车道

在行车道宽度内紧靠中线划出一条车道供左转车辆专用,以免阻碍直行交通,如图 7-7(c)所示。若原有车行道宽度不够,则可向中线左侧适当扩宽设置专用左转车道,如图 7-7(a)、(b)所示。设置专用左转车道后可避免直行车辆的通行受阻,左转车辆必须在左转车道上等待通行信号或寻机通过。

(2) 实行交通管制

通过信号灯控制或交通警察手势指挥,在规定时间内不得左转。

(3) 变左转为右转

① 环形交通。如图 7-8(a)所示,利用环岛,车辆逆时针单向通过,变左转为右转。

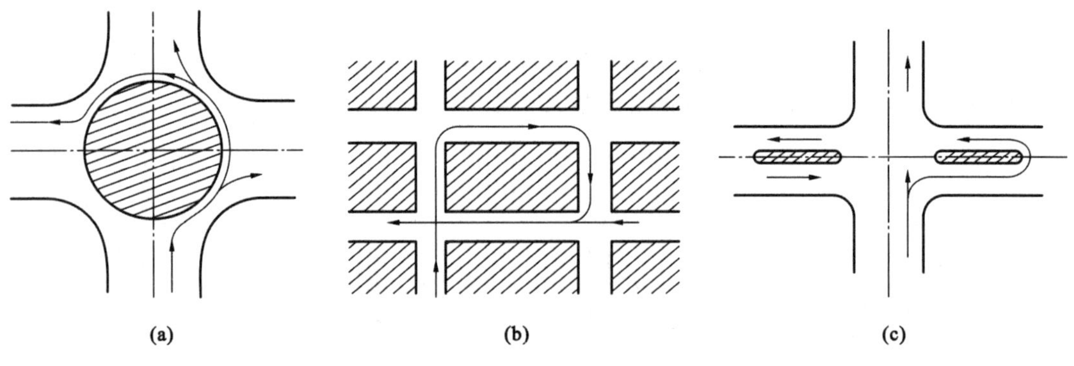

图 7-8　变左转为右转

② 街坊绕行。如图 7-8(b)所示,使左转车辆环绕邻近街坊道路右行以实现左转。这种绕行方法增加很多行程,通常仅用于左转车辆所占比例不大,旧城道路扩宽困难的交叉口,或在桥头引道坡度大的十字形交叉口,为防止车辆高速下坡时直角转弯发生事故而采用。

③ 远引掉头:利用中间带开口远引掉头实现左转,如图 7-8(c)所示。左转车辆在禁左交叉口右转后,从下游中央分隔带开口处掉头直行,间接实现左转。该法简化了路口配时,同时也分离了冲突区域,减少了冲突点。远引掉头一般要求中央分隔带宽度不小于 4 m。

7.2.1.3 组织渠化交通

在车道上画线,或用绿化带和交通岛来分隔车流,使各种不同类型和不同速度的车辆能像渠道内的水流那样,沿规定的方向互不干扰地行驶,这种交通称为渠化交通。

(1) 渠化交通的作用

渠化交通在一定条件下可以有效地提高道路的通行能力,减少交通事故。它对解决畸形交叉口的交通问题尤为有效。

渠化交通的主要作用是保证行车安全,具体表现在以下几个方面:

① 利用分车线或分隔带、交通岛等。如图 7-9(a)所示,把不同方向和速度的车辆划分车道行驶,使司机和行人很容易看清对方行进的方向,避免车辆相互侵占车道,从而减少车辆相互碰撞的机会,提高行车安全。

② 如图 7-9(b)、(c)所示,利用交通岛的布置,限制车辆行驶方向,使斜交对冲车流为直角交叉或锐角交叉。

③ 如图 7-9(d)、(e)所示,利用交通岛的布置,限制车道宽度,控制车速,防止超车。

④ 交通岛或分隔带上可设置各种交通标志,并可作为行人过街时避让车辆的安全岛。

⑤ 如图 7-9(f)所示,在交通量大、车速较高的交叉口,还需要考虑设置变速车道和候驶车道,以利于左转弯车辆转向行驶和车辆变速行驶。

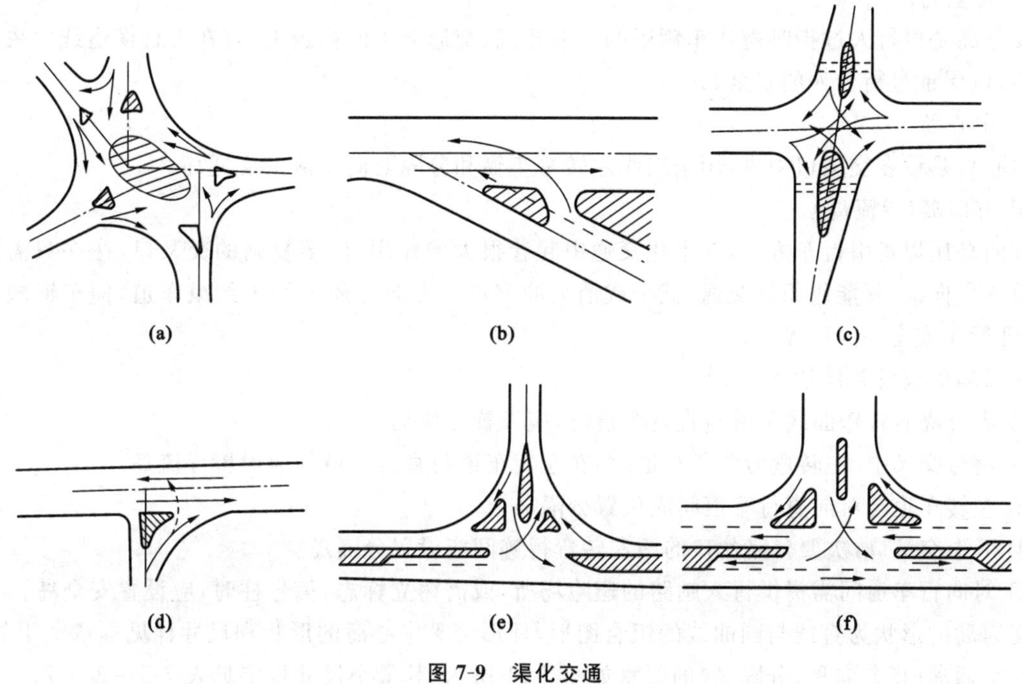

图 7-9 渠化交通

(2) 交通岛

在渠化交通中,最常用的是高出路面的交通岛。它是为控制车辆行驶位置或保护行人,在中央分车带、外侧分车带或在车道线之间设置的岛状区域。设置交通岛一般有下列效果:① 明确显示导流岛,整顿交通流向;② 兼起保护过街行人安全的作用;③ 可供设置信号、标志、照明等设施。交通岛按其功能和布置位置,可分为分隔岛、安全岛、中心岛、方向岛(又称导流岛)等几种(图 7-10)。

① 分隔岛。

分隔岛是用来分隔机动车和非机动车、快速车和慢速车,以及对向行驶的车流,保证行车速度和交通安全的交通岛,有时也可在路面上画线来代替分隔岛。

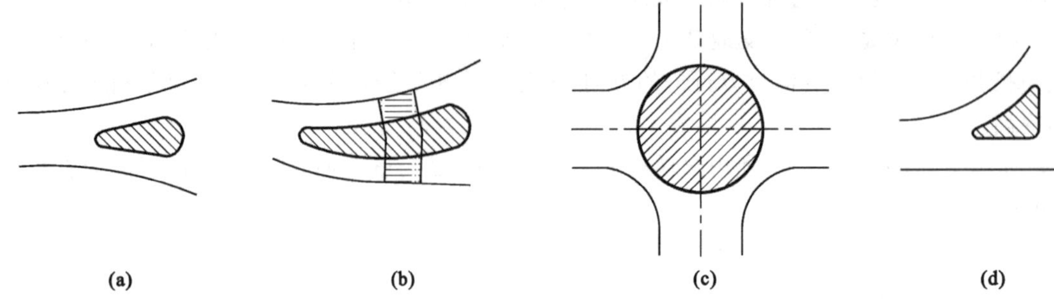

图 7-10　交通岛类型

(a) 分隔岛;(b) 安全岛;(c) 中心岛;(d) 导流岛

② 安全岛。

安全岛是供行人过街时避让车辆用的。在宽阔、交通繁忙的街道上,宜在人行横道线中央设置安全岛,以保证过街行人的安全。

③ 中心岛。

中心岛是设在交叉口中央,用来组织左转弯车辆和分隔对向车流的交通岛。

④ 方向岛(导流岛)。

方向岛用以指引行车方向,在渠化交通中起着很大的作用,许多复杂的交叉口,往往只需用几个简单的方向岛,就能组织好交通,减少或消灭冲突点。方向岛还可用于约束车道,使车辆减速转弯,保证行车安全。

交通岛的设置条件如下:

① 需分隔右转弯曲线车道与直行车道时,应设置导流岛。

② 信号交叉中,左转弯为两条车道时,在左转车道与直行车道间应设置导流岛。

③ 左转车道与对向直行车道间应设置分隔岛。

④ T 形交叉口,次要公路岔口的两左转弯行迹间应设置分隔岛。

⑤ 对向行车道间需提供行人越路的避险场所,或需树立标志、信号柱时,应设置安全岛。

交通岛的形状为直线与圆曲线的组合图形,环形交叉中心岛的形状和尺寸详见本章 7.4 节,导流用的交通岛(指方向岛、分隔岛)的要素如图 7-11 所示,其最小尺寸规定见表 7-5～表 7-7。

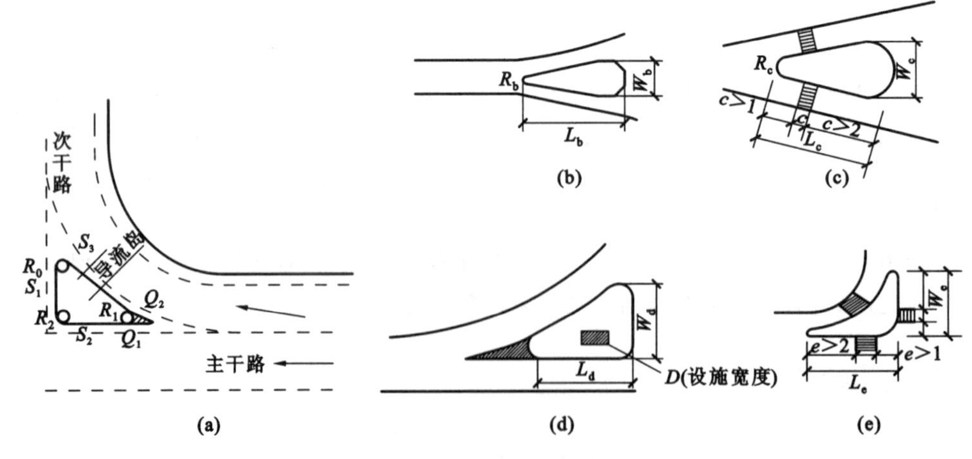

图 7-11　导流岛的要素

(a) 导流岛;(b) 只分隔交通流时;(c) 兼作安全岛时;(d) 设置设施时;(e) 导流岛的端部和移距

表 7-5　**导流岛偏移距和内移距**

设计速度/(km/h)	偏移距/m			内移距/m	
	S_1	S_2	S_3	Q_1	Q_2
80	1.00	1.00	0.50	1.50	1.00
60	0.75	0.75	0.50	1.00	0.75
50 以下	0.50	0.50	0.50	0.50	0.50

表 7-6　**导流岛端部半径**　(单位:m)

R_0	R_1	R_2
0.5	0.5～1.0	0.5～1.5

表 7-7　**导流岛各要素的最小值**

图示	图 7-11(b)			图 7-11(c)			图 7-11(d)		图 7-11(e)
要素	W_b	L_b	R_b	W_c	L_c	R_c	W_d	L_d	W_e
最小值/m	1.5	5.0	0.5	2.0	5.0	0.5	D+1.5	5.0	1.5

各种交通岛的面积在城区应不小于 5 m^2,其他地区应不小于 7 m^2。用缘石标界的交通岛一般高出路面 15～25 cm,有行人通过时为 12～15 cm。

夜间交通量较大且交通岛复杂的渠化交叉应设置照明。不具备设置照明条件时,应采用反光路标勾出岛界轮廓。

当旧城区道路改建困难时,可对城市道路网综合考虑,采取改变交通路线、限制车辆行驶、控制行驶方向、组织单向交通,以及适当封闭一些主要干道上的支路等措施,简化交叉口的交通,以提高整个道路网的通行能力。

7.2.2　行人及非机动车交通组织

远离城镇的公路设计中常较少考虑行人和非机动车交通。但对两侧土地开发程度高的公路、城市出入口的公路及城市有大量行人和非机动车存在的道路,合理组织行人和非机动车交通,是消除交叉口交通堵塞,保证交通安全的最有效方法。

7.2.2.1　行人交通组织

行人交通组织的主要任务,就是要组织行人在人行道上行走,在人行横道线内安全过街,使人、车分离,各行其道。

(1) 人行道

人行道通常布置在车行道两侧,在交叉口处相邻道路的人行道互相连通,并应将转角处人行道加宽,以适应人流集中转向的需要。

交叉口处人行道的宽度原则上不小于路段人行道的宽度,同时还应为过街行人提供等待场地;若因设置附加车道而不得已压缩人行道,则应根据人流量决定人行道最小宽度;当采用人行天桥或人行地道时,人行道宽度还应考虑梯道或坡道出入口的宽度;在人行道上除了必要的道路标志、交通信号、照明及栏杆等外,不允许布置其他设施,以保证人行道的有效宽度满足要求。

(2) 人行横道

为使行人安全、有序地横穿车行道,应在交叉口设置人行横道,人行横道两端应设置信号灯。人行道和人行横道相互连接,共同组成"步行道网",保证行人能到达任何地点。

人行横道应设置在驾驶员容易看清的位置,标线应醒目。人行横道可布置在交叉口人行道的延续方向后退 4～5 m 的地方,如图 7-12(a)所示;当转角半径较大时可将人行横道设在圆弧段内,如图 7-12(b)所示。原则上人行横道应垂直于道路设置,这样可使行人过街距离最短;但当道路斜交时,人行横道可与相交道路平行,如图 7-12(c)所示。T 形和 Y 形交叉口的人行横道可按图 7-12(d)、(e)设置。

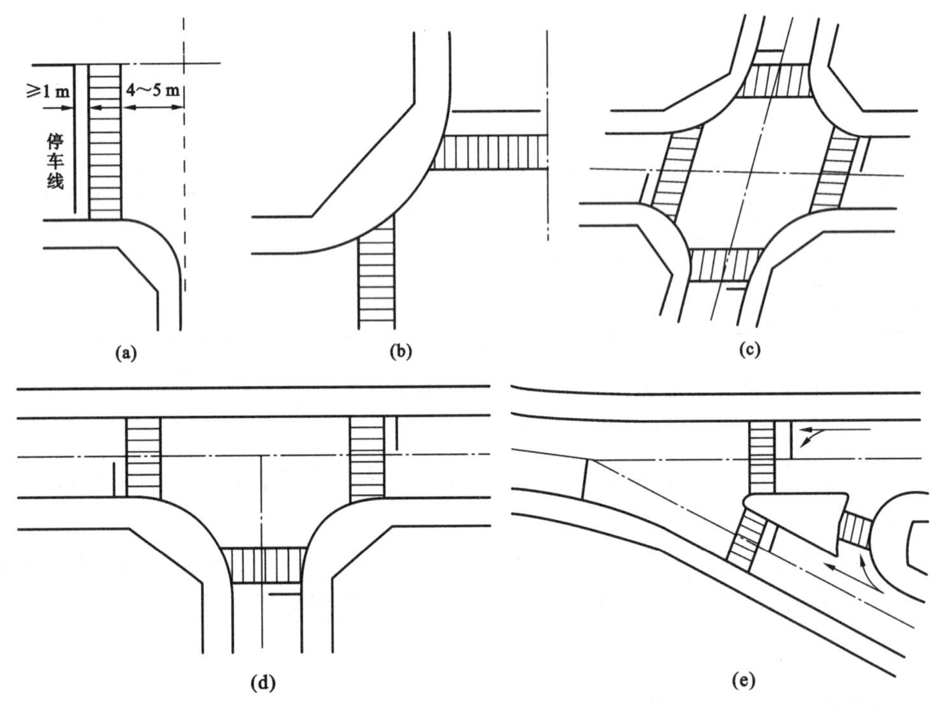

图 7-12　人行横道的布置

人行横道的宽度主要取决于过街人流量的大小,一般应比路段人行道宽一些。其最小宽度为 4 m;当过街人流量较大时,可适当加宽,但不宜超过 8 m。

人行横道的长度应有所限制。当一次横穿距离较长时,会使过街行人思想紧张,感到很不安全。因此规定:当机动车车道数大于或等于 6 条,或人行横道长度大于 30 m 时,应在道路中线附近设置安全岛,其宽度不小于 1 m。

在信号灯控制或设置停车标志的交叉口,应在路面上标绘停车线,指明停车位置。当有人行横道时,停车线应布置在人行横道线后至少 1 m 处,如图 7-12 所示,并应与人行道平行;对于无人行横道的交叉口,停车线应尽量靠近交叉口,以减小交叉口的范围,提高通行能力,但不得影响相交道路的交通。

(3) 人行地道与人行天桥

当交叉口宽阔、人流量多、车流量大且车速高时,可考虑设置人行地道或人行天桥,这是解决行人交通安全最彻底、最有效的办法。

7.2.2.2 非机动车交通组织

在交叉路口，非机动车道通常布置在机动车道与人行道之间。

当车流量不大时，非机动车随机动车按交通规则在右侧行驶，不设分离设施；当车流量较大时，可采用分隔带或隔离墩将机动车与非机动车分离，减少行驶时的相互干扰。上述两种情况，非机动车的交通组织与机动车共同考虑。

当车流量很大、机动车与非机动车之间的干扰十分严重时，可考虑采用立体非机动车交通组织形式，并与人行天桥或人行地道一起考虑。一般行人宜用梯道型升降方式；非机动车应采用坡道型升降方式；当因地形或其他原因受限制时，可采用梯道带坡道的混合型升降方式。

7.3 交叉口通行空间设计

7.3.1 停车线和人行横道线设计

确定了停车线的位置，就可以明确交叉口内部空间的大小，对交叉口内部空间进行合理的设计。而人行横道线总设置在停车线前 1～2 m，因此确定了停车线的位置，也就确定了人行横道线的位置，同时，也就确定了交叉口的内部面积。

7.3.1.1 停车线的设计目标及约束条件

(1) 停车线设计目标

① 保障机动车流运行轨迹的顺畅；

② 为各种交通流提供安全可靠的通行空间。

(2) 停车线设计的约束条件

① 实现机动车流运行轨迹的顺畅，既满足交叉口左转及右转车流的转弯半径要求，又对直行车流的干扰小。对于左转车流，本向进口道设计停车线要保证左转车流以大于或等于 30 m 的半径转到其左侧进口道的出口道；同时，其右侧进口的左转车流能以大于或等于 30 m 的半径转到本向出口道。

② 为各种交通流提供安全的通行空间，即保证不同交通流在交叉口相遇时，交通强者有一个合理的空间避让交通弱者。这就要求本向人行横道与其左侧和右侧的人行横道之间的转角距离能保证停留一辆待行右转车。考虑可以容纳一辆大型车的最不利条件，该距离需达到 15 m。针对交叉口相交道路等级不同，该距离可以在 6～15 m 范围内，次干道和支路可选取 6 m。

③ 人行横道位置和宽度。因为人行横道总是在停车线前 1～2 m 处设置，所以停车线位置的确定须同时考虑人行横道线的设置原则。

在能同时满足上述条件的前提下，停车线的设计位置要尽量靠前，以增加进口车道的排队空间。

(3) 停车线的位置确定程序

① 能保证至少一辆右转设计车辆驻留的停车空间，其目的是使受行人交通影响的右转机动车不至于连锁影响其后行驶的直行或左转车辆的通行。为右转车等待行人提供足够的停车空间，同时，对右转车多的交叉口可减少对直行车的影响。这种方法适用于直右混行车道且右转车和行人发生冲突的情况，如图 7-13 所示。

② 保证交叉口内部各通行区域的完整性和可靠性，确保交叉口内部足够的通行空间是确定交叉口内部通行区域面积(即停车线位置)的下限条件。因此，可用此方法和条件确定停车线位置并对其加以检验和控制。有时一个交叉口交通组织的通行方式可能并非如前文所述的那样单一，需要综合应用以上两种方法来确定停车线，如果两种设计方法的结果有冲突，取较靠后的停车线位置。

③ 停车线的位置也确定了各人行横道的位置。人行横道应设在驾驶员容易看清楚的位置，尽可能靠近交叉口，与行人的自然流向一致，并尽量与车行道垂直，以缩短行人过街的时间。根据国内外研究，如果人行横道内部线侧方离相应路段上人行横道线 10 m 以上，就会使行人不愿使用人行横道而发生违规横穿交叉口的行为。为此建议对使用以上两种方法所确定的人行横道位置做如图 7-14所示的检验，如果检验未通过，则以图中的做法确定人行横道的位置，并重新确定停车线。

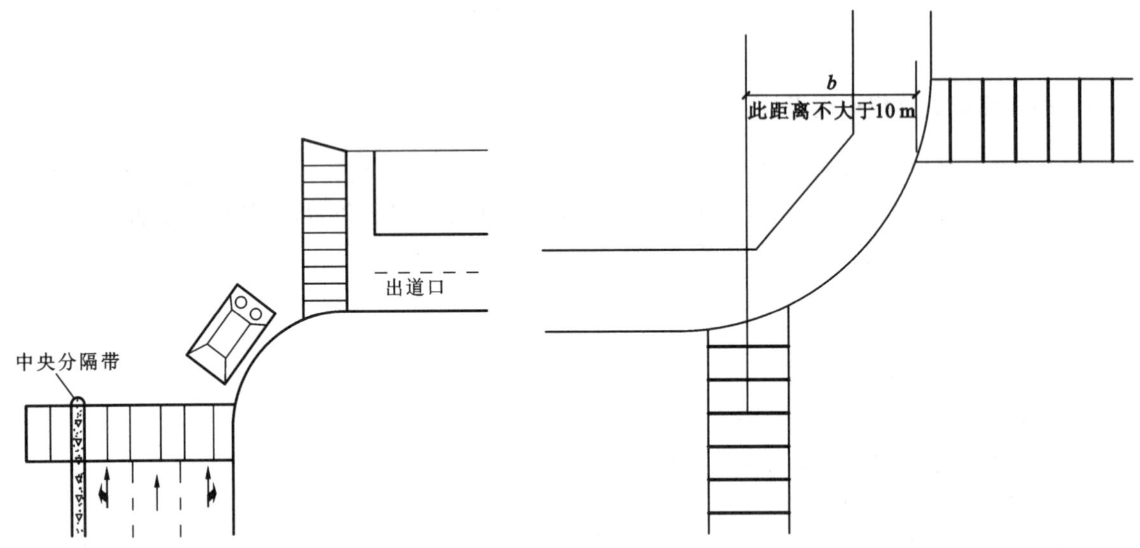

图 7-13 右转车驻留的停车线位置确定

图 7-14 考虑人行横道位置时的停车线位置

④ 反向停车线的设计。在信号灯控制的路口，由于过街行人受到右转车辆和此时允许通行的左转车辆的干扰和影响，在此情况下，行人在人行横道上应有优先通行的权利。反向停车线即画在人行横道线前面的停车让行线。此时，在人行横道上有行人通过时，车辆应停车让行。

⑤ 为保证信号交叉口信号相位变换时前相位绿灯末的直行车尾与后相位绿灯初的直行车头不相互影响，在正常行驶情况下通过它们之间冲突点时的安全时距，需要对经过以上几步确定的停车线位置做最后检定，并确定相应的交通控制参数。

7.3.1.2 人行横道设计

在停车线的位置确定以后，人行横道线的位置也相应确定了下来。此时对人行横道线的设计主要考虑行人过街的安全性和方便性，应特别关注交通的弱势群体(如老幼病残等)。

① 人行横道的宽度，与行人通过交叉口的交通量、绿灯时间及行人排队等候区域服务水平有关。沿主干道的人行横道宽度除了不宜小于 5 m 以外，还应保证人均面积不少于 0.8 m^2/人。顺延支路的人行横道宽度不宜小于 3 m，人均面积不少于 0.6 m^2/人。

② 无障碍设计，人行横道及其两端不应有障碍。应充分考虑残疾人的通行需求，进行无障碍设计，在宽度足够的情况下应尽可能设置盲道。

③ 行人过街保护区设置。设置人行过街横道时应尽可能缩短行人在交叉口内步行的距离；当人行横道太长，绿灯期间行人无法安全通过交叉口时，可考虑在中间设置安全岛，供行人驻足，可实施行人二次过街方案。

安全岛应设置在有中央分隔带的道路上，当绿化带式中央分隔带的宽度为 1.5～4.0 m 时，可直接将安全岛沿人行斑马线置于中央分隔带的正前方(图 7-15)。当路口需要设置掉头车道时，可将中间分隔带与安全岛之间留出 4～6 m 的宽度，方便车辆掉头。这样做的优点是：减少了掉头车辆与行人之间的冲突，给在安全岛上等待二次过街的行人更大的安全保障，同时减少了车辆的绕行。为了进一步保证安全性，安全岛内外侧还可设置防撞墩或者护栏。

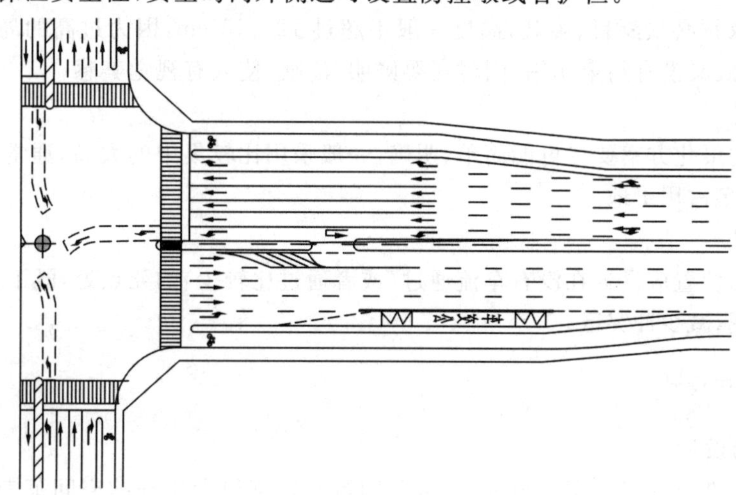

图 7-15　行人保护区设置

7.3.2　交叉口内部区域设计

平面交叉口内部通行区域，集中体现了平面交叉口交通与路段的差别，各种不同交通流的冲突，都发生在交叉口内部通行区域，同时，也产生了通行能力和交通安全上的问题。交叉口的内部区域设计就是解决不同车流之间的冲突，为不同流向的车流提供明确的通行空间，减少交通冲突，使交通流通行有序、安全、高效。其主要是通过渠化设计来改善交叉口内部区域的交通冲突状况。

7.3.2.1　渠化的原则

交叉口渠化设计总的要求是应有利于交通安全，提高通行能力和行车速度，减少延误和方便行车、行人。综合起来有如下八条原则：

(1) 简单易懂

进行交叉口渠化设计的基本思路是尽量使交叉口简单、明确，使驾驶员及行人等道路使用者容易理解交叉口设计的意图。

(2) 符合规范

渠化的一切措施，如设岛、画线、设置各种标志，均应按国家有关规范的规定，其位置、颜色、尺寸、形状及高度等均应严格依据有关规范或标准的规定确定，不能随意变更和改动。

(3) 有利安全

不同车种、不同流向、不同速度的交通流应尽可能采用画线或设置隔离墩(柱)或设岛的方法，使其分道行驶，减少相互干扰或碰撞，以利于行车安全。

(4) 方便直接

渠化时画线、设岛均应尽可能使行人和车辆的路线方便、直接、自然,可以以最短时间或最短路程通过,切忌迂回、逆向、急转或设计有可能引起碰撞的尖锐转角。

(5) 保证视距

平面交叉口渠化应充分保证各方向各车道的车辆和行人视距,交叉口附近所有绿化带内的植物和街道上的公用市政设施均应以不阻挡、妨碍视线为原则,凡是妨碍视线的建筑或绿化均应拆除、矮化或移栽以确保满足行车视距要求。

(6) 美观醒目

交通岛的路缘石必须醒目、美观,高度一般不超过 12~15 cm,因为过高的岛状物会使驾驶员产生心理压力,过低又没有约束作用;同时还要鲜明、清晰,使人有视觉美感。

(7) 便于识别

平面交叉口的渠化方案要尽可能简单、明确,一般采用比较集中的大岛,通常为 5~7 m^2,既能一目了然,也不过多占用土地。

(8) 位置合理

各种交通岛的位置应设置在没有车流通过(或者通过比较少)的死点处,既不妨碍交通,又能限制车辆的活动范围,减少冲突区。

7.3.2.2 详细设计

(1) 导流岛的设计

导流岛应布置在交叉口内车行道的“死区”,即行车轨迹很少压到的空间范围或不作行车之用的区域。导流岛一般设在较大的、不规则的、复杂的交叉口上,它将进入交叉口的不同方向的交通流指引到不同的车道或者是规定的线路上,以防止车流偏离方向。交叉口设立导流岛后,通过限制行车路线,可以减少车辆冲突、提高交叉口的行车安全性和通畅度。其作用是:明确车辆在交叉口内的行驶轨迹;减少交叉口面积;使行人过街更安全、方便。

① 设置的导流岛应与车辆的行走轨迹相吻合。

在大型车交通量较大的交叉口,应依据大型车转弯轨迹设计导流车道。以右转导流路为例,小半径曲线路段因内轮差补偿需求,易形成过宽的有效车道宽度(可达 4.5~5.5 m),导致小型车并排行驶概率增加。为此,需通过渐变式导流标线对车道宽度进行动态压缩。

② 导流的设置要使驾驶员易看易懂。

应避免在交叉口内设置容易使驾驶员判断失误的多个小的导流岛,以保护行人为目的而设置的导流岛,根据导流岛与人行横道宽度之间的关系,最小面积需要 10 m^2 左右。

(2) 利用诱导线来诱导车流

规范左转车辆行驶轨迹,明确等待区位置;引导左转车流在对向直行相位期间有序滞留;矫正交叉口内非直线行驶轨迹。

(3) 停车让行线的设计

停车让行线设在右转弯避让行人的人行横道线前,进一步明确行人的通行权利,如图 7-16 所示。

(4) 反向停车线的设计

在两相位设置的路口,路口右转车辆和另一方向的左转车辆通常会与行人流产生冲突,这个时候,行人在人行横道上应该保有绝对的通行权利,车辆应停车让行,但在没有行人的时候可以通行。

因此,应在人行横道线或非机动车网状线的前方画反向停车线,如图 7-17 所示。

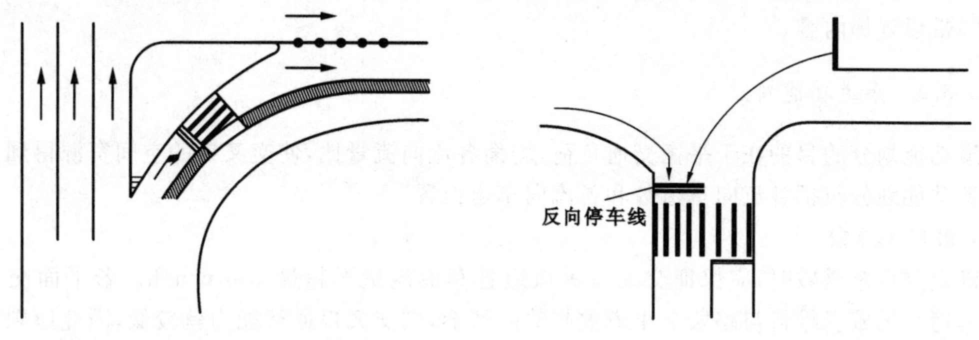

图 7-16 右转车的停车让行线设计　　图 7-17 反向停车线设计

(5) 左转待行区设置

左转待行区是在有左转专用车道的前提下提出的优化措施。从时间上分析,提前进入交叉口的左转车辆不应该影响侧向的交通流,所以左转车辆进入交叉口的时间应当与侧向车流进入信号交叉口的时间错开。从空间上分析,提前进入信号交叉口的车辆不应该影响本向和对向的直行车流,所以左转待行区不能与对向直行车流的轨迹相交。

左转待行区的设置位置如图 7-18 所示。在图 7-18 中,左转车辆提前等待区的停车线不仅进入了信号交叉口,还几乎平移了对向左转专用车道宽度的距离。这样使得左转车辆通过信号交叉口的时间变短了,并且使得提前左转的车辆对紧随其后的左转车辆的影响降低了。

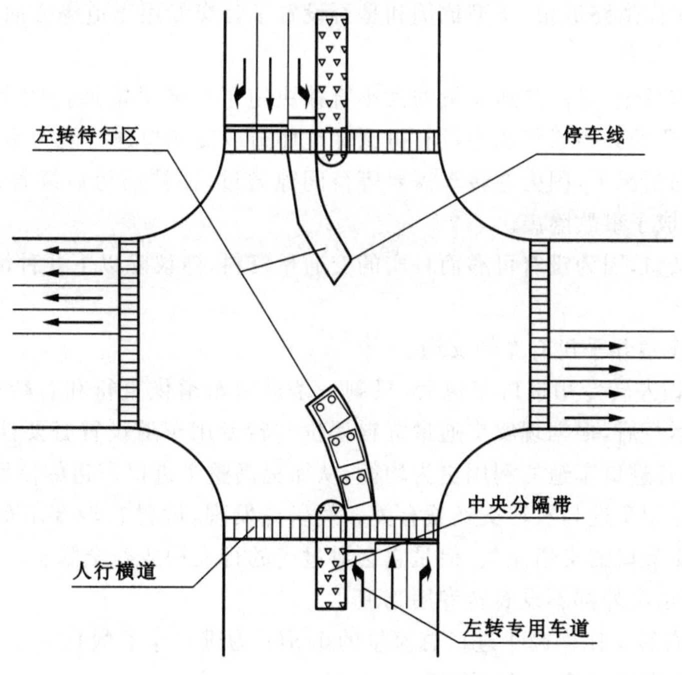

图 7-18 左转待行区设置示意图

7.3.3 交叉口外部区域设计

停车线位置和人行横道位置确定以后,交叉口的内、外部区域就有了明确的划分。交叉口的外部区域设计主要是处理交叉口与路段交通供需关系的平衡与协调,解决交叉口通行能力不足的问题。主要设计内容为:车道功能划分、车道宽度设计、车道拓宽设计、转弯半径设计、出口车道设计,中央分隔带设置等内容。

7.3.3.1 车道功能划分

车道功能划分的目的在于平衡交通负荷,均衡各流向流量比,使交叉口的空间资源得到合理利用。车道功能划分包括各流向车道数和各流向车道位置。

(1) 进口车道数

在确定进口车道数时,应保证交叉口进口道各车道流量不超过 450 pcu/h。若平面交叉口外围机动车通行区域仍维持与路段上车道数相等的情形,则交叉口通行能力就较低,因此原则上有必要将进口车道数增至路段车道数的 2 倍,以使进口车道与路段通行能力相匹配,同时考虑进口车道的宽度约束,直行、左转、右转车道数的划分根据道路不同流向的交通流量来确定。在道路宽度不够的情况下,要考虑在道路红线允许的情况下拓宽道路。车道匹配情况见表 7-8。

表 7-8 **车道匹配情况**

路段车道数(单向)	1	2	3	4
进口车道数	2	3～4	4～6	6～8

(2) 进口车道的功能划分

进口车道的功能划分主要考虑是否设置左、右转专用进口车道以及设置车道数等内容。在进行车道布置时应从对向道路流量、车型比例和是否设置了公交专用车道等方面加以考虑。

① 左、右转专用车道。

根据可穿越间隙理论,对向交通流量的大小直接决定了左转可能通过的交通量。交叉口实际运行过程中,左转交通的必要通行能力没有得到保证而造成交叉口通行能力不足的情况十分普遍。在无左转专用车道的情况下,因为左转车需要等待间隙通过,往往妨碍后续直行车辆的行驶,既降低了通行能力,又造成了事故隐患。

对于新建的交叉口,因为没有可靠而真实的交通量资料,建议除以下几种情况外都要设置左转专用车道:

a. 确认此进口车道几乎没有左转交通。

b. 此进口车道设左转专用进口车道后,只剩一条进口车道供直行和右转车使用。对此情况,在今后交叉口投入运行后,根据现实交通量资料评价左转专用车道设置必要性的方法来确定是否改变车道划分,以使各进口车道的利用更为均衡,从而提高整个进口车道的使用效益。

是否设置右转专用车道与右转交通量有关。经研究发现,设置右转专用车道虽然可以加大右转车单位时间通过交叉口的交通流量,但是它会对过街的行人构成安全隐患。所以,对于新建交叉口,建议除以下几种情况外都不设右转专用车道:

a. 确认此进口右转车比例高于进口总流量的 $1/n$(n 为进口车道数);

b. T 形交叉口有右转车流的进口车道。

② 掉头车道。

由于不同类型车辆、所需转弯半径的差异,在各流向车道位置布置时予以考虑。尤其对于掉头车道的设置,当大型车掉头需求较大时,除非道路中设有较宽的中央分隔带,可在交叉口前适当距离开设掉头专用通道;否则应考虑将左转及掉头车道移至外侧车道,以保证掉头车辆有必要的转弯半径,并设置左转专用信号相位,如图 7-19、图 7-20 所示。

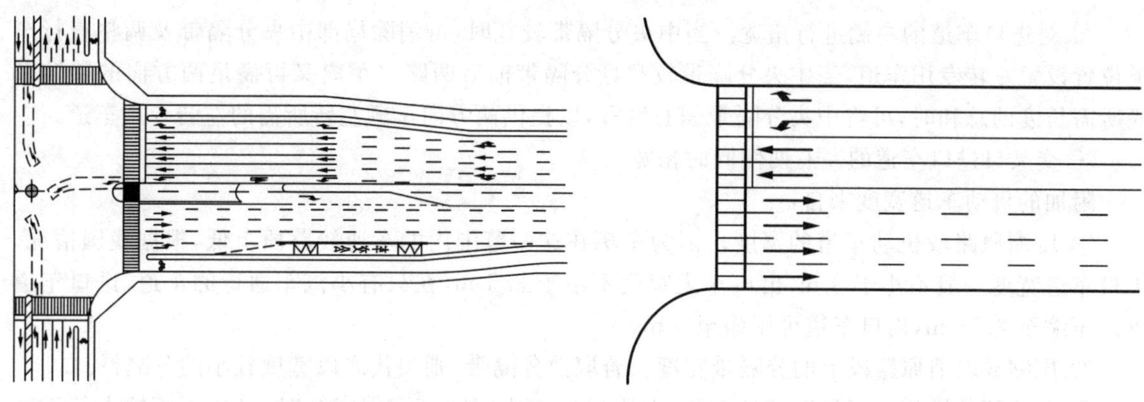

图 7-19 设置掉头专用通道　　　　图 7-20 左转掉头车道外移布置形式

7.3.3.2 车道宽度设计

直行车道的宽度标准值一般为 3.75 m、3.50 m、3.25 m(3.00 m)、3.00 m(2.75 m),依据道路等级的逐步提高,道路宽度也相应加大。附加车道一般为 3.00 m(2.75 m)。

车道宽度是车辆宽度加上行驶时的侧向摆动宽度之和,因此车道宽度除了受车辆行驶速度影响外,还因车型组成,路缘石、护栏、照明等路侧障碍物的位置及高度等条件的变化而不同。在现实中,相同的道路上,在右侧最外侧靠近人行道的车道上行车时,应与路缘石、路面边缘保持一定距离,所以这些车道要比其他车道略宽。具体尺寸根据实际道路条件确定。

7.3.3.3 车道拓宽设计

当一般交叉口候驶车道不足时,可向一侧或两侧拓宽车道以增加车道数,从而提高交叉口的通行能力。交叉口的车道拓宽设计,主要解决拓宽的宽度、拓宽方式、拓宽道长度的设计问题。

(1) 拓宽宽度

根据道路的实际交通量和交叉口的设计通行能力来确定拓宽宽度,即确定增加的车道数,新建交叉口进口道规划红线宽度增加值见表 7-9。

表 7-9　新建交叉口进口道规划红线宽度增加值

交叉口	规划红线宽度增加值/m		
	主干路	次干路	支路
主-主交叉口	10～15	—	—
主-次交叉口	5～10	5～10	—
主-支交叉口	3～5	—	3～5
次-次交叉口	—	5～10	—
次-支交叉口	—	3～5	3～5
支-支交叉口	—	—	3～5

(2) 拓宽方式

交叉口拓宽必须在原有规划红线宽度内进行。进口车道拓宽的方式一般有三种:

① 对进口车道的右侧进行拓宽,增设右转专用车道。

② 对进口车道的左侧进行拓宽。当中央分隔带较宽时,可消除局部中央分隔带及调整直行车道位置设置左转专用车道,当中央分隔带较窄且分隔带前后两路口距离又可满足两方向的待转车辆所需长度的总和时,可将中央分隔带偏心设置,以提供两方向车辆左转所需的左转专用车道。

③ 交叉口进口车道的左右两侧同时拓宽。

附加的机动车道宽度来自:

① 压缩原路段机动车道的宽度。因为车辆在这一范围内的车速较路段上低,根据我国情况,进口车道宽度一般不小于 3 m,出口车道宽度不小于 3.5 m,在只有小汽车通行的车道,进口车道可以压缩至 2.75 m,出口车道可压缩至 3 m。

② 压缩或取消原路段上的分隔带宽度。若取消分隔带,则须代之以宽度较小的分隔栏。

③ 上述两种措施还不足以满足需要,而原规划红线宽度又没有富余时,可适当压缩人行道宽度,但压缩后的人行道宽度不宜小于原宽度的 2/3。

(3) 拓宽车道长度设计

左、右转专用车道长度设计的方法类似,下面以左转专用车道为例进行计算。

目前,在国内平面交叉口设计中,多将左转专用车道划分为展宽渐变段长度和展宽段长度两部分。左转车辆专用车道的长度主要受下列因素的影响:左转车辆的交通量、左转车辆长度和组成指标、行车速度、最小车头时距等。综合考虑以上因素的影响及驾驶员从发现目标到减速停止,车辆的制动全过程。在计算交叉口左转专用车道长度时,应将左转专用车道长度划分为待行区长度 L_1、减速长度 L_2 和反应段长度 L_3 三部分较为合理,如图 7-21 所示。

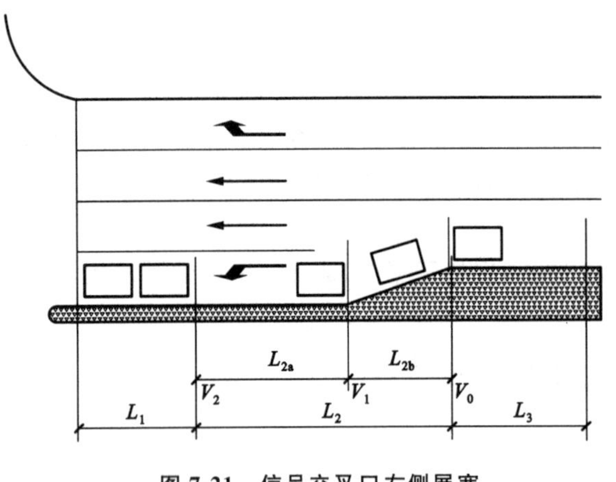

图 7-21 信号交叉口左侧展宽

左转专用车道的长度可确定为:

$$L = L_1 + L_2 + L_3 \tag{7-3}$$

① 待行区长度 L_1。

左转待行区设在左转专用车道前端,伸入交叉口内部,在保证伸入长度不小于 30 m 的情况下还要保证在此范围内待行的车辆不与对向直行车流发生冲突。左转待行区的标线为两条平行白色虚线,前端标绘停车线,标线内标注“左转待行区”,用以指示左转待行区的范围。左转待行区长度应按下式计算:

$$L_1 = 2SM \tag{7-4}$$

式中 L_1——左转待行区的长度,m。

S——平均车头间距,m,小客车 $S=6$ m;大型车 $S=12$ m;车型比例不明确时,$S=7$ m。

M——平均每分钟转弯车辆数。

根据左转车道的设置原则,每个信号周期的左转车辆要大于 3 辆。例如,根据现场观察,××市的车辆多以小客车和公交车组成,而且根据公交车的到站规律,公交车都是几辆车相继到站,陆续进入左转专用车道,所以左转待行区的长度应至少能保证两辆公交车同时进入待行区,待行区的长度应不小于 30 m。

② 减速长度 L_2。

减速区间设置在待行区之后,减速长度包括渐变段长度 L_{2a} 和减速段长度 L_{2b},按下式计算:

$$L_2 = L_{2a} + L_{2b} = \frac{V_0 t_1}{3.6} a_1 t_1^2 + \frac{V_1^2 - V_2^2}{25.92 a_2} \tag{7-5}$$

$$V_1 = V_0 - a_1 t_1$$

式中　t_1——渐变段的行驶时间，取 3 s；

a_1——取 1.8 m/s^2；

a_2——取 3 m/s^2；

V_0——主线行驶速度，m/s；

V_1——侧移后的速度，m/s；

V_2——减速过程的末速度，m/s。

根据不同的主线行驶速度可以计算出不同的减速长度，见表 7-10。由于左转车在信号交叉口需要停车排队，故减速过程末速度取 0。

表 7-10　**左转专用车道减速长度**

交叉道路名称	路段主线行驶速度/(km/h)	减速度/(m/s^2)		渐变段长度 L_{2a}/m	减速段长度 L_{2b}/m	减速长度 L_2/m
		a_1	a_2			
主干道	60	1.8	3.0	40	35	75
次干道	40	1.8	3.0	25	15	40
支路	30	1.8	3.0	20	10	30

③ 反应段长度 L_3。

驾驶员发现交叉口的感知-反应时间内行驶的距离，取决于其感知-反应时间和行驶速度。车辆行驶速度 V 可以参考道路的设计速度。感知-反应时间第一取决于驾驶员对交叉口的熟悉程度，第二取决于驾驶员的警觉程度，不同交通状况下的驾驶员警觉程度是不同的，一般交通量大的情况下驾驶员的警觉性高，而交通量小的情况下驾驶员的警觉性低。城市道路反应时间 t 取 1.5 s，反应段长度按下式计算：

$$L_3 = Vt \tag{7-6}$$

左转弯专用车道反应段长度的取值参见表 7-11。

表 7-11　**左转弯专用车道反应段长度的取值**

路段设计速度/(km/h)	60	40	30
反应段长度/m	25	20	15

7.3.3.4　转弯半径设计

(1) 交叉口的圆曲线半径

为了保证各种右转车辆能以一定速度顺利转弯，交叉口转角处的缘石或行车道路边缘应做成圆曲线或复曲线，圆曲线的半径 R_1 称为转角半径。为了保证行车的通畅与安全，应对交叉范围内相交道路平曲线最小半径或最大超高横坡度加以限制。

在未考虑机动车道加宽的情况下，如图 7-22 所示，转角半径 R_1(m)为：

$$R_1 = R - \left(\frac{B}{2} + F\right) \tag{7-7}$$

式中　B——机动车道宽度，m，一般采用 3.5 m；

F——转弯处的非机动车道宽度，m，没有非机动车道时，$F=0$；

R——右转车道中心线半径，m。

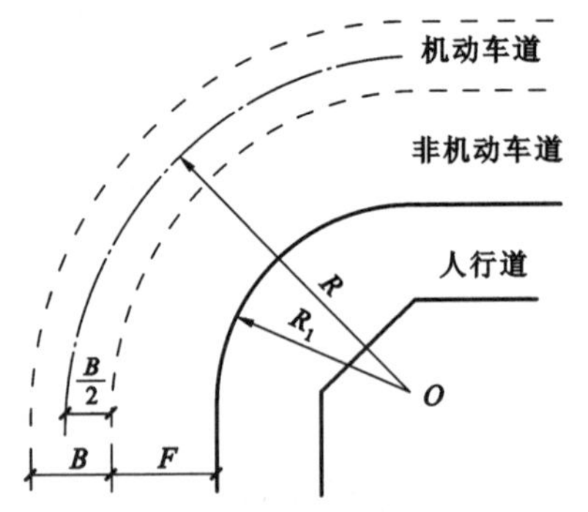

图 7-22 转角半径计算图式

$$R=\frac{V'^2}{127(\mu \pm i_h)}$$

式中 V'——右转弯设计速度，km/h，可取路段设计速度的 $\frac{1}{2}$～$\frac{7}{10}$倍，计算时可用设计速度的$\frac{3}{5}$；

μ——横向力系数，在 0.15～0.20 取值；

i_h——交叉路口路面横坡度，一般采用 2%。

(2) 城市道路的缘石转角最小半径

城市道路平面交叉口转弯处缘石转弯半径应满足机动车和非机动车的行驶要求，可按表 7-12 选定。当平面交叉口为非机动车专用路交叉口时，路缘石转弯半径可取 5～10 m。在条件允许时应尽量采用较大转弯半径，满足行车和交通发展的需要。

表 7-12　**城市道路交叉口的缘石转弯半径**

右转弯设计速度/(km/h)	30	25	20	15
无非机动车道路缘石转弯推荐半径/m	25	20	15	10

(3) 公路的缘石转角最小半径

各级公路平面交叉口的转弯设计以 16 m 总长的鞍式列车进行控制设计。鞍式列车在各种转弯速度情况下，转角曲线路面内缘的最小半径见表 7-13。

表 7-13　**转角曲线路面内缘的最小半径**

速度/(km/h)	≤15	20	25	30	40	50	60	70
最小半径/m	15	15～20	20～30	30	45	60	75	90
最小超高/%	2	2	2	2	3	4	5	6
最大超高/%	一般值：6;绝对值：8							

7.3.3.5　出口车道设计

新建及改建交叉口的出口车道车道数应与上游各进口车道同一信号相位流入的最大进口车道数相匹配，即进口车道的车道数小于或等于出口车道的车道数。出口车道每一车道宽度不应小于 3 m。

当出口车道为干路，相邻进口车道有右转专用车道时，出口车道必须设置展宽段。

出口车道设有公交停靠站时，按港湾式停靠站要求设置展宽段；在设置展宽的出口车道上设置公交停靠站时，应利用展宽段的延伸段设置港湾式公交停靠站。

出口车道的总长度由出口车道展宽段和展宽渐变段组成，出口车道展宽长度由缘石转弯曲线的端点向下游方向计算。不设公交停靠站时，长度为 60～80 m；设置公交停靠站时，再加上公交停靠站所需长度，并须满足视距三角形的要求。出口车道展宽渐变段的长度为：

$$L_d' = (20 \sim 30)\Delta w \tag{7-8}$$

式中 L_d'——出口车道展宽渐变段长度，m，受条件限制时，不应小于 30 m；

Δw——横向偏移量，m。

7.3.3.6　中央分隔带设置

在城市道路中，中央分隔带的主要作用是分隔对向的车流，避免交通事故的产生；利用绿化带等手段，加强城市的景观效果；提供行人驻足等待空间；提供交叉口拓宽空间；预留城市道路发展用地。因此中央分隔带对于其宽度、树种选择以及管线布设均有一定的要求。中央分隔带的宽度在中央分隔带的宽度标定中确定，应考虑设置掉头车道、设置行人过街待行区、种植绿化带、交叉口展宽以及预留车道宽度等因素的影响。

（1）中央分隔带宽度的确定

① 设置掉头车道的中央分隔带宽度。

对于采用中央分隔带的城市主干道，应在路段上设置必要的掉头车道以满足车辆进、出路侧单位的需求。

满足设置路段掉头车道的中央分隔带宽度计算公式如下：

$$W_d = 2\left(R' - \frac{W_c}{2}\right) \tag{7-9}$$

式中　W_d——设置路段掉头车道的中央分隔带宽度，m；

R'——车辆掉头转弯半径，m；

W_c——车道宽度，m。

仅考虑小型车辆掉头的情况下，R 的最小值可取用 5 m。

② 设置行人过街待行区的中央分隔带宽度。

对于在中央分隔带上设置行人过街待行区的城市主干道，其待行区宽度应不小于 2 m 且人均面积不应少于 0.8 m^2/人。

③ 种植绿化的中央分隔带宽度。

对于在中央分隔带上种植绿化的城市主干道，其宽度应满足植物存活的需要。如需要在中央分隔带中设置各种景观小品，可根据实际情况增加宽度。满足种植绿化的中央分隔带宽度的计算公式如下：

$$W_l = \max(W_z', W_x') \tag{7-10}$$

式中　W_l——满足种植绿化的中央分隔带宽度，m；

W_z'——保证植物存活的最小布置宽度，m，一般为 1.5 m；

W_x'——设置景观小品所需要的宽度，可根据实际情况确定，m。

④ 考虑交叉口展宽的中央分隔带宽度。

由于道路的通行能力瓶颈一般出现在交叉口，因此需要通过削减中央分隔带对交叉口进行展宽处理以增大通行能力。在进行中央分隔带设计时，应考虑中央分隔带在交叉口处展宽的宽度需求。实践证明，交叉口展宽一般与路段车道数相关，路段车道数与交叉口展宽所需的宽度关系见表 7-14。

表 7-14　**考虑交叉口展宽的中央分隔带宽度要求**

路段车道数（单向）	交叉口进口道车道数	交叉口进口道宽度/m	中央分隔带削减宽度/m	中央分隔带宽度 W 展宽/m
2	3～4	10～13	1.5～3	3～4.5
3	4～6	16	2.5～3	4～4.5
4	6～8	19	2.5～3	4～4.5

⑤ 考虑预留车道宽度的中央分隔带附加宽度。

在城市主干道建成后,随着城市的不断发展,往往需要对其进行拓宽改造,以提高通行能力,满足交通需求。因此在新建主干道规划过程中,应根据未来交通结构的变化进行一定程度的预测和空间预留,以提高城市主干道的适应性。考虑到道路两侧地下管线铺设的需要,道路拓宽的预留宽度一般宜设置在中央分隔带上,与预留车道数相关。考虑预留车道宽度的中央分隔带附加宽度计算公式如下:

$$W_y = 2n \times W_c \tag{7-11}$$

式中 W_y——考虑预留车道宽度的中央分隔带附加宽度,m;

n——单向预留车道数;

W_c——路段车道宽度,m。

⑥ 中央分隔带宽度的确定方法。

根据以上约束条件,可以得到充分考虑以上影响因素的情况下,中央分隔带宽度的确定公式为:

$$W_z = \max(W_d, W_x, W_l, W_{zk}) + W_y \tag{7-12}$$

式中 W_z——中央分隔带宽度,m;

W_x——设置行人过街待行区的中央分隔带宽度,m;

W_{zk}——考虑交叉口展宽的中央分隔带宽度,m;

式中其他物理量含义同前。

在实际设计中,可根据新建主干道实际情况选取在设计中应考虑的影响因素,以确定中央分隔带宽度。

(2) 中央分隔带绿化形式

在城市主干道上,中央分隔带绿化不仅要满足城市景观的要求,还要对主干道交通有一定的考虑。具体来说,应满足以下几点功能:遮挡对向车辆的眩光;引导机动车行进;提供良好的行人驻足等待空间;防止行人违章穿越道路。因此,在中央分隔带的绿化设置上应采取以下措施:

① 在树种选择上,应采用低矮的灌木、灌木球、绿篱等枝叶繁密的常绿植物,高度控制在0.6~1.5 m,以遮挡眩光;

② 灌木应沿道路行进方向栽种,以引导车辆;

③ 应避免种植树冠较低的乔木,株距也应适当拉大,乔木种植在中央分隔带中间,距离分隔带两侧边缘距离不应小于1.0 m,以防止树木遮挡住违章穿越的行人,导致驾驶员无法及时做出正确反应,造成交通隐患;

④ 道路预留拓宽空间中应种植易移植的植物,如灌木、草坪等,不宜种植乔木,以避免给拓宽施工造成不便。

7.3.4 交通安全设施设计

交通安全设施主要包括:道路交通标志、信号灯、道路照明、隔离设施。在交叉口附近设置的交通安全设施,可以起到防止交通事故、使道路畅通的作用。

7.3.4.1 交通标志设计

道路交通标志是用图形符号、文字向驾驶员及行人传递法定信息,用以管制、警告及引导交通的安全设施,它在现代道路交通管理中发挥着重要作用。实践证明,合理设置道路交通标志,可以引导交通，提高道路通行能力，减少交通事故。

交通标志设计的主要内容包括：

① 根据路口情况确定安装交通标志的类型；

② 确定安装交通标志的地点；

③ 确定安装交通标志的高度。

根据交叉口的交通管理状况，交叉口范围内的交通标志设计主要表现在以下几个方面：

(1) 预告交叉路口形状警告标志和注意信号灯警告标志的设计

① 此类标志应设在平面交叉路口驶入段前适当位置，标志至危险地点的距离根据路段设计车速按表 7-15 选取。

表 7-15　**标志的前置距离**

路段设计车速/(km/h)	60	40	30
交叉口设计车速/(km/h)	25	20	10
标志到危险地点的距离/m	65	35	25

② 设置条件如下：

a. 平面交叉路口视线受绿化、建筑物等影响或不易被发现的交叉口。

b. 畸形或错位交叉口。

c. 设置 T 形或 Y 形交叉路口标志时，可配合设置线形诱导标；设置环形路口标志时，应配合设置环岛行驶标志。

(2) 指路标志设计

指路标志指示驾驶员的行车方向，减少无效交通，并可调节路网的流量，故指路标志的设计尤为重要。

设置指路标志时应综合考虑、整体布局，标志布设应做到连贯性、一致性，防止出现标志不足或过多，见表 7-16。

表 7-16　**一般道路路径指引标志配置**

主线公路	被交公路			
	干线功能国道	集散功能国道、省道	县道、城市主干路、城市次干路	乡道、支路
干线功能国道	预、告、确	(预)、告、确	(预)、告、(确)	—
集散功能国道、省道	(预)、告、确	(预)、告、确	(预)、告、(确)	(告)
县道、城市主干路、城市次干路	(预)、告、确	(预)、告、(确)	(预)、告、(确)	(告)
乡道、支路	(告)	(告)	(告)	(告)

注：预——交叉路口预告标志；告——交叉路口告知标志；确——确认标志；()——可根据需要设置的指路标志。

(3) 指示标志设计

为避免车辆行驶到交叉口时因行驶方向不明确而强行变换行车道等危险行为，应根据情况设置预告标志，使驾驶员能及早明确交叉口的通行方法。尤其是在主交通流为左转弯的交叉口，以及不得已没有设置右转、左转专用车道的交叉口，应设置按行驶方向划分的通行区分标志，并应以悬臂式设置，使得行驶在任何一个车道上的车辆都容易看到。在信号灯控路口，要设置导向车道标志，告知驾驶员在正确的车道候车通行。

(4) 禁行标志

为了交通管理的需要,路口处常常要设置禁止车辆向某方向通行的标志,通常设置在禁止车辆向某方向通行地点处的路口,需要时可以重复设置,并在前方适当位置配合设置绕行标志和提前告知标志。其设置条件如下:

① 交叉口转弯车辆过多,容易引起交通堵塞的;

② 交叉口转弯车辆较少,容易给对向大流量车流造成较大延误的;

③ 路口转弯半径过小,转弯车辆车速下降过大而引起交通堵塞的;

④ 有其他管理需要的。

(5) 停车让行标志

右转机动车一般情况下不受信号灯的控制,因此常与在绿灯时间内通行的行人产生冲突,此时,机动车应停车让行。在转弯处,应设置停车让行标志。

7.3.4.2 信号灯的位置设置

在设计信号灯的设置位置时,要使得对面的信号灯不被误认为是针对其他方向的信号灯,并且要在交叉口进口道处充分可见。设置左转弯待转区交叉口,宜根据左转车辆头车驾驶员视认条件增设左转辅灯。此外,当交叉口进口道附近为急转弯或上坡等影响可视性的情况下,应根据需要设置警告标志等。行人信号灯要对着行人设置在人行道靠近道路一侧或安全岛上。

7.3.4.3 道路照明

为了提高夜间交通的安全性与通畅性,要在考虑对信号灯不构成可视性障碍,以及不受道路两侧树木阴影影响的基础上进行道路照明,原则上在信号交叉口处设置局部照明。

夜间不容易看到道路上的行人,所以利用道路照明要比汽车的前照灯更容易看见在人行道及人行横道上的行人。

交叉口的道路照明,其作用是照亮左转及右转的车辆在交叉口出口道处变更车道时车辆的前照灯照明所不及的地方,使驾驶员能够看清交叉口附近的行人、自行车、其他车辆以及障碍物等的位置。道路照明设施不能遮挡信号灯使驾驶员难以看清信号状况,也不能使路旁树木、标志牌等的阴影大量遮挡人行过街横道。

7.3.4.4 隔离设施

(1) 行人分隔设施

调查研究表明,交叉口的行人违章的比例很高,为了保证行人的安全以及机动车的通行效率,需要将行人和机动车通行权分隔开。除了在人行过街横道处留有开口外,交叉口范围内其他地方须对行人区和机动车行车区进行分隔。交叉口曲线部位的行人和机动车隔离带,还有防止车辆向路外越出和增强驾驶员视线诱导的作用。分隔带的范围为行人过街横道进、出口两侧沿路缘石30～120 m距离内。当交叉口为主干道相交时,如果附近有公交停靠站,分隔设施应一直延伸到公交停靠站处。从道路景观的角度考虑,分隔设施最好用绿化带,同时顾及交通功能的要求,合理选择绿化类型,以防交通视线不良。相关研究发现,两侧分隔带从无到有时,对事故率的影响很大,故从安全的角度应鼓励设置两侧分隔带。另外,当分隔带的宽度趋于2 m时,最为安全,故推荐主干道道路两侧分隔带宽度为2 m。依道路等级的变化分隔带宽度可适当降低,最低不得小于1 m,以保证行人不能轻易跨过分隔带。分隔设施的设计如图7-23所示。在交叉口增设绿化隔离带,既起到美化城市的作用，又可以防止行人随意穿行道路，引导行人从人行横道线上横穿街道。

(2) 隔离护栏的设置

隔离护栏主要有机动车隔离护栏和减速隔离护栏。机动车隔离护栏主要设置在机动车道路中心线处，隔离对向的交通流；减速隔离护栏的目的是控制右转车的车速，防止车辆高速汇入主线车流，确保行人和车辆的安全，其设置如图 7-24 所示。护栏的高度采用 20～50 cm 比较合适。隔离护栏在设置上要结合城市景观设计的整体布局，条件具备时，应优先采用绿化带进行隔离。

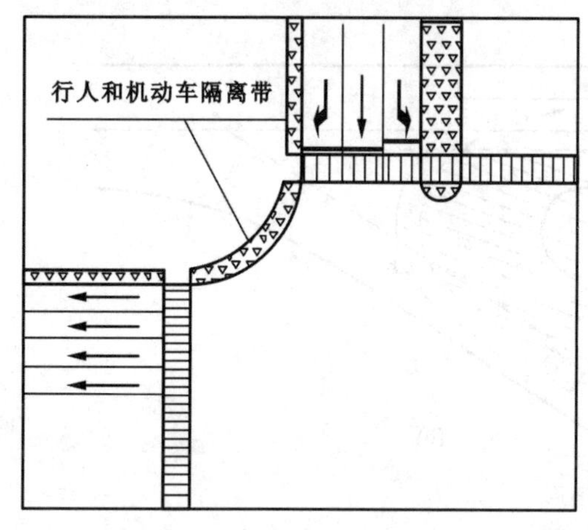

图 7-23　人与机动车分隔带的设置

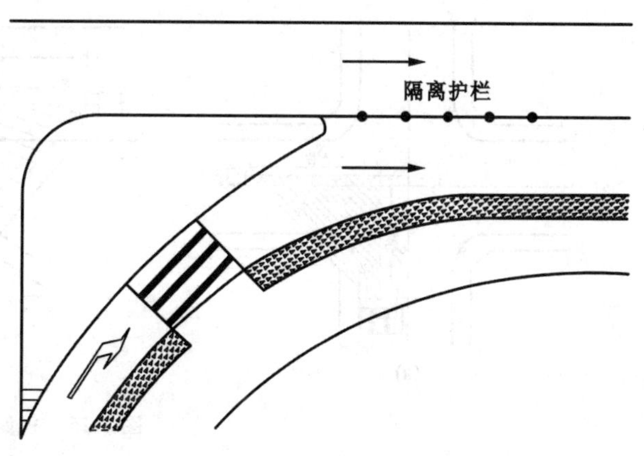

图 7-24　减速隔离护栏的设置

7.3.5　附属设施设计

附属设施包括：各类线杆、绿化、电话亭、垃圾箱等，该设计以交通的通畅性和安全性为目的，应不影响交叉口转弯车辆的视距及阻碍车辆和行人的通行。

(1) 绿化设计

为防止交通事故，必须确保视野开阔，易于交通参与者观察。在路边及中央分隔带种树时，应考虑树高、树枝的扩散状态，以及树的位置和间隔。种在导流岛和交叉口附近的中央分隔带上的树木高度应在 60 cm 以下。种树后，随着树木的成长，会产生影响信号灯和交通标志可视性的情况，所以应经常修剪树木。

(2) 净空范围内的广告

控制交叉口的广告牌设置，在路口 50 m 净空范围内禁止设广告和其他非交通标志物。

(3) 其他附属设施

其他附属设施，如电话亭、邮筒、垃圾箱等的位置都应按照下列要求来设置：

① 不影响和阻碍行人通行；

② 不遮挡车辆的行车视野。

7.3.6　交叉口的视距

视距是平面交叉口几何设计的一个重要设计参数，对交叉口的安全运行有着重要影响。良好的视距能够使车辆在交叉口进口道以及整个交叉区域内平稳地完成加减速、排队、转向、穿越等一系列复杂的运行；而不良视距则会导致潜在的交通冲突。

我国《公路路线设计规范》(JTG D20—2017)和《公路工程技术标准》(JTG B01—2014)要求公路平面交叉口的视距都应满足各自进口道停车视距的标准，即简单地以停车视距来规范交叉口视距。但是不同交通控制类型的交叉口,由于交通运行特征的不同,其对视距的要求也不尽相同。

(1) 视距三角形

为了保证交叉口处行车安全,驾驶员在进入交叉口前的一段距离内,应能看到相交道路上的行车情况,以便及时采取措施顺利驶过或安全停车。这段必要的距离应该大于或等于停车视距 $S_{停}$。

视距三角形如图 7-25 所示,它是指由相交道路上的停车视距所构成的三角形。在其范围内不能有任何阻挡驾驶员视线的障碍物。

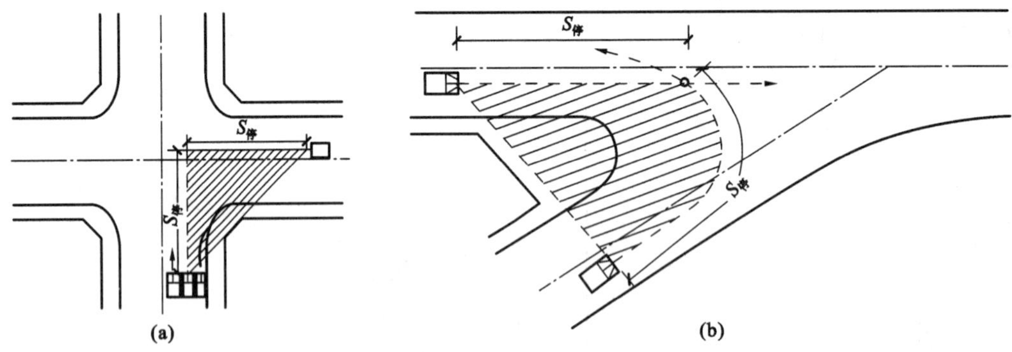

图 7-25 视距三角形

(a) 十字形;(b) T 字形

视距三角形应以最不利的情况来绘制,绘制的方法和步骤为:

① 确定停车视距 $S_{停}$。

② 找出行车最危险冲突点。

a. 对十字形交叉口,最危险的冲突点为最靠右侧第一条直行机动车道的轴线与相交道路最靠中心线的第一条直行车道的轴线所构成的交叉点。

b. 对于 T 形(或 Y 形)交叉口,最危险的冲突点为直行道路最靠右侧第一条直行车道的轴线与相交道路最靠中心线的一条左转车道的轴线所构成的交叉点。

③ 从最危险的冲突点向后沿行车轨迹线各量取停车视距 $S_{停}$。

④ 连接末端构成视距三角形。

(2) 识别距离

为保证车辆安全顺利通过交叉口,应使驾驶员在交叉口之前的一定距离内能识别交叉口的存在及交通信号和交通标志等,这一距离称为识别距离。该识别距离随交通管制条件而异。

① 无信号控制的交叉口。

一般为次要交叉口,识别距离应满足安全要求,可采用各相交道路的停车视距。

② 有信号控制的交叉口。

识别距离 S_s(m)为使驾驶员能看清交通信号和交通标志,且能有足够时间制动减速直至停车的距离,其计算公式如下:

$$S_s = \frac{V}{3.6}t + \frac{V^2}{26a} \tag{7-13}$$

式中 V——路段设计速度,km/h。

t——识别时间,s,在公路上识别时间可取 10 s;在城市道路上识别时间可取 6 s。

a——减速度,m/s²,一般可取 $a=2$ m/s²。

③ 停车标志控制的交叉口。

对停车标志控制的交叉口，一般为主要道路与次要道路交叉，主次关系明确，而且对标志的识别要比对信号容易，因此可采用识别时间为 2 s 进行计算。

7.4 环形交叉口设计

本节内容请扫描下方二维码查看。

7.5 交叉口立面设计

本节内容请扫描下方二维码查看。

本章小结

(1) 交叉口的类型与适用条件。

(2) 平面交叉口交通分析与设计的基本要求与内容。

(3) 交叉口的机动车、非机动车和行人的交通组织设计。

(4) 交叉口的通行空间设计。

(5) 普通环形交叉口设计。

(6) 平面交叉口立面设计的基本要求、基本类型和设计方法。

习题与思考题

7-1 简述交叉口的类型与适用条件。

7-2 车辆在交叉口上的交错点有哪几种？各代表什么含义？减少和消除交叉口交通冲突的措施有哪些？

7-3 交叉口交通组织设计的方法是什么？

7-4 何谓渠化交通？其作用如何？

7-5 什么是视距三角形？应如何绘制？

7-6 何谓环形交叉口？其优缺点及适用条件如何？

7-7 交叉口竖向设计的基本原则是什么？

参考文献

[1] 林雨,陶明霞. 道路勘测设计 [M]. 武汉:武汉大学出版社,2013.

[2] 中华人民共和国交通运输部. 公路工程技术标准:JTG B01—2014 [S]. 北京:人民交通出版社股份有限公司,2014.

[3] 中华人民共和国交通运输部. 公路路线设计规范:JTG D20—2017 [S] . 北京:人民交通出版社股份有限公司,2017.

[4] 中华人民共和国住房和城乡建设部. 城市道路路线设计规范:CJJ 193—2012 [S] . 北京:中国建筑工业出版社,2013.

[5] 中华人民共和国住房和城乡建设部. 城市道路工程设计规范(2016 年版):CJJ 37—2012 [S]. 北京:中国建筑工业出版社,2016.

[6] 国家市场监督管理总局,国家标准化管理委员会. 道路交通标志和标线 第 2 部分:道路交通标志:GB 5768.2—2022 [S]. 北京:中国标准出版社,2022.

[7] 张弛,潘兵宏,杨宏志. 道路勘测设计 [M]. 6 版. 北京:人民交通出版社股份有限公司,2023.

[8] 许金良,等. 道路勘测设计 [M]. 5 版. 北京:人民交通出版社股份有限公司,2018.

[9] 张金水. 道路勘测与设计 [M]. 2 版. 上海:同济大学出版社,2009.

[10] 周亦唐,唐正光. 道路勘测设计 [M]. 6 版. 重庆:重庆大学出版社,2023.

8 道路立体交叉设计

【内容提要】

本章主要内容包括立体交叉的组成、类型和适用条件，立体交叉的布置与形式选择，匝道设计，端部设计，以及立体交叉的其他设计。教学重点是立体交叉的布置及形式选择与匝道设计。

【能力要求】

通过本章的学习，学生应掌握立体交叉的组成、布置与形式选择，匝道设计和端部设计，了解立体交叉的类型和适用条件，熟悉立体交叉的其他设计等内容。

8.1 概　　述

道路立体交叉是指道路与道路、道路与铁路相互交叉时，用跨线桥或地道使两条路线在不同的水平面上通过的交叉形式。立体交叉简称立交，是高等级公路和城市道路必不可少的组成部分，在道路交通中起着非常重要的作用，它取代了平面交叉口的信号管理，使各方向车流在不同标高的平面上行驶，消除或减少了冲突点，方便了相交道路车辆的出入，使车辆能连续、稳定地通过交叉口，大大提高了道路的通行能力，同时可节约运行时间和降低燃料消耗，为车辆快速、安全、经济、舒适地行驶提供了保证。

由于立体交叉占地面积大、施工复杂、造价高、不易改建，因此应根据远景规划的要求，经技术、经济及环境效益的比较和分析后确定。

8.1.1 立体交叉的组成

一般道路立体交叉的主要组成部分如图 8-1 所示。按立交的内容一般可分为跨线构造物、主线、匝道、出入口、变速车道等。

(1) 跨线构造物

它是指立交实现车流空间分离的主体构造物，包括设于地面以上的跨线桥和设于地面以下的地道。

(2) 主线

它是组成立交的主体，是指相交道路的直行车行道，其主要包括连接跨线构造物两端到地坪高程的引道和立体交叉范围内引道以外的直行路段。

(3) 匝道

它是立交的重要组成部分，是指供上、下相交道路转弯车辆行驶的连接道，有时包括匝道与正线以及匝道之间的跨线桥或地道。

(4) 出入口

由正线驶入匝道的道口为出口；由匝道驶入正线的道口为入口。

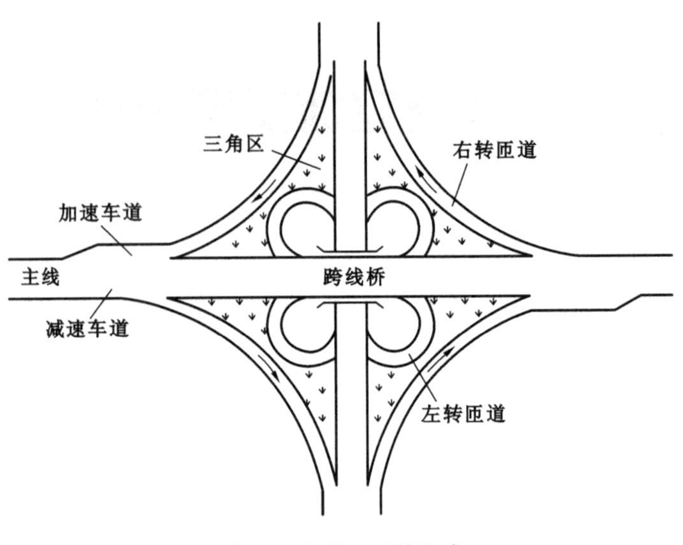

图 8-1 立体交叉的组成

(5) 变速车道

为适应车辆变速行驶的需要,在正线右侧的出入口附近设置的附加车道称为变速车道。正线出口端为减速车道,正线入口端为加速车道。

立体交叉的范围一般是指各相交道路出入口变速车道渐变段顶点以内包含的正线与匝道的全部区域。

8.1.2 公路立交与城市立交的主要区别

公路立交与城市立交的主要组成部分和设计方法是一致的,但由于受地形、地物、用地、交通组成、收费制式、环境要求及技术标准的影响,二者设计的重点和考虑的因素有所不同,各具特点。

公路立交一般附设收费站,两相邻立交间距较大,地物障碍少,用地宽松,设计速度与线形指标均较高,交通组织方便,以二层式为主。因匝道设计速度相对较高,立交占地较多,多采用地上明沟排水系统,施工时维持原有交通的要求较低,立体交叉形式较简单。

城市立交一般不收费,相邻立交间距较小,需要合理解决庞大的自行车流和行人交通,且用地较紧张,受地上和地下各种管线及建筑物的影响大,多采用地下暗管排水并与城市排水系统连接;同时,要考虑施工时便于维持原交通和快速施工等问题,比公路立交更多地注重美观的要求,常作为一种城市景观来设计。城市立交形式复杂多样,往往做成多层式。

8.1.3 立体交叉的类型和适用条件

(1) 按结构物形式分类

立体交叉按相交道路结构物形式可分为上跨式和下穿式两类。

① 上跨式。

上跨式是指用跨线桥从相交道路上方跨过的交叉方式。这种立交施工方便,造价较低,排水易处理;但其占地多,引道较长,高架桥影响交通参与者视线和市容,并且不利于非机动车的行驶。宜用于市区以外或周围有高大建筑物处。

② 下穿式。

下穿式是指用地道或隧道从相交道路下方穿过的交叉方式。这种立交占地较少,立面易处理,对交通参与者视线和市容影响小；但施工期较长，造价较高，排水困难，用于市区较为理想。

主线上跨或下穿应根据相交道路的功能、等级、地形和地质条件，跨线桥对主线线形及相关工程的影响程度，工程造价等确定。一般上跨式立体交叉宜用于相交道路地形低洼的乡村或城郊道路，以及对周围建筑物干扰较小的地带。而下穿式立体交叉多用于相交道路为高路堤或城区用地紧张、对地面建筑物干扰大的凸形地带。

(2) 按交通功能分类

立体交叉按交通功能可划分为分离式立交和互通式立交两类。

① 分离式立交。

如图 8-2 所示，仅设一座跨线构造物，使相交道路在空间上分离，上、下道路无匝道连接的交叉方式称为分离式立交。这种类型的立交结构简单、占地少、造价低，但相交道路的车辆不能转弯行驶。只适用于高速公路与铁路或次要道路之间的交叉。

图 8-2　分离式立交

② 互通式立交。

如图 8-1 所示，不仅设跨线构造物使相交道路在空间上分离，而且上、下道路有匝道连接，以供转弯车辆行驶的交叉方式称为互通式立交。在互通式立交上，车辆可转弯行驶，全部或部分消灭了冲突点，各方向行车干扰较小，但立交结构复杂、占地多、造价高。

互通式立交根据交叉处车流轨迹线的交错方式和几何形状的不同，又可分为部分互通式立交、完全互通式立交和环形立交三种类型。

a. 部分互通式立交。

相交道路的车流轨迹线之间至少有一个平面冲突点的交叉。当个别方向的交通量很小或分期修建时，高速道路与次要道路相交或用地和地形等限制时可采用这种类型的立交。部分互通式立交的代表形式主要有菱形立交和部分苜蓿叶式立交等。

(a) 菱形立交。如图 8-3 所示，这种形式的立交能保证主线直行车流快速畅通；转弯车辆绕行距离较短；主线上具有高标准的单一进出口，交通标志简单；主线下穿时匝道坡度便于驶出车辆的减速和驶入车辆的加速；形式简单，仅需一座桥，用地和工程费用少。但次线与匝道连接处为平面交叉，影响了通行能力和行车安全，只适用于高速公路与次要道路相交的场合。

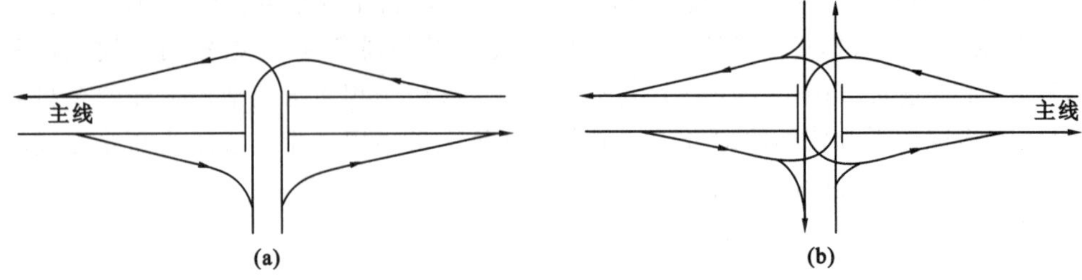

图 8-3　菱形立交

(a) 三路立交;(b) 四路立交

(b) 部分苜蓿叶式立交。如图 8-4 所示,部分苜蓿叶式立交可根据转弯交通量的大小或场地的限制,采用其中任何一种形式或其他变形形式。

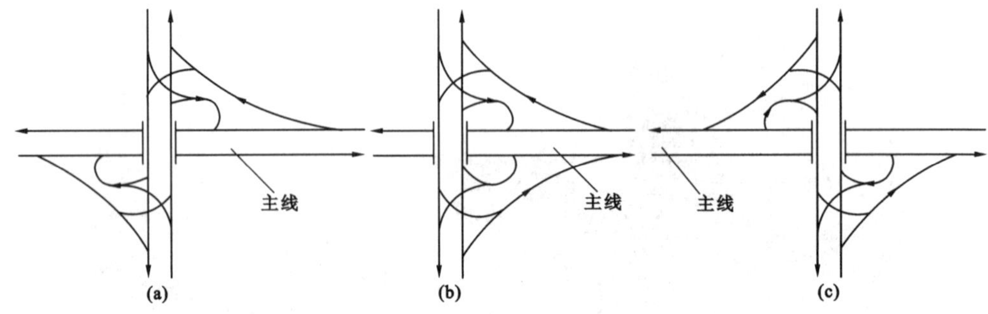

图 8-4　部分苜蓿叶式立交

这三种形式的部分苜蓿叶式立交的主线直行车流快速、畅通;单一驶出方式简化了主线上的标志;仅需一座桥,用地和工程费用较少;远期可扩建为苜蓿叶式立交。但次线上存在平面交叉,有停车等待和错路运行的可能。

布设这种形式的立交时应使转弯车辆的出入尽可能少地妨碍主线的交通,最好使每一转弯运行均为右转弯出入,不得已时应优先考虑右转出口。另外,平面交叉口应布置在次线上。

上述部分互通式立交特别适用于高速公路与次要道路相交的情况,当用地或地形等受限制时,也可考虑采用部分苜蓿叶式立交。

b. 完全互通式立交。

这种形式的立交相交道路的车流轨迹线全部在空间上按分离的形式交叉。它是一种比较完善的高级形式,各转向都有专用匝道,适用于高速公路与高速公路之间以及高速公路与其他高等级道路相交的交叉。其代表形式有喇叭形立交、苜蓿叶式立交、子叶式立交、Y 形立交、X 形立交等。

(a) 喇叭形立交。如图 8-5 所示,它是三路立交的代表形式,可分为 A 式和 B 式。经顺时针环圈式左转匝道驶入主线的喇叭形立交为 A 式,经逆时针环圈式左转匝道驶出主线的为 B 式。

这种立交只需一座构造物,投资较省;无冲突点,通行能力大,行车安全;造型美观,行车方向容易辨认。

由于这种立交的环圈式匝道车速较低,布设时应将环圈式匝道设在交通量小的方向上,主线交通量大时宜采用 A 式。次线可上跨或下穿,上跨对转弯交通视野有利,下穿时宜斜交或弯穿。

(b) 苜蓿叶式立交。如图 8-6 所示,该立交平面形状酷似苜蓿叶,交通运行连续而自然,无冲突点,仅需一座构造物。但这种立交占地面积大,左转绕行距离长,环圈式匝道设计车速较低,且桥上、桥下存在交织;多用于高速公路之间的相交,而在市区内由于地形的限制很难采用。但因其形

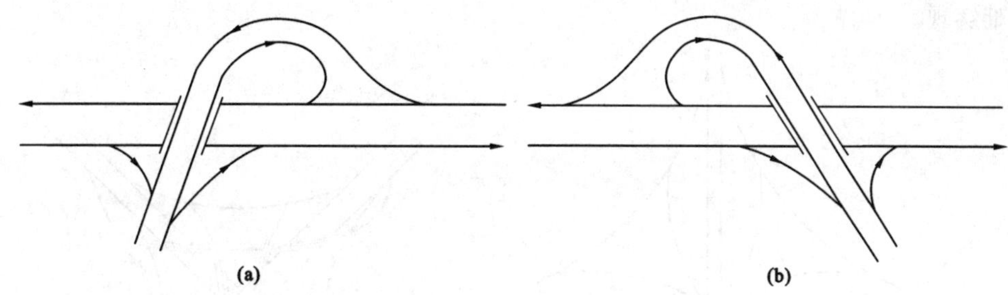

图 8-5　喇叭形立交

(a) A 式；(b) B 式

式美观，如果在城市外围的环路上采用，加之适当的绿化，也是较为合适的。

该立交布设时，为消除主线上的交织，避免双重出口、使标志简化，以及提高立交的通行能力和行车安全，可加设集散车道。

(c) 子叶式立交。如图 8-7 所示，该立交只需一座构造物，造型美观，造价较低。但交通运行条件不如喇叭形立交好，正线存在交织，多用于苜蓿叶式立交的前期工程。布设时以使正线下穿为宜。

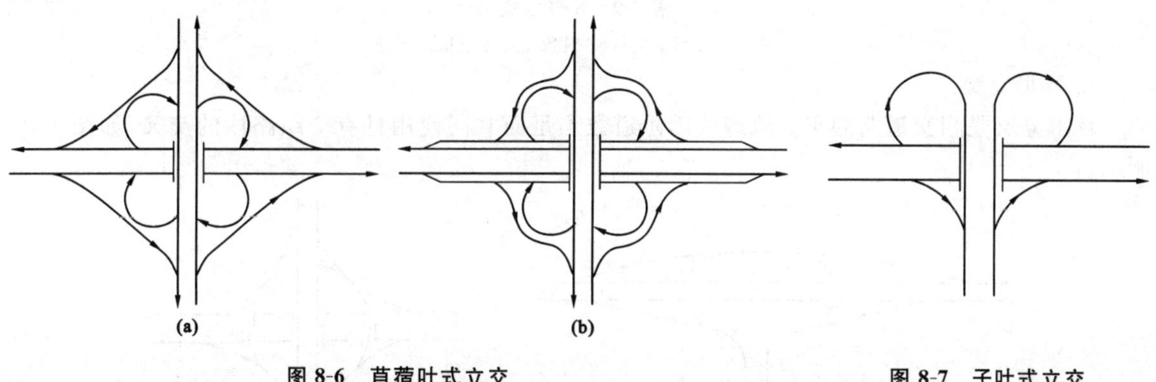

图 8-6　苜蓿叶式立交

(a) 标准形；(b) 带集散车道形

图 8-7　子叶式立交

(d) Y 形立交。如图 8-8 所示，这种立交转弯车辆的运行速度较高，无交织，无冲突点，行车安全；行车方向明确，路径短捷，通行能力大；正线外侧占地宽度较小，但需要的构造物较多，造价较高。

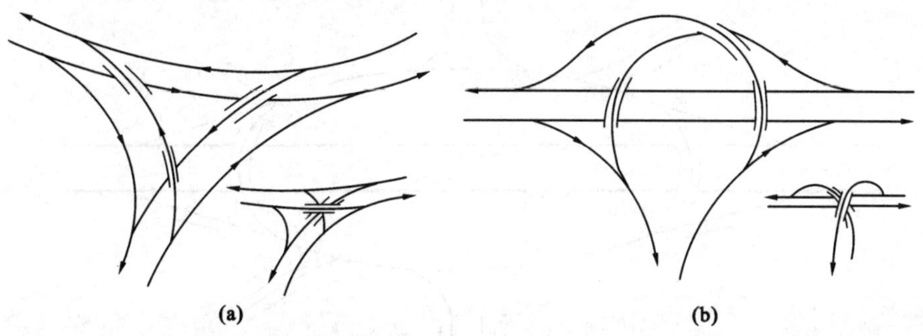

图 8-8　Y 形立交

(a) 定向 Y 形；(b) 半定向 Y 形(三层式)

(e) X 形立交(又称半定向式立交)。如图 8-9 所示，各方向运行都有专用匝道，自由流畅，转向明确；无冲突点，无交织，通行能力大；行车速度高。但占地面积大，层多桥长，造价高，在城区受地形限制很难实现。

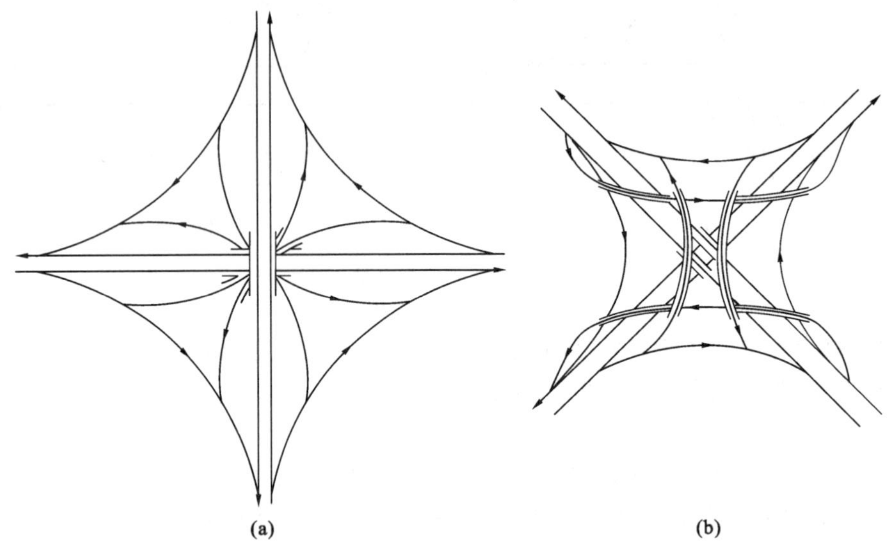

图 8-9　X 形立交

(a) 典型 X 形立交;(b) 对角左转匝道拉开布置

c. 环形立交。

环形立交是相交道路的车流轨迹线因匝道数不足而共同使用且有交织路段的交叉,如图 8-10 所示。

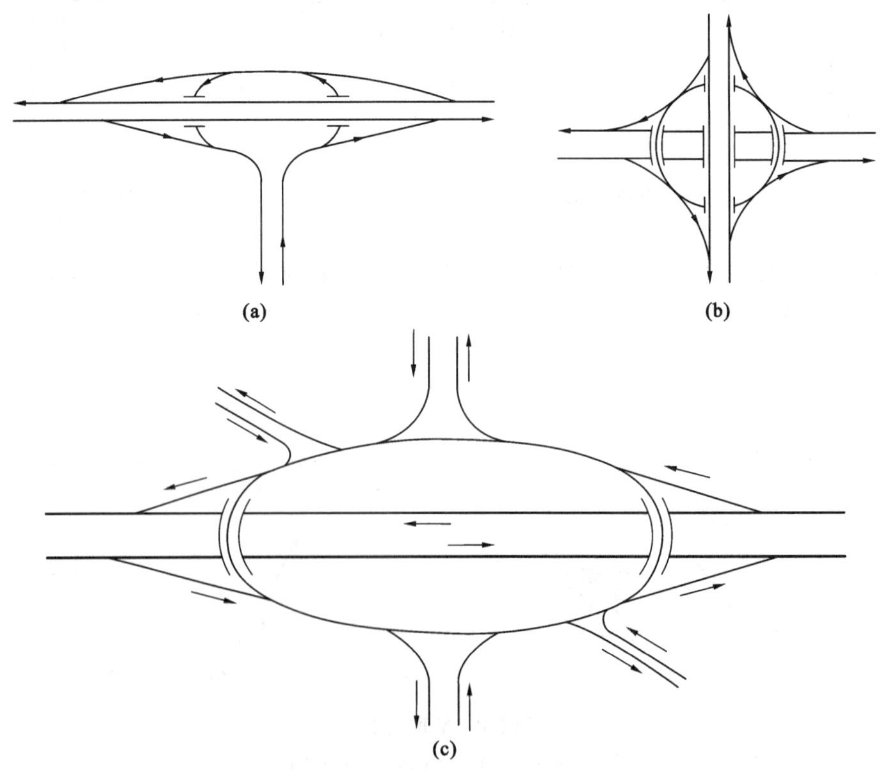

图 8-10　环形立交

(a) 三路环形立交;(b) 四路环形立交;(c) 多路环形立交

环形立交适用于主要道路与一般道路交叉，以用于5条以上道路相交为宜。环形立交能保证主线直通，交通组织方便，无冲突点，占地较少。但次要道路的通行能力受到环道交织能力的限制，车速受到中心岛直径的影响，构造物较多，左转车辆绕行距离长。

当采用环形立交时，必须根据相交道路的性质进行比较研究，看环道的最大通行能力和所采用的中心岛尺寸能否满足远景交通量和车速的要求。布设时应让主线直通，中心岛可采用圆形、椭圆形或其他形状。

8.2 立体交叉的布置与形式选择

8.2.1 立体交叉的布置规划

8.2.1.1 设置条件

对互通式立体交叉位置的选定，应以现有道路网或已批准的规划为依据，综合考虑交通因素、社会因素和自然因素等条件来确定，在保证主线畅通的条件下，同时考虑立交对地区交通的分散和吸引作用、立交的设置条件、技术上的合理性、经济上的可行性以及拟选立交的形式等，选择较为理想的地带。一般应选择在地势平坦开阔、地质良好、拆迁较少及相交道路具有较高的平、纵线形指标处。通常，主要根据下列条件设置立体交叉。

(1) 根据相交道路的等级

高速公路与各类道路相交时，必须采用立体交叉；一级公路与其他公路交叉时，应尽量采用立体交叉；城市快速路与快速路、主干路、铁路交叉时，必须采用立体交叉；大城市机场与一般道路相交时，可采用立体交叉。

(2) 根据交通量的需要

城市主干路与主干路交叉口的现有交通量超过4000 pcu/h，相交道路为四车道以上，且对平面交叉口采取改善措施、调整交通组织均难以收效时，可设置立体交叉。高速公路和具有干线功能的一级公路与其他各级公路相交且无须交通转换时，可采用分离式立体交叉。二、三、四级公路直行交通量很大或地形条件适宜且不考虑交通转换时，可采用分离式立体交叉。

(3) 考虑地形条件

当交叉所在地形条件适宜修建立交时可采用立交，如高填方路段与其他道路交叉处，较高的桥头引道与滨河路交叉等。两条主干路交叉或主干路与其他道路交叉，当地形适宜修建立体交叉且经技术经济比较合理时，可设置立体交叉。道路跨河或跨铁路的端部可利用扩建桥梁的边孔，修建道路与道路的立体交叉。

(4) 考虑相交道路的任务

高速公路、一级公路同通往县级以上城市、重要的政治中心或经济中心、重要工矿区、港口、机场、车站和游览胜地等的主要公路相交处应设置互通式立体交叉。

(5) 考虑经济条件

经过对投资成本、运营费用和安全性的分析，当设置互通式立体交叉的效益投资比和社会效益等大于设置平面交叉时，可修建互通式立体交叉。

(6) 道路与铁路的交叉符合下列条件时采用立体交叉：

① 当地形条件困难，采用平面交叉危及行车安全时；

② 城市主干路、次干路与铁路交叉,在道路交通高峰时间内,经常发生一次封闭时间超过 15 min的情况。

8.2.1.2 立交的间距

确定互通式立交间距时,主要应考虑以下影响因素:

(1) 能均匀地分散交通

相邻立交的间距,应保持其所担负交通量的均衡。间距过大会使交通联系不便;间距过小则会影响高速道路功能的发挥,且使建设投资增加。

(2) 能满足交织路段长度的要求

交织路段是指前一个立交匝道的合流点到后一个立交匝道的分流点之间的距离。相邻立交之间要有足够的交织路段,以便在相邻立交出入口之间设置足够的变速车道。

(3) 满足标志和信号布置的需要

在相邻立交之间的路段,要设置一系列标志和信号,以便连续不断地提醒驾驶员下一立交出口的到来及去向。

(4) 驾驶操作的要求

相邻立交之间的距离如果过近,特别是在城市道路上,因互通式立交的平面连续变化,纵断面起伏频繁,会对车辆运行、驾驶操作以及景观不利。

对互通式立交的标准间距,公路与城市道路不尽相同。公路上的互通式立交间距,在大城市、重要工业区周围为 5～10 km;一般地区为 15～25 km;最大间距以不超过 30 km 为宜;最小间距不应小于 4 km。城市道路上互通式立交的间距一般比公路小,但最小间距按正线计算行车速度为 80 km/h、60 km/h、50 km/h,分别采用 1 km、0.9 km、0.8 km。

8.2.2 立体交叉形式的选择

立交形式选择的目的是提供行车效率高,安全舒适,适应设计交通量和设计速度,满足车辆转弯需要,并与环境相协调的立交形式。立交形式选择是否合理,不仅影响立交本身的功能,如通行能力、行车安全和工程经济等,而且与地区规划、地方交通的发挥及市容环境等有密切关系。

8.2.2.1 影响立交形式选择的因素

影响立交形式选择的因素可概括为道路、交通、环境及自然条件四个方面,具体内容如图 8-11 所示。

8.2.2.2 立交形式选择的基本原则

互通式立交形式选择,应遵循下列基本原则:

① 立交的形式首先取决于相交道路的性质、任务和远景交通量等,确保行车安全畅通和车流的连续。相交道路等级高时应采用完全互通式立交,且交通量大、设计速度高的行车方向要求线形标准高、路线短捷、纵坡平缓;在城市道路上,若使机动车和非机动车流分离行驶,可采用三层或四层式立交。

② 选定的立交形式应与所在地的自然环境条件相适应,要充分考虑区域规划、地形地质条件、可能提供的用地范围、周围建筑物及设施分布现状等。在满足交通要求前提下综合分析研究,力求合理利用地形,与周围环境相协调;力求造型美观,结构新颖合理。

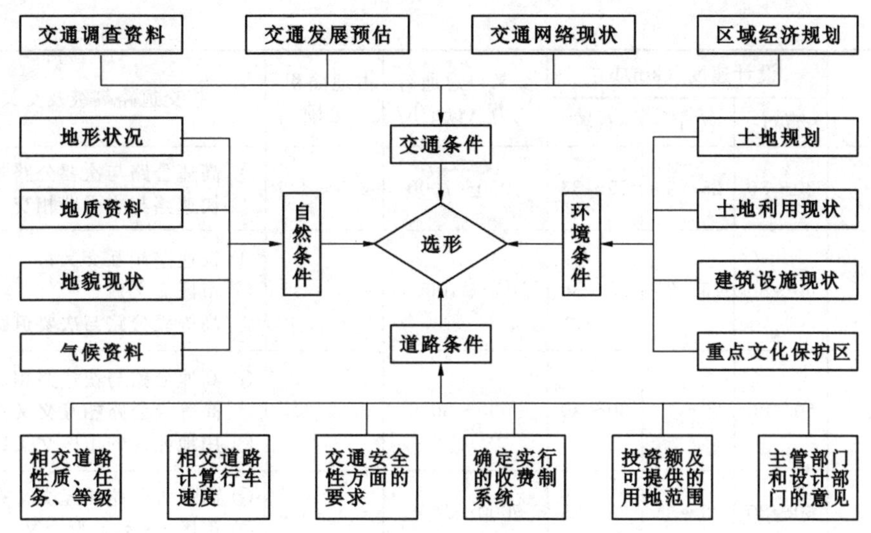

图 8-11 影响立交形式的基本因素

③ 选形应全面考虑近、远期结合，既要考虑近期交通要求，减少投资费用，又要考虑远期交通发展需要。

④ 选形应从实际出发，使其有利于施工、养护和排水，尽量采用新技术、新工艺、新结构，以提高质量、缩短工期和降低成本。

⑤ 选形和总体布置要全面安排，分清主次，充分考虑平面线形指标和竖向高程的要求。如铁路与道路相交，常以铁路上跨为宜，可减少净空高度；高速道路与其他道路相交，原则上高速道路不变或少变，其他道路抬高或降低；城市立交非机动车道不变或少变，以利于行人及非机动车通行。

⑥ 选形应与定位相结合。立交的形式随所在位置的地形、地物及环境条件而异，通常先定位后选形，两者统筹考虑。

8.2.2.3 立交形式选择的步骤和要点

(1) 初定立交的基本形式

首先选择立交的总体布局，如上跨式或下穿式立交，完全互通式或部分互通式立交，二层式、三层式或四层式立交，机动车与非机动车分行或混行，是否考虑行人交通，是否收费等，在此基础上进一步选择立交的基本形式，如菱形立交、Y 形立交等。

根据影响立交形式选择的主要因素，表 8-1 为常用立交形式的选择条件，可供参考。

表 8-1 互通式立交形式的选择

立交形式	设计速度/(km/h)			交叉口总通行能力/(pcu/h)	占地面积/公顷	相交道路等级及交叉口情况
	直行	左转	右转			
定向型立交	80～100	70～80	70～80	13000～15000	8.5～12.5	① 高速公路相互交叉； ② 高速公路与市郊快速路相交
苜蓿叶式立交	60～80	30～40	30～40	9000～13000	7.0～9.0	① 高速公路相互交叉； ② 高速公路与快速路，主干路相交； ③ 用地允许的市区主要交叉口
部分苜蓿叶式立交	30～80	25～35	30～40	6000～8000	3.5～5.0	① 高速公路与快速路、主干路相交； ② 苜蓿叶式立交的前期工程

续表

立交形式	设计速度/(km/h)			交叉口总通行能力/(pcu/h)	占地面积/公顷	相交道路等级及交叉口情况
	直行	左转	右转			
菱形立交	30～80	25～35	25～35	5000～7000	2.5～3.5	① 高速公路与次要公路相交; ② 快速路与主干路相交
三、四层式环形立交	60～80	25～35	25～35	7000～10000	4.0～4.5	① 快速路相互交叉; ② 市区交叉口; ③ 高等级公路与次要道路相交
喇叭形立交	60～80	30～40	30～40	6000～8000	3.5～4.5	① 高速公路与快速路相交; ② 高等级公路相互交叉; ③ 用地允许的市区交叉口
三路环形立交	60～80	25～35	25～35	5000～7000	2.5～3.0	① 高等级公路相互交叉; ② 市区T形、Y形交叉口
三路子叶式立交	60～80	25～35	25～35	5000～7000	3.0～4.0	① 高等级公路相互交叉; ② 苜蓿叶式立交的前期工程
三路定向型立交	80～100	70～80	70～80	8000～11000	6.0～7.0	① 高速公路相互交叉; ② 地形适宜的双向分离式道路相交

注:相交道路按六车道计。

公路立交在确定基本形式时,应根据各方面的交通量,结合地形、地物、当地交通条件综合考虑,并注意以下几点:

① 直行和转弯交通量均大,相交道路的设计速度较高并要求用较高的速度集散时,可采用定向式或半定向式立交。

② 相交道路等级相差较大,且转弯交通量不大时,可用菱形、部分苜蓿叶式或喇叭形立交。

③ 不设收费站的高速公路、一级公路相交时,可用苜蓿叶式立交。但其规模和用地较大,且应设置集散车道以减少交通堵塞和交通事故。

④ 部分苜蓿叶式立交有两处相隔较近的平面交叉,对次线直行交通不利。当各向转弯交通量相差悬殊时,应在适当象限内布置匝道,将冲突减至最低程度。

⑤ 汽车专用公路与一般公路相交且不设收费站时,应优先采用菱形立交;若设收费站而主线转弯交通量较小时,允许匝道上存在平面交叉。

⑥ 苜蓿叶式立交的环圈式匝道以单车道为宜。若交通量接近或大于单车道通行能力,则应采用半定向或定向匝道。

(2) 立交几何形状及结构的选择

立交的几何形状及结构对行车速度、运行时间、行车视距、视野范围、服务水平及通行能力等影响较大。在基本形式的基础上,通过仔细研究,对立交的总体结构进行安排,并合理布置匝道。

(3) 立交方案的比较

当有几个立交方案可供选择时,要经过多方案的技术、经济比较,选择合理的立交形式和适当的规模,选择出满足交通功能要求、适合现场条件、工程量小、投资省的最佳立交方案。

8.2.3　立体交叉的设计资料和设计步骤

（1）设计资料

在立体交叉设计之前，应通过实地勘测、调查搜集下列所需设计资料。

① 自然资料。测绘立交范围内比例尺为 1∶2000～1∶500 的地形图，详细标注建筑物的建筑线、种类、层高、地上及地下各种杆柱和管线；调查并搜集用地发展规划，水文、地质、土壤、气候条件资料；搜集附近的国家控制点和水准点等。

② 交通资料。搜集各转弯及直行交通量，交通组成；推算远景交通量；绘制交通流量及流向图；调查非机动车流量和行人流量等。

③ 道路资料。调查相交道路的等级，平、纵面线形、横断面形式及尺寸；相交角度、控制坐标和高程；路面类型及厚度等。

④ 排水资料。搜集立交所在区域的排水规划及现状；各管渠位置、埋深和尺寸。

⑤ 文书资料。搜集设计任务书及有关文件等。

⑥ 其他资料。调查取土、弃土和材料的来源；施工单位、季节、工期和交通组织与安全。

（2）设计步骤

① 初拟设计方案。根据交通量和地形条件，在地形图或其上覆盖的透明纸上勾绘出各种可能的立交方案。

② 确定比较方案。对初拟方案进行分析，应考虑线形是否顺适，技术指标能否满足，各层间能否跨越，拆迁是否合理等，从中选出 2～4 个方案进行进一步的比较。

③ 确定推荐方案。在地形图上按比例绘出各比较方案，完成初步平、纵设计和概略工程量计算，做出各方案的比较表，全面比较后确定推荐方案，一般为 1～2 个。

④ 确定采用方案。对推荐方案视需要做出模型或透视图，征询有关部门的意见，最后定出采用方案。

⑤ 详细测量。对采用方案实地放线并详细测量，进一步搜集技术设计所需的全部资料。

⑥ 技术设计。完成全部施工图和工程预算。

以上①～④步为初步设计阶段，当可选方案较少或简单明了时可酌减步骤，⑤～⑥步为施工图设计阶段。

8.3　匝道设计

匝道是互通式立交必不可少的组成部分。匝道设计得合理与否，直接关系到立交枢纽的功能、营运及安全等。因此，匝道的合理布置与线形设计的合理性是至关重要的。

8.3.1　匝道的基本形式

匝道的形式多种多样，按匝道与相交道路的关系，分为右转匝道和左转匝道两大类。

（1）右转匝道

如图 8-12 所示，车辆从右侧驶出后直接右转约 90°，到相交道路的右侧驶入，一般不设跨线构造物。其特点是形式简单，车辆运行方便、顺当，行车安全性高。

（2）左转匝道

车辆需左转约 270°越过对向车道，至少需要一座跨线构造物。按匝道与相交道路的关系，左转匝道又可分为以下几种基本形式。

① 直接式(又称定向式或左出左进式)。如图8-13所示,左转车辆直接从左侧驶出,左转弯,到相交道路从左侧驶入。其优点是匝道长度最短,可降低营运费用;没有反向迂回运行,自然顺畅;可适应较高车速。其缺点是跨线构造物较多,单行跨线桥二层式两座,或三层式一座;相交道路的车辆之间要有足够的间距;重型车和慢速车从左侧高速驶出困难,从左侧高速驶入也困难且不安全。

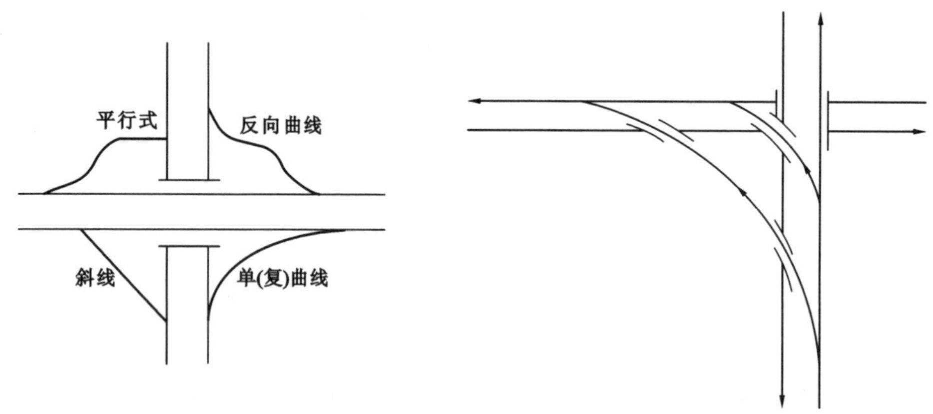

图8-12　右转匝道　　图8-13　定向式左转匝道(左出左进)

因定向式左转匝道存在左出和左进的不利问题,且与我国右侧行驶规则不相适应,所以除左转交通量很大外,一般不予采用。

② 半直接式(又称半定向式匝道)。按车辆由相交道路的进出方式可分为三种基本形式。

a. 左出右进式。如图8-14所示,左转车辆从左侧直接驶出后左转,到相交道路时由右侧驶入。与定向式匝道相比,右进改变了左进的缺点,但仍然存在左出的问题;匝道绕行略长。

b. 右出左进式。如图8-15所示,左转车辆从右侧右转驶出,在匝道上左转,到相交道路后直接由左侧驶入。这种形式改善了左出的缺点,但仍然存在左进问题。

c. 右出右进式。如图8-16所示,左转车辆都是右转弯驶出和驶入,在匝道上左转改变方向。这种形式完全消除了左出、左进的缺点,行车安全。但匝道绕行最长,跨线构造物最多。

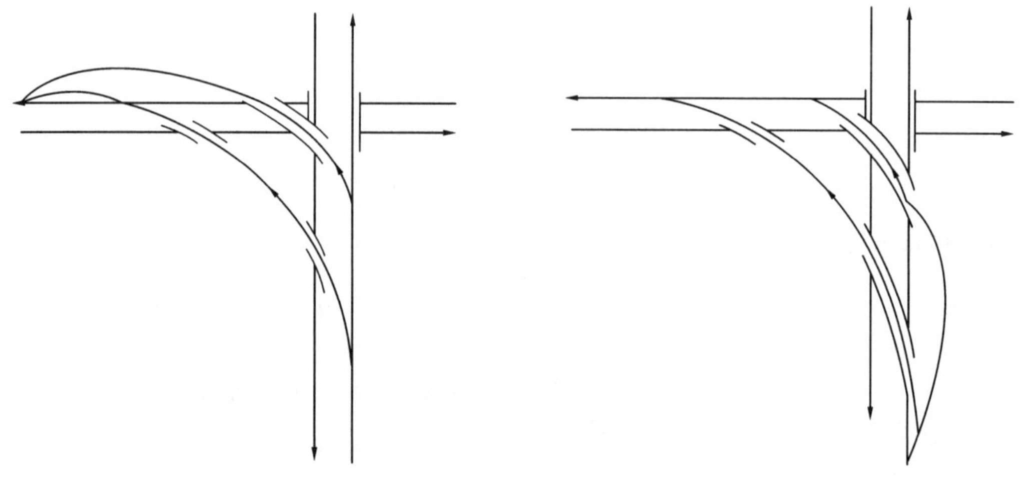

图8-14　左出右进式　　图8-15　右出左进式

③ 间接式(又称环圈式)。如图 8-17 所示,左转车辆先驶过正线跨线构造物,然后向右回转约 270°达到左转的目的。其特点是右出右进,行车安全;不需设跨线构造物;造价最低。但线形指标差;占地较大;车速和通行能力低;左转绕行较长。

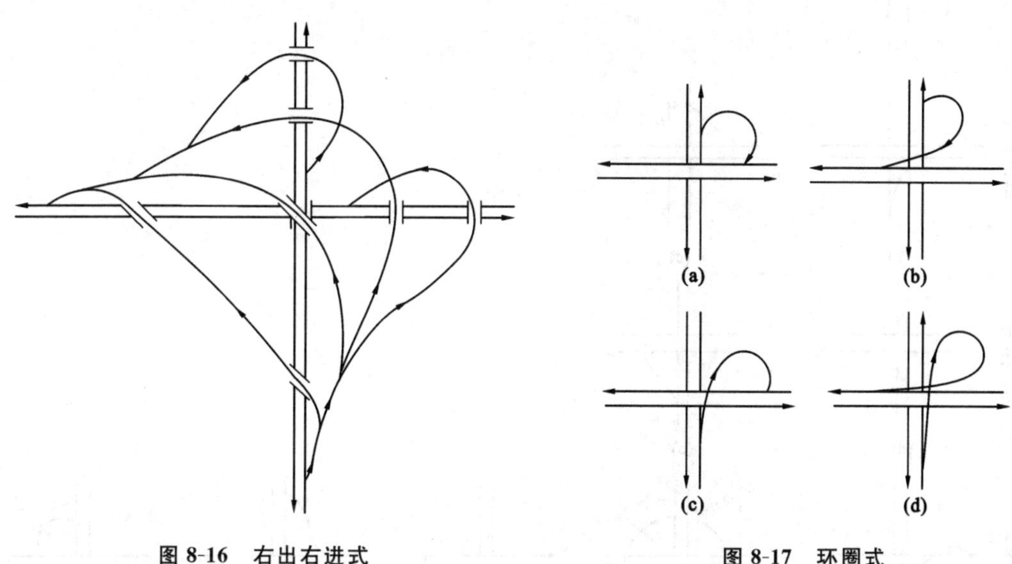

图 8-16　右出右进式

图 8-17　环圈式

环圈式匝道为苜蓿叶式立交和喇叭形立交的标准组成部分。图 8-17(a)为常用的基本形式,当苜蓿叶式立交设有集散道路时,可用其余三种形式。

8.3.2　匝道的特性

上述匝道的基本形式中,右转匝道在不设跨线构造物前提下是定型的,几乎都采用右出右进的形式,只是在使用中视场地限制条件改变匝道的线形而已,若某一象限未设右转匝道,该立交相交道路上会出现平面交叉口。

而左转匝道的基本形式变化多端,各种匝道可以单独或相互组合使用,形成许多不同类型的立体交叉。左转匝道的基本形式具有如下特性:

① 对称性。左转匝道可分为十种,如图 8-18 所示。从外观图形分析,可归纳为两类,一类为自身斜轴对称,如编号为(a)、(f)、(g)、(j)四种;另一类自身无对称轴,但可分为相互轴对称的三对,如(b)、(c)、(d)、(e)、(h)、(i)六种。由这两类不同对称性的左转匝道,可以相互组合成许多对称的造型美观的立交形式。

② 任何一个方向左转的车辆,均可在该方向所在象限内完成左转弯运行。如图 8-19 所示,当 A 方向来车拟左转到 B 方向时,可在四个象限内布置左转匝道。

③ 所有行驶方向左转的车辆,均可在部分象限内完成左转弯运行,如图 8-20 所示。

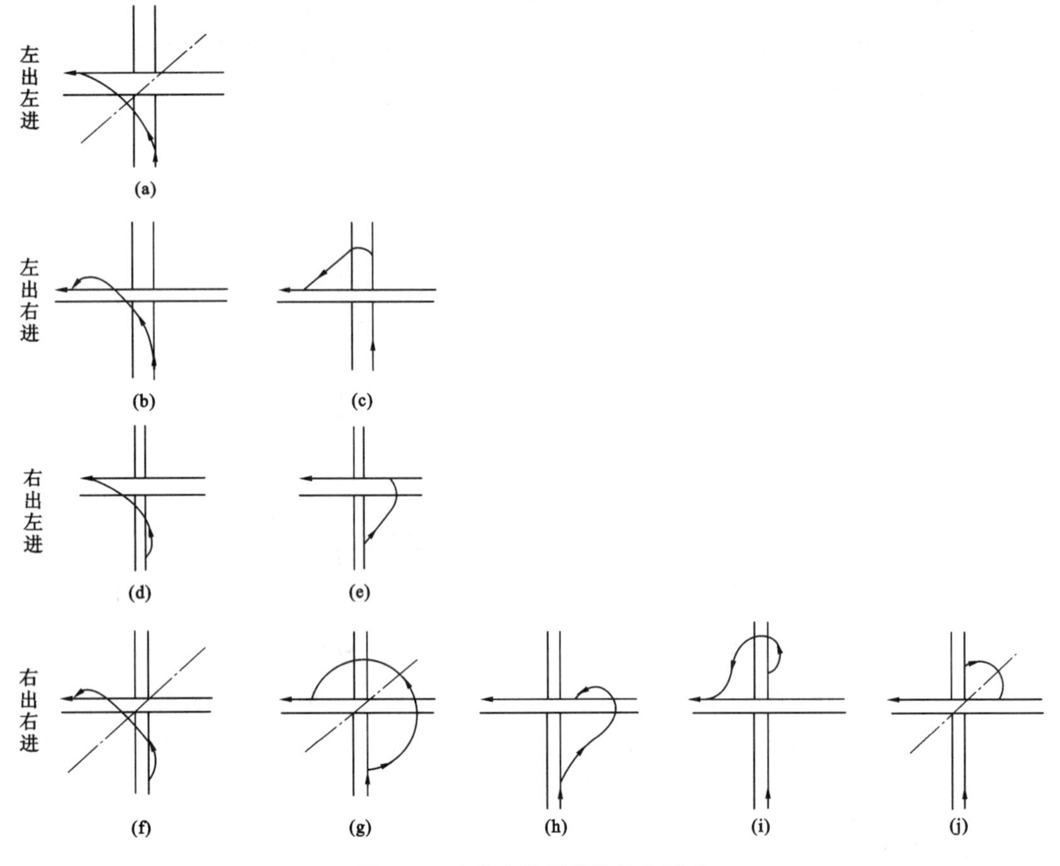

图 8-18 十种左转匝道的基本形式

(a),(b),(d),(f)小回;(c),(e),(h),(i) 壶把;(g) 大回;(j) 环圈

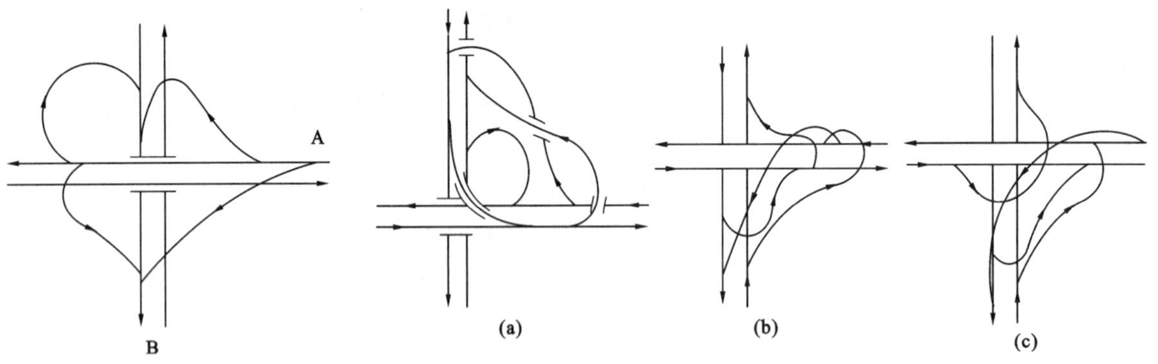

图 8-19 一个方向左转匝道布置

图 8-20 部分象限所有左转匝道布置

(a) 一个象限集中布置;(b) 只在两个象限内布置;(c) 只在三个象限内布置

8.3.3 匝道的设计依据

8.3.3.1 互通式立体交叉范围内正线的设计速度

互通式立体交叉范围内的主线和被交叉公路设计速度应采用其基本路段的设计速度。当互通式立体交叉匝道按高速公路相互分、合流设计时,互通式立体交叉范围内的高速公路设计速度可适

当降低，但与相邻路段设计速度差应小于 20 km/h。

8.3.3.2　设计速度

匝道的设计速度主要是根据立交的等级、转弯交通量的大小以及用地和建设费用等条件选定。由于地形、用地和建设费用等限制，匝道的设计速度通常都较正线低，但差值不宜过大，以免车辆在离开或进入正线时产生急剧的减速或加速，导致行车危险和不顺畅。设计速度最佳值以接近主线平均行驶速度为宜。当受用地或其他条件限制时，匝道设计速度可适当降低。

公路和城市道路互通式立体交叉匝道设计速度的规定见表 8-2。

表 8-2　**公路、城市道路互通式立体交叉匝道设计速度**　(单位:km/h)

类型	匝道形式	直接式	半直接式	环形
公路	枢纽互通式立交	80、70、60、50	80、70、60、50、40	40
	一般互通式立交	60、50、40	60、50、40	40、35、30
城市道路	A 类、B 类、C 类	80、70、60、50、40、35、30、25、20		

选用匝道设计速度时应注意以下几点：

① 满足最佳车速要求。为确保行车安全及通行能力的要求，并考虑占地及行驶条件，匝道设计速度宜接近最佳车速(即匝道达到最大通行能力时的车速，单位为 m/s)，其简化计算公式为：

$$V_K = 3.6\sqrt{\frac{L+L_0}{C}} \tag{8-1}$$

式中　L——车长，m；

L_0——安全距离，m，一般取 5～10 m；

C——制动系数，s^2/m，数值一般取 0.15～0.30。

最佳车速通常为 V_K＝40～50 km/h。

② 按匝道的不同形式选用。同一座立交各条匝道的设计速度应有所不同，原则上应根据匝道的形式选用。

a. 右转匝道宜采用上限或中间值；

b. 定向式左转匝道宜采用上限或接近上限值；

c. 半定向式宜采用中间或接近中间值；

d. 环圈式宜采用下限值。

③ 适应出、入口行驶状态的需要。

a. 驶出匝道分流端的设计速度不能小于主线设计速度的 50%～60%；

b. 驶入匝道与加速车道连接处的设计速度应保证车辆驶至加速车道末端的速度能达到主线设计速度的 70%；

c. 接近收费站或次要道路的匝道末端，设计速度可酌情降低。

④ 考虑匝道的交通组织。双向无分隔带的匝道应取同一设计速度；双向独立的匝道依交通量的不同而分别选用设计速度。

8.3.3.3　设计交通量

匝道设计交通量是指远景设计年限的设计小时交通量。互通式立体交叉的设计年限一般与高速公路相同，为20年。匝道设计交通量是确定匝道类型、设计速度、车道数、几何形状、部分互通式或完全互通式以及是否分期修建等的基本依据。设计交通量主要根据相交道路的交通量，结合交通调查资料，通过分析、预测，推算设计年限的年平均日交通量，并将匝道单向年平均日交通量换算为设计小时交通量，设计小时交通量一般采用第30位小时交通量，也可根据立交功能和当地小时交通量变化特征采用第20～40位小时之间最为经济合理时位的小时交通量，采用单向年平均日交通量乘以设计小时交通量系数进行计算。

8.3.3.4 通行能力

(1) 匝道的通行能力

匝道的通行能力取决于匝道本身的通行能力、入口处的通行能力和出口处的通行能力，以三者之中较小者作为采用值。通常出口和入口处的通行能力与匝道本身通行能力相比甚小，故匝道的通行能力主要受出、入口处通行能力的限制。出、入口处的通行能力可按如下六种情况计算，并采用每种情况的较小者。

① 单车道匝道驶入单向双车道主线为：

$$V_r = 1.13V_D - 154 - 0.39V_f \tag{8-2}$$

$$V_r = 2V_D - V_f \tag{8-3}$$

(取较小者)

式中 V_r——出口或入口处的通行能力，pcu/h；

V_D——主线每一车道设计通行能力，pcu/h；

V_f——主线单向合计交通量，pcu/h。

② 单车道匝道驶出单向双车道主线为：

$$V_r = 1.02V_D - 317 - 0.66V_f \tag{8-4}$$

③ 单车道匝道驶入单向三车道主线为：

$$V_r = V_D + 120 - 0.244V_f \tag{8-5}$$

$$V_r = 3V_D - V_f \tag{8-6}$$

(取较小者)

④ 单车道匝道驶出单向三车道主线为：

$$V_r = 2.11V_D - 203 - 0.488V_f \tag{8-7}$$

⑤ 双车道匝道驶入单向三车道主线为：

$$V_r = 1.793V_D + 357 - 0.499V_f \tag{8-8}$$

$$V_r = 3V_D - V_f \tag{8-9}$$

(取较小者)

⑥ 双车道匝道驶出单向三车道主线为：

$$V_r = 1.76V_D + 279 - 0.062V_f \tag{8-10}$$

(2) 交织路段的通行能力

交织是互通式立交常用的交通组织方式之一，如环形立交、部分苜蓿叶式立交或苜蓿叶式立交本身就存在交织运行。另外，为消除冲突点，常在匝道上为交叉车流设置一段公共匝道，形成交织路段。交织路段的通行能力主要与交织路段长度、行车速度及交织路段的交通量有关，可根据设计速度和交织路段长度求得。

8.3.4　匝道的线形设计

8.3.4.1　匝道的平面

互通式立交匝道平面线形设计，应根据相交道路的等级和性质来确定互通式立体交叉的等级，依据预测的交通量大小、地形、用地条件、地下管线设置等因素来确定立交匝道类型及其曲线半径，使其适应行驶速度的变化，保证车辆连续安全地运行。

(1) 匝道圆曲线半径

匝道的平面线形和路线对行车安全、顺利、舒适起重要作用，匝道的圆曲线半径直接影响着匝道的形式、用地、规模、造价以及行车的安全性与舒适性。匝道圆曲线最小半径计算公式与第 3 章公式相同。最小半径的大小取决于匝道的设计速度，同时应考虑经济性、安全性和舒适性。表 8-3 为公路立交匝道圆曲线最小半径，通常应选用大于一般值的半径，当受地形条件或其他特殊情况限制时，方可采用最小值。积雪冰冻地区不得采用最小值。

表 8-3　**公路立交匝道圆曲线最小半径**

匝道设计速度/(km/h)		80	70	60	50	40	35	30
圆曲线最小半径/m	一般值	280	210	150	100	60	40	30
	最小值	230	175	120	80	50	35	25

城市道路立交匝道圆曲线最小半径及平曲线最小长度的规定见表 8-4，选用时宜采用大于或等于表列超高 $i_h=2\%$ 的最小半径，有条件的地方可采用不设超高的最小半径。

表 8-4　**城市道路立交匝道圆曲线最小半径及平曲线最小长度**　(单位：m)

匝道设计速度/(km/h)		80	70	60	50	40	35	30	25	20
积雪冰冻地区		—	—	240	150	90	70	50	35	25
一般地区	不设超高	420	300	200	130	80	60	45	30	20
	$i_{max}=0.02$	315	230	160	105	65	50	35	25	20
	$i_{max}=0.04$	250	205	145	95	60	45	35	25	15
	$i_{max}=0.06$	255	185	130	90	55	40	30	25	15
平曲线最小长度/m		150	140	120	100	90	80	70	50	40

注：不设缓和曲线的匝道圆曲线极限最小半径与不设超高情况相同。积雪冰冻地区超高不大于 4%。

对环圈式匝道的圆曲线半径，除满足上述规定外，还应有足够的长度以保证曲率的缓和过渡以及上、下线的展线长度要求。其圆曲线半径 R_{min}(m)可按下式计算：

$$R_{min}\geqslant\frac{57.3H}{\alpha\cdot i}\tag{8-11}$$

式中　H——上、下线要求的最小高差，m；

α——匝道的转角，(°)；

i——匝道的设计纵坡度(%)。

(2) 匝道缓和曲线参数

车辆在匝道上由直线段驶入圆曲线、由圆曲线驶入直线段或大半径圆曲线与小半径圆曲线之间应设置缓和曲线，缓和曲线采用回旋线，以满足车辆行驶轨迹和离心力渐变的特性。

曲线超高之间或曲线超高与直线双向路拱横坡之间的缓和段,以及曲线平面加宽的宽度和直线路段宽度过渡段所需要的缓和段,均应在缓和曲线范围中完成。

缓和曲线应采用回旋线,其参数以 $A \leqslant 1.5R$ 为宜,且不小于表 8-5 所列数值。反向曲线的两个回旋线参数宜相等,不相等时其比值应小于 1.5。缓和曲线最小长度的确定,必须使离心加速度变化率不超过一定限度,且在方向操作上要有合理的时间。匝道缓和曲线长度应不小于表 8-5 所列值。

表 8-5　**匝道回旋线最小参数及长度**

匝道设计速度/(km/h)		80	70	60	50	40	35	30	25	20
公路	回旋线最小参数 A/m	140	100	70	50	35	30	20	—	—
	回旋线最小长度/m	70	60	50	40	35	30	25	—	—
城市道路	回旋线最小参数 A/m	135	110	90	70	50	40	35	25	20
	回旋线最小长度/m	75	70	60	50	45	40	35	25	20

(3)分流鼻处匝道最小曲率半径

驶出匝道的分流鼻处,因从正线分离后车辆行驶速度较高,匝道应具有较大的曲率半径,并使其后的曲率变化与车辆行驶速度的变化相适应(图 8-21)。

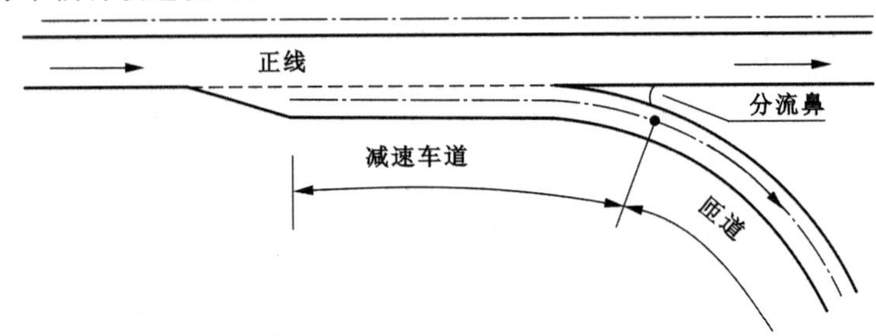

图 8-21　分流鼻处匝道曲率半径

公路互通式立体交叉匝道分流鼻处匝道最小曲率半径规定见表 8-6。

表 8-6　**公路互通式立体交叉分流鼻处匝道最小曲率半径表**

主线设计速度/(km/h)		120		100	80	60
分流鼻处的设计速度/(km/h)		80	70	65	60	55
最小曲率半径/m	一般值	450	350	300	250	200
	极限值	400	300	250	200	150

8.3.4.2　匝道的纵断面

(1) 匝道最大纵坡

互通式立交一般交通量大,行驶车种复杂,为保证行车安全,立交匝道最大纵坡值按互通式立交等级和匝道设计速度采用不同标准;匝道因受上、下行道路标高的限制,为克服高差、节省用地和减少拆迁,并考虑到匝道上行车速度较低,故匝道纵坡一般比正线纵坡大。

公路互通式立交匝道最大纵坡不应大于表 8-7 所列值。

表 8-7　**公路互通式立体交叉匝道最大纵坡**

匝道设计速度/(km/h)			80	70	60	50	40	35	30
最大纵坡	出口匝道	上坡	3%		4%		5%		
		下坡	3%		3%		4%		

续表

匝道设计速度/(km/h)			80	70	60	50	40	35	30
最大纵坡	入口匝道	上坡	3%		3%		4%		
		下坡	3%		4%		5%		

最大纵坡因地形困难或用地紧张时可增大1%，非积雪冰冻地区在特殊困难情况下可增加2%。

城市道路立体交叉匝道的最大纵坡不应大于表8-8的规定。若机动车与非机动车混行，考虑非机动车的行车要求，最大纵坡应按非机动车车行道的规定不宜大于3%。

表8-8　**城市道路互通式立体交叉匝道最大纵坡**

匝道设计速度/(km/h)		80	70	60	50	≤40
最大纵坡	一般地区	5%	5.5%	6%	7%	8%
	积雪冰冻地区	4%	4%	4%	4%	4%

(2) 匝道竖曲线半径

匝道竖曲线设计时，竖曲线半径和竖曲线长度两个指标应同时满足最小值的要求。匝道各设计速度对应的竖曲线最小半径及长度见表8-9。

表8-9　**匝道竖曲线的最小半径及长度**

匝道设计速度/(km/h)			80	70	60	50	40	35	30	25	20
竖曲线最小半径/m	凸形	一般值	4500 (4500)	3500 (3000)	2000 (1800)	1600 (1200)	900 (600)	700 (450)	500 (400)	— (250)	— (150)
		极限值	3000 (3000)	2000 (2000)	1400 (1200)	800 (800)	450 (400)	350 (300)	250 (250)	— (150)	— (100)
	凹形	一般值	3000 (2700)	2000 (2025)	1500 (1500)	1400 (1050)	900 (675)	700 (525)	400 (375)	— (255)	— (165)
		极限值	2000 (1800)	1500 (1350)	1000 (1000)	700 (700)	450 (450)	350 (350)	300 (250)	— (170)	— (110)
竖曲线最小长度/m	一般值		100 (105)	90 (90)	70 (75)	60 (60)	40 (55)	35 (45)	30 (40)	— (30)	— (30)
	极限值		75 (70)	60 (60)	50 (50)	40 (40)	35 (35)	30 (30)	25 (25)	— (20)	— (20)

注：括号内的数值为城市道路互通式立交匝道竖曲线最小半径及最小长度的指标。

8.3.4.3　匝道横断面及加宽

(1) 匝道横断面的组成

匝道横断面由行车道、路缘带、硬路肩和土路肩（城市道路可不设）组成，对向分隔的双车道匝道还应包括中央分隔带，城市道路互通式立体交叉匝道考虑非机动车行驶时还应包括侧分带和非机动车道。互通式立体交叉匝道横断面各组成部分宽度见表8-10。

表8-10　**互通式立体交叉匝道横断面各组成部分宽度**　（单位：m）

组成	行车道	路缘带	土路肩	硬路肩（含路缘带）		中央分隔带
				左侧	右侧	
公路	3.5(或3.75)	0.50	0.75(或0.50)	1.00(或0.75)	3.00(或1.00、1.50、2.00)	≥1.00
城市道路	3.5(或3.75、3.25、3.00)	0.50(0.25)	0.75(或0.50)	1.00(或0.75)	2.50(或1.00、0.75、0.50)	≥1.50

(2) 匝道各组成部分的宽度

公路上匝道横断面各组成部分的宽度应符合下列规定:

① 当设计速度小于 70 km/h 时,车道宽度应采用 3.50 m;当匝道设计速度大于或等于 70 km/h 时,车道宽度应采用 3.75 m。具体应结合匝道设计速度、通行车辆类型和限制条件等综合确定。

② 路缘带宽度应采用 0.50 m。

③ 当单向双车道匝道设置紧急停车带时,左侧硬路肩宽度宜采用 0.75 m,其余匝道应采用 1.00 m。

④ 当设紧急停车带时,右侧硬路肩宽度宜采用 3.00 m;当条件受限时可适当减小右侧硬路肩宽度,但单向单车道匝道和单向双车道匝道不应小于 1.50 m,对向分隔式双车道匝道不应小于 2.00 m;当不设紧急停车带时,右侧硬路肩宽度可采用 1.00 m。

⑤ 土路肩宽度为 0.75 m,条件受限且不设路侧护栏时土路肩宽度可采用 0.50 m。

⑥ 中央分隔带宽度不应小于 1.00 m。

匝道的车道、硬路肩宽度与正线不同时,应设置渐变率为 1/40～1/20 的过渡段,过渡段一般设置在匝道上,特殊困难时,可设置在变速车道范围内。

(3) 匝道横断面类型

根据匝道横断面车道数及运行方向,将匝道横断面划分为四种基本类型:

① Ⅰ型——单向单车道匝道[图 8-22(a)]。

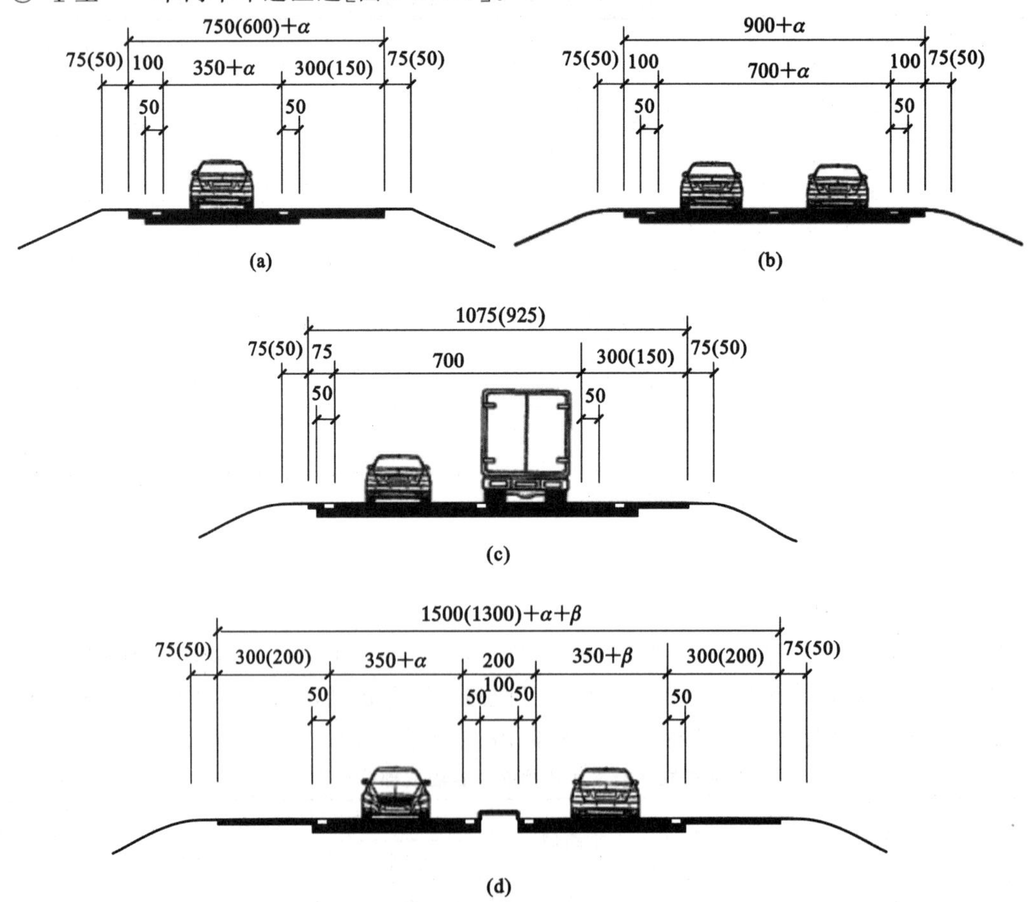

图 8-22 匝道横断面的基本类型(单位:cm)

注:α、β 为加宽值。

② Ⅱ型——无紧急停车带的单向双车道匝道，可用于对向非分隔双车道匝道[图 8-22(b)]。

③ Ⅲ型——设紧急停车带的单向双车道匝道[图 8-22(c)]。

④ Ⅳ型——对向分隔式双车道匝道[图 8-22(d)]。

匝道横断面类型的选择应根据匝道设计速度、设计小时交通量及匝道长度综合确定。

(4) 匝道圆曲线的加宽值

匝道圆曲线路段路面加宽值应根据匝道类型、路面标准宽度、通行条件所需宽度和圆曲线半径等确定。匝道圆曲线路段的路面加宽值可由表 8-11 查取。

表 8-11　**匝道圆曲线路段路面加宽值**

匝道圆曲线半径 R/m				路面加宽值/m
单向单车道（Ⅰ型）	无紧急停车带的单向双车道（Ⅱ型）	对向分隔式双车道（Ⅳ型）		
		曲线内侧车道	曲线外侧车道	
—	—	$25 \leqslant R < 26$	—	3.50
—	$25 \leqslant R < 26$	$26 \leqslant R < 27$	—	3.25
—	$26 \leqslant R < 27$	$27 \leqslant R < 28$	—	3.00
—	$27 \leqslant R < 28$	$28 \leqslant R < 30$	—	2.75
—	$28 \leqslant R < 30$	$30 \leqslant R < 32$	$25 \leqslant R < 26$	2.50
$25 \leqslant R < 27$	$30 \leqslant R < 31$	$32 \leqslant R < 35$	$26 \leqslant R < 29$	2.25
$27 \leqslant R < 29$	$31 \leqslant R < 33$	$35 \leqslant R < 38$	$29 \leqslant R < 32$	2.00
$29 \leqslant R < 32$	$33 \leqslant R < 35$	$38 \leqslant R < 42$	$32 \leqslant R < 36$	1.75
$32 \leqslant R < 35$	$35 \leqslant R < 37$	$42 \leqslant R < 46$	$36 \leqslant R < 40$	1.50
$35 \leqslant R < 38$	$37 \leqslant R < 39$	$46 \leqslant R < 53$	$40 \leqslant R < 46$	1.25
$38 \leqslant R < 43$	$39 \leqslant R < 42$	$53 \leqslant R < 60$	$46 \leqslant R < 55$	1.00
$43 \leqslant R < 50$	$42 \leqslant R < 46$	$60 \leqslant R < 73$	$55 \leqslant R < 67$	0.75
$50 \leqslant R < 58$	$46 \leqslant R < 50$	$73 \leqslant R < 92$	$67 \leqslant R < 85$	0.50
$58 \leqslant R < 70$	$50 \leqslant R < 55$	$92 \leqslant R < 123$	$85 \leqslant R < 117$	0.25
$R \geqslant 70$	$R \geqslant 55$	$R \geqslant 123$	$R \geqslant 117$	0

注：① Ⅳ型匝道的圆曲线半径为中央分隔带中心线半径，其余为车道中心线半径；
② 当Ⅰ型匝道与Ⅳ型匝道在相同半径圆曲线路段衔接时，应采用Ⅳ型匝道的单侧加宽值；
③ 当通行条件或匝道路面标准宽度有变化时，加宽值应重新计算确定；
④ 当Ⅲ型匝道硬路肩宽度为 3.00 m 且圆曲线半径大于 32 m 时，可不加宽。

8.3.4.4　匝道的超高及其过渡

(1) 超高值

匝道上的圆曲线应根据规定要求设置必要的超高，超高值应根据匝道设计速度、圆曲线半径、公路条件、自然条件等经计算确定。积雪冰冻区超高不大于 6%，合成坡度不大于 8%。当圆曲线半径大于不设超高的最小圆曲线半径时，可不设超高保持正常路拱。

(2) 超高过渡段

匝道上直线与超高圆曲线之间或两超高不同的圆曲线之间应设置超高过渡段。超高过渡段长度应根据匝道的设计速度、横断面类型、旋转轴的位置以及超高渐变率等因素确定。超高过渡段长度计算公式与正线相同。匝道超高渐变率按相关规定采用。

为减少超高过渡段中横坡接近水平状态时路面横向排水不畅的路段长度,超高渐变率不应小于表 8-12 中的规定值。

表 8-12　**匝道最小超高渐变率**

匝道横断面类型		单向单车道及对向分隔式双车道	单向双车道及非分隔式对向双车道
旋转轴位置	行车道中心线	1/800	1/500
	左侧路缘带外边缘	1/500	1/300

匝道超高过渡应平顺和缓,不产生扭曲突变。超高过渡方式可根据实际条件采用以行车道中线或路缘带外边缘旋转,沿超高过渡段逐渐变化,直至达到圆曲线内的全超高。

(3) 超高设置方式

超高过渡段设置方法视匝道平面线形而定,设回旋线时,超高过渡在回旋线全长或部分范围内进行;无回旋线时,可将所需过渡段长度的 1/3～1/2 插入圆曲线,其余设在直线上;两圆曲线径相连接时,可将过渡段分为两部分,分别置于两圆曲线内。

8.3.4.5　匝道的视距

① 单向匝道和对向分隔式匝道的基本路段应满足停车视距的要求,停车视距不应小于表 8-13 的规定。当对向非分隔双车道匝道有会车可能时,应满足会车视距的要求,会车视距不应小于停车视距的 2 倍。受条件限制且有分道行驶措施的路段可采用停车视距。

表 8-13　**匝道停车视距**　(单位:m)

匝道设计速度/(km/h)		80	70	60	50	40	35	30	25	20
公路	一般地区	110	95	75	65	40	35	30	—	—
	积雪冰冻地区	135	120	100	70	45	35	30	—	—
城市道路		110	90	70	55	40	35	30	25	20

② 在分流端部前等驾驶员容易误判信息或错误决策的路段,应满足识别视距的要求。有条件时,公路互通式立体交叉的识别视距宜采用表 8-14 的规定值,在信息复杂路段宜采用表中高限值。当条件受限时识别视距不应小于 1.25 倍的主线停车视距。

表 8-14　**公路互通式立体交叉匝道识别视距**

主线设计速度/(km/h)	120	100	80	60
识别视距/m	350(460)	290(380)	230(300)	170(240)

③ 在合流端部前,主线距合流鼻端 100 m、匝道距合流鼻端 60 m 形成的通视三角区(图 8-23)内应清除阻碍主线与匝道之间相互通视的障碍物。

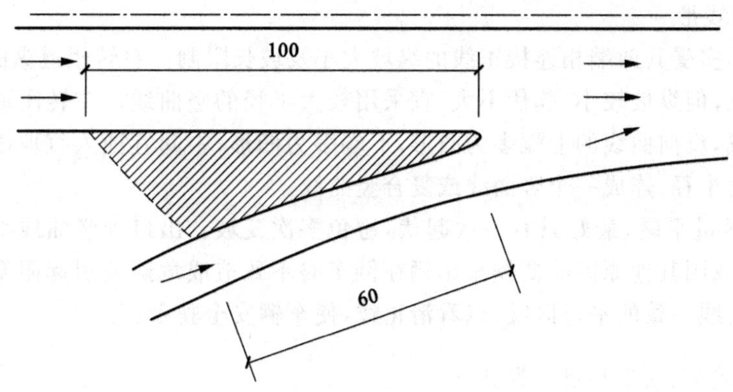

图 8-23　合流鼻端前通视三角区(单位:m)

8.3.5　匝道的线形设计要点

8.3.5.1　匝道平面线形设计

(1) 一般要求

① 汽车在匝道上的行驶速度是由高到低再到高逐渐变化的过程,相应匝道的平面线形也要与此变速行驶状态相适应。

② 匝道平面线形应与其交通量相适应,对于交通量大的匝道,应采用较高的技术指标。

③ 出口匝道的平面线形技术指标应高于入口匝道。

④ 分流与合流处应具有良好的平面线形和通视条件。

(2) 匝道平面线形

匝道平面线形要素仍然是直线、圆曲线及缓和曲线,但由于匝道通常较短,难以争取到较长直线,故多以曲线为主。

对于右转匝道及直接式左转匝道,可采用单圆曲线或多心复曲线。若用多心复曲线,则相邻半径之比应满足有关规范要求,并使两端连接出、入口的圆曲线采用较大的半径,且出口半径应大于入口半径,而中间圆曲线半径可小一些。

对于半直接式左转匝道,其平面线形可由反向曲线与单圆曲线或复曲线组成。反向曲线之间最好不插设直线段而以缓和曲线直接相连成S形曲线。

对于环圈式左转匝道,最好采用曲率半径由大到小再到大的水滴形或卵形曲线,可满足车速变化的要求,但设计计算比较复杂。为简化设计,也可采用单曲线,但与匝道上车速的变化不相适应。另外,考虑减少占地和造价,环圈式匝道常采用最小半径。

8.3.5.2　匝道纵面线形设计

(1) 一般要求

① 匝道及其同正线连接处,纵面线形应尽量连续,避免线形的突变。

② 匝道上应尽量采用较缓的纵坡,以保证行车的舒适与安全,避免采用最大纵坡值。

③ 匝道及端部纵坡变化处应采用较大半径的竖曲线,以保证足够的停车视距;分、合流点及其附近的竖曲线还应满足识别视距的要求。

(2) 匝道纵面线形

匝道纵面线形多受其两端相连接正线的纵坡大小及坡长限制。右转匝道纵面线形常由一个以上竖曲线组合而成,但纵坡较小,起伏不大,宜采用较大半径的竖曲线。左转匝道一般由反向曲线或同向竖曲线组成,反向曲线的上端多为凸形,下端多为凹形,中间宜插入直坡段,也可直接连接;同向竖曲线宜加大半径,连成一个竖曲线或复合竖曲线。

纵坡设计应尽量平缓,最好只有一次起伏,避免多次变坡。出口处竖曲线半径应尽可能大一些,以使误行车辆或因其他原因需要倒车车辆在倒车时不致造成危险或引起阻塞。入口附近的纵面线形必须有同正线一致的平行区段,以看清正线,使车辆安全驶入。

8.3.5.3 匝道平、纵线形组合设计

匝道平、纵线形组合设计的基本要求是使匝道立体线形平顺、无扭曲、视野开阔、行车安全舒适、视觉美观,并与周围环境相协调。设计的原则和要点与正线基本相同,但应注意进、出口处平、纵线形组合的处理。

在出口处,若是越过凸形竖曲线以下坡驶入匝道时,坡顶之后的平曲线不应突然出现在驾驶员眼前,应将凸形竖曲线加长以增大视距,使驾驶员能及早发现平曲线的起点和方向,并有足够的安全运行时间。在入口处,若由匝道上坡驶入道口,则应将连接道口匝道(一般长度至少 60 m)的纵断面与邻近正线基本一致,以使驾驶员能对正线前后一目了然。

8.4 端部设计

端部是指匝道两端分别与正线相连接的道口,它包括出入口、变速车道及辅助车道等。两端的道口与中间部分匝道共同组成一条完整的匝道。

在匝道端部车辆要做变速、分流、合流等复杂运动,匝道端部是车辆驶出、驶入主线争夺时间和空间的场所,是互通式立交易发生交通阻塞和交通事故的部位,故设计时应予以特别注意。

匝道端部可以根据端部变速车道的外形分为平行式和直接式。也可根据端部变速车道的车道数分为单车道型和多车道型。

端部设计的一般原则是:出入顺适、安全,线形与主线协调一致,出、入口标志清晰,主线与匝道间应能相互通视。

8.4.1 出、入口设计

(1) 主线出、入口

一般情况下,主线出、入口应设在主线行车道的右侧,出口位置应易于识别,一般设在跨线构造物之前。若在其后,则应与构造物保持 150 m 以上的距离。为便于车辆减速,出口最好位于上坡路段。

主线与匝道分流处,为给误行车辆提供返回的余地,行车道边缘应加宽一定偏置值,如图 8-24 所示。加宽后主线和匝道的路面边缘用圆弧连接,并用路面标线引导行驶方向。分流鼻端圆弧半径宜采用 0.6~1.0 m,偏置值及偏置加宽值不应小于表 8-15 的规定值。当硬路肩宽度大于或等于表中规定的偏置值时,偏置值可采用硬路肩宽度。偏置过渡段长度不宜小于 10 m,且渐变率不应大于表 8-16 的规定值。

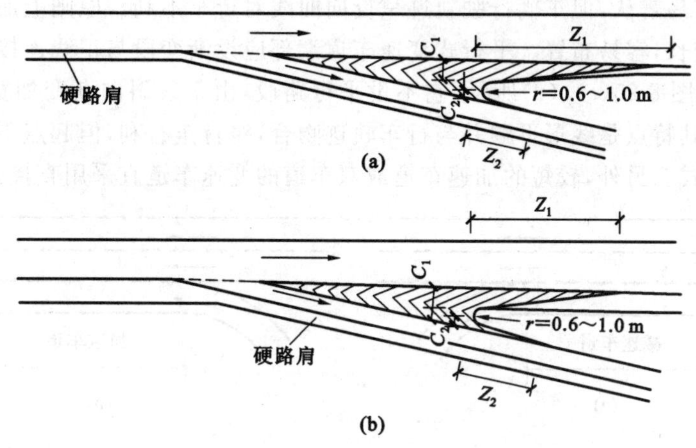

图 8-24　分流处楔形端

(a) 硬路肩较窄时；(b) 硬路肩楔形端

表 8-15　**分流鼻端最小偏置值及最小偏置加宽值**

分流类型	最小偏置值 C_1/m	最小偏置加宽值 C_2/m
减速车道分流	3.0	0.6
主线相互分流	1.8	—
匝道相互分流	2.5	0.6

表 8-16　**分流处楔形端的渐变率**

设计速度/(km/h)	120	100	80	60	≤40
渐变率	1/12	1/11	1/10	1/8	1/7

(2) 互通式立交的平面交叉口

互通式立交在次线或匝道上可设置平面交叉口。这种平面交叉口往往决定了整个立交的通行能力、服务水平和交通安全，设计时应给予充分重视。

在选择互通式立交的形式时应考虑所含平面交叉的必要性与合理性。设计中应将匝道布置在合适的象限内，使冲突点减至尽可能少的程度。平面交叉应根据交通量、交通组成和设计速度等作出合理布置，并设置必要的标志、标线、分隔带、交通岛、变速车道、转弯车道等。行人及非机动车对平面交叉的通行能力影响最大，必要时应采取专用车道、渠化交通或立体交叉等措施，与机动车分离通行。

8.4.2　变速车道设计

在匝道与正线连接的路段，为适应车辆变速行驶的需要，而不致影响正线交通所设置的附加车道称为变速车道。变速车道包括减速车道和加速车道，车辆由正线驶入匝道时减速所需的附加车道称为减速车道；车辆从匝道驶入正线时加速所需的附加车道称为加速车道。

(1) 变速车道的形式

一般分为平行式与直接式两种。

① 平行式。如图 8-25(a)、(b)所示，它是在正线外侧平行增设的一条附加车道。其特点是车

道划分明确，行车容易辨认，但车辆行驶轨迹呈反向曲线对行车不利。原则上加速车道应采用平行式，因为加速车道较长，容易布置。平行式变速车道端部应设渐变段与正线连接。

② 直接式。如图8-25(c)、(d)所示，它不设平行路段，由正线斜向渐变加宽，形成一条与匝道连接的附加车道。其特点是线形平顺并与行车轨迹吻合，对行车有利，但起点不易识别。原则上减速车道应采用直接式。另外，较短的加速车道或双车道的变速车道宜采用直接式。

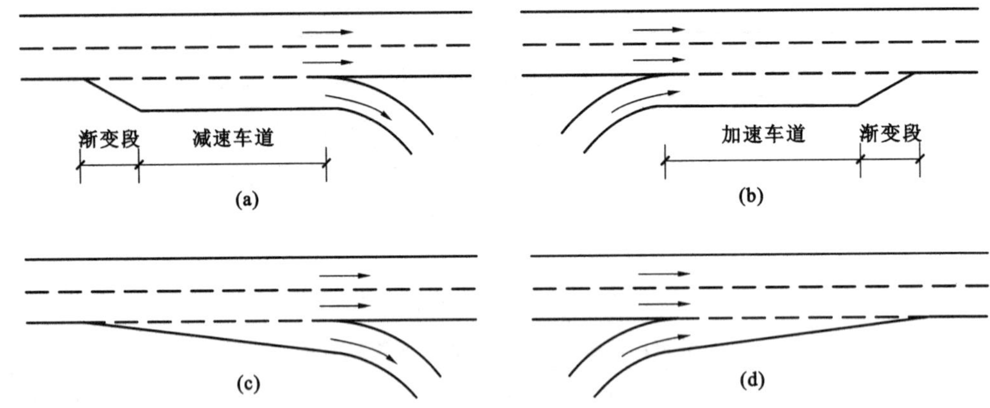

图8-25　变速车道的形式

(a) 平行式减速车道;(b) 平行式加速车道;(c) 直接式减速车道;(d) 直接式加速车道

(2) 变速车道的横断面

变速车道横断面的组成与单车道匝道基本相同，是由行车道、路肩和路缘带组成的。城市道路可不设右路肩，但应保留路缘带。

(3) 变速车道的长度

变速车道长度为加速或减速车道长度与渐变段长度之和，如图8-26所示。

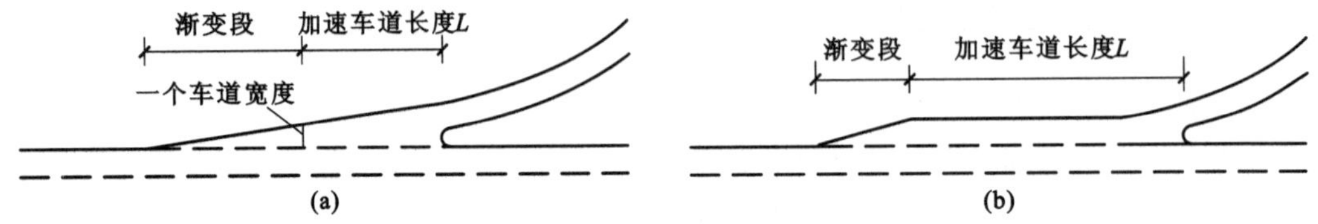

图8-26　变速车道的长度

(a) 直接式;(b) 平行式

① 加、减速车道长度。

加、减速车道长度(m)的计算公式为:

$$L=\frac{V_1^2-V_2^2}{26a} \tag{8-12}$$

式中　V_1——正线平均行驶速度，km/h;

V_2——匝道平均行驶速度，km/h;

a——汽车平均加(减)速度，m/s^2，加速时 $a=0.8\sim1.2\ m/s^2$；减速时 $a=2\sim3\ m/s^2$。

当变速车道位于纵坡大于2%的路段时，下坡路段的减速车道和上坡路段的加速车道长度应根据主线平均纵坡予以修正，修正系数见表8-17。

表 8-17　　　　坡道上变速车道长度的修正系数

主线平均纵坡 i	$i \leqslant 2\%$	$2\% < i \leqslant 3\%$	$3\% < i \leqslant 4\%$	$i > 4\%$
下坡减速车道修正系数	1.00	1.10	1.20	1.30
上坡加速车道修正系数	1.00	1.20	1.30	1.40

变速车道长度的选用除应符合有关规定的最小长度要求外，还应结合正线的设计速度、交通量、大型车比例等，对变速车道长度进行验算，必要时应增加变速车道的长度。

② 渐变段长度。

渐变段长度是指渐变段车道宽度达到一个车道宽度的位置至正线之间的渐变长度。渐变段的长度应保证车辆变换车道时行驶的稳定性和舒适性。

8.4.3 辅助车道

在高等级道路的较长路段内，必须保持一定的基本车道数。同时在主线与匝道或匝道与匝道的分、合流处必须保持车道数的平衡，二者之间可通过辅助车道来协调。

(1) 基本车道数

它是指在一条车道或其某一区段内，为满足交通量和通行能力的要求所必需的一定数量的车道数。

(2) 车道平衡原则

正线的车流量必然会因分、合流的存在而发生变化，分流减小，合流增大。为适应这种车流量的变化，在分、合流处的车道数应保持平衡。其原则为：

① 两条车流合流以后正线上的车道数应不小于合流前交汇道路车道数之和减一的值；

② 正线上车道数应不小于分流以后所有分叉道路的车道数之和减一的值；

③ 正线上的车道数每次减少不应多于一条。

如图 8-27 所示，一般按下式检验车道数是否平衡，即：

$$N_C \geqslant N_F + N_E - 1 \tag{8-13}$$

式中　N_C——分流前或合流后的正线车道数；

N_F——分流后或合流前的正线车道数；

N_E——匝道车道数。

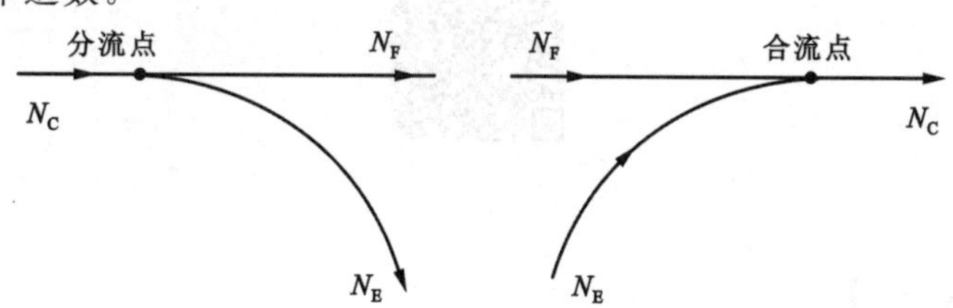

图 8-27　分、合流处车道数的平衡

(3) 辅助车道

在分、合流处，既要保持车道数平衡，又要保证基本车道数，如果二者发生矛盾，可通过在分流点前或合流点后的正线上增设辅助车道，如图 8-28 所示。

在基本车道数连续的条件下，一般单车道匝道能满足车道数平衡的要求；而设置双车道匝道时车道数不平衡，应增设辅助车道。辅助车道的长度根据设计服务水平时的最大交通量、交织区长

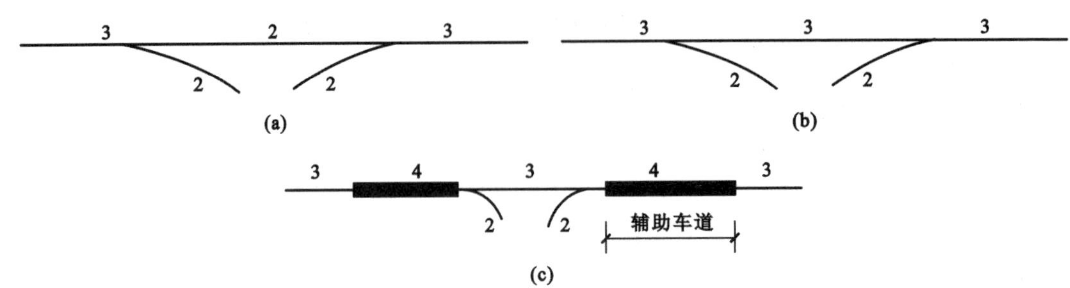

图 8-28　辅助车道

(a) 车道数平衡但基本车道数不连续;(b) 基本车道数连续但车道数不平衡;(c) 车道数平衡且基本车道数连续

度、车道数和交织段车道连接方式等计算确定,同时考虑车辆变道所需要的长度等。设计时应满足有关设计规范的规定。

辅助车道的宽度与正线车道相同,且与正线车道间不设路缘带。辅助车道右侧的硬路肩,其宽度一般与正线路段的硬路肩相同,用地或其他条件受限制时可减窄但不得小于 1.50 m。

8.5　立体交叉的其他设计

本节内容请扫描下方二维码查看。

8.6　道路与铁路、乡村道路及管线交叉

本节内容请扫描下方二维码查看。

本章小结

(1) 立体交叉的组成包括跨线构造物、主线、匝道、出入口、变速车道等。

(2) 公路立交与城市立交的主要区别。

(3) 立体交叉的类型与适用条件。

(4) 立体交叉的布置与形式选择。

(5) 立体交叉匝道的基本形式、设计依据、线形设计要点。

(6) 立体交叉出、入口设计及变速车道设计,辅助车道设计。

(7) 收费站及收费广场设计要点。

(8) 立体交叉坡面修饰和绿化栽植。

(9) 道路与铁路、乡村道路及管线交叉设计要点。

习题与思考题

8-1　简述公路立交和城市立交的特点和适用条件。

8-2　立体交叉的组成有哪些？各自的功能是什么？

8-3　简述立体交叉的设置条件。

8-4　何谓变速车道？有哪几种类型？

参考文献

[1]　林雨，陶明霞．道路勘测设计 [M]．武汉：武汉大学出版社，2013.

[2]　中华人民共和国交通运输部．公路工程技术标准：JTG B01—2014 [S]．北京：人民交通出版社股份有限公司，2014.

[3]　中华人民共和国交通运输部．公路路线设计规范：JTG D20—2017 [S]．北京：人民交通出版社股份有限公司，2017.

[4]　中华人民共和国交通运输部．公路立体交叉设计细则：JTG/T D21—2014 [S]．北京：人民交通出版社股份有限公司，2014.

[5]　中华人民共和国住房和城乡建设部．城市道路路线设计规范：CJJ 193—2012 [S]．北京：中国建筑工业出版社，2013.

[6]　中华人民共和国住房和城乡建设部．城市道路工程设计规范(2016 年版)：CJJ 37—2012 [S]．北京：中国建筑工业出版社，2016.

[7]　中华人民共和国住房和城乡建设部．城市道路交叉口设计规程：CJJ 152—2010 [S]．北京：中国建筑工业出版社，2010.

[8]　国家市场监督管理总局，国家标准化管理委员会．道路交通标志和标线 第 2 部分：道路交通标志：GB 5768.2—2022 [S]．北京：中国标准出版社，2022.

[9]　张弛，潘兵宏，杨宏志．道路勘测设计 [M]．6 版．北京：人民交通出版社股份有限公司，2023.

[10]　许金良，等．道路勘测设计 [M]．5 版．北京：人民交通出版社股份有限公司，2018.

[11]　张金水．道路勘测与设计 [M]．3 版．上海：同济大学出版社，2015.

[12]　周亦唐，唐正光．道路勘测设计 [M]．6 版．重庆：重庆大学出版社，2023.

9 城市道路排水设计

【内容提要】

本章主要内容包括雨水管渠系统布置的原则，雨水口布设要点，雨水口布设形式，检查井设计，锯齿形街沟的作用和设计，城市道路雨水管道设计步骤等。

【能力要求】

通过本章的学习，学生应了解城市道路雨水管道设计的一般要求，熟悉雨水管道设计各项指标的规定及要求，掌握城市道路雨水管道设计的步骤。

9.1 雨水管渠系统布设

9.1.1 雨水管渠系统布置的原则

雨水管渠系统的布置原则是:雨水能顺畅及时地从城镇或厂区排出去。雨水管渠系统布置一般可以从以下几个方面进行考虑。

(1) 结合城市规划布置雨水管道

通常，应根据建筑物的分布、道路布置及街坊内部的地形、出水口位置等布置雨水管道，使雨水以最短距离排入街道低侧的雨水管道。干管两侧应根据用地需要每隔一段距离设置预留管和接户井，以收集两侧用地的雨水。对竖向规划中确定填方或挖方的地区，雨水管渠布置必须考虑今后的地形变化，并作出相应处理。

雨水干管的平面布置和竖向布置应考虑与其他地下构筑物(包括各种管线及地下建筑物等)的相互协调，排水管道与其他各种管线(构筑物)在竖向布置上要求的最小净距应满足有关规范要求。在有池塘、坑洼的地方，可考虑雨水的调蓄。在具备管道连接条件的地方，应考虑两个管道系统之间的连接。

(2) 尽量避免设置雨水泵站

由于暴雨形成的径流量大，而雨水泵站的投资大，且在一年中运转时间短、利用率低，所以排除雨水应尽可能靠重力流。但在一些地势平坦、区域较大或受潮汐影响的城市，必须设置泵站时，应把经过泵站排泄的雨水径流量减少到最小限度。

(3) 充分利用地形，就近排入天然水体

规划排水管线时，首先按地形划分排水区域，再进行管线布置。根据地面高程和河道水位，划分自然排区和强排区。自然排区利用重力流向将雨水排入河道;强排区需设雨水泵站提升所汇集的雨水，然后排入天然水体。

根据分散和直捷的原则，多采用正交式布置，使雨水管渠尽量以最短的距离并尽可能依靠重力流排入附近的池塘、河流、湖泊等天然水体中。只有当天然水体位置较远且地形较平坦或地形不利的情况下才需要设置雨水泵站。

一般情况下，当地形坡度较大时，雨水支管宜布置在地势低处或溪谷线上;当地形平坦时，雨水干管宜布置在排水流域的中间，以便尽可能扩大重力流排除雨水的范围。

(4) 合理布置出水口

雨水出口有分散(图 9-1)和集中(图 9-2)两种布置形式。

当出口的天然水体离流域很近，水体的水位变化不大，洪水位低于流域地面标高，出水口的建筑费用不大时，宜采用分散出水口，以便雨水就近排放，使管线较短，减小管径；反之则可采用集中出水口。

城市中靠近山麓建设的中心区、居住区、工业区，除了应设雨水管道外，尚应考虑在设计地区周围或设计区以外适当距离设置排洪沟，以拦截汇水区以内排泄下来的洪水，使之排入天然水体，避免洪水的危害。

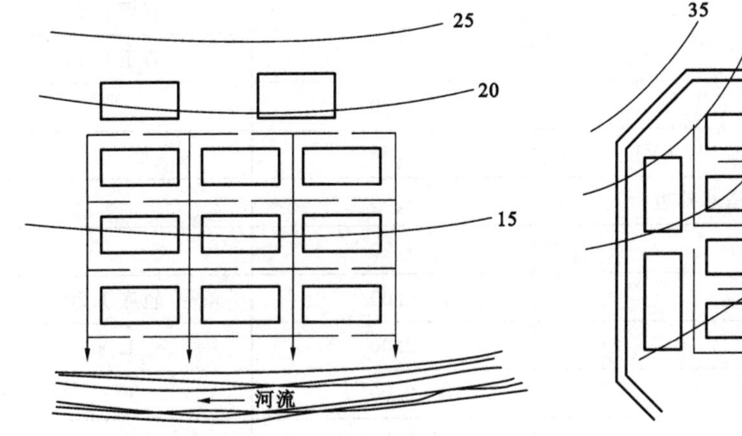

图 9-1　出水口分散布置示意图

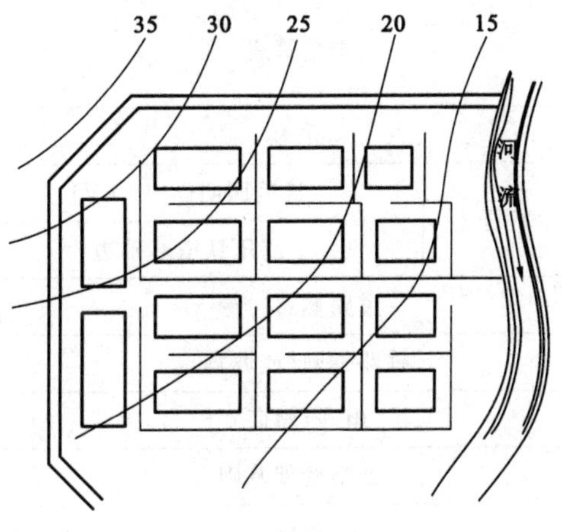

图 9-2　出水口集中布置示意图

9.1.2　雨水管道的布设

城市道路的雨水管线宜平行于道路的中心线或规划红线。雨水干管一般设置在街道中间或一侧，并宜设在快车道以外。道路红线宽度超过 40 m 的城镇干道，宜在道路两侧布置排水管道。

由于雨水管道的施工及检修对道路交通干扰很大，因此，雨水干管应尽可能不布置在主要交通干道的车行道下，而宜直接埋设在绿化带或较宽的人行道下，并注意与行道树、杆柱、侧石等保持一定的横向距离。此外，雨水管线还应尽可能避免或减少与河流、铁路以及其他城市地下管线的交叉，以免造成施工困难；必须交叉时，应尽量正交，并保证相互之间有一定的竖向间隙。排水管道和其他地下管线(构筑物)的最小净距见表 9-1。

表 9-1　排水管道和其他地下管线(构筑物)的最小净距　(单位：m)

名称		水平净距	垂直净距
建筑物	管道埋深浅于建筑物基础	2.50	—
	管道埋深深于建筑物基础	3.00	—
给水管	直径 $d \leqslant 200$ mm	1.00	0.40
	直径 $d > 200$ mm	1.50	
排水管		—	0.15
再生水管		0.50	0.40

续表

名称		水平净距	垂直净距
燃气管	低压	1.00	0.15
	中压	1.20	0.15
	高压	1.50	0.15
		2.00	0.15
热力管线		1.50	0.15
电力管线		0.50	0.50
电信管线		1.00	直埋 0.50
			管道 0.15
乔木		1.50	—
地上柱杆	通信照明(<10 kV)	0.50	—
	高压铁塔基础边	1.50	—
道路侧石边缘		1.50	—
铁路钢轨(或坡脚)		5.00	轨底 1.20
电车(轨底)		2.00	1.00
架空管架基础		2.00	—
油管		1.50	0.25
压缩空气管		1.50	0.15
氧气管		1.50	0.25
乙炔管		1.50	0.25
电车电缆		—	0.50
明渠渠底		—	0.50
涵洞基础底		—	0.15

雨水管与其他管线发生平交时,其他管线一般可用倒虹吸管的办法跨越。如雨水管和污水管相交,一般将污水管用倒虹吸管穿过雨水管的下方。

如果污水管的管径较小,也可在交汇处加建窨井,将污水管改用生铁管穿越而过。

由于雨水在管道内是靠本身重力流动的,所以雨水管道应由上游向下游倾斜。因此在城市道路纵断面设计时,应考虑雨水的排除问题,为排除雨水创造条件。从排除雨水的要求来说,道路的纵坡最好在0.3%~4%范围内。道路过陡,需要设置跌水井等特殊构筑物,将增加基建费用;道路过于平坦,将增加埋设管道时开挖的土方量,如果车道过于平坦,而排除地面水有困难时,应使街沟的纵坡大于0.3%,并设计成锯齿形街沟,以保证排水。

管道的埋深是指管道内壁底部到地面的深度。管道的覆土厚度指管道外壁顶部到地面的距离。管道的埋深对整个管道系统的造价和施工影响很大,管道埋深越大,施工越困难,工程造价越高。在满足技术要求的条件下,管道埋深越小越好。但是管道的覆土厚度有最小限值,称为最小覆土厚度。

最小覆土厚度一般根据雨水管可能承受的外部荷载、管材强度、当地冻土深度以及临街建筑内排水支管的衔接要求等条件确定，人行道下宜为 0.6 m，车行道下宜为 0.7 m。在保证管道不受外部荷载损坏时，最小覆土厚度可适当减小。至于北方冰冻地区，则要由防冻要求来确定覆土厚度。

不同直径的管子在检查井内衔接时，应采用管顶平接（图 9-3）或水面平接，这样可以避免在上游管中形成回水。

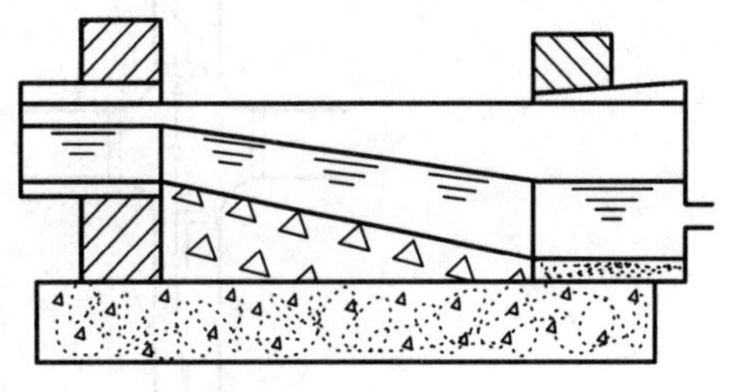

图 9-3　管顶平接

9.2　雨水口设计

9.2.1　雨水口布设要点

雨水口布设要点如下：

① 雨水口是雨水管道或合流管道上收集雨水的构筑物。地面、街道上的雨水首先进入雨水口，再经过连接管流入雨水管道。雨水口一般设在街区内、广场上、街道交叉口和街道边沟的一定距离处，以防止雨水漫过道路或造成道路及低洼地区积水，妨碍交通。

② 雨水口的布设数量应按汇水面积所产生的流量及雨水口的进水能力确定。在纵断面凹处、街道低洼点、汇水点及人行横道线上游，应设置雨水口。雨水口应避免设在临街建筑物的门口、停车站、分水点及其他地下管道顶上。

③ 布置雨水口时，首先应确定街沟纵断面上低洼积水点和交叉点竖向规划上必需的雨水口，然后根据道路纵横坡度、街道宽度、路面种类、周围地形及排水情况选择雨水口形式及布设方式；根据当地暴雨强度、雨水口的排水能力等因素，确定雨水口的数量、位置与间距。间距一般为 25～50 m。纵坡过大时，水的流速大，水流不能充分进入雨水口，部分水流会越过雨水口；纵坡过小时，往往形成积水，此时均应适当缩小雨水口的间距，具体的数值由计算确定。

④ 在道路交叉口处，应根据路面雨水径流情况及方向布置雨水口，可按图 9-4 设计，使来自街道的雨水在交叉口前人行横道线上游就被截住而流入进水口，不允许在交叉口上漫流，以免妨碍车辆和过街行人交通。

⑤ 雨水口必要时可以串联，一般不超过 3 个，并应加大出口连接管径。雨水口连接管最小管径为 200 mm，坡度小于 1%，长度不超过 25 m，覆土厚度不小于 0.7 m。

⑥ 雨水口的泄水能力可按下式计算：

$$Q = \omega C\sqrt{2ghk} \tag{9-1}$$

式中　Q——雨水口排泄的流量，m^3/s；

ω——雨水口进水面积，m^2；

C——孔口系数，圆角孔用 0.8，方角孔用 0.6；

g——重力加速度，m/s^2；

h——雨水口上允许储存的水深，通常规定街沟内水深不宜大于侧石高度的 2/3，一般采用 $h=0.02\sim0.06$ m；

k——孔口阻塞系数，一般为 2/3。

由式(9-1)可知：在由暴雨强度计算需要排泄的流量，并规定了允许积水深度后就可计算每个

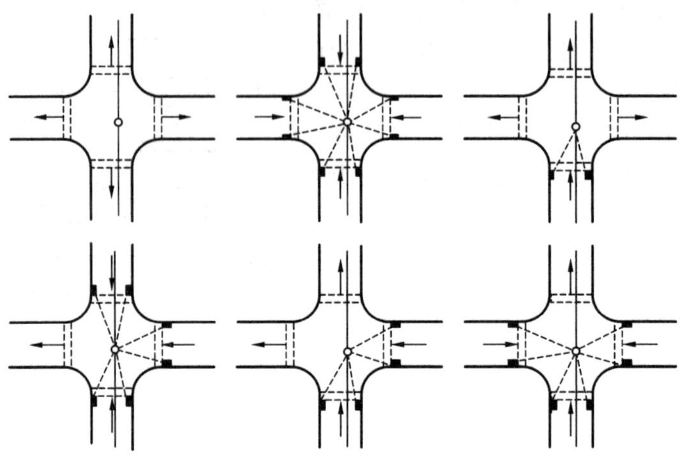

图 9-4 道路交叉口雨水口布置

雨水口所需的进水面积,从而决定了进水箅的数量。

在直线段设置雨水口的最大间距可按下式计算:

$$L = \tilde{a}\frac{Q}{q} \tag{9-2}$$

式中 L——雨水口的最大间距;

$\tilde{a}$——雨水口的漏水率,与雨水井盖的形式和进水面积、街沟的流量及纵坡、进水孔口的阻塞情况等因素有关,估算时可采用 0.60～0.70;

Q——街沟的允许流量,根据街沟的过水断面积按水力学有关公式计算,L/s;

q——街沟单位长度的汇水流量,根据降雨强度及汇水面积计算,L/(s·m)。

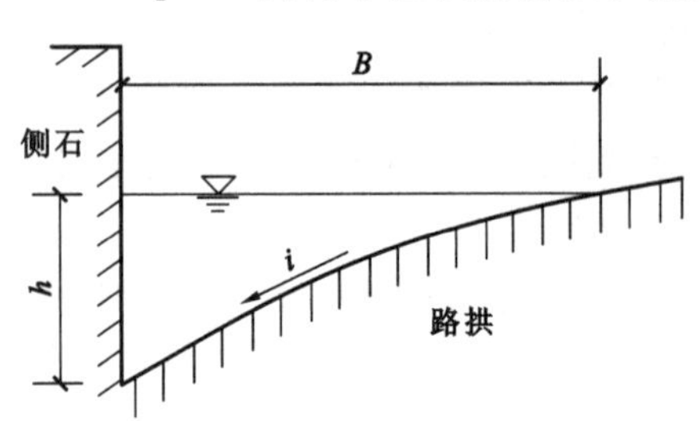

图 9-5 街沟过水断面图示

街沟过水断面如图 9-5 所示。为了不影响车辆交通和行人过街,水面宽度 B 和水深 h 宜加以控制,一般 B=0.5 m,h 不大于侧石高度的 2/3;在不影响车辆和行人交通的情况下,街沟横坡 i 宜尽量采用较大值。

⑦ 通常,雨水口的间距一般为 25～50 m。

⑧ 在交叉口处雨水口的排水能力应加大,避免积水影响交通。在加大井盖的进水面积的同时,也可适当缩小雨水口的间距。

9.2.2 雨水口布设形式

雨水口的布设形式应根据不同的道路横断面形式合理布置。目前,国内常见形式有以下三种:

① 单幅式。它布置两排雨水口(图 9-6)。

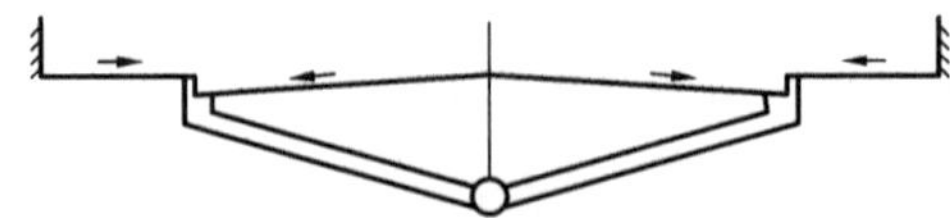

图 9-6 单幅式雨水口布置

② 双幅式。它布置两排或四排雨水口(图 9-7)。

③ 三幅式。它布置两排至六排雨水口,又分为 A 型雨水口和 B 型雨水口(图 9-8)。

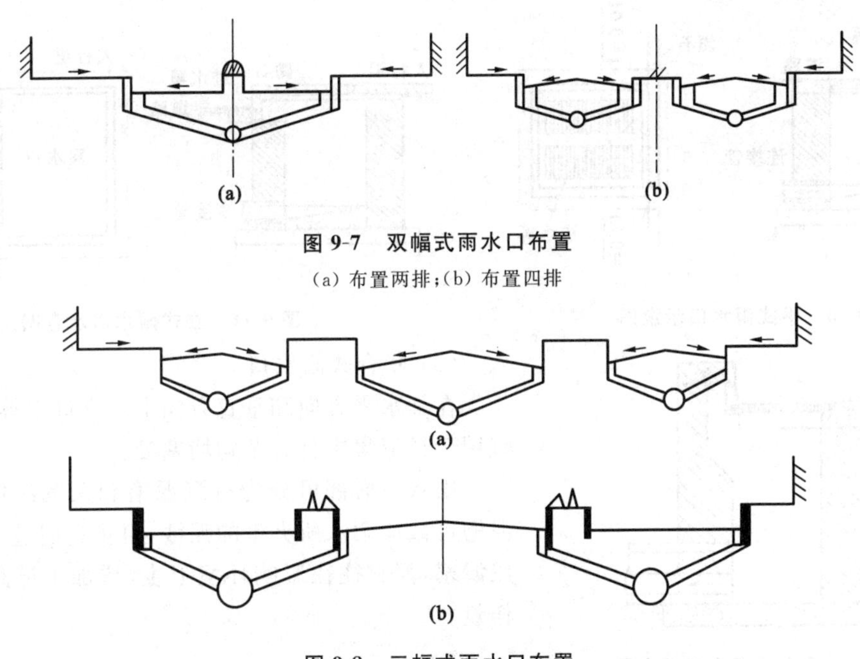

图 9-7 双幅式雨水口布置

(a) 布置两排;(b) 布置四排

图 9-8 三幅式雨水口布置

(a) A 型雨水口;(b) B 型雨水口

9.2.3 雨水口的构造

雨水口的构造包括进水箅、井身和连接管三部分(图 9-9)。根据进水箅布置的不同,雨水口可分为平式、立式和联合式三种。

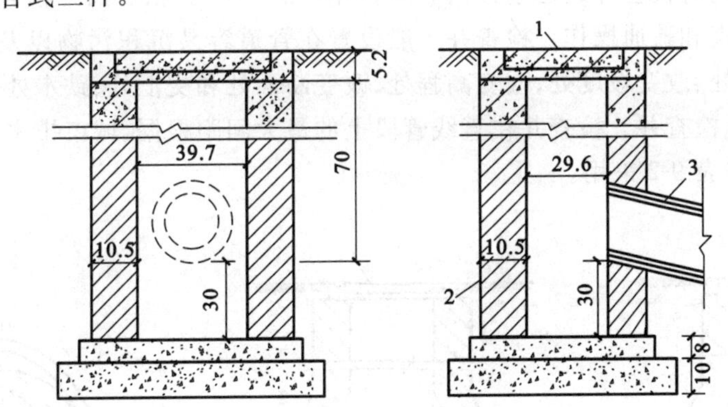

图 9-9 雨水口(单位:cm)

1—进水箅;2—井身;3—连接管

(1) 平式雨水口

它的盖子平铺在道路边沟上,雨水沿边沟进入雨水口(图 9-10),平式雨水口箅面标高应比周边路面标高低 3~5 cm。平式雨水口的盖子易被车辆压坏,设计中应注意结构问题。

(2) 立式雨水口

它设置在人行道上,便于清捞垃圾,在道路侧石处设置带格栅的进水箅,雨水通过格栅流入雨水口(图 9-11)。这种雨水口因为雨水沿边沟流来时需要转向 90°才能流入雨水口,导致水流不畅,进水较慢,所以雨水口间距不宜过长,在严重积水区不宜使用。立式雨水口箅面标高应比周边路面标高低 5 cm。

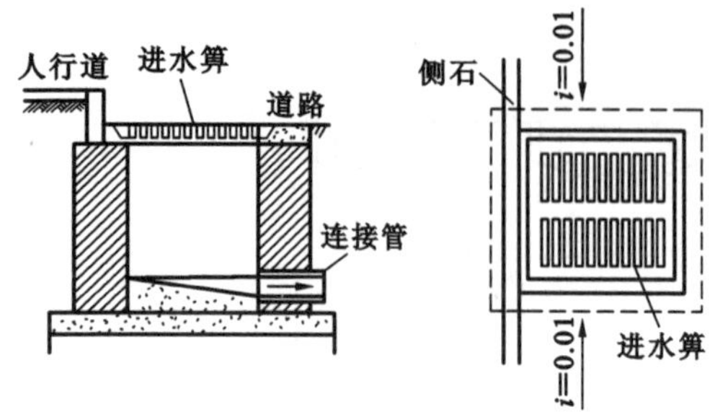

图 9-10　平式雨水口示意图

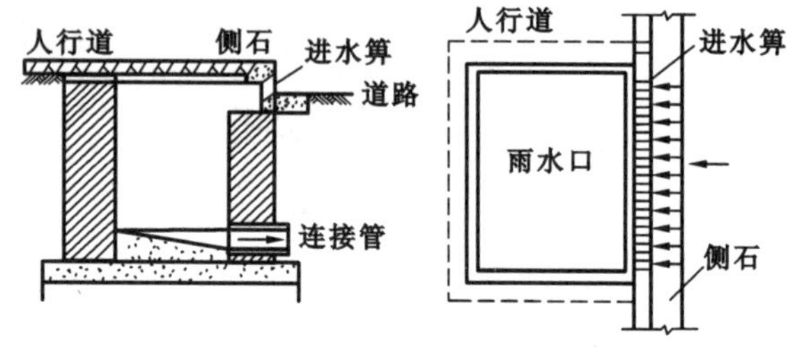

图 9-11　立式雨水口示意图

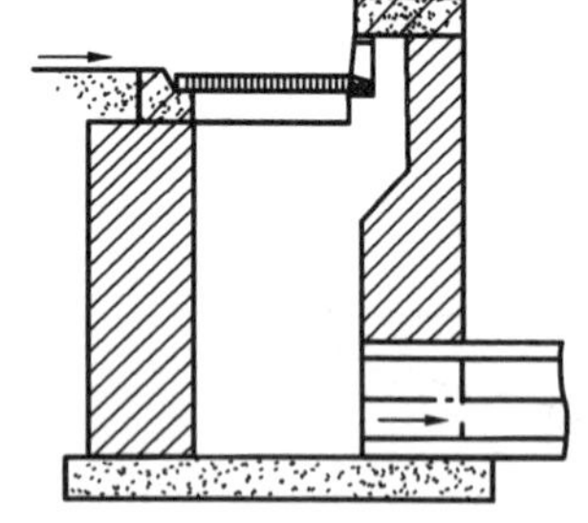

图 9-12　联合式雨水口示意图

(3) 联合式雨水口

在其水平方向和垂直方向上均有进水箅(图 9-12)。宜用于径流集中且有杂物堵塞处。

雨水口底部可分为有沉泥槽和无沉泥槽两种。沉泥槽可截留雨水所夹带的泥沙,阻止它们进入管道而造成淤塞,但它往往影响环境卫生,增加了道路养护的工作量。

9.3　检查井设计

检查井又名窨井,是设在主干管上的一种井状构造物。为了对管道进行检查和疏通,管道系统上必须设置检查井;同时检查井还起连接沟管的作用(图 9-13)。相邻两个检查井之间的管道应在同一直线上,便于检查和疏通操作。检查井一般设置在管道容易沉积污物以及经常需要检查的地方,如管道改变方向处、改变坡度处、改变高程处、改变断面处和交汇处、跌水处,以及直线管段上每隔一定距离都应布设检查井。检查井在直线管段上的最大间距根据《城市排水工程规划规范》(GB 50318—2017)规定按表 9-2 采用。

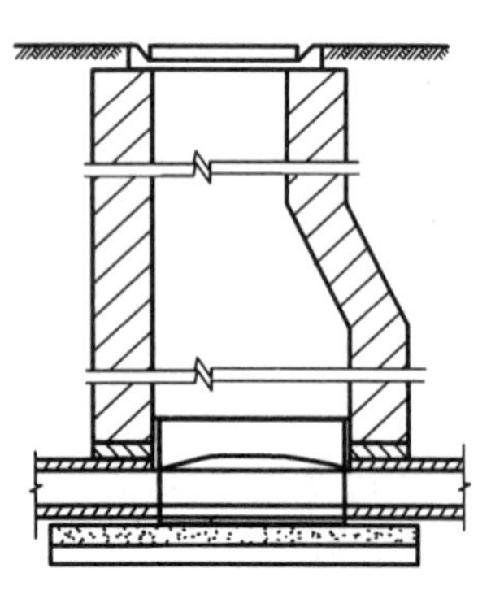

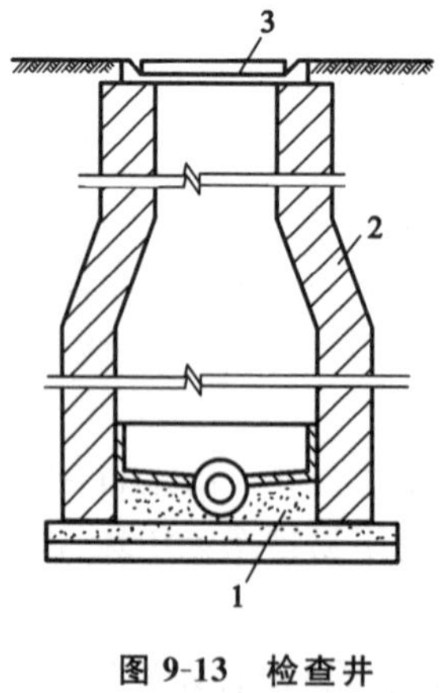

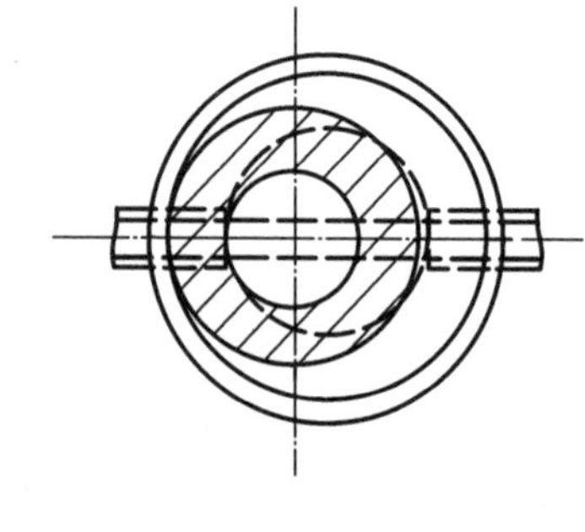

图 9-13　检查井

1—井底;2—井身;3—井盖

表 9-2　**检查井在直线段的最大间距**

管径/mm	300～600	700～1000	1100～1500	1600～2000
最大间距/m	75	100	150	200

9.4　锯齿形街沟的作用和设计

9.4.1　锯齿形街沟的作用

我国大多数城市位于平原地区，有些旧城区在街坊或沿街建筑已形成的情况下修建道路，以致纵坡很小甚至为零，这样虽然有利于路面行车，但对街坊排水(应排到路上)和道路路面排水极为不利。尽管道路设置有路拱横坡以排除雨水、雪水，但通常街沟纵坡和人行道的纵坡均与路中心线纵坡相近，当纵坡很小时，积留的雨水、雪水就很难沿街沟的纵向排除，尤其在暴雨或多雨季节，路面成片积水，既影响路基路面的稳定，又阻碍交通。所以城市道路纵坡小于 0.3%的路段必须设置锯齿形街沟。

9.4.2　锯齿形街沟设计

街沟是指路面部分的侧石与路面边缘或平石间作为城市道路排水的三角形沟。锯齿形街沟设置的方法是在保持侧石顶线与路中心线平行(即两者纵坡相等)的条件下，交替地改变侧面线与平石(或路面)之间的高度，即交替地改变侧石外露于路面的高度(图 9-14)。在低处设置雨水进水口，使进水口处的路面横坡 i_u(图 9-15)大于正常横坡 $i_{横}$，在两相邻进水口之间的分水点处的路面横坡 i_3 小于正常横坡。这样雨水由分水点流向两旁低处进水口，街沟纵坡(即平石纵坡或路面边缘纵坡)交替升降，呈锯齿形。

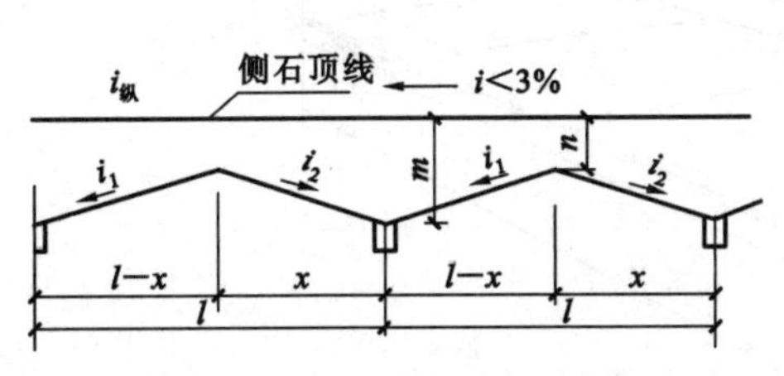

图 9-14　锯齿形街沟立面示意图

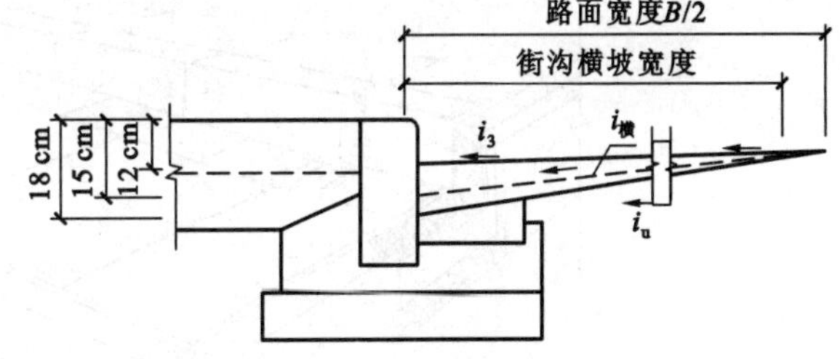

图 9-15　街沟横断面示意图

通常缘石全高 0.3 m，高出路面部分的高度为 0.1～0.2 m。如高出值过高，则不便于行人跨越，且不利构造设置。所以常用的缘石外露高度为 0.15 m，设锯齿形街沟处的最低高度取 0.12 m(即 n 值)，最高高度取 0.18 m(即 m 值)，则 $m-n=0.06$ m。设两进水口间距为 l，一般城市常用雨水口间距为 35～40 m，个别雨量少、路面窄的道路可取 45 m。路中线纵坡为 $i_{中}$，街沟纵坡为 i_1 和 i_2，如图 9-16 所示，则分水点距两边进水口的间距为 x 及 $(l-x)$，此时：

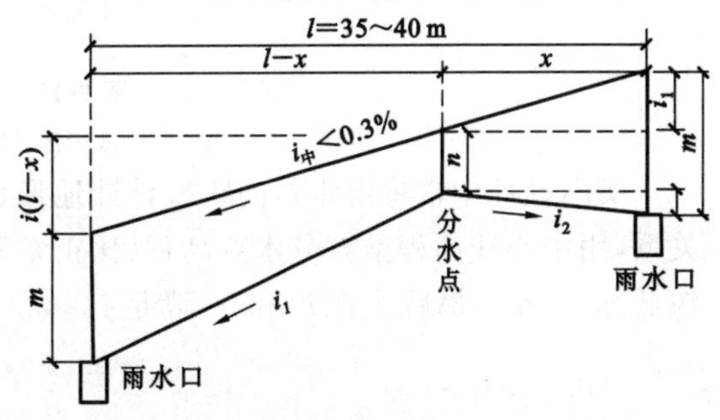

图 9-16　锯齿形街沟雨水口布置的计算

左端

$$[i_1(l-x)+n]-i_{中}(l-x)=m$$

右端

$$i_{中}x+n+i_2x=m$$

两式相等,则得:

$$x=\frac{(i_1-i_{中})l}{i_1+i_2}$$

$$x=\frac{m-n}{i_2+i_{中}} \tag{9-3}$$

或

$$l-x=\frac{m-n}{i_1-i_{中}} \tag{9-4}$$

通常设计时,根据地物在沿线建筑物出入口、交叉口、人行横道线上游,以及凹形竖曲线最低处已布置好的雨水口,然后在每段长度上取进水口间距 l,$i_{中}$ 在纵断面设计时已确定,m、n 值已定,则可计算分水点距离 x 及$(l-x)$,再计算 i_1。锯齿形街沟示意图如图9-17所示。

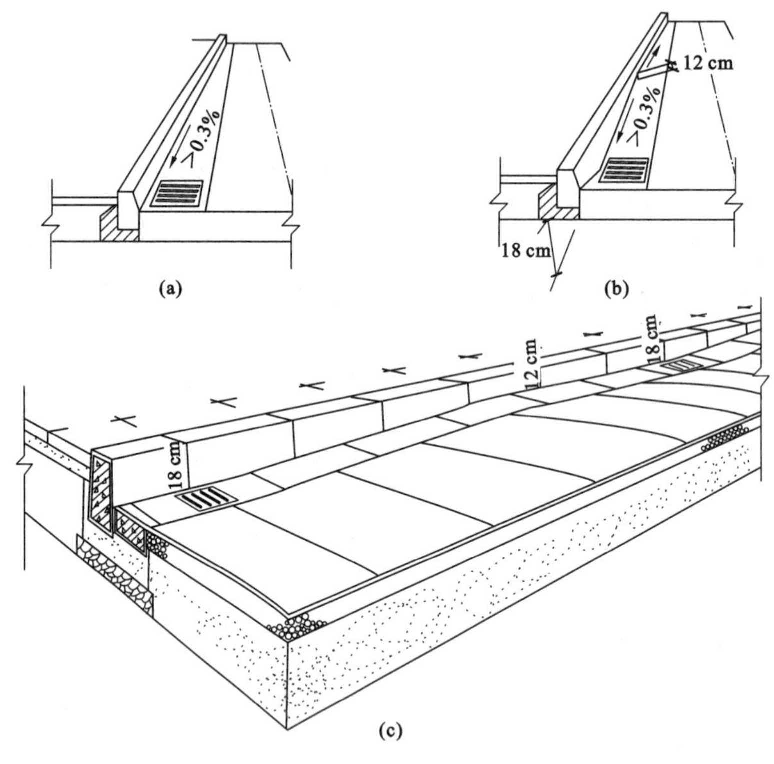

图9-17 锯齿形街沟示意图

(a) 正常路缘式街沟;(b) 街沟纵坡呈锯齿状;(c) 透视图

实际设计中常将雨水口间距按设计地形、地物安排好,即 l 为定值,然后根据标准横断面相对关系,用中心线高程推算分水点高程(比正常断面街沟高0.03 m)与进水口处高程(比正常断面街沟低0.03 m),最后计算 i_1 和 i_2,满足 $i>0.3\%$ 的排水要求即可。

9.5　城市道路雨水管道设计步骤

城市道路雨水管道设计步骤如下：

① 在比例尺为1∶5000～1∶2000并绘有规划总图的地形图上，划分汇水面积，规划雨水管道路线，确定水流方向。

② 划分各段管道的汇水面积，并确定水流方向，将计算面积及各段管道的长度填写在图中。各支管汇水面积之和应等于该干管所服务的总汇水面积。

③ 依地形图的等高线确定各设计管段起、终点的地面高程，确定沿线干管的控制点的高程，准备进行水力计算。

④ 按整个区域的地面性质求出径流系数。

⑤ 依道路、广场、建筑街坊的面积大小，地面种类、坡度、覆盖情况，以及街坊内部的排水系统等因素，计算起点地面集水时间。

⑥ 根据区域性质、汇水面积、暴雨强度、地形，以及漫溢后的损失大小等因素，确定设计重现期。

⑦ 确定设计流量，进行水力计算，确定管渠断面尺寸、纵断面坡度，并绘制纵断面图。

本章小结

(1) 雨水管渠布置要结合城市规划；尽量避免设置雨水泵站；要充分利用地形，就近排入天然水体；合理布置出水口。

(2) 雨水口的布设形式应根据不同的道路横断面形式合理布置，分为单幅式、双幅式和三幅式。

(3) 检查井在直线管段上的最大间距根据《城市排水工程规划规范》(GB 50318—2017)的规定采用。

(4) 锯齿形街沟设置的方法是在保持侧石顶线与路中心线平行(即两者纵坡相等)的条件下，交替地改变侧面线与平石(或路面)之间的高度，也就是交替地改变侧石外露于路面的高度。

习题与思考题

9-1　城市道路排水设施有哪些？简述设置雨水口及检查井的作用。

9-2　城市道路排水系统由哪些部分组成？

9-3　简述锯齿形街沟设计要点。

参考文献

[1]　林雨，陶明霞.道路勘测设计[M].武汉：武汉大学出版社，2013.

[2]　中华人民共和国交通运输部.公路工程技术标准：JTG B01—2014[S].北京：人民交通出版社股份有限公司，2014.

[3]　中华人民共和国住房和城乡建设部.城市综合交通体系规划标准：GB/T 51328—2018[S].北京：中国建筑工业出版社，2018.

[4] 中华人民共和国交通运输部.公路排水设计规范:JTG/T D33—2012 [S].北京:人民交通出版社,2012.

[5] 中华人民共和国交通运输部.城市道路工程设计规范(2016年版):CJJ 37—2012 [S].北京:中国建筑工业出版社,2016.

[6] 中华人民共和国住房和城乡建设部.室外排水设计标准:GB 50014—2021 [S].北京:中国计划出版社,2021.

[7] 中华人民共和国住房和城乡建设部.城市排水工程规划规范:GB 50318—2017 [S].北京:中国建筑工业出版社,2017.

[8] 张弛,潘兵宏,杨宏志.道路勘测设计 [M].6版.北京:人民交通出版社股份有限公司,2023.

[9] 许金良,等.道路勘测设计 [M].5版.北京:人民交通出版社股份有限公司,2018.